媒介学生用书

（第五版）

Fifth Edition

The Media Student's Book

[英] 吉尔·布兰斯顿（Gill Branston）
罗伊·斯塔福德（Roy Stafford） 著

李德刚 等 译

新闻与传播系列教材·翻译版

清华大学出版社
北 京

The Media Student's book 5th Edition / by Gill Branston & Roy Stafford/ ISBN：978-0-415-55842-6

北京市版权局著作权合同登记号　图字 01-2011-7549 号

图书在版编目（CIP）数据

媒介学生用书：第 5 版：翻译版/（英）布兰斯顿（Branston，G.），（英）斯塔福德（Stafford，R.）著；李德刚等译．--北京：清华大学出版社，2015

书名原文：The media student's book 5th Edition

（新闻与传播系列教材・翻译版）

ISBN 978-7-302-37793-1

Ⅰ.①媒…　Ⅱ.①布…②斯…③李…　Ⅲ.①传播媒介-高等学校-教材　Ⅳ.①G206.2

中国版本图书馆 CIP 数据核字（2014）第 198116 号

责任编辑：纪海虹
封面设计：常雪影
责任校对：宋玉莲
责任印制：杨　艳

出版发行：清华大学出版社
网　　址：http：//www.tup.com.cn，http：//www.wqbook.com
地　　址：北京清华大学学研大厦 A 座　　**邮　　编**：100084
社 总 机：010-62770175　　**邮　　购**：010-62786544
投稿与读者服务：010-62776969，c-service@tup.tsinghua.edu.cn
质量反馈：010-62772015，zhiliang@tup.tsinghua.edu.cn
印 刷 者：北京富博印刷有限公司
装 订 者：北京市密云县京文制本装订厂
经　　销：全国新华书店
开　　本：185mm×235mm　**印　张**：30　**插　页**：2　**字　　数**：621 千字
版　　次：2015 年 5 月第 1 版　　**印　　次**：2015 年 5 月第 1 次印刷
印　　数：1～3500
定　　价：58.00 元

产品编号：040930-01

新闻与传播系列教材·翻译版

总　序

从20世纪90年代中期开始，新闻与传播学教育从中国人民大学、复旦大学等为数甚少的几家高校的“专有”学科，迅速成为一个几乎所有综合大学乃至相当部分如财经大学、工商大学、农业大学以及师范、艺术类院校都设有的“常规”学科。中国最著名的两所高等学府清华大学、北京大学也相继成立新闻与传播学院。据不完全统计，中国内地有数百个新闻学与传播学专业教学点。全国有新闻学与传播学专业硕士授予点近百个，博士授予点17个，形成了从大专、本科，到硕士和博士层次齐全的办学格局。新闻专业本、专科的在校生人数至少接近10万人。

这样一种“显学”局面的形成，一方面是进入信息时代以后，新闻与传播的社会地位、角色、影响不仅越来越重要，而且也越来越被人们所意识到；另一方面是媒介行业近年来的迅速发展为青年人提供了职业前景和想象。尽管与美国大约有14万在校学生学习新闻学与大众传播学课程的情形相比，中国的新闻与传播学教育的规模并不十分庞大，但是就中国国情而言，这种新闻与传播教育的繁荣局面还是可能因为一种“泡沫”驱动而显得似乎有些过度。但是，超越传统的新闻学，将更加广义的媒介政治、媒介舆论、媒介文化、媒介艺术、媒介经济、媒介法规、媒介伦理纳入新闻与传播学科，将传播学理论以及各种量化的社会科学研究方法纳入新闻与传播学领域，将人际传播、公共关系等纳入传播学视野，都证明了新闻与传播学的转向和扩展，也正是这种转向和扩展使新闻与传播学教育有了更加广阔的发展空间和学科魅力。

对于目前中国的新闻与传播学教育来说，缺少的不是热情、不是学生，甚至也不是职业市场，而是真正具有专业水准的教师，能够既与国际接轨又具国情适应性的教学体系和内容，既反映了学科传统又具有当代素养的教材。人力、物力、财力、知识力资源的匮乏，可以说，深刻地制约着中国的新闻与传播学向深度和广度发展，向专业性与综合性相结合的方向发展。新闻与传播学是否“有学”，是否具有学科的合理性，是由这个学科本身的“专业门槛”决定的。当任何学科的人都能够在不经过3～5年以上的专业系统学习，就可以成为本专业的专家、教师，甚至教授、博士生导师的时候，当一名学生经过4～7年本科/硕士新闻与传播学科的专业学习以后，他从事传媒工作却并不能在专业素质上显示出与学习文学、外语、法律，甚至自然科学的学生具有明显差异的时候，我们很难相信，新闻与传播学的教育具有真正的合法性。

作为一种专业建设，需要岁月的积累。所以，无论是来自原来新闻学领域的人，还是来自其他各种不同学科的人，我们都在为中国的新闻与传播学科积累着学科的基础。而在这些积累中，教材建设则是其中核心的基础之一。10年前，“南复旦、北人大”，作为原来中国新闻与传播学的超级力量，曾经推出过各自的体系性的教材，后来北京广播学院也加入了传媒教育的领头行列，进入21世纪以后，清华大学、武汉大学、华中科技大学，以及北京大学的新闻传播学科也相继引起关注，并陆续推出各种系列的或者散本的翻译或原编教材，一些非教育系统的出版社，如华夏出版社、新华出版社等整合力量出版了一些有影响的新闻与传播教材。应该说，这些教材的出版，为全国的新闻与传播学教育提供了更多的选择、更多的比较、更多的借鉴。尽管目前可能还没有形成被大家公认的相对“权威”的教材系列，尽管许多教材还是大同小异，尽管相当部分教材似乎在观念、知识、方法以及教学方式的更新方面还不理想，但是这种自由竞争的局面为以后的教材整合和分工提供了基础。

由于清华大学新闻与传播学院的建立，一定程度上为过去基本不涉足新闻与传播学教材的清华大学出版社提供了一种契机，近年来陆续出版了多套相关的著作系列和教材系列。除“清华传播译丛”以外，教材方面目前已经陆续面世的包括“新闻与传播系列教材·英文原版系列”以及原编系列的部分教材。而现在呈现给大家的则是“新闻与传播系列教材·翻译版”。

本系列的原版本坚持从欧美国家大学使用的主流教材中选择，大多已经多次更新版本，有的被公认为本学科最“经典”的教材之一。其中一部分，已经由清华大学出版社推出了英文原版，可以帮助读者进行中英文对照学习。这些教材包括三方面内容：

一、传播学基础理论和历史教材。这类教材我们选择的都是经过比较长时间考验的权威教材，有的如《麦奎尔大众传播理论》（Denis McQuail，*McQuail's Mass Communication Theory*）和《人类传播理论》（Stephen W. Littlejohn，*Theories of human communication*）。《大众传媒研究导论》（Roger D. Wimmer & Joseph R. Dominick，*Mass Communication Research：An Introduction*）也是国内出版的有关媒介研究量化方法的少见的教材。我们还特别选择了一本由James Curran和Jean Seaton撰写的《英国新闻史》（*Pow-*

er without Responsibility——The press，broadcasting，and new media in Britain)，弥补了国内欧洲新闻史方面的教材空白。

二、新闻与传播实务类教材。主要选择了一些具有鲜明特点和可操作性的教材，弥补国内教材的不足。例如《理解传媒经济学》(Gillian Doyle，*Understanding Media Economics*)和《媒介学生用书》(Gill Branston & Roy Stafford，*The Media Student's Book*)等。

三、新闻与传播前沿领域或者交叉领域的教材。例如《文化研究基础理论》(Jeff Lewis，*Cultural Studies：The Basics*)等。

这些教材中，有的比较普及、通俗，适合大学本科使用，特别是适合开设目前受到广泛欢迎的媒介通识课程使用，如《大众传播理论》(Stanley J. Baran & Dennis K. Davis，*Mass Communication theory*)和《媒介素养》(W. James Potter，*Media Literacy*)；有的则可能专业程度比较高，更加适合高年级专业学生和研究生使用。但是从总体上来讲，为了适应目前中国新闻与传播学教育的现状和需要，目前选择的书籍更偏向于大众传播、大众传媒，而对传播学的其他分支的关注相对较少。因为考虑国情的特殊性，新闻学教材也选择的比较少。当然，由于新闻与传媒本身所具备的相当特殊的本土性以及文化身份性、意识形态意义等，这些教材并非都适合作为我们骨干课程的主教材，但是至少它们都可以作为主要的辅助性教材使用。

人是通过镜像完成自我认识的，而中国的新闻与传播教育也需要这样的镜子来获得对自我的关照。希望这些译本能够成为一个台阶，帮助更多的青年学生和读者登高临远，建构我们自己的制高点。

尹　鸿
修改于 2013 年 11 月 12 日

新版本的各方赞誉

本书为学生提供了媒介研究的大量概念、问题及讨论，让他们置身于富有批判但却易懂的情境之中。该书带领读者穿越文本、政治、经济、社会、科技、监管之旅，让读者很容易掌握该领域的精要。此书融合现代和经典的案例，并附有在线资源链接，从而让探讨的问题更加便于理解、发人深思。但此书阅读起来却毫不费力，是每个媒介研究与学习者的必需之品。

娜塔莉·芬顿(Natalie Fenton)，英国伦敦大学金史密斯学院

“第五版《媒介学生用书》是当今全球媒介方面最好的教科书，是学生、媒介及文化研究学者的无价珍宝。此书制作精美，配上图片、边框的资讯和信息框，与吉尔·布兰斯顿和罗伊·斯塔福德的文本巧妙地结合在一起，新版本涵盖了当今媒介研究领域的所有重要话题：纪录片、新媒介、全球化、广告、新闻和媒介管制。还有一个主要章节论述研究方法，以及数不清的活动、任务和项目创意。该书定会在媒介研究课程中受到广泛欢迎。

伊姆拉·泽曼(Imre Szeman)，加拿大阿尔伯塔大学

这个新版本棒极了，修订的内容不仅接受了 Web 2.0 的挑战，并利用它去探索分析媒介制作和使用的复杂性，是对媒介研究的精彩介绍。大量贴近生活的、前沿的案例与学生练习都在鼓励读者积极思考、积极参与。新版本对页面布局进行了重新设计，对材料进行了生动呈现，并配套了专门的辅助网站，该网站拥有该领域绝佳的媒介资源。案例分析为课程活动提供了坚实的基础，同时对研究方法及参考文献的绝佳建议也为课题研究提供了有力支撑。这要感谢经验丰富的编辑老师。

布兰斯顿和斯塔福德对媒介的高度热情极富感染力，但是他们并不回避媒介所有权、管制和环境影响等棘手的问题。在如此快速发展的世界里，更新这个经典的教科书几乎是不可能完成的；但能将它做得如此好简直是个惊人的成就。

克里斯汀·杰拉蒂(Christine Geraghty)，英国格拉斯哥大学

布兰斯顿和斯塔福德将海量的学习材料和当前案例研究通过会话的方式呈现出来，为媒介研究提供了最好、最高端的资源。这本书把自己链接到更为广阔的媒介环境中，将附加材料及参考文献在线归档，通过 YouTube 片段和短片的形式呈现给学生，以此鼓励学生在学习媒介的过程中积极参与，而不只是消极的阅读文本。

通过广泛覆盖、筛选信息以及呈现观点，《媒介学生用书》将继续作为重要资源支持学生的研究学习，同时也成为媒介学者、媒介批评家以及创作者的无价瑰宝。

杰森·班布里奇(Jason Bainbridge)，澳大利亚斯威本科技大学

旧版本的各方赞誉

第四版

据我所知这是最好的媒介研究入门手册，旁征博引，并对学生活动提出了极为有效的建议。更新的部分非常棒，充分利用互联网资源……体现了作者已经充分摸准了媒介文化的脉搏。

克里斯汀·杰拉蒂(Christine Geraghty)，英国格拉斯哥大学

第三版

绝佳的构思和执行，这是我们见过的最好的介绍媒介研究的书。

托比·米勒(Toby Miller)，美国加州大学河滨分校

现在清楚的……是作者在更新文本、例证、案例分析中体现出来的非凡天赋……作为一组文本，现在，它已经自成一类。

大卫·拉斯特德(David Lusted)，英国南安普顿索伦特大学

第二版

无论对于大学媒介研究的高年级学生，还是大一新生而言，此书都不容忽略、不可或缺。

安德鲁·贝克(Andrew Beck)，英国考文垂大学

终于出现了为媒介研究入门课程专门设计的教科书！……此书深入浅出地介绍了复杂的概念，作者用通俗易懂的语言为大学生揭示了关键的批判理论。我是这本书的铁杆粉丝。

克莱门西亚·罗德里格斯(Clemencia Rodriguez)，美国得克萨斯大学圣安东尼奥分校

第一版

想象力丰富、易懂、精明——所有的教科书都应该这样。学生在阅读时会体验到媒介研究带来的兴奋、陷阱和挑战，教师会发现此书是该领域最新的且最好的思想源泉。

安迪·麦都斯(Andy Medhurtst)，英国萨塞克斯大学

这本书是媒介研究教科书的榜样……生动的写法，迷人的风格……提供了一种强烈的争论感，坚持自己的立场，挑战书中权威的观点……他们包含你所能想象到的、最详尽和最值得羡慕的参考范围……他们勇于探讨最难的理论，并具备值得钦佩的解释技巧、大量的参考和例证……对于这个学术层次的读者而言，这是一个非凡的壮举。我坚信，未来的出版物将会以此书作为评判标准。

大卫·拉斯特德(David Lusted)，《英语和媒体杂志》(*English and Media Magazine*)

更多对此新版本的赞美：

对于大一新生来说，这是一本杰出的核心教材，为扩展阅读和研究提供了广阔、客观以及丰富的指导。

克里斯塔·凡·拉尔特(Christa van Raalte)，英国提塞德大学

《媒介学生用书》第五版是迄今为止最好的版本。重新组织和修订的内容增加了材料的可读性，对新媒介和传统形式媒介的当前发展提供了极具价值的最新概览。该书的一大优势是：它将当前最新的媒介形式详尽的描述与深度的历史和系统观点有机结合了起来。书中涵盖的讨论颇为广泛，并将第四版中出现的媒介文本和类型的案例分析实现了完美过渡，保持了与媒介学生的对话，为当前媒介提供了集中的描述。

希拉里·丹嫩贝格(Hilary Dannenberg)，德国特里尔大学

本书把学科分解为概念，展示概念之间的关系，通过提供关键概念的清晰定义、最新案例和大量外部链接让学生理解媒介研究的交叉领域。语言简单直接，平易近人。本书在促进学生理解媒介研究不同方法的同时，也成为论文写作和其他评估项目的有效工具。而最重要的是，书中海量的案例以及发人深思的风格，会促使学生学以致用，开始理解周边的媒介。我认为，师生都会觉得这本书生动实用，发人深省。

卡罗尔·弗莱明(Carole Fleming)，英国诺丁汉特伦特大学

学生反馈

新的版本很棒！容易看懂，让人产生共鸣。书中列举了大量日常生活中的例子，而不是深不可测的学术理论，简单直接，让学生很容易掌握。就像是同龄人在给我们解释一样。我喜欢这本书的一点在于它承认人们学习方式的改变：对互联网更加信赖，这一点被充分吸收并运用到了图书的设计布局中。'研究'的部分设置地非常好，让你意识到这些在我们日常生活中无所不在的媒介，人们把这些媒介当作习以为常进而忽视，这一部分的练习让人们回顾并批判地分析这些媒介。

夏洛特·丁(Charlotte Dean)，英国圣安德鲁斯大学媒介研究学生

我觉得这个新版本简直太棒了。涵盖的内容非常全面，例子非常贴近讨论的主题。我喜欢书页边框中的信息，它为读者解释了可能不清楚的关键概念。同时，附加的网站和练习会帮助学生学习，允许学生与讨论的主题进行更多的互动。在介绍部分，我非常欣赏读者可以通过邮件直接给作者反馈的做法，充分展示了互动媒介和新媒介文化。

安娜·乔丹(Anna Jordan)，英国斯德灵大学媒介研究学生

媒介学生用书

与本书同时推出的专业支持网站 www.mediastudentsbook.com 上提供了大量的学习材料，并及时提供最新的媒介发展动态。

无论是课堂教学还是独立学习，这一网站都是最得力的助手。内容包括：

国际化的案例研究——新颖、深度的案例分析，仅在本网站发布。

旧版本的材料——在线可以获取整章的媒介制作及经典案例研究。

文本分析——在网站上进一步探索书中探讨的主题，加入视频和影像资料。

相关资源——网站提供了书中的所有链接地址，并提供诙谐有趣的网络资源。

《媒介学生用书》的媒体和电影博客——定期更新全球媒介研究的最新资讯及讨论。

当你在书中看到这个标志时，它代表着[MSB5]网站上有与《媒介学生用书》(第五版)相关的海量材料，从案例分析到视频以及文本分析。

CONTENTS

目录

第二部分　争　论

第三部分　研究方法及参考书目

引　言

与互联网一样，“9·11”事件的影响重新塑造了整个世界和互联网技术的使用，既用于监督，也用于各种申明。我们认为，媒介研究的关键是要把握当前的政治环境。

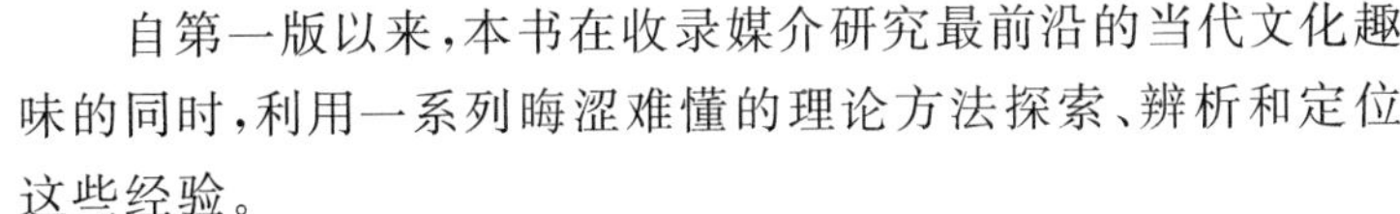

自第一版以来，本书在收录媒介研究最前沿的当代文化趣味的同时，利用一系列晦涩难懂的理论方法探索、辨析和定位这些经验。

在编纂第五版的时候，我们更加关注当前媒介的最新变化以及由此引发的全球影响。同时，日新月异的媒介技术发展对人们的工作和商业产生了巨大的影响，推动了媒介研究的进一步发展。这就是展现在我们眼前的 Web 2.0 或媒介研究 2.0 (Media Studies 2.0)时代。

现代媒介

图 0-1　交互式全球媒介绝不是早期上着链条的印刷书籍。这座雕塑位于韦瑟比(Wetherby)的大英图书馆。本书探讨了交互式媒介与这种印刷“媒介”之间的联系与区别。

媒介无处不在。只要是在供电(尤其是宽带)稳定的国家，每一个具有基本素养的民众每天都会亲身体验到各种媒介的使用，尤其是互联网的使用。几十年前就有理论家提出，“孩子还没能成长到可以自己过马路的时候，就已经随着电视周游世界了”(Meyrowitz，1985：238)。从某种意义上来说，这种情况在今日得到进一步发展——一些全球媒介“全天在线”、即时通信。孩子只要使用“移动设备”(mobiles)或手机等便携式交互媒介，就可以在街头走路的时候联系到父母、朋友，甚至是联通全球。

媒介的熟悉度和嵌入式、易获得的乐趣、舒适的使用习惯和惯例以及它们所带来的恐惧，都为各种教科书带来了困难。交互性媒介夺走了你的注意力。大学课堂不得不禁止学生在课堂上使用手机，互联网也在各个方面改变了研究与写作的方式。

> 你生活在一段有趣的时光里，但殊不知，“乐不思蜀”(May you live in interesting times)这个说法是中国旧时候的一种诅咒。

图 0-2　如图所示，Web 2.0 可以成为恶作剧病毒（hoaxes）。电脑生成图像（computer-generated images）可以构建出电影中的进取号星舰（Starship Enterprise）的全新航线，或者构造出某个政治家、名人遭暗杀的场景。

媒介研究 2.0 方法大纲可参见 http://www.theory.org.uk/mediastudies2.htm。

“推特”（Twitter）这个名字与“维基百科”（Wikipedia）一样，展现了新媒介形式不拘礼节的一面。创始人“想要捕获……你让你朋友的口袋嗡嗡作响的感觉……我们……无意中发现了‘Twitter’这个词……‘简短而微不足道的信息’以及‘鸟儿的唧唧喳喳的叫声’准确地描述了这个产品。”

如果一个学生记录下他（她）在一个星期中的媒介使用量——从用 iPod 听音乐，到看电视、上网或玩电脑游戏，花费的时间一定会令其惊讶不已。这些孩子甚至比我们更了解某些媒介。无论是生动活泼的顶尖教育类节目或博客，还是 YouTube 上发现、制作视频的乐趣，又或是通过新闻博客、粉丝博客或 Twitter 转发而传遍全球的评论，我们都没法跟这些（书面和口头形式的）媒介形式相竞争。作为学生，你可能已经熟练地掌握了在家和在学校用电脑互动学习的技巧，可以通过反复的尝试来解决问题，或采用模式识别和战略思维的技巧，这些“绝妙的”技巧通常是在玩电脑游戏的过程中磨炼出来的。

确实有些人会认为，用书籍来“传递”媒介研究的思想已经落伍了。在改写这一版的时候，我们的构思明显会受到网络各种可能性的影响，在每页的边框中附注了一些额外资料，希望能引发读者的额外讨论。因此，我们必须重新设计版面，加深与相关网站之间的联系。在上一版中与制作和行业相关的章节和案例分析已经移到了网上，方便随时更新信息，添加素材。当然，书籍也有不少优点，比如便于携带，不依赖电脑电源，没有电脑那么费眼，而且使用起来很简便。

这样一本书和网站能够在这个 Web 2.0 时代提供些什么呢？所谓的“媒介研究 2.0”方法认为，你是被授权的媒介使用者（而不是受众），远比你的学术导师更熟悉 Web 2.0 的各种形式，老师们只会简单地将 Web 2.0 材料“加在”书中或课本上。讲座等方法是建立于“广播”方式（一对多）之上的教学法，而不是交互式的现代网络方式。对于某些人来说，交互式网络会刻意地使用非正式，甚至无聊轻佻的名字——比方说让他们非常恼火的“Twitter”（推特）上的“tweeting”（发推特）。

我们对学生和教学的经验表明：

a. 不管是现在，还是 Web 2.0 形成之前，这都是对优秀的媒介研究教学的讽刺。

b. 学生们并不总认为自己是“数字原住民”（digital natives），这个术语认为你在交互式媒介中应该具备一些技能。还有一个术语叫作“数字一代”（digital generation），这个术语设法将技巧、信心等高度分化的层级挤在一起，包括年龄——是不是所有从 13 岁（或 5 岁）到 18 岁（或 20 岁）的“年轻人”都参考兰扎·达斯(Ranjana Das,2009)的报告《青年素养研究》(Researching Youthful Literacies),该报告关注了一些年青人在网络使用上的困难与不满。

新自由主义(Neoliberalism)用于描述私有化与解除管制的社会—经济结合,以及随之而来的"自由贸易"与"自由市场"的思想狂欢。

具有相似的数字技能水平和品位?

c. 学生们愿意上媒介课程的一个原因在于媒介课程能够扩展他们的媒介使用,通过他们自己的制作和干预形成更广泛的媒介使用框架。

d. 互联网的商业和政治潜能常常被人夸大了,以符合"新自由主义"(neoliberal)的声明:"极权"(big power)已经消亡了,我们作为"明智的群体",可以影响任何事,等等。同时,获得注意力、有人倾听和"有发言权"就像收入的不均等一样,在全球分散不均。

e. 新自由主义的拥护者阻碍了反对全球不平等的步伐。同时,人们也很难提出,自己觉得某些 Web 2.0 的形式很无聊,或者是感觉自己的声音没有得到倾听,或者是自己只是想进一步了解某个媒介。

f. 在这个空前不平等、危险与机遇并存的多元时代,以前的"老"方法仍能有效地研究各种媒介形式。当然,有的创始理论是诞生于几十年前的,所以我们现在经常提到这一点,并试着不断更新。但是你会发现,了解这个研究领域的历史也是很有助益的,有助于你领会为什么这些方法那么重要。

g. 新与"旧"的结合能够迸发出最惊人的运动、讨论和电影等。可以查看第 12 章托克集团(Trafigura)的近期案例,综合运用了 Twitter、印刷和网络形式的英国自由主义报纸、一位有原则的国会议员以及对 18 世纪激进运动的呼吁。

这些已经足以概述本书的各项议题了。

我们希望你能喜欢第五版的全新设计。第五版与之前的版本相比,删减了一些章节,让我们可以更细致地了解一些重要概念,进一步讨论细节。正如我们前面提到,**MSB5 网站**上有对本书丰富的补充,涵盖了之前版本中颇受欢迎的素材[对《精神病患者》(*Psycho*)、科幻小说、《低俗小说》(*Pulp Fiction*)的叙事分析、对"后现代主义"的讨论,以及对西方类型案例的分析],以及新加入的素材[例如,我们希望能囊括新西兰关于"猪流感"(swine flu)的媒介处理方式研究]。

第五版仍然不想设计成由范文、答案、学习目标等组成的课程或教学指导大纲,而是希望成为公平可信的关键概念领域解读。媒介研究是跨学科研究,综合运用社会科学、文学与视觉艺

1/3 的人知道他们的通信设备比两年前更耗电了,但是不到 40%的人会考虑到他们购买设备对环境造成的影响。这比人们使用“白色家电”产品时的考虑要低很多,在白色家电的案例中,超过半数的人会说购买前,环境是他们考虑到的一个因素[摘自《Ofcom 2008 通信市场报告》(*Ofcom 2008 Communications Market Report*)]。

“令人兴奋的互联网猜想 No.569”:之前有过这样的讨论,人类处理信息流和做决定的方式是“遗忘”或“关闭”。但是迈尔-舍恩贝格尔(Mayer-Schönberger,2009)认为互联网能够“记住”一切,进而在未来很长一段时间内,能够赋予别人比你更强大的信息力量。

术的研究方法,博采计算机、经济和传播理论、文化研究的理论,给人们带来丰富的视角和兴奋的感觉。这本书可以帮助你理解并运用那些纷繁复杂的理论、术语和研究方法。如果你发现有些内容并不在你的教学大纲上,请不要惊讶,继续研读——你会发现这些内容能够加强你对关键概念的理解(这些内容是十分必要的,可以丰富你即将接触到的下一个模块和课程)。

我们提出了一系列的“研究”(EXPLORE),有的简单,有的复杂。尽管章节的内容会提供给你一部分材料,但是大多数“研究”中的问题你都可以独立完成。问题都没有“正确答案”,我们希望这种求解的过程本身是充满乐趣而且有价值的。请把这本书看成一本特别的工具书。视觉引言(The Visual Preface)展示了这些教学法的专题和网络资源,你可以在开始阅读前就熟悉它们。

我们也进一步拓展了书中的素材,强调媒介研究所提出的环境政治学问题、变化的媒介商业和其他实践、“新媒介”的本质、全球化的最新影响以及名人效应的媒介形式。还拓展了一些热点讨论,如将我们一直当作“使用者”(users)而非“受众”(audiences)。我们偶尔会将倾听的隐喻付诸实践,与平常强调的“赋予人们发言权”相比,这似乎是思考媒介活动的一种有趣的新方式,因为只有可以付诸实践的势力方听到了群众的发言,“发言权”才能真正起到作用。随之产生的是人们对这个问题的兴趣:谁有权力保持“沉默”、隐匿起来、不用回答或可以使用特定材料?

多年来,在继续教育和高等教育领域和普遍的媒介素养教育中,我们对二者的“结合”奏效了。我们喜欢多样的流行文化,并且认识到了它所具有的文化、政治意义及乐趣,因而我们会研究这些流行文化。同时,我们觉得媒介研究应该是充满挑战和趣味性的,无论你是对通过考试更感兴趣,还是希望能够进一步了解你的文化,我们都希望你能这本书能够为你带来帮助和便利。

如果您对于这本书有任何意见与建议,可以给出版社写信,也可以直接将您的评论用电子邮件发给我们,我们的邮箱地址是:gill. branston@ntlworld. com 以及 royitp@google-mail. com。

参考书目与扩展阅读

Das，Ranjana (2009) Researching Youthful Literacies：Concepts，Boundaries，Questions，http://personal. lse. ac. uk/dasr/DAS_POLIS_Summer_Report. pdf.

Mayer-Schönberger，Viktor (2009) Delete：The Virtue of Forgetting in the Digital Age，Princeton：Princeton University Press.

Meyrowitz，Joshua (1985) No Sense of Place：The Impact of Electronic Media on Social Behaviour，New York：Oxford University Press.

第一部分

PART One

关键概念

媒体蜂拥采访巴塞罗那足球俱乐部© Jordi Cotrina/El Periodico

第 1 章

CHAPTER 1

媒介文本研究方法

- 符号学方法
- 结构主义、差异与对立
- 外延与内涵
- 符号的社会属性
- 讨论
- 内容分析
- 小结
- 参考书目与扩展阅读

与其说媒介是一种“东西”，不如说是人类的栖息地。媒介信息和娱乐消遣不断萦绕在人们周围，渗透到日常生活当中，人们可以很轻易地理解媒介并从中获得愉悦感。而正因为这种理所当然的理解，很多人开始重视日常生活中媒介的角色和价值，并带着轻松的态度去分析媒介。同时，因为绝大多数人已经完全领会了媒介的“准则”，所以很难对媒介置之不理。

这一章我们将集中概括研究媒介“**文本**”(texts)的两个主

要方法:**质性研究方法**(qualitative)和**量化研究方法**(quantitative),研究**符号学**(semiotic)和**内容分析**(content analysis)方法,分别关注:

- 单个文本的特征,
- 统计重复模式、群组成分、文本数量,记录发现。

有些人觉察到这些方法之间存在的对立,它们的确有所不同。但这些方法可以相辅相成、共同发挥作用。

图 1-1　第二次世界大战时期很有名的图片,鼓励英国人把公园、花圃等改造成蔬菜种植地[见电影《愚昧年代》(*The Age of Stupid*)的案例分析]。有趣的是,很少有人会注意到图片中只有一只脚,这是"不可能的"。但文化形成的感知习惯让人们忽略了这一点,可能因为人们的注意力都集中在语言、蓝天、白云和三者的有力结合上了。

符号学和建构主义中"想当然"的部分是媒介中所谓的**造势**(spin)或公关(public relations)。新闻媒体常用一分钟来解读符号,讨论某个名人的面部表情或某个政治家的用词"真正"代表什么。见第11章。

注意:这些东西需要你花一些时间来消化。你将学习到的术语是众多媒介研究的重点。尽管这些术语构建了某些媒介学者的研究,但使用起来却多模棱两可。近年来符号学方法(质性方法的一种)得到充分的认可与讨论。符号学方法了解意义和图像等的建构,不仅是该领域也是整个主流媒体的关注焦点,尤其是在评论时尚和政治的时候。你马上会发现,自己所了解的符号学知识远超出自己的想象。

研究 1.1

- 当你翻阅本章后,查找一些杂志和报纸是如何讨论时尚、政治家或明星的着装、仪态甚至是言论的。
- 这些讨论是怎样与"意指实践"(signifying practice)的符号学理论相关联的?

法国文学理论家、批评家和哲学家**罗兰·巴特**(Roland Barthes,1915—1980)将符号学分析应用到文化和媒介中,著作《神话集》(*Mythologies*,1972,1957年首次出版)汇集了一系列广告、格斗、葛丽泰·嘉宝(Greta Garbo)的容貌等诙谐风趣的文章。

互文性:媒介和其他文本相互作用的各种方式,而不是独特、区别开来的。

关于"文本"和"读者"的术语解释:

"文本"(text)一词最早指的是神圣的著作,比如圣经,抑或是布道时留下来的记录。然后"纸上的话"就被用到了讲话"实际的文本"当中,现在发展成了"文本信息"(text message)。但涉及研究媒介和文化的符号学和建构主义方法,文本就可以是指调查中任何一样东西——发型、街头说唱的歌词、舞蹈或电影。

这个术语来源于拉丁文"组织"(tissue),巴特强调叙事文本不是单独存在的,而是不同线索和过程编织起来的混合物。其中一些来源于故事"内部",一些连接着"外部"或其他实体,还有一些在过程中涉及其他文本,称作"**互文性**"(intertextuality)。这种编织方法可以有效应用于所有文本,但是与需要精心研究、单独存在的神圣著作这一原意是背道而驰的。

在符号分析中,我们这些受众被称作"读者"(reader),一方面强调了我们面对的是习得的事物而非自然存在的事物,另一方面也点明了理解符号所需要的活动程度。

法国语言学家**费尔迪南·德·索绪尔**(Ferdinand de Saussure,1857—1913)首先提出符号学作为符号研究体系,以“代码”和“结构”的形式组成。俄国理论家沃洛希诺夫(Volosinov)则认为“解码”(decoding)将语言看成没有生命的东西,而不是活生生、变化中的活动。

“媒介”(media)来源于拉丁语“中间的”(medium),是“medium”的复数。

符号学理论研究符号、意义如何产生,事物如何产生影响。这包括设计的符号如何传递意义(语言、徽章)以及“症状”(比如“猪流感”的迹象)。

丹尼尔·钱德勒(Daniel Chandler)对关键的媒介研究术语的汇编和讨论参见 http://www.aber.ac.uk/media/Documents/S4B/sem12.html。

质性方法研究文本如何与周围的社会秩序联系起来,其中最典型的例子就是符号学(现在多用 Semiotics 表示符号学,很少用索绪尔的 Semiology 来表示符号学)。另外,内容分析也在探索这些“文本”的模式和疏漏,是主要的量化研究方法。

符号学方法

人们常常把媒介当成“社会”与受众之间传输的纽带,尤其是新闻媒介和实体媒介,由各种讨论、事件或地点产生“相关的”或“衍生的”图像。它包括新闻或者名人隐私。但是,人们会想当然地认为这种传播的任务就是讲述“事实真相”。然而,符号学不认为媒介只是传播渠道或是“观察世界的窗口”。反之,它们建构的现实只是一种“描述”或是“象征”。在当代的复杂世界中,这一理论撼动了原本可以直接获得或“恢复”的真相的定义。

20 世纪 50 年代后期,人们开始重视媒介研究。当时多照搬文学、社会学和艺术批评中的方法,重视“良好的对话”、“有说服力”、“真实”和“美文”。正如人们对“真相”的假设,当时的“个体”获得高度评价(多是很有限的作家和艺术家)。但人们渐渐意识到,仅以此来讨论一部电影或一个电视节目是远远不够的。人们开始质疑这些关键术语,开始探究“原始”、“真实”、“美好”的标准是什么?是为谁而定?又有谁经历过?

与此同时,符号学和**结构主义**(structuralism)的相关理论开始发挥作用,其中最根本的问题在于:在不同的语言和文化中,意义是如何建构的,语言和文化又对这种建构起到什么作用。这些方法“回避”各种故事和图像的价值问题,直接着眼于意义的建构方式。之后有人继续发展这一理论,提出因为意义是人类建构的,所以人类可以进行改进。

符号学被定义为符号(signs)的研究,或者是符号系统中意义和乐趣的社会生产的研究,或者是事物如何获得意义的研究。在之后的版本中,关于社会的部分会得到重视,称作“社会符号学”。其中大量运用了语言学家索绪尔、逻辑学家皮尔斯

结构主义：批判性分析方法，强调在文化、故事、媒介文本等表面差异和明显随机性之下的普遍结构。

图 1-2 这张照片像印刷字体一样，象征着"玫瑰"。但照片需要使用一枝具体的玫瑰（这里是黄玫瑰）——图像能指。然而，印刷或口语中的"玫瑰"一词是随意的能指，你可以想象自己的"玫瑰"能指。

因为英国是岛屿气候，所以形容雨的词汇非常丰富。你可以想到哪些词汇？还有没有哪个国家因为地势原因，会相应地拥有这方面丰富的词汇？比方说沙漠文化和骆驼？

(Peirce)和文学理论家巴特的研究成果。

索绪尔认为一个符号包括实体的能指(signifier)(手势、书面语言、音乐)，还有非实体的所指(signified)(与手势、语言相关的想法、概念等)。索绪尔是语言学家，也因此对语言符号很感兴趣。

- 首先，索绪尔认为词语作为语言能指，与它的所指之间的关系具有任意性，有时候是纸上的字迹(如玫—瑰—花)，有时候是空气中的发音(说出"玫瑰花"这个词)。但并不是真正实体存在的玫瑰决定了口语中、笔头上用"玫瑰花"三个字代表玫瑰的实体，任何可以发声的字母都可以组成玫瑰的名字(如果你掌握第二种语言的话就会明白)，因此不同的语言对"玫瑰花"有不同的叫法。有些人觉得符号学很难理解，其中一个原因是他们在使用相同语言的群体中长大。从某种角度来说，很多年前"玫瑰花"就成了这个群体默认的能指。
- 其次，当一个符号指的是其他事物而不是符号本身时，这个符号是**所指**。需要着重掌握这个概念，因为这个概念不是这个世界的真实存在。在我们听到"玫瑰花"这个词的时候，我们可能很难把"玫瑰花"的发音、字符与"玫瑰花"这个概念分开，但符号学强调的就是其中的区别(见下文皮尔斯)。
- 最后，符号学强调，我们所了解的现实是由不同文化情景中我们使用的话语和符号自身建构而成的现实。人们不是简单地给这个世界贴上标签，而是极具想象力地将世界划分成各个种类，我们继承、使用的语言在很大程度上决定了我们对事物的感知，而不是简单地由"现实"决定事物。

人们是怎么通过虚拟的方式接触现实的，举一个最常见的例子——雪(snow)的概念。英语中多用雪、融雪(slush)、霰(sleet)几个名词来区分下雪的场景。但对因纽特人(爱斯基摩人)来说，雪与他们的关系更加密切，所以他们对雪的划分更加详细："小雪"(light)、"软雪"(soft)、"大雪"(packed)、"雨夹雪"(waterlogged)、"暴雪"(shorefast)、"表层雪"(lying on surface)、"飘雪"(drifting on a surface)等。如果你掌握不同的语言，请思考不同的语言在建构或"区分"现实体验的时候有什么样的不同(见霍尔，1997)。

索绪尔对语言最感兴趣。他认为语言是文化创造的，而

查尔斯·桑德斯·皮尔斯（Charles Sanders Peirce，1839—1914）是美国哲学家、逻辑学家和科学家。他在符号学领域赫赫有名，一是因为他把符号分为图像性、指示性、任意性和象征性，二是因为他在索绪尔的“能指与所指”符号概念中引入了所指对象的概念。

不是自然形成的。皮尔斯又将这个讨论推进了一步，引入了第三个术语——**所指对象**（referent），从而强调“所指”这个概念自身是由文化形成的。所指对象是能指和所指的对象：色彩不同、形态各异的真正的玫瑰，这与人们看到或听到“玫瑰花”一词时脑海浮现出的单一的、大概的玫瑰的概念是不一样的。皮尔斯还提出，按照符号和其代表事物之间的关系，符号可以划分为三类：**象征性符号**（symbol）、**图像性符号**（icon）、**指示性符号**（index）。符号关系任意（比如语言）的符号被称之为象征性符号。“玫瑰花”这个词与真的玫瑰花之间没有必然的联系，就好比说不同的语言用不同的词语来表示同一个所指对象。交通信号灯的颜色（为什么黄色的信号灯代表“准备”？）和很多国旗的设计（为什么是红、白、蓝三色？）也是一样的道理。

图像性符号与他们所象征的东西类似，比方说油画、相片或电影里的玫瑰花，或者是你输入短消息时“画”出的表情：—O）。图像性能指的另一个特性是一幅玫瑰的画总是要画出一束特定的玫瑰，而“玫瑰花”这个词则是一个任意的符号。

还有一个相关的词是“有目的的”（motivated），指的是有些能指是符合所指的，比方说机场符号。

有些学生搞不清楚“图像”（icon）和“图像的”（iconic）两个词的用法，现在多代表的是“非常著名的”意义。这个例子说明了“icon”这个具体符号的内涵意义的改变或具有多重意义。

图 1-3　因为大多数机场会接待不同语种的人群，需要清晰的非口语符号系统——皮尔斯会说这是图像性符号或理据性符号（motivated sign）。

最后，**指示性**符号指的是符号与其象征的事物存在因果关系。流鼻涕常常是感冒的象征，烟雾是火的指示性符号，侦探用法医鉴定来寻找谋杀的指示性符号。在实践中，这些不同类型的符号常是一起出现的，尤其是当我们在“语言系统”中加入了姿势、服饰、结构等元素。巴特在他的《神话集》（1957/1972）中用符号学方法研究这些领域。尽管巴特尝试用政治意味不明显的术语“神话”（myth）来研究意义的顺序，这本书仍然试图将视觉符号与文本的意识形态关系联系起来。

见美剧《广告狂人》(*Mad men*,2007—)第1季第13集中的一个著名场景:20世纪60年代的美国广告商在为幻灯机产品设计的广告方案中将回忆、渴望与照片建立起联系。

关于证据和建构的讨论:

安德烈·巴赞(André Bazin)(见第8章、第13章)曾指出,电影胶片有一种特殊的"真实效果",感觉有点像追踪现实,像是死者的面部模型。他认为,不论是拍电影还是拍照片,都要使用真实的灯光,"追踪"或直接联系现实。

研究 1.2

如何让电影胶片同时具有图像性和指示性能指?

讨论:

人们常常认为拍虚了的照片代表"真实",因为没有摆拍。部分原因是有时候新闻照片会拍虚,比方说用手机拍摄的游行场景,因为这些照片有的是在记者避免受伤甚至遭遇生命危险的时候抢拍的。当然,在事件与照片之间,你也可以找到指示性和图像性的关系。

图 1-4　一张经典的抢拍照片,由于是抢拍,构图、光线、清晰度等都不是很理想。——伊恩·汤姆林森(Ian Tomlinson),丧生于2009年伦敦民众抗议20国集团峰会的游行中。此为汤姆林森丧生前的照片。

但是这种拍虚也可以造假或故意摆拍，历史上就有一系列臭名昭著的“摆拍”的战争照片。就现在的影视准则来说，也有一些故意而为之的“抓拍”纪录电影，如《谍影重重》系列。

我们如何理解“现实主义”的准则呢？如何用（指示性的）证据来代表“真正发生”的事情？数字媒体把这个问题复杂化了，因为数媒变幻莫测，不必“追踪现实”。游戏和科幻电影可以构建一个完全虚拟但却非常逼真的世界。这是《头号公敌》（*Public Enemies*，美国，2009）电影摄影师但丁·斯宾诺蒂（Dante Spinotti）对当前电影数字处理的一段典型评价：“你可以分开图层、去除颗粒、增加图片边角人物的锐度。”

在某种程度上（尤其是图片可以用电脑作假的年代），我们要想解决“现实主义”的问题，必须要依赖于图片或文本以外的证据。例如，我们要考虑制作和传播这些图片或文本的机构是否可信（见第 13 章，纪录片和“电视真人秀”）。

“交换”（commutation）这个术语时常在媒介中使用。它在口语中指的是用一个成分代替另一个成分，有的时候会带来关键性的变化，比方说如果“dog”（狗）这个单词中的“d”被“f”代替，就会变成“fog”（烟雾），整个单词的意义就改变了。如图 1-6 所示，西班牙电影明星佩妮洛普·克鲁兹（Penélope Cruz）在《破碎的拥抱》（*Broken Embraces*，西班牙，2009）中，以佩德罗·阿莫多瓦（Pedro Almodóvar）艺术电影中出色的表现、艳丽动人的黑发和睫毛电眼而著名。

图 1-5　美国民众示威游行反对 2001 年美国空袭阿富汗的行动，这张照片是此次活动强有力的证明（图像性和指示性的）。

● 这幅图是经过建构的：拍摄的角度和位置、选择的镜头，最后形成这张大范围的照片。

● 这样架构是为了证明此次示威游行的规模之大，是文本和制度上的“明显证据”。很多其他证据也证明此次游行的规模，登上正规报纸的头版，因此这样的照片很难做假。

图 1-6 佩妮洛普·克鲁兹在《破碎的拥抱》(*Broken Embraces*,西班牙,2009)中的表现。

图 1-7 玛丽莲·梦露在《乱点鸳鸯谱》(*Misfits*,美国,1962)中的表演。

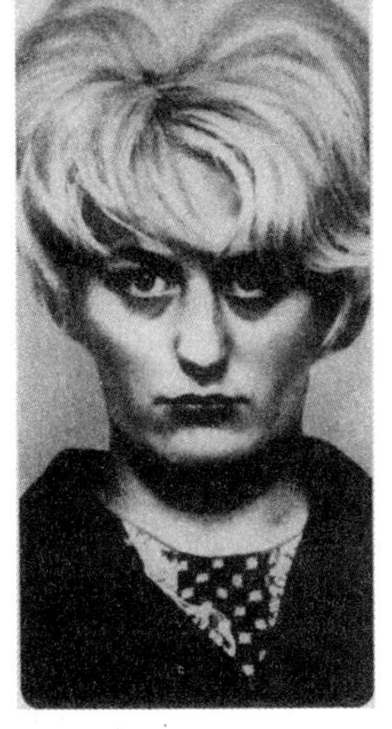
图 1-8 头发漂白的冒牌金发女郎在 1966 年虐杀儿童的共犯马拉·汉德莱(Myra Hindley, 1946—2002)身上则是另外一种含义。由于汉德莱的性别,深色的发根和眉毛显示出她是“冷酷的”杀手。

20 世纪 50 年代,一些明星(如麦当娜)模仿梦露,造成了巨大的轰动效应,这应该归功于新的双氧水染发技术。头发颜色原本比较暗的白人女明星常用这一染发技术,还有眉毛和肤色的指示性符号。看到拉美裔的克鲁兹有这样的发型和颜色让人们不觉一惊,再加上“眼珠”的耳环,唤起人们对墨西哥导演幻想/恐怖电影《潘神的迷宫》(*Pan's Labyrinth*，西班牙/墨西哥/美国，2006)的记忆。

我们可以通过“交换”这个概念来讨论一下这个图像。金色的假发有些类似于梦露在她生前最后一部电影《乱点鸳鸯谱》(美国，1962)中的头发(如图 1-7 所示)，但却代表着两位明星最大的不同点。假发、克鲁兹的诠释可能会让人们想起“梦露——悲剧、魅惑的好莱坞明星”，与克鲁兹独立、拉美裔的形象完全不同。它可能只会让人们想起“娱乐圈的魔力”，而不是艺术电影。白—金色的染发在这种情景下变得更加普遍，成了一种日常体验。

你可能有关于能指的类似经历，甚至亲身体验过。

研究 1.3

● 观看 8 分钟的《为玛丽莲·梦露祈祷》(古巴，1984)，http://www.youtube.com/watch? v = C6pYZQBEHys。你可能需要多观看几次，因为西班牙语电影有丰富的图像轨迹，图像和画外音/原声之间存在各种联系。它使用蒙太奇的手法(电影的基本结构手段和叙事方式)，结合形成鲜明对比的符号、图像和拍摄，形成令人吃惊的新意义。蒙太奇常用于政治方面的拍摄，现在也多用于广告。

● 这部短片如何使用“梦露”的符号？选取三个镜头，讲讲这三个镜头放在一起是怎么产生与梦露的新联系的。

● “交换”这个词恰当吗？

● 查一下埃内斯托·卡德纳尔(Ernesto Cardenal)这个人是谁。他的诗歌如何试图重新锚定(见第 25 页)关于梦露的明星电影片段，他又为什么这么做？

西格蒙德·弗洛伊德(Sigmund Freud，1856—1939)，奥地利精神分析颇具影响力的开山祖师，提出了治疗神经症的理论与实践方法。“正常的”潜意识心理过程通过梦等反映出来，这些理论是从这一过程中提出来的。

结构主义、差异与对立

因此，符号学理论认为我们对世界的感知是由语言和其他符号构建而成的，而语言和符号是通过差异存在的。一个经典的例子就是颜色。有些颜色的类别在其他文化中是不存在的，比如说棕色。有的文化可能使用一些符号来区分“蓝色”。这不是因为视力缺陷，而是因为有的文化就没有命名这种颜色。

因此,有人认为因为命名的问题,这种颜色就没有被这种文化感知到。

结构主义指的是一套想法和定位,融入符号学的各个部分,着重强调两个定位:

第一,19世纪的重要思想家认为所有的社会秩序是由大的社会结构或心理结构决定的,它们有着自己不可抗拒的逻辑,独立于人类意志和目的。弗洛伊德和马克思开始用这种结构来解释社会与世界。弗洛伊德认为心理结构(尤其是潜意识)是这样的一种结构:我们以自己感知不到的方式行动,但在做梦、谈话的瞬间中会隐约感知到这种心理结构。马克思认为经济生活特别是人与生产工具之间的关系(他们是否拥有这些生产工具,还是为了拥有生产工具的人所工作?)是另一种结构,形成了政治主张和主导权力的结构。在这两个模型和整个结构主义中,有一些常见的问题:改变是如何出现的,如果这种非个体的结构决定了所有事情的话,人类要如何发挥作用、产生影响?

卡尔·马克思(Karl Marx,1818—1883)是德国哲学家、经济学家和记者,分析和探寻通过革命的方式推翻19世纪欧洲的工业资本主义秩序。见第6章。

第二,后来的结构主义者提出,只有在系统结构及其产生的差异与分歧中,意义才能为人类所理解。举例来说,结构人类学(structuralist anthropology)可能研究一个文化如何系统化地组织关于食品的规则:

克劳德·列维-斯特劳斯(Claude Lévi-Strauss,1908—2009)是法国人类学家(不是牛仔裤的发明者)。20世纪50年代较为活跃,其研究主要关注南北美洲部落文化中的神话、图腾及血缘关系。其《神话学》(*Mythologiques*)中有一篇的题目是《生食熟食》(*The Raw And The Cooked*,1964),从中可以了解他的研究成果。

- 排斥规则(英国人把吃青蛙和蜗牛当成一种野蛮的法国风俗);
- 对立规则(开胃菜和甜点在大多数西方饮食中都不可以同时食用);
- 关联规则(在牛排和薯条之后上冰激凌是可以接受的,在牛排和冰激凌之后上薯条是不可接受的)。

这样的规则才产生了“好的”、“错的”或奇怪的搭配或菜单。结构人类学家列维-斯特劳斯对符号学产生了巨大的影响。他强调神话系统和语言中结构对立(structuring oppositions)的重要性,常称为二元对立(binary oppositions),因为可以组成对立的是两个方面。这些对立在文化中产生关键的界限和差异,而对立双方的价值往往是不平等的。

索绪尔将这个规则应用到语言产生意义的方式中,通常定义一个术语是另一个术语的对立面:黑/白、热/冷等。在英文例如，女权主义者认为对立双方中“女性的”(feminine)一方是遭到贬低的一方，同时在这一系列对立词汇中，美国土著人在很多西方词汇中也是遭到贬低的一方。见**MSB5网站**上的“西方”(The Western)。

中“man”[①]在不同的情境下代表不同的意义，可以与“男孩”(这个人的行为像是个男人，而不是男孩)相对，或与“女人”、“神”甚至“野兽”(你是人类还是老鼠?)相对。因此，“女人”常与“男人”一起定义，“女性特征”(femininity)常通过与“男性特征”(masculinity)之间的区别来定义。

举例

1.《泰坦尼克号》(*Titanic*，美国，1997)电影：符号学和结构学方法首先要观察“文本”中有没有系统对立的成分，《泰坦尼克号》的故事部分是由差异构成的，例如高等舱和低等舱、上层阶级和下层阶级、美国和欧洲，通过音乐类型、礼节程度、舞蹈、着装、色彩、设备类型等能指来加以体现。

通过结构主义者的研究，我们可能会发现在持久的对立关系中(有时称为二元对立)，一方总比另一方更有价值。在这个例子中，以杰克(Jack)/迪卡普里奥(DiCaprio)为代表的“低等舱、下层阶级”活泼的平等主义者与高等舱或上层阶级产生对比。但电影从性格、态度、对灾难的回应等方面颂扬了下层阶级。这一对立也是为什么故事中罗斯(Rose)/温丝莱特(Winslet)的进展和决定会如此重要。通过这个差异体系，罗斯这个角色将她的命运交给了更民主的未来。

2. 广告宣传。在广告策划会上常有“头脑风暴”(brainstorming)的环节，宣传工作者会按照典型的二元对立模式，以列表的形式提出作品(或名人、宣传)的一系列品质，哪些是“非李维斯”或“非梅赛德斯”的。

3.“中东”(一个有趣的口头象征)的新闻报道中常存在“现代”(modern)和“基要主义”(fundamentalist)的二元对立。有些人很惊讶这个对立在乔治·沃克·布什执政期间超越了伊斯兰和基督教的基要主义。见女性反基要主义(www.womenagainstfundamentalism.org.uk)对这一术语(符号)的讨论。

地理位置使用的术语常是“亡”隐喻。因此“中东”(Middle East)表示的是欧洲的东部地区，而非其他地方的东部。“西方”(Western)也是如此，尽管现在“西方”有“进步”、“现代化”和“西方和除西方之外”(the West and the rest)的含义。见班尼特(Bennett)等，2005：372-374。

① “man”不仅有男人的含义，还有人类的含义——译者注。

图 1-9 除了这张图片中体现出来的叙事对立，逐渐上升的水面所带来的危险和残存的船身之间也存在对立。见罗斯(2001)对视觉媒介的组成及其他非符号学分析方法。

结构主义者强调，这种对立解释了符号学的主张：人们要想完全理解一个符号，就必须在特定的体系或标准中与其他符号进行对比。

最后一点，这一“体系”经常忽视符号是“不稳定的”，它们自身有相互的联系、与历史以及世界的一部分也有联系。例如，语言中有很多不引人注意的亡隐喻①(dead metaphor)——“盲人”标记(“blind” marking)、工厂“人手”(factory “hands”)、“意外”税收(“windfall”taxes)等，都在回应人们的使用时脱离了原来的意义。人们可以玩弄符号，自由地传播意义，这也是一些文本的乐趣所在，可以用押韵、双关语、写打油诗等消遣。人们可以在音乐录像带、广告或电影[《威尼斯疑魂》(*Don't look now*，英国，1973)中的红色]中重复使用某种颜色。早期的符号学理论家是从语言学和文学研究领域中分出来的，关注意义。但是我们需要更新这些理论，其中一点就是我们要意识到娱乐消遣、意义等，都是由包括语言在内的符号产生的。

① 亡隐喻：长期使用而失去其隐喻义的词或短语——译者注。

外延(denotation)与内涵(connotation)

符号命名或**表示**(denote)了我们的经验或整个世界的不同部分。"红色"意味着色彩光谱上的一部分，语言将红色与这个光谱的其他部分区分开来(比方说"蓝色"、"粉色")，而实际上这些颜色都属于一个连续的光谱，不同的颜色融合在一起。但是符号也有**包含**(connote)着事物，或与其他事物联系起来。他们可能通过重复地联系更广泛的文化概念、价值以及个体自身历史与经验来连接其他事物。

举例

"红色"是色彩光谱的一种。广义来说(有时候并入粉色、紫色或橘色当中)，它代表了血、火焰、日落、羞涩的脸色。在某些文化中，这可能显示出为什么这个色彩和这个词汇能够有激烈、热情、危险等内涵意义。

1. 在《风月俏佳人》(*Pretty Woman*，美国，1990)中，有一场戏是薇薇安(Vivien)/朱丽叶·罗伯茨(Julia Roberts)穿着一条非常隆重的红色礼服(在她第一幕穿的花花绿绿妓女装和后来一条更正式的黑色礼服之间的礼服)。因此，人们可以说红色的礼服代表着她日益增长的自信和对爱德华(Edward)/理查·基尔(Richard Gere)的爱。"红色"通过很多方式来达到这样的效果：

- 与"热情的"、"激昂的"象征联系在一起；
- 与她在电影中其他服饰形成有意的区分；
- (有能力的)观众的文化认知还会让他们认为，红色除了在这个电影中的作用，还表示"共产主义"(communism)、"曼彻斯特联队"(Manchester United)、"危险"等含义——这些可能在其他意义结构中存在。

2. 美国电视剧《广告狂人》中的片头。该片讲述了20世纪60年代麦迪逊大道的广告巨头与他们的妻子、秘书、情人之间复古华丽的世界。片头使用动画形式展现了主角唐·德雷柏(Don Draper)一步步走入纽约摩天大楼的高层

图 1-10 《广告狂人》的标题字幕

办公室，然后突然从上面掉下来，用动画（而不是电影）的风格拉远了该片与“9·11”事件之间强烈的联系。人们仍然记得美国“9·11”事件中遇难者从双子塔上掉下来的惨烈场景，当地杂志和报纸在事件发生后起初都不刊登这样的照片。而《广告狂人》这种特定的内涵和引起的共鸣让该片从一开始就成为舆论焦点。同时，使用动画而非实景拍摄也引起了一种“感觉形式”(modality)，或者说与现实的联系。

3. 绿色是现代颇具内涵的颜色，因为它与环境政治关系密切，有时简单地称作“绿色”政治。

白色也有自己的含义，尤其是汽车和电脑广告（见苹果、普锐斯、雷克萨斯的广告）中，白色代表着西方传统中的“纯净”。

在广告或其他大规模传播的图像中找出利用这些色彩内涵意义的例子。

然而，尽管这些术语可以表示符号的社会联系，仍有两点值得考虑的地方：

1. 他们认为任何符号的“内涵意义”都可以综合地列举出来，然而一个符号可能对大多数人来说有截然不同的内涵意义（基于个人的记忆、亚文化群的知识等）；

2. 互联网极大地发掘了这一含义的潜力，因此符号可以附加一些其他的价值，让人无法分析和“统计”。因此，符号的社会存在需要一种更宽泛的文化方法。

符号的社会属性

符号绝不是“自然形成的”，或只是现实世界的“标签”，符号是社会建构起来的，绝不是看上去那么“自然”。符号学方法恰当地提出，在现实和虚构之间没有明显的界限，两者之间早已互相渗透。符号学在重新思考意义建构的关键性社会活动中起到了巨大的作用。但是面对现代政治和社会的发展，符号学和后结构主义常有一种无力感，语言和表达成了“靠不住的”、“狡猾的”代名词，他们与现实社会的关系也一直得不到重视。

值得一提的是产生和重构意义的必要因素是广义的文化或社会协定（甚至力量），尽管这种协定仍具有任意性和不稳定性。是的，我们学会了在更广泛的意义体系中阅读符号，常称作“代码”（codes）。但是这些必须建立在广泛分享和“差异”的基础上。交通信号灯中“绿色”代表通行，这个颜色的选择是任意的，可以用“粉色”等其他颜色来代替，但这种替代必须得到社会的认可。我们学会了如何将词汇和媒介产品联系起来，也学会了如何区分它们。

> 测试一下你迄今为止学到的东西。有一个晦涩的笑话：符号学教授安伯托·埃可（Umberto Eco）曾开玩笑说：“就算‘符号学’的名字有所改变，我仍然会以符号学者的身份来赚钱。”

一些后结构主义者认为，意义是不可分享的，因为人们通过差异来理解事物。但也需要注意的是，有意义的差异（比如黑色与白色）所区分开的事物之间也是具有共同特点的，比方说黑色与白色都是色彩光谱上的一部分（见 Andermahr 等，2000）。在接下来的书中，我们会使用更多的政治词汇来探讨意义的重要冲突，比方说“意识形态”、“语篇”。使用“代码”的一个风险就是，这个词会让人们觉得“编码者”（encoders）这部分神秘的传播学研究像是个阴谋。注意以下几点：

a. 符号不是固定或稳定的，总是具有多个意义，或有能力具有多个意义和联系。人们试图通过字幕标题和旁白解说来避免视觉图像产生的歧义，尤其是新闻和广告。符号学把这个称为“**锚定**”(anchoring)——来自于英文中“锚”(anchor)的形象，锚用来固定住大海中移动的船只。“anchor”这个词在英文中还有新闻主播的意思(是该词比较新的用法)。尽管我们也要考虑到新闻主播建构或控制新闻、解读新闻的力量，尤其是在美国，但本段中“anchor”更多的是使用“锚”的引申义。

b. 符号不断纠结于以什么方式锚定、重新锚定或重新定义这些符号。意义从来都不是稳固的，会存在各种冲突，一个符号的“官方”定义是什么，大多数人又是怎么解读的?

举例：

- 在美国文化里，“黑人”(black)这个词汇一直带有种族歧视的消极色彩。20 世纪 60 年代，美国民权运动(US Civil Rights movement)打出“黑色是美丽的”(black is beautiful)口号，挑战旧有的消极意义。
- 印度政治、精神领袖莫罕达斯·甘地(Mahatma Gandhi，1869—1948)带领印度人民反抗英国殖民统治。有人问他对西方文明(Western civilization)有什么看法，甘地回答：“我认为这将会是一个不错的概念。”他的话改变了问题的重点，暗示西方文明尚未形成。
- 有时候，粉丝会制作出热门媒介作品的网络版[比方说《迷失》(*Lost*)或《神秘博士》(*Dr Who*)]，与官方发行的版本截然不同，但有时候也会为官方版本提供新思路。
- 受压迫群体经常会将贬低他们的语言符号转变成具有挑衅特征的符号，例如 20 世纪 80 年代，同性恋(gay)也开始把自己称作“怪咖”(queer)。

讨　　论

- 一些符号学者文章的语气和词汇中常隐含着一种科学确定性，例如“代码”来源于信号技术，似乎代表着更传统的传播概念。但是如此不稳定的“解释”、“意义”如何才能客观、科学地制定出来？最好说“文本”具有潜在的意义，而不是固定的“代码”，一旦学会就可以破解，像是信号机或交通信号灯。

现在这个表述可能让我们更放松：“文本分析就是有根据地猜测由文本组成的最可能的解释。”（McKee，2001）

- 符号学着重强调“意义”，忽视了文本可能存在的乐趣和非理性行为，如互联网上网民的恶搞误读等。
- 尽管符号学是文本研究方法，而非受众研究，但令人震惊的是，经典符号学的理论家完全不关心用户与文本之间的互动。
- 符号学家的术语有时过于复杂，不仅令人困惑，而且也没必要（见 Rose，2001：97-98 的评论）。
- 二元对立是分析文本的一个有效方法。但在文本中汇集和统计所有“白色和黑色”、“男人和女人”的对立时，这种方法可能会忽略文本中的矛盾心理和细微差别，以及外在世界的延伸。
- 不仅如此，过于强调“差异”侵蚀了其他有价值的概念，比方说关联、包含、一致性。
- 符号需要依靠社会“协定”才能产生作用，这意味着不管我们在博客或图片中的个人语言如何有特色，我们都不可能完全创造自己的语言。从大的方面来说，语言（包括媒介）既是重新建构的，也是现有文化中使用该语言的人传承下来的。

符号学方法的一种传播方式是个人形象生动详实的解读（Barthes，1972；Williamson，1978），在教学和讨论中非常受欢迎。但是这也引发了这种分析是否具有代表性，是否具有**可复制性**（replicability）的争议。威廉姆森（Williamson）或巴特选择的广告总体上来说有没有代表性？其他人是不是就一定会得出这样的结论？这就需要引入量化分析方法，并结合质性分析方法以及文本分析方法。

内容分析

内容分析法（content analysis）是量化分析方法，它不提供符号学和其他文本方法对单个文本的详细解读。符号学和其他文本方法经常寻找文本中“隐藏的”含义，而内容分析是统计大量文本中“明显的”意义，试图发现表达中存在的重复步骤，进而建构人们的信仰与感受。同样，这种方法通过收集和分析**经验性**(empirical)证据进行概括和再现。重要的是，内容分析法有时候可以影响政策和公众舆论，因为它的分析量非常大。

经验性：依赖于观察到的经验作为证据。这是一个颇具争议的术语，常用来讽喻反对其他任何理论的方法，基于信息和事实简单“数量”的感觉经验。“实证主义者”(positivist)有时候也有同样的含义。

对你来说，小范围的内容分析法可以检验你的“直觉”，这种直觉可以指导以后的研究方向(见第15章)。正如其他分析方法一样，内容分析法也有一些缺点以及覆盖不到的地方，我们简要概括一下。

内容分析法是主要的经验性方法，用可以观测到的证据或经验作为材料，尽可能避免偏好，保持公正。这一方法在明确界定好的文本范例中，统计相关成分的出现频率并进行分析(见Rose，2001：56)，比方说，你想知道在报纸的样本中“移民”(immigrant)这个词与“寻求庇护者”(asylum seeker)的意义相同的频率是多少，内容分析法(可能使用LexisNexis或SPSS软件)可以帮你做到这点。第一，选定的数量(比方说报纸或广告)必须是带有一套描述性分类的“编码”，比方说“标题包括‘寻求庇护者’”。不能存在歧义，“因而不同时期的不同研究者通过同一套分类可以用同样的方式编码图像”(Rose，2001：62)。这意味着要让过程可以复制。

可复制性(replicability)：一种研究方法明确的特性，因而“不同时期不同研究者使用同样的类别可以以完全相同的方式(解读)图像”(Rose，2001：62)。虽然不能绝对保证它的可复制性，但是是重要的研究目标。见第15章。

这个方法很有效，正如一系列的研究者在杂志照片中评论：“它可以……发现在随机检查中难以察觉的模式，可以保证人们不会凭借潜意识搜索整本杂志的照片来确认自己的感觉是否正确。”(Lutz和Collins，转引自Rose，2001：89)但要是有足够资源，研究项目的其他阶段也需要对单个文本进一步解读，研究、确定或补充明显的调查结果。例如，统计可以告诉我们发生冲突的双方受到采访的次数是不是一样的。但人们感兴趣的是会不会其中一方是有优势的。这需要经过验证：采访的风格可能多是有敌意的或是讽刺的。同样的，某个词汇的使用频率甚至是它的系统性对立词汇，这些都不会告诉你这个词汇在使用时的语气，或者配合图片、音乐、字幕的基调，在此就需要文本分析。

研究 1.4

- 在电视汽车广告中进行简单的内容分析研究。
- 统计在周五或者周六晚上 8 点到 10 点之间，一个或更多电视频道有多少汽车广告(假设有大量的男性观众)。
- 这些广告中，有多少是发生在偏僻的乡间小路？
- 有多少汽车广告里面展示了交通堵塞的情景？
- 用文本方法分析这些广告的基调——梦幻般的？幽默的？“神奇般摆脱”交通堵塞？
- 或者他们对待这个产品非常严肃，让汽车变成“英雄”或者“酷”的标签？

图 1-11　在收集或思考统计数据的时候，有一个关键的问题是“缺少了什么”？

这个方法的一个重要领域是媒介讨论中某些术语或话题的系统性缺失。杰伊·卡茨(Jay Katz，1999)提醒我们，很多新闻报道都没有给出行动者的性别。有的新闻报道标题只是提到“学校杀人犯”，没有提及杀人犯的性别，人们就没有机会讨论男性和暴力行为之间自然化的联系。实际上，在美国有过多的男性有马路暴力犯罪，或者校园枪击案。而在男性主宰的文化中，人们却常常对过多的男性暴力行为视而不见。

内容分析法之所以受欢迎，一部分原因是数字与语言不同，数字可以形成全球通用的“货币”。这样的分析方法与其他方法相比更“科学”，充满“无可动摇的事实”。尽管这只是内容分析法的一部分事实，但它的确为受众提供了强有力的、资金充裕的研究。

在这里，“数字的游戏”非常不可靠。强奸案的数据所基于的强奸的定义、到什么程度鼓励女性报警最近有所改变。见(网站或播客上)BBC 第 4 频道的著名节目《或多或少》(*More or Less*)上评论统计准确度的常见问题和当前的现实例子。

举例：“媒介与暴力”

从质性分析或内容分析的研究结果，一下子跳跃到媒体推测假设的媒介作用的“明显”证据，这之间的跨度是非常危险的。

“关于暴力的讨论”充满了这样的“统计”。当恐怖的谋杀案、频繁发生的强奸案和骚扰案件发生时，积极分子就会开始激烈讨论这些暴力是否可以通过审查“媒介中的暴力”来预防。这常常意味着由于“媒介暴力”的可数行为，而忽视了更广泛的政治和社会问题以及文本问题。比如：

很多描述“危险的陌生人”的故事都忽略了一个事实：“家庭”才是暴力最多、虐童最多发生的地点。人们却关注“禽兽般的”极端案件，比如约瑟夫·弗莱茨勒(Josef Fritzl)禁室乱伦案。像家庭中更严重的失业、酗酒、毒品等问题却被认为没有“新闻价值”。

- 人们很难定义“暴力”。如何来鉴别电视上、摇滚音乐或者电脑游戏中的“暴力”和“暴力行为”似乎是相当简单的事情。但即使是在媒介之外，我们的文化把什么看作“暴力”，这是一个大问题。有些行为被打上“暴力”的标签，而另一些则没有。人们对暴力的性别期待和“无形”的官方暴力等，建构了像“抑止”(restraining)、“维护治安”(keeping the peace)、“男孩就是男孩，就会有这些行为”(boys will be boys)这些人们想当然的词汇和用法。
- 研究中计算的各种媒介再现，以及受众对其的认知之间存在(质性的)差异。在动画片《汤姆和杰瑞》(*Tom and Jerry*)或电脑游戏中的暴力是否与新闻报道中的暴力一样？游戏图像可能产生的影响不时地会激起人们的争论[见杜可斐和肯尼迪(Dovey and Kennedy)，2006；及利斯特(Lister)等，2009]。

将量化研究方法和质性研究方法结合起来是非常重要的，事实上它们常常是互相包含的。巴特等人含蓄地指出，他们的单个文本的确具有某种代表性，或是与其他的数量有关，如广告、海报等。而且在内容分析方法中，问题和得出结论的质量是关键因素，而且视听形式要比印刷形式复杂得多。对任何一种媒介文本来说，统计可以计算的成分是一个循环的过程，有时会忽视代码和意义反响的结合方式，更不用说“受众”与“文本”之间的互动。比如，对电影和电视来说，研究就需要结合“暴力行为”和单个文本中的解释性问题，如：

它在叙事中的位置；

- 受众受邀参与为他们设定好的相关立场[通过摄像机的移动、故事的设置、编辑、服饰、角色(有同情心的明星参与?)、灯光、场景设计等]；
- 通过文本播放的时间来推测可能的受众群[天空体育频道(Sky Sports)的黄金时段？当地竞选小组的传单?]，因此推测出可能的解释；
- 互文指涉(intertextual reference)：戏谑另一个文本多少可以改变“暴力行为”的状态，如《辛普森一家》(*The Simpsons*)；

研究英国电影分级委员会(British Board of Film Classification)网站上如何决定剪掉可模仿的暴力画面，如用头撞击。这些包括在情境中非常详细的基于文本的决定，以及研究可能产生的影响。

● **类型**（genre）的历史阶段（比方说，21 世纪的观众是不是已经厌倦了恐怖电影或游戏中暴力死亡的特效）；

● 代表什么样的社会背景（如枪支在美国是不是随处可见的普通财产？）。

巴克和皮特利（Barker and Petley，2001）以英国为背景，围绕着这点产生激烈的讨论，见休斯曼和泰勒（Huesmann and Taylor，2008）的不同观点。

研究 1.5

研究近期被认定为“暴力”的电影或电视节目属于哪种类型，其中的哪个因素传播了暴力？浏览下面的列表并决定：

● 在你看来，“哪条信息”传播了暴力？

● 你如何精确地证明这点（使用上面的列表）？

● 这个内容对于看过这个类型的观众有什么影响？对于没看过的观众有什么影响？研究网上讨论，是哪个群体发起的相关讨论？

有些生动的暴力再现可能会在期望观众产生厌恶情绪的目的中发挥积极作用而非消极作用，如某些骚扰、军事力量或欺辱。不管是电影还是新闻都流行净化掉战争与观众的反应，对此的内容分析可能会支持这样的观点：如果想要推动反战的运动，就需要让“西方”受众观看更多的战争对人类和人类思想造成的损害。

一些近期对收看的研究又回到质性研究方法和量化研究方法的讨论：通过评定观众受到影响的经验性证据来讨论收视更广泛的社会背景，尤其是青年人（见休斯曼和泰勒，2003；2006，以及他们在网络讨论中的立场）。尽管有像性别和阶级等社会背景和影响的调节，有些专家仍然建议，不论从长期来说还是从短期来说，这种图像都是“有害健康的危险因素”。这把我们带入了第 14 章的受众讨论。

小　结

媒介研究强调，再现的意义从来都不是“赠与的”，而是社会建构起来的，是不稳定的、有争议的。这个观点与意义是"自然的"和"明显的"的观点对立，认为这些意义可以随着受众的意愿而改变。不管意义有多么的不稳定，或是对特定观众有特定的意义，文本确实是有特点和联系的，有些时候是具有支配地位的。

我们呈现了两种重要的研究方法，它们需要进一步共同协作，发挥作用。即使是最严密的个体文本分析也需要考虑这个文本到底有多典型、用户还可以如何与它互动。同样地，即使资金最雄厚、规模最大的内容分析也需要重视收集起来的文本的复杂性和问题的质量。同时，两者都要记住，用户的反应可能会让问题复杂化。

在检验这些方法的时候记住以上的问题。接下来的章节会把这些方法引入更高一层的力量和冲突中来确保(或"编造")一首歌、一面旗帜、一个口号的意义或乐趣会高于其他的意义和乐趣。这一领域的一个挑战是平衡：a)欣赏某些观众的破坏性或"蓄意的"解读，b)研究文本本身(文本质量)以及某些图像的易获得程度(行业数量)如何激发意义和乐趣，如何试图切断、排斥其他的意义和乐趣。下一章将探索它们的类型分类，让人们可以准备好迎接这种愉悦和习惯。

参考书目与扩展阅读

Andermahr, Sonya, Lovell, Terry, and Wolkowitz, Carol(2000) A Glossary of Feminist Theory, London and New York: Hodder Arnold.

Barker, Martin, and Petley, Julian(eds) (2001) Ill Effects, London: Routledge.

Barthes, Roland(1972) Mythologies, London: Paladin (originally published 1957).

Bennett, Tony, Grossberg, Lawrence, and Morris, Meaghan(eds) (2005) New Keywords: A Revised Vocabulary of Culture and Society, London and New York: Blackwell.

Dovery, Jon, and Kennedy, Helen(2006) Game Cultures: Computer Games as New Media, London and New York: Open University Press.

Eagleton, Terry(1983) Literary Theory: An Introduction, Oxford: Blackwell (esp. Chapter 3).

Hall, Stuart(ed.) (1997) Representation: Cultural Representations and Signifying Practices, London, Thousand Oaks and New Delhi: Sage.

Huesmann, Rowell, and Taylor, Laramie D. (2003) 'The Case against the Case against Media Violence', in Gentile, D. (ed) Media Violence and Children, Westport, CT: Greenwood Press, 107-130.

Huesmann, Rowell, and Taylor, Laramie D. (2006) 'The Role of Media Violence in Violent Behaviour', Annual Review of Public Health, 27: 393-415.

Katz, Jay(1999) Tough Guise, Amherst, MA: Media Education Foundation video, available on YouTube.

Kitzinger, Jenny(2004) 'Audience and Readership Research', in The Sage Handbook of Media Studies, London: Sage.

Lister, Martin, Dovey, Jon, Giddings, Seth, Grant, Iain, and Kelly, Kieran(2009) New Media:

A Critical Introduction, 2nd edn, London and New York: Routledge.

McKee, Alan(2001) 'Introduction: Interpreting Interpretation', Continuum: Journal of Media and Cultural Studies, 15, 1.

Rose, Gillian(2001) Visual Methodologies, London: Sage.

Spinotti, Dante(2009) interviewed in Sight and Sound, April, p. 27.

Williamson, Judith(1978) Decoding Advertisements, Ideology and Meaning in Advertising, London: Marion Boyars.

案例分析:视觉和听觉符号

- 分析海报及两张图片的注释
- 视听动态影像
- 参考书目与扩展阅读
- 声音与音频的能指
- 内容分析法

这一案例分析研究媒介影像(视觉、视听动态影像和音频),帮助你通过质性和量化的分析方法分析这些媒介影像。我们也指出,文本"编织网"中包括生产、调查和讨论的历史,常构成现在一些具有鲜明立场的图片的语境。这种讨论成为很多影像意义的一部分,受众群体也比以往大了许多,形成了内涵意义的类型和数量。

分析海报及两张图片的注释

图 1-12 2006 年 4 月 27 日[曼尼·加西亚(Mannie Garcia)拍摄,英国联合社(PA)],当时的巴拉克·奥巴马参议员出席美国新闻协会就达尔富尔问题的大会。谢泼特·费尔雷(Shepard Fairey)证实这是奥巴马 2008 年总统竞选海报(如图 1-13 所示)的原图,尽管关于原图产生一些争议(如图 1-14 所示)。

图 1-13 这是 2008 年奥巴马(Barack Obama)竞选总统的宣传海报，奥巴马是第一位混血的非裔美国总统。

图 1-14 你可能感觉这里有细微的差异(有人称奥巴马凝视的表情和角度有些不同)。费尔雷说他在 2008 年搜索过这张照片，但是汤姆·格莱里斯(Tom Gralish)找到了其他构造不同的原版照片。其他人称原版照片来自于吉姆·杨(Jim Young)之手，见 http://community.livejournal.com/obey_giant/。

两点讨论

1. 这些有关于海报出处的讨论看起来无关紧要，但他们形成了“文本”的循环过程和文本在 Web 2.0 时代代表的意义。在 Web 2.0 的时代，人们对影像的评论更容易扩散。现在，这张著名图片的版权、作者身份和潜在的权利是很多人眼中这个海报的内涵意义。

2. 尽管这种制作细节严格意义上来说并不是文本方法的一部分，但这些细节还是可以有效确认一些信息。在分析照片(和很多电影)的时候，你常常会猜测一些制作信息：快门速度是多少、焦距是多少，这些可能会在网上找到。更多信息见 http://www.flickr.com，其中包括相片的技术参数(图像像素、相机类型等)。

图像的日期、情景(名人还是新闻摄影)和整体“效果”可以显示出它是不是经过明显的数字修片(“气笔修片”)，尤其是旧照片——现在大多数照片都通过 Photoshop 软件剪切来满足需求。尽管“Photoshopping”有时指的是“大幅修片”，但这个词不只是代表这个意义。

研究 1.6

● 在 http://www.urbanlegends.about.com 上参与"识别真假!"(Spot the fakes!)的测试。

● 在数字媒体时代,你如何辨别恶作剧的照片与"真"的照片,他们需要"文本"知识还是"情景"知识? 正如第3章在类型上的讨论,我们遇到的照片都是含有我们对照片的期待和上下文情景的。

海报本身是由洛杉矶街头艺人费尔雷设计的,类似于20世纪60年代安迪·沃霍尔(Andy Warhol)为很多名人制作的"丝网印刷"自画像和海报。当你分析照片内容的时候,思考下一系列的"代码":

● 灯光(这里指的是政治会议上为了媒体报道而人为制造的清晰灯光);

● 对色彩或黑白色的使用。在这里使用"自然的"颜色。如果使用黑白色,一般是为了表示对过去、"历史"的怀念,或者是20世纪三四十年代纪录片式摄影使用的现实主义代码;

1. 在电影和摄影中,自从彩色胶片问世以后,黑白电影胶片的代表意义就发生了改变,如《辛德勒的名单》(*Schindler's List*,美国,1993)或《离魂异客》(*Dead Man*,美国,1995)拍成黑白电影是有意营造的效果,而不只是必须的选择。它可以代表"过去的状态"或"严肃性"。

2. 有趣的是,电影胶片对深色皮肤非常敏感,冲洗需要很长时间,这一直是为黑人明星拍摄时的一大问题,依靠使用近景、特定灯光和明显的面部表情,这个问题直到最近才得以解决(见 Dyer,1997)。

● 聚焦的使用。在这里,优先把镜头聚焦在人的面部。尽管选作背景的美国国旗会因此虚化,但国旗仍在画面背景里;

● 夸大了图像某些特性的制作技巧,比方说用气笔数字修片。似乎没有用过这些技巧;

● 构图(也叫作剪裁),包括相机镜头视角、与拍摄对象之间的距离、图中包括什么内容、不包括什么内容。我们需要思考:为什么选取这样的构图而不是其他的构图? 这样的选择在结构主义理论中叫作纵向聚合选择(paradigmatic choices)。如图1-12所示,图中包括与名人之间的照相距离等代码,照片取景加入了乔治·克鲁尼(George Clooney),以借助他的明星地位。

研究 1.7

我们给出了这张海报的两张原图，都阐明了他们的构图意图。

问题：第二张照片只有奥巴马的头像，这样会对两张照片造成什么区别？

答案：与第二张照片的效果不同，第一张照片的纵聚合选择是“名人支持达尔富尔问题”，在这个主题下当时的奥巴马参议员似乎成了乔治·克鲁尼的配角。（第一张照片取景更广，人们也会关注奥巴马拿着绿色的腕带在做什么。）

关于这张海报，要考虑以下问题：

1. 费尔雷拿出的照片（如图 1-12 所示）中突出了哪个成分？怎么突出的？

2. 海报选择的颜色对形象有什么帮助？利用了什么代码？

3. 在广义的文化和美学参考框架中，海报的风格中还有什么代码在起作用？

参考答案：

1. 聚焦和框架强调的是奥巴马的面部（尽管他的领子上加了一枚徽章）。费尔雷把奥巴马的凝视解释为：“他远望着未来，说‘我可以指引你们’。”[《华盛顿邮报》(Washington Post)采访]。尽管费尔雷知道图像的外延和最简单的意义（奥巴马在听别人讲话），他选择了更崇高的内涵意义或联系。“希望”(hope)一词表现的就是这一意义。

在西方的花窗玻璃、绘画和雕塑中长久以来都有向上凝视的“代码”，起源于宗教对世界的看法（天空不只是天空）。天上有“天堂”，“伟人”或圣人可以从天上得到启示。

2. 人们常会想起海报的颜色是红色、白色和蓝色，叫作“具有爱国精神的”。实际上（文本分析中有些简单的事实），图中有两个蓝色的阴影，“白色”实际是米黄色。但这些颜色是为了进一步浓缩图像（像是黑白电影或黑白照片等），比构图造成的效果更强烈。

3.“丝网印刷”风格的使用带来了业内人士可以识别的两个艺术代码，在网上也可以了解到。

首先思考，安迪·沃霍尔(1923—1987)的名人画像也多是基于实际的照片，使用丝网印刷技术、动漫和广告的代码[20 世纪 60 年代兴起的“波普艺术”(Pop Art)]画出大概的轮廓。但有趣的是，他的早期作品如著名的丝网印刷的玛丽莲·梦露的多帧画像以及之前的坎贝尔(Campbell)的罐头汤商标，常用来象征大规模的名人文化（“梦露”的形象在某些方面来说正如罐头汤一样大量炮制）。如图 1-15 所示的典型印刷瑕疵中，颜色看起来像“打滑了”，在工业大规模制作过程中时有发生，但在个人绘画中不会出现。

其次要思考，早期工人、革命运动和街头的海报，这些海报会风格化和简化想要表达的意义，因为目标群体的文化程度不够，而且简化了的海报让人们在远处就可以一目了然。

图 1-15 安迪·沃霍尔,《玛丽莲》1967 ©安迪·沃霍尔视觉艺术基金会/纽约艺术家权益委员会/伦敦艺术家版权协会,2009。

图 1-16 1978年,古巴奥利维奥·马丁内斯(Olivio Martinez)纪念1967年切·格瓦拉(Che Guevara)逝世的海报。尽管只是画出轮廓,像古巴大多数运动的艺术一样,海报使用的颜色让人感觉沐浴在阳光之下,参考西方20世纪60年代的"波普艺术",如沃霍尔和罗伊·里奇特斯坦(Roy Lichtenstein,1923—1997)。

总结:"希望"海报中包含多个代码,一手将当时还是默默无闻的奥巴马推上竞选舞台:

● 让人记忆犹新的一张图像,在网上广泛传播、可以免费下载;

● 与之前的政治图像不同,既让奥巴马"时髦的"形象朝着炫酷的街头海报和时尚的"安迪·沃霍尔风"看齐,又与之前的改革和激进的社会运动联系起来;

● 随之而来的争议在于这个海报的"原始照片"、版权等问题,在很多"新媒体"中议论纷纷。

后来共和党和其他奥巴马的竞争者纷纷模仿这张海报，产生了一连串的表意和内涵，特别是奥巴马“白色脸”的形象（见第 189 页），让人不得不回想起“白人扮演黑人的滑稽演唱团”(minstrel)、希斯·莱杰(Heath Ledger)扮演的丑角涂满口红咧嘴大笑，这些都指向“社会主义”等词，以反对奥巴马提出的医疗保健和其他改革建议。“披着羊皮的狼”的内涵意义是严重的曲解，见 http://henryjenkins.org/2009/08/unmasking_the_joker.html，了解其起源的真实象征和秘密。

声音与音频的能指

符号和“图像”不一定总是视觉性的。音频与视觉图像一样，都是编辑的，表意的方式都很复杂，但是经过多年的成熟分析，人们已经渐渐把视觉影像当作“编造而成的”。我们很难讨论音频的问题，因为我们无法像图片一样，把一段音频“文本”呈现在书里。然而背景音乐、音效等有时是电影和电视中呈现声音的关键。

研究 1.8

- 录下你自己的声音，然后试着在“背景”中加入一段音效。
- 注意你的 iPod 中一段“配乐”如何“表达”你走路去上班、或走过一个公园、或是一片黑寂的城市风景。
- 这样，你会不会感觉自己像是自己电影里的“明星”？

在视听媒体中如果没有音频，会造成分析和欣赏中一个维度的缺失[见迪肯(Deacon)等，2007，第 12 章和第 13 章]。找一个人的讲话录音，分析音频表示的意义：

- 音调：“高昂”还是“低沉”？
- 音量：“大”还是“小”？
- 质地：“粗糙”还是“光滑”，“柔软”还是“坚硬”？
- 形式：“圆润饱满的”还是“平淡无味的”？
- 节奏与韵律：声音的起伏（像澳大利亚风靡全球的肥皂剧一样，在句尾声调扬起）？或是它保持单调的节奏和语调？

声音的其他关键成分也发挥作用：

- 腔调(accent)：多指的是发音（及节奏与韵律）和音调变化。每个语言都有腔调，在同一个大文化背景下的人都可以理解这种腔调，但关系更亲密的人会理解得更多；
- 方言(dialect)：每个英国人都有自己的方言，是与所谓的“标准英语”、“标准发音”

不同的子语言。所谓的“标准英语”，是指英国南部中上层阶级的方言。方言在词汇(“wicked”、“nesh”等词在不同方言有不同的意思)、语法和发音上也有所不同。

声音:热门电影和音乐中的例子

1. 从20世纪30年代到50年代，很多英国观众不得不忍受整个英国电影界充斥着的上层阶级的声音，尤其是他们模仿工人阶级民众的腔调让人更无法忍受，称之为“伦敦腔”，又或是奇怪的“爱尔兰”、“苏格兰”和“威尔士”腔调。这也解释了为什么英国观众会喜欢“没有阶级差异”(classlessness)的美国电影。美国电影不是没有阶级，但是很少能看到布朗克斯(纽约市最北端的一区)、时髦的纽约或是保守的南部这些“代码”。

注意:好莱坞也会不负责任地呈现出这类腔调的问题，如《青山翠谷》(*How Green Was My Valley*，美国，1941)。

2. 除了20世纪60年代的社会现实主义电影之外，肖恩·康纳利(Sean Connery)1962年第一次出演詹姆斯·邦德(James Bond)的苏格兰口音和粗鲁的台词预示着事情将发生改变。“现代”社会“布洛克利电影中的邦德形象”代替了弗莱明(Fleming)小说和电影中“冷战中的英雄约翰·巴肯(John Buchan)”的上层社会形象。现在，康纳利的声音正如他崎岖的人生经历，颇具争议地改变了邦德的形象。康纳利的声音现在常为人们调侃，可能是人们对理想中阳刚形象的定义发生了变化。

问题:你觉得丹尼尔·克雷格(Daniel Craig)的声音和形象对邦德的角色形象有什么改变？你会选择谁扮演“新的詹姆斯·邦德”？在选角中你会不会考虑声音的问题？

问题:为什么英剧《老大哥》(*Big Brother*)会选择特殊的画外音(平淡、男性、英国东北部腔调、面无表情)？它如何“设定”这一系列的性别、阶级、宗教的刻板形象？

歌声又是不同的，在特定的音乐类型里有一定意义，我们可以认为与说话语气有关。歌剧演唱就是一个极端的例子，另一个极端就是贴近日常说话(当然，是由性别、年龄、阶级、宗教和种族形成的)的演唱。像莉莉·艾伦(Lily Allen)等歌手，她的歌词就很“日常化”，再加上她像平常说话般的随性演唱方式让她的演唱更加贴近日常生活，她本人有些明显的英国腔调。其他人反对“模仿伦敦方言的行为”。这与歌剧不一样，是来源于像雷鬼(reggae)、斯卡(ska)等曲风的。尽管法兰克·辛纳屈(Frank Sinatra)歌词的风格不同于艾伦，在20世纪40年代，他随意、日常讲话般的歌词和演唱手法对人们来说，都是“新奇的”。

图 1-17　肖恩·宾(Sean Bean)扮演过最著名的角色之一——理查德·夏普(Richard Sharpe)。他的约克郡口音象征着“坦率”的片中形象，也是自己本来的口音。自此之后，他独特的声音在他拍摄的广告中也起到同样的作用。

研究 1.9

- 听一段你最喜爱歌手的音乐。
- 根据上文的讨论，试着描述他们的声音。
- 这些特性和他们的表演（措辞、音量、重音等）是怎么与配乐相结合，并达到悦耳的效果的？
- 了解他们的社会背景会不会形成你的共鸣，稳定这些符号？正如莉莉·艾伦的情况？

广播和音乐中的声音与我们平常在校园或家里听到的声音不一样，是经过高度“编码”，甚至是数码合成的。我们听到的原音重现一部分依赖于环境（录音棚的大小、音响效果：录音棚的墙面如果是硬质、光滑的，制作出来的声音会刺耳、嘹亮；如果墙面是吸声材料，则会使声音变得柔和）；另一部分是依赖于技术代码，比方说麦克风的选择；还依赖于工程师对信号的处理，比如在回音室，或是有意使失真的过程。

图 1-18　《谍影重重》(*Bourne*)的海报问题．拍摄中一些快切、摇晃的“模糊”镜头会不会代表着“现实感”？［见 http://flowtv.org/?p=1587 中约翰·克莱恩(John Cline)的评论，以及大卫·波德维尔(David Bordwell)对《谍影重重 3》(*The Bourne Ultimatum*)发表的博客。］

这种制度性和技术性代码也可以塑造电台的形象。比如第5电台(Radio 5)用独特的方式吸引第4电台的听众,比如主持人和来电者的声音,尤其是那些独特的地方口音。声音的处理方式也可以让电台和节目独具特色,尤其是在辩论中。声音的重叠、允许范围内的叫喊声、有些时候简短的沉默,这些都可以代表"现实主义"。

我们希望这些"音频符号学"的简要想法可以帮助你思考有关声音的问题,也可以帮助你在自己制作音频时更好地进行选择和录制。

视听动态影像

观看碧昂斯(Beyoncé)2009年在奥巴马总统就职典礼上演唱的歌曲《终于》(*At Last*),多观看几次,记下其中的细节。

图1-19 碧昂斯

研究1.10

- 记下动态影像和音频代码的结合顺序。
- 在此,你是否同意我们的看法?

摄像技巧:使用了(至少三台)摄像机,运动方向都是精心彩排好的(比方说,他们会在哪里停止,哪里"捕获"影像),从吊臂车在碧昂斯背后向奥巴马夫妇拍摄的移动开场,到短暂叠化、到碧昂斯正面的长镜头,静止,然后镜头给到奥巴马夫妇表演前的紧张和咯咯的笑。

研究 1.11

我们会就此打住，但你还可以详细说明其中利用的代码，比如：

- 镜头的运动和构图是怎么结合的，比方说什么时候使用近景，为什么？
- 还可以使用什么镜头风格？从观众的数量来判断，肯定有数以百计的观众拍摄各不相同、光线不好的现场片段。

拍摄标准：比方说，服装、灯光、场景设计、表演。如果是拍电影的话，还会涉及选角问题。在这里选择碧昂斯和她明星形象引起的共鸣是值得思考的。据报道，艾塔·詹姆丝(Etta James)因为没被邀请演唱她的《终于》(见下文)而非常气愤。有没有其他的表演者和歌曲会改变这里整个的代码组合？

礼节上的代码体现在歌手和第一夫人米歇尔·奥巴马(Michelle Obama)的着装上：正式但却休闲(材质柔软、而不是呆板的或是珠宝环身等选择)。(混血)总统和他的夫人米歇尔整体的黑白服装组合代表着一种优雅、(昂贵的)简洁。

布景给人印象深刻，黑暗中隐藏着数以百计的“派对动物”，屋顶和周围闪烁的闪光灯打造出星空般的梦幻感觉，总统徽章时不时地显现出来等。

剪辑(怎么选择和组接镜头)：在重复的文本中制作出小的惊喜。开场的定场镜头设定了活动的空间，但剪辑到后来才展示整个表演的大屏幕。

表演：根据剪辑、灯光设计的运动和姿势。因为这是非常重要的场合，明显经过彩排，三个重要人物的表演都很出色。这对于美国新任“第一夫妇”来说是非常复杂的，既要用缓慢、正式的舞蹈展示出庄严的仪式感，作为 21 世纪媒介文化中的新晋“名人”夫妇，又要展示出一种亲密感。

音乐：最后，音乐让镜头不断移动。《终于》这首情歌最初是著名蓝调、灵魂和爵士歌手和作曲家艾塔·詹姆丝(1938—)演唱的。很多观众光是听到这首歌，就会回忆起非裔美国人禁止种族歧视和还给黑人公民选举权的美国民权运动(1955—1968)。

但是音乐在这里的使用、碧昂斯的一些姿势和观众在声音上精心的排演都赋予这场表演一层政治意义——“终于，美国历史上出现了非白人的总统。”观众最后异口同声地喊出“奥—巴—马，奥—巴—马”把整个活动变成了一场政治庆典。

这是动态影像分析最简单的一个例子。大卫·波德维尔(David Bordwell)的博客中有更详细的电影形式反思：http://www.davidbordwell.net/blog。然而，他不会像符号学一样，将这些与政治等领域结合起来进行理论分析。

内容分析法

内容分析法不像符号学和复合构词方式那么详细地探寻文本中"隐藏的"意义。内容分析法是量化研究方法,检测大规模文本中"公开"、"明显"的意义。

图 1-20 总结了一个案例的调查结果,你可以试着应用到其他领域。

报纸	所有页数	体育报道页数	体育报道所占%	足球比赛报道数量	足球占体育报道的%	报道量第二位的运动	报道量第三位的运动
《卫报》	126	32	25	17	51	赛马(13%)	橄榄球联盟(11%)
《每日星报》	72	27	38	39	70	赛马(12%)	赛狗(7%)
《每日邮报》	88	23	26	17	58	橄榄球联盟(12%)	田径(10%)
《太阳报》	88	41	47	38	85	赛马(4%)	板球(4%)
《每日镜报》	80	36	45	40	85	赛马(6%)	橄榄球联盟(3%)
《泰晤士报》	120	40	33	44	60	橄榄球联盟(8%)	板球(3%)
《每日快报》	80	20	25	23	59	赛马(10%)	橄榄球联盟(9%)
《独立报》	108	22	20	12	60	橄榄球联盟(13%)	赛马(11%)
《每日电讯报》	44	12	27	19	40	橄榄球联盟(20%)	赛马(10%)

资料来源:Hunter Davies, 'The Fan', New Statesman, 2005. 2. 14, pp. 58-59.

图 1-20 国家级日报(英国)

足球撰稿人汉特·戴维斯(Hunter Davies,2005)认为最好的足球报道是在大幅报上的,而不是什么通俗小报上。"但这是不是我捏造的呢,基于……只是看了一两份报纸?是的。"因此,他雇用了一个研究生,基于工作经验,分析每个国家级报纸的体育版。他抽取了一个普通的周一,没有国际性比赛,不会影响报道。问题是:谁把最大的版面给了足球?

内容分析法的一大特点是,你的调查结果取决于你的问题,以及你是否了解它的限制性。因此,大卫问:"什么叫版面?通俗小报与大幅报纸相比,文字少、图片大、标题大……其中有广告,有时候也会有体育广告。所以我们必须要计算栏目的英寸。"他们也计算了有多少是球员以第一人称撰写的栏目；英超联赛和其他联盟相比，谁的报道多。但为了补充这一量化分析，他们也加入了对报道更主观的量化分析，如：

- 不同的报纸固执己见的程度：比方说他们有没有"引用粗鲁的回答"，比方说"裁判简直是胡言乱语"（对你来说，这种研究应该包括网上的回应和博客）；
- 报道是不是诙谐有趣？这是一个主观的判断！

研究 1.12

尽管人们常说质性研究方法和量化研究方法之间势不两立，但在这一研究中，两者可以结合。

1. 找出你最喜欢杂志的四期，采用这里概述的一种内容分析法，调查这四期杂志中以下各部分占有的百分比：
   - 广告
   - 名人报道
   - 两者的混合物
   - 这些类型的内容在这四期杂志中平均有多少。
2. 评估（文本方法）其中多少报道是对名人的抨击，多少报道是对名人的支持。这将用到质性研究方法。

以上对不同类型的文本分析进行了简要的介绍。接下来的章节会给出更多案例。

参考书目与扩展阅读

Crisell, Andrew(1994) Understanding Radio, 2nd edn, London: Routledge.

Davies, Hunter(2005) 'The Fan', New Statesman, 14 February.

Deacon, David, Pickering, Michael, Golding, Peter, and Murdock, Graham(2007) Researching Communications, 2nd edn, London and New York: Hodder Arnold.

Dyer, Richard(1997) White: Essays on Race and Culture, London and New York: Routledge.

Fleming, Carole(2002) The Radio Handbook, London and New York: Routledge.

Hesmondhalgh, David(2006) 'Discourse Analysis and Content Analysis', in Gillespie, Marie, and Toynbee, Jason (eds) Analysing Media Texts, London and New York: Open University Press.

Rose, Gillian(2001) Visual Methodologies, London: Sage.

Wells, Liz(ed.) (2002) Photography, A Critical Introduction, 2nd edn, London and New York: Routledge.

第2章 CHAPTER 2

叙　事

- 叙事的一般理论
- 叙述、故事和情节
- 不同媒介的叙事
- 长期的"开放式"叙事
- 小结
- 参考书目与扩展阅读

编故事或者**叙事**(narratives)是组织意义和娱乐消遣的一种重要手段,适用于媒介内外,无论是现实形式还是虚构形式都属于这种建构。甚至"历史"(history)这个词都是来源于希腊语"historia",意思是叙事。

大部分人都会花很多时间讲故事:关于朋友的绯闻;讲笑话;"白日梦";在互联网上建立自己的博客和《第二人生》(*second lives*)。所有的文化都会编故事,创造意识和意义。的确,人们认为讲故事是只有人类才具备的能力。

"叙事"是一个专业术语，指的是"讲述"组成故事的一连串事情，以独特的方式构成事件、人物类型、时间组织等，为受众建立起"故事"的特定立场。

思考一下，如果你的新朋友问及你的童年，你会如何回答。你会试图结合行为，还是说出一系列印象？你会如何把自己到目前为止的生活以叙事的形式讲出来？

记住这些类型的重复和差异，以及不同叙事中的历史和行业的嵌入。阅读本章与第 3 章。

正如大部分的符号学方法，为了进行分析，这些方法把文本和情景、用途隔离开来。实际上，大多数人在看电影或电视时都会或多或少地了解它的类型或演员，或通过预告产生一定的预期。

在现代媒介中，叙事的系统性研究有两点：

- 叙事理论表明，无论是在哪一种媒介或哪一种文化中，故事都具有某些共同的特征。
- 但是，特定的媒介和文化有能力，或者受到驱使，以不同的方式"讲"故事。这就涉及**再媒介化**（re-mediation）理论：旧的媒介形式（如戏剧院）如何步入新的形式（如电影院，见第 8 章和第 14 章）。它也包括个别媒介形式的具体特征——书面语或口语，电视或歌曲，电影和文学。人们在接受一个故事时，一般都对这个故事抱有一定期待，比方说这个故事符合哪种**类型**（genres）及其他哪种分类形式。

叙事的一般理论

这一章主要研究媒介领域中主要的叙事理论，探索技巧和习俗如何管理（真实或虚构的）故事的顺序，如何控制受众的参与方式。研究表明，这些相当普通的活动常常让人觉得理所当然，以至于人们一直不去检查这些活动。同时，本章也关注媒介叙事是如何与主流价值观和情感联系起来的。

大部分的媒介研究不会试图创造故事——这是完全不可预知的过程，很难归纳成一个准则。相反，它试着批判性地理解故事可能存在的社会作用，包括它们的娱乐性、虚构结构等。布兰尼甘（Branigan）对这些用途（适用于真实和虚拟形式）的叙事给出定义，认为叙事是"把空间和时间的数据融入一系列因果关系的事件，有开端、发展和结尾，体现了对这些事件本质的评价"。（1992：3 的附加强调）

研究 2.1

想一下你最近知道的"某个"或"封闭的"（也就是说非系列的）故事的结构。

- 故事的结尾如何影响你对故事其他部分的理解和感受？类型在这里将发挥作用，惊悚片的结局肯定要比浪漫喜剧或战争片更令受众惊讶。这反过来也让制作者可以设定他们的操作方向。

弗拉基米尔·普洛普(Vladimir Propp, 1895—1970)，俄罗斯评论家和民俗家，他的叙事著作《民间故事形态学》(*Morphology of the Folk Tale*)在1928年首次出版。

重要的理论家包括：普洛普、巴特、托多罗夫(Todorov)和列维-斯特劳斯(Levi-Strauss)。这些人研究神话、小说和民间故事，探索叙事的结构或塑造在特定文化中是如何发挥作用的。以下是这些有影响力的**结构主义者**(structuralist)的叙事方法梗概。

20世纪20年代，普洛普研究了一种民间故事类型的数百个案例，了解它们是否具有某种共享的结构。他认为，不论表面如何不同(例如，不论故事讲的是贫困的伐木工还是王子)，都可以将人物与行为分组：

- 8种人物角色(或普洛普称作"行动领域"来表示人物与行为的不可分割性)；

研究2.2

你在了解你的朋友时，能不能将他这个人与他的"行为"分开来看？

- 推动故事发展的31个作用(比如"对英雄实行某些禁止"或"坏人对他的受害者有些了解")往往是可以准确预测的。例如，"对坏人的惩罚"常常发生在故事的结尾。很明显的是，在不同的叙事中，同样一种行动可以通过不同的方式来产生作用。"王子"可能建一个城堡(或一个宇宙飞船)来：
  - 准备一场战争；
  - 反抗一个禁令；
  - 解决一项任务。

"王子"和"公主"的称呼远超出对职位的描述。他们担负着故事的期待和内涵意义。同样，"马背上的人"指的是旧时期(常常指的是中世纪的骑士，但同时是"牛仔")的"英雄"形象。

普洛普认为人物或者作用范围是有意义的，在他研究的故事中各种形象(女巫、伐木工人、怪物等)都可以浓缩到八个人物类型——不同于现实中的人物类型，因为一个人物类型可以有多个角色或"行动领域"。他们是：

1. 坏人；
2. 英雄，或是寻找某样东西的人，常受到如缺钱、没有母亲等初衷的驱动；
3. 捐助者，突然提供一笔巨额财产；
4. 协助者，帮助英雄的人物；

5. 公主，对英雄的奖励，而且常常是坏人的阴谋目标；
6. 公主的父亲，奖励英雄；
7. 派遣者，把英雄派遣出去的人员；
8. 假的英雄。

普洛普的术语注释

1. 普洛普的方法试图揭开广为流传的形式间看似偶然的差异。它提醒我们，尽管这些角色看起来非常真实，特别是电影和一些电脑游戏形式中的角色，但人们一定要把它们理解为被建构出来的角色，这些是相当基本的，例如"生死狙击"这样的射击游戏。但即便如此，这些游戏往往把各种对游戏技能的测试以故事的形式展现出来，而不是仅仅组织玩家参加一种体育比赛或考试。

电影通过（真实的或虚拟的）演员、选角、视觉"设计"来塑造人物特征（是"公主""智者"还是"恶人"）。但为了故事需要，他们扮演自己的角色，让观众可能在无意间很快就知道他们的角色是"英雄"、"坏人"还是"协助者"。当我们以为的英雄或者协助者的人最后发现是反面角色，我们的感受会非常强烈，如《非常嫌疑犯》（*The Usual Suspects*，美国，1995）或者《精神病患者》（*Psycho*，美国，1960）。《精神病患者》这部片子让首批观众震惊不已，片中的女主人公（和明星）在影片的三分之一处就被害了，而看以来像帮助者的害羞年轻男人实际的角色也让人出乎意料。

2. 这些叙事理论与它们产生的时代和它们的研究对象紧密相关。普洛普最初致力于童话故事研究。那个时代，很多女性都死于难产，所以继母的角色很容易引起人们的共鸣，而且"邪恶"是故事的卖点。经久不衰的灰姑娘的故事就是依靠这点。而且"女巫"形象在西方人最喜欢的万圣节派对和仪式上非常盛行。

3."英雄"这样的词汇在叙事理论中的含义和生活中的含义是不一样的，"英雄"常指的是男性，"英勇的"有"好的"或"令人钦佩"的内涵意义。在这里，这两个词汇更多的是描述积极推动故事发展的人，不论是贝拉·斯旺（Bella Swan）还是巴特·辛普森（Bart Simpson）。

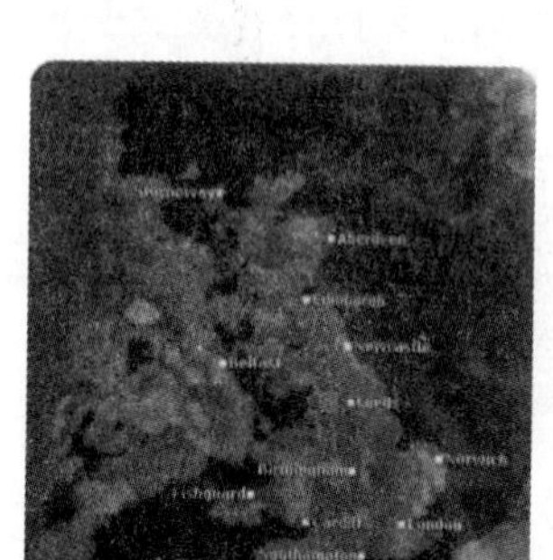

图 2-1　即使是在天气预报中，语言也可以构建叙事的"角色"和"特征"。如"罪魁祸首"或"坏天气"的等压线，或是"及时雨般的"暖气流——尽管两者都可以更好地理解为阻碍全球气候变暖的"叙事"。

美剧《英雄》（*Heroes*，2006—2010）的剧名指的不只是一个"英雄"，而是多个主角。而该剧的看点在于这些英雄在刚开始都不知道自己有"超能力"或他们面临"世界末日"的故事情节。

图 2-2 发行人把该片描述为“娜拉：伊斯兰的超级英雄”。这一系列马上要拍成动画片。作者说他想从强占伊斯兰的武装分子手中“夺回”伊斯兰世界。

今天，“英雄”可以是积极的女性角色劳拉·克劳馥(Lara Croft)，或是伊斯兰超级英雄故事《99》(*The 99*)中的娜拉(Noora)。这样使用“英雄”可能听起来有些尴尬[就像称“女演员”(actress)为“男演员”(actor)一样]，但是英语中“女英雄”(heroine)的用法又不恰当，常用来指代某个花瓶的形象，整天无所事事，直到英雄将她抱走(就像普洛普的“公主”角色)。

不论是利润巨大的迪斯尼动画片[《灰姑娘》(*Cinderella*)、《白雪公主》(*Snow White*)等]，还是更广泛意义来说的《星球大战》(*Star Wars*)系列、《哈利·波特》(*Harry Porter*)系列或是《指环王》(*The Lord of the Rings*)系列的丛书和电影，童话故事依旧是男人主宰、正义与邪恶的故事。《怪物史瑞克》(*Shrek*)巧妙地评价迪斯尼、童话故事的惯例，以及当前的“美貌文化”。其他的故事虽然是从现实世界中取材，但也是按照童话故事的模式来建构——想一下名人“白手起家”的神话和很多新闻故事(见第 12 章)。

图 2-3 《风月俏佳人》是一部颇具争议的灰姑娘故事再现，妓女成为“英雄”。你能辨别出“邪恶的姐姐”、“帮助者”、“王子的角色”和相当于“魔法鞋”的角色吗？有没有增加的角色？

一些叙事形式(印度文化中的摩诃婆罗多；西方音乐剧和“女性电影”)不喜欢依靠过多的打斗动作或故事悬疑来推动故事发展。反而，他们采用回旋模式(常常是循环的)和几个高潮，将真实的叙事融入奇观和幻想当中——如在音乐剧和“宝莱坞”形式中，其他的元素必须为此让路，以保证故事发展。

托多罗夫是另一个结构主义者，他认为所有的故事都始于“均衡”(equilibrium)状态，任何潜在的对立都是“平衡的”——“很久很久以前”的时刻(它不同于“安静”的状态；它也有可能是在战争当中。这是叙事理论的语言不同于日常用语的一种方式，它表示一种完美的平衡)。这个平衡被一些事打破，接下来发生了一系列事件，最后又回到第二个“平衡”，这个平衡是另一种现状。

他的理论听起来像是陈词滥调，每一个故事都要有一个开端、发展和结局，但实际上这个理论很有趣。“平衡”代表了事情的一种状态，以及故事的情景是如何以特定的方式设置的。一个有价值的问题是一个故事如何以其他方式、在其他时间、其他

图 2-4　这是宝莱坞颇受欢迎的大片《再生缘》(*Om Shanti Om*，印度，2007)的海报，体现了东西方音乐剧中叙事的重要性。

兹维坦·托多罗夫(Tzvetan Todorov，保加利亚，生于1939年)保加利亚的结构主义语言学家，从20世纪60年代开始出版关于叙事颇具影响力的作品。

对专家来说，五个代码是：行动性(action或proairetic)代码、阐述性(enigma或hermeneutic)代码、象征(symbolic)代码、能指(semic)代码、文化或参照性(cultural或referential)代码。见 http://www.aber.ac.uk/media/Documents/S4B/semiotic.html 的指导。

地点发生(特别是新闻故事)。比方说，它会发生什么不同，可以把最近索马里毁灭性的历史作为报道该地区沿岸“海盗”的起点。

巴特认为叙事与五种不同的代码共同发挥作用，激发读者对它们的理解。这是一个错综复杂的理论，巴特特意使用了不熟悉的术语，而且也没有专门来解释它们。我们用《犯罪现场调查：迈阿密》(*CSI*：*Miami*)的案例来展开一下。特别有趣的是，他认为“阐述性代码”提出一些谜题让人解决(不仅是在故事的开头)，以此愉快地推迟故事的进程。如在《暮光之城》(*Twilight*)中，罗伯特·帕丁森(Robert Pattinson)的角色如何才能走出困境？角色X和角色Y是否一直相爱？

人们通过积累细节(表情、重要的话语)来解读行动性代码，激发(加强)我们了解“开始陷入爱河”或者“第一次被诱惑去抢劫”这类高度惯例化的“**脚本**”(scripts)。巴特是受众研究和文本研究的重要人物，他很早就开始尝试把读者和文化形成的期待融入叙事文本的“运作”模型中。尽管巴特的模型基本上完全基于文本，但这一模型也试图解释叙事是如何向“内”运作的，同时也解释了它是如何激发“读者”通过文化参考等背景，与文本之外的世界联系起来的。

叙事参与仍然很重要，虽然很多媒介宣传(一些人看过电影预告后，就觉得没有必要再去看这部电影)会泄露一部分故事情节。但是一些评论认为(“警告：故事和情节被泄露”)不应该过多剧透，即便是在严肃的讨论和影评书评中都不应该泄露电影、书籍或电视节目的结局，但这一主张没有考虑到讨论任何的故事架构都必须考虑到结局收尾的方式(而不仅仅是简单的“停止”)。

研究 2.3

- 调查你近期最喜欢的电影或电视剧的评论，看看他们对结局是怎么处理的。
- 写下你自己的简要评论：
  - 首先不要涉及任何结局的剧透
  - 然后尽情地讨论结局
- 讨论影片的结尾会如何帮助你参与到剩下的叙事当中？
- 如果不能讨论结尾，你在故事中的讨论会受到怎样的限制？

在这个专业领域中,“脚本”是“在特定情景中,人们对于会发生什么、结果是否令人满意的共同期待(Durkin, 1985:126)”。详见第4章讨论。

“伊拉克战争期间,外交部有一名官员,他的头衔是故事发展负责人,你甚至可以打电话给接线台,让接线台把电话转接给他”(Hyde, 2009)。

见BBC查理·布鲁克的节目《一周新闻》(*Newswipe*),他尖锐地讽刺了新闻报道中大大小小“故事”的叙事和其他“想当然”的习惯。

见http://www.informationcl earinghouse.info/article2842.htm,讨论雕像的事件可能是伪造的。不过它的确成为“伊拉克拥抱民主”的象征符号。

这种结构主义方法已经应用到了个人小说以及现实故事形式当中,如重大新闻,以观察是不是叙事推动“建立了”特定的期待和谜团,又或是在寻找(实际上是建构)简洁的“开始”和“结尾”等。这种广泛传播的过程意味着,在新闻叙事之上,还建构着复杂的历史和政治解释。

案例分析:将托多罗夫和列维-斯特劳斯的理论应用到战争新闻

虽然战争结束了,但叙事却不会停止——叙事会画上一个圆满的句号,指定谁来遭受谴责、谁会得到赞誉等(以建立新的“平衡”)。新闻媒体常会建构战争的结局,忽略那些没有完结仍在进行的顽固成分:士兵和平民伤亡以及创伤后应激综合征;继续为战争和恐怖主义提供弹药的军火生意;“民主主义”入侵后遗留下来的战后腐败政权。新闻机构和其他诸多相关者非常希望能够让战争“结束”或“完结”,因此,他们努力寻找意味着一切回归常态的能指,就像是童话的结局总是“最后他们都过上了幸福快乐的日子”。

有时的呈现形式可能是派记者去现在所谓的解放区,就像BBC的记者约翰·辛普森(John Simpson)在2001年11月进入喀布尔。有时会是一段2003年萨达姆·侯赛因雕像滚落的录像,同时有记者在旁边评论“这毫无疑问地证明了我们的策略是正确的”和“这场战争是一次重大的胜利”,让人们感觉伊拉克的“问题”已经“解决”了,已经结束了。在这个案例中,这样的场景不禁让人们想起1989年柏林墙倒塌标志着东欧集团国家社会主义政权的分崩离析。这是一种“再媒介化”的手法吗?

过去,战争“美满”大结局的标志通常是战船的归来;战士们自豪地谈论着他们的功勋;最后“女人和孩子”热切地欢迎他们回家。最后一个场景让这种故事具有强烈的性别差异,尽管很多部队都有女性服役士兵,也不是所有的女性都在“等待”男性的归来,但是到处都充斥着男性部队和“等待着”的女性的画面。对于混乱、遥远的“全球反恐战争”来说，人们很难得到这种感觉的结局，特别是某些军事家表示它会持续几十年。当战争结束，士兵们抬着成批战友的棺材参加葬礼，这种“回家”的感觉可不是“美满的结局”。

图 2-5　在 2001 年“9 · 11”事件发生之后，新闻报道随即充斥着这种画面，配合着安抚民心。

另一个结构主义者**列维-斯特劳斯**认为，意义建构要想持久，不仅依靠叙事，更要依赖于二元对立或两个特性、术语间的冲突。通常，这些术语中一个术语常常比它的对立术语更有价值。斯特劳斯不大关心情节中事件安排的顺序[横向聚合关系(syntagmatic relations)]，而是更感兴趣于深层次的主题的纵向聚合关系(paradigmatic)。尽管这一理论可以作为个别故事的有效“切入口”，但严格来说，它应该用于一系列的叙事，通用于很多具有共同主题或类型的新闻报道。例如，西方人和他们的故事仍然影响着美国人对自己的看法。在数以百计的西部片中，警长、牛仔、女教师、美国土著等，都可以用普洛普的术语来分析——“好人”和“坏人”；美国土著人往往是令人毛骨悚然、心怀鬼胎的反派角色。

有些名厨以“过分地”打乱这些搭配而闻名，比方说赫斯顿·布鲁曼索(Heston Blumenthal)的培根和鸡蛋冰淇淋。[1]

结构体(Syntagm)：按照特定顺序排列的成分。常用的一个例子是：用菜单点菜。纵向聚合的成分就是你的选择(开胃菜、主食、餐后甜点及汤、意式烩饭、巧克力布丁等)。结构体是这些选择所排成的顺序。例如，英国人很少会在主食之前上甜点。

有的时候这些叙事中的结构模式被当作叙事的“横向”(跨越时间—横向聚合的)和“纵向”(依照价值—纵向聚合的)两个方面。

见MSB5网站的经典案例研究“西方”(The Western)。ONLINE @ RESOURCES

他们也可以按照系统化对立的理论，有组织地排列出来：

农场主	美国土著
基督教徒	异教徒
驯养的	野蛮的
虚弱的	强壮的
阴柔的	阳刚的
精心耕作的土地	荒地
社会之内	社会之外

见布兰斯顿(Branston,2006)，了解2003年二等兵杰西卡·林奇(Jessica Lynch)在伊拉克“被捕和救援”的故事是怎么处理的，包括对女兵的性别假设以及美国虚构小说中“美国边境”与“印第安土著”绑架“白人妇女”和“少女”之间的联系(再媒介化)。

有趣的是，在现代战争和媒介恐慌中有同样的结构，有特权的这一列人一直准备着要消灭“另一列”人。比如，媒介报道近期的阿富汗和伊拉克战争时，所建构起来的媒介对立面包括：

东方	西方
蛮荒	文明
封建的	现代化的
专制的	民主的
原教旨主义	自由主义
(2001)落后的“肮脏的”炮弹	先进的“干净”武器(“外科手术式打击”)
混乱的恐怖主义	“震慑行动”的策略(伊拉克2003—)
文化“落后”，女性穿长袍的形象	“现代的”文化，女性穿“西方”的裙装
邪恶	善良

① 西方人用餐是有顺序的：开胃菜、主菜、餐后甜点等，而且有些餐点不能胡乱搭配在一起——译者注。

研究 2.4

● 查找现在中东战争的报道，讨论这些二元对立的理论是否适用。

● 这些蔓延全球的长期战争是不是影响了新闻报道"叙事"的方式？它们的结构是不是更加模糊了？

图 2-6　喜剧《绝望的主妇》(*Desperate Housewives*，美国，2004—2012)中秘密、八卦和权力的斗争不断。音乐常常玩笑般提醒观众潜在的秘密。不断出现的洁净的前门代表着隐藏的秘密、犯罪和绝望。

叙述、故事和情节

"叙述"(narration)这个术语描述故事是如何讲述、如何选择、如何安排素材来达到特定效果的。这一部分包括，这个故事允许我们知道多少信息——想想肥皂剧中"秘密"的重要性。叙事理论的术语**"限制性叙述"**(restricted narration)指的是如何分布事件和人物特征的信息——出于故事的考虑，是保留还是提供这个信息。我们会在后面提到更多的内容。

在这里，叙事理论对**情节**(plot)和**故事**(story)进行了区分。波德维尔和汤普森(Bordwell and Thompson，2008：76)把"故事"定义为包括了"叙事中所有的事件，包括明确呈现的和观众推断出来的事件"。情节则指的是"电影呈现给观众所有视觉和听觉上的东西"，包括所有故事中直接描述的事件。

在虚构影像(电影、电视、游戏)中有一个特殊的方面，**"叙事引导"**(diegesis)，可以用来分析音乐。叙事引导是叙事中的术语，可以包括音乐(例如一个摇滚明星的传记片)。但是银幕电影的情节中也常常出现非叙事引导的音乐。比方说，音乐随着人物登上山顶而逐渐增强，但这种方法可不总是代表有乐队在山顶上等着他们。

在了解叙事的结尾之后，你需要把故事看作你可以集合起来的东西。它可能意味着早上起床这样的日常活动，这个场景在很多故事中都会发生，但也可能很乏味。它也可能包含那些我们在过程中一直拼凑但直到结尾才显现出来的线索，比如在《非常嫌疑犯》(美国，1995)中，主角的身份到结尾才揭晓。如图 2-7 所示，是《呼啸山庄》(*Wuthering Heights*)的分析图表。

> 20世纪20年代,俄罗斯理论家发明了情节(俄语syuzhet)和故事(俄语fabula)的有效区分方法。人们常用这两个词的俄语,因为他们的英语含义常是不可靠的,而且容易混淆。

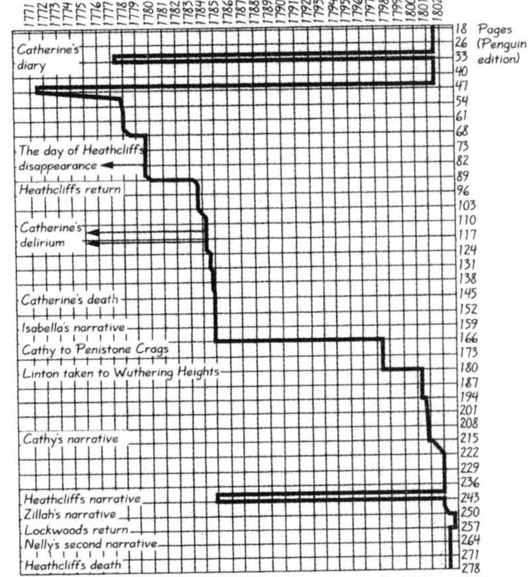

图 2-7 《呼啸山庄》的图表

这个图表明了小说《呼啸山庄》(1847)复杂的叙事结构。图表右侧是这本书的页码,代表故事情节的走向。图表上侧是"故事"中事件发生的时间轴,我们可借此在最后拼凑出整个故事(如果要把这个图表用于电影或电视剧的叙事中,可以把右侧的标准换成发生情节的分钟。还有一种就是用DVD划分的章节来标注,但没有那么准确)。

受众对人物产生的情感共鸣不仅可以随着人物的活动和对他们的评价而变化,也可以通过情节来变化。例如,在故事即将结束的时候(1800年),希斯克利夫(Heathcliff)的恶劣行径简直像个魔鬼,但小说又用倒叙的方式闪回了他作为一个孤儿,小时候如何贫困潦倒、受人欺辱。在这之前读者几乎不了解希斯克利夫的儿童时代,直到现在,作者才将这个信息写出来。读者可能会对希斯克利夫产生同情,不会单纯地认为他是表现出来的那么"邪恶"了。

> 见MSB5网站上关于电影《精神病患者》叙事结构的经典案例分析。本书对电影《贫民窟的百万富翁》(*Slumdog Millionaire*)的分析也将叙事理论应用到电影中。ONLINE RESOURCES

研究 2.5

● 调查《呼啸山庄》近期的(电视、电影)版本,或是你喜欢的其他小说是如何安排事件发生顺序,从而达到叙事娱乐性的？

● 选一部有记忆回放的电影，如《精神病患者》，或比较正常的《拯救大兵瑞恩》（美国，1998）。想一想，如果没有回放的话，故事会受到什么样的影响。

●《精神病患者》属于什么类型？陷入困境的青年男人自传？

● 如果使用“平铺直叙”的方式，会让故事失去什么样的乐趣？

图 2-8　迈克尔·杰克逊在《战栗者》结尾的突然转身是一个经典结尾，让我们改变了之前对一系列事情的看法。

其他作者在这一领域探讨，“受众”了解到的信息与剧中人物相比是相同的还是更多？什么时候多，什么时候少？多了多少？是怎么做到的？例如，在好的侦探小说或惊悚小说结尾，我们应该感觉到一种猜测谜底的快感，所以当我们以恰当的顺序拼凑起情节所提供的证据时，“揭晓答案”的过程将会是一种乐趣。我们不应该感觉情节有假；或是某一段突然给出了我们不可能猜到的答案。明显非常无辜的秘书不可能在最后一分钟变身成为顶级的毒药专家。

消遣性的“欺骗”是可以的。《绝望主妇》（美国，2004—2012）和《日落大道》（*Sunset Boulevard*，美国，1950）通过死者作为第一人称，“展示”一些不为人知的秘密。《非常嫌疑犯》（美国，1995）的卖点在于一段很长但却误导观众的回忆。

悬疑和惊悚小说的特殊案例

“惊悚片”（thriller）与“恐怖片”（horror films）的区别在于：

● 不大注重血腥或“极端肢体行为”的特效；

● 与犯罪片有重叠；

● 动态影像中显现出的“惊悚”或悬念，特别是与音乐一起编辑产生的效果。

惊悚片常拿叙事做文章，让观众在看到正义的男主角面临危险和紧迫的事件时（非常享受地）为他捏一把汗。在这个意义上，惊悚片对观众来说是愉悦的自虐类型。《沉默的羔羊》（*The Silence of the Lambs*，美国，1991）一片可以体现这种感觉，开场时朱迪·福斯特（Jodie Foster）在树林中狂奔，而树上的标示是“受伤——痛苦——伤痛——爱上它”（Hurt-Agony-Pain-Love it）。查理·德里（Charles Derry）认为，这种悬念不一定是为了解决叙事中的疑惑或解释“接下来要发生什么”（Derry 1988：31）。它取决于人们会因此期待接下来发生的具体行为。

受虐狂(Masochism):广义上是医学/精神分析术语,在遭受痛苦或被控制时感到愉快或满足。在电影理论中用来解释反常的收看乐趣。

图 2-9 《沉默的羔羊》一开场就是一只大眼在眨眼,这是观众在惊悚片中期待的受虐快感。

在那些引发悬念的时刻,时间似乎格外漫长,对于急切想要打破或证实自己的期待的观众来说,每一秒都是煎熬。(p. 32)

如果你喜欢惊悚片,你喜欢的就是这种令人痛苦的折磨。

很多故事中必不可少的手机如何改变叙事结构?《无间行者》(*the Departed*,美国,2006)是很好的例子,手机的使用 a)没有破坏惊悚片的情节,b)联系电影的一大主题:雄性"群落"雏形在波士顿的消亡。

研究 2.6

- 思考在最近的电影或其他媒介中,有没有这种令人享受地"折磨"观众的场景?
- 它是如何通过操纵时间和叙事角度来达到这一效果的?
- 这是否可以应用到游戏当中?

叙事结构和限制性叙述的另一部分是讲故事的"声音"。第一人称叙事用"我"作为讲述者,但这种方式中,读者不会知道故事中的"我"没有经历过或不知道的事,这种限制方式非常好用。第三人称或客观叙事则似乎是故事"本身讲述的"故事,比方说"很久很久以前,王子……"。它常常被称为是无所不知的叙事者,因为它知道这个故事中发生的所有事情。尽管很多电影、电视或视频的叙事都是从个人角度出发,以文字的"画外音"开始讲故事,它们常会进入客观的叙事模式——没有画外音,自然地在人们面前展开。

特里·吉列姆(Terry Gilliam)的电影《终极天将》(*Adventures of Baron Munchausen*,1988)开篇字幕就是遵照这个惯例:"18世纪晚期,理性时代,周三。"

画外音常由故事中的一个角色扮演，这点在叙事研究领域没有得到重视。角色以外观、服装、姿势、明星形象等为基础，常体现出“典型的”特点，尤其是当这些角色只用于背景活动的时候。科里甘和怀特（Corrigan and White）指出，虽然电影的目的是塑造现实形象，但大多数还是普通人和杰出人士的混合（更像明星）。这样使角色“我们可以凭借经验辨识出他们，他们的闪光点也会让我们关注他们……比如《异形》（*Alien*，1979）中的女主角，对这一形象的理解意味着欣赏普通人和伟人之间达成的平衡”（Corrigan & White 2004：244）。

研究 2.7

● 使用这些理论来解释广告是如何通过简短的故事达到效果的（非叙事的广告是存在的，这些广告只是产品的一系列介绍——超市罗列了最优惠的价格——或者汽车周围环绕着迷人的光环）。

● 把你看到的广告分成叙事的和非叙事的类型。

修订一下：如果使用叙事形式，广告会：

● 以因果关系的顺序排列事件；

● 即使是在短短几秒钟内，也会通过简短的符号和典型的特征来建构人物、行动和谜题的感觉，如金发、某种眼神等。

正如普洛普所说的，广告中同样的特征不仅把角色塑造成“现实中的人”，而且也推动了行为和情节的发展。片中会有一个明显的“英雄”，推动故事情节发展，尽管这个英雄只是个产品——解决主要角色的问题。正如托多罗夫说的那样，通常会被打破初始状态，发生改变，到最后愉快地解决——当然，是要通过所推销产品的“神奇”干预。

你也可以通过叙事和想要吸引你的情节来识别出这个故事，也可以重组整个故事。即使没有使用倒叙，也试着想象有没有故事会通过不同角色的角度，或是使用不同的时间段来强调故事不同的部分。

图 2-10　当然，不同观众会对故事有不同的感觉，这部分取决于他们觉得某些角色身上有没有自己的影子。

乔瑟夫·坎贝尔(Joseph Campbell，1904—1987)受到卡尔·荣格(Carl G. Jung，1875—1961)的影响。荣格认为特定的神话和符号代表着人类的"原型"(如男人灵魂或"女性化"的一面等)。

脚本和叙事

如果你在上脚本写作的课程，精力集中在制作脚本而不是分析脚本上，你可能会了解讲故事和写故事的不同。这个领域常见的名人有：研究神话和古代故事的美国人类学家乔瑟夫·坎贝尔(Joseph Campbell)，有些人认为这些神话和古代故事是跨文化共享的。他的书《千面英雄》(*Hero with a Thousand Faces*，1949)提出，"永恒的"神话或故事是所有文化共享的。电影制作人如乔治·卢卡斯(George Lucas)等都将坎贝尔当做影响《星球大战》等系列电影的关键人物。

有些人提出了坎贝尔的前沿理论：

- 平衡了不同文化中神话和故事方式的差异；
- 赋予商业化氛围浓重的产品更深厚的文化意义和类似宗教意义(例如，《星际迷航》(*the Star Trek*)、《星球大战》系列)；
- 不过分具象化电影中的"神"或者宗教，以免冒犯到观众，丢失票房。

(好莱坞对影片的全球大卖往往做出"普适的"解释，而不是讲述他们如何避免"冒犯"观众或具备大规模发行和销售的能力。)

坎贝尔的理论影响了像悉德·菲尔德(Syd Field)和罗伯特·麦基(Robert McKee，1941—)这样的编剧"大师"。麦基的成就包括他的书《故事》(*Story Substance*，*Structure*，*Style and the Principles of Screenwriting*，1999年第一版)和全球各地对该书的研讨会。有的作家把他完美的脚本"计划书"(含"普适价值"和"模型")作为作家顺利完成作品最重要的指导，制片厂希望能够从作者那里得到一个流畅的生产线。这类似于20世纪20年代的"福特主义"(Fordist)生产方式。那时福特(Ford)汽车公司通过一条生产线生产廉价、可靠、标准化的汽车，麦当劳等公司后来相继使用这一方式。马克·瑞文希尔(Mark Ravenhill，2007)评论说：

> 我读过它……从中学到很多重要的知识……但现在……作者交上剧本，来开会的时候经常听到的是："我落下了第23页上的起始事件"，因为现在是故事为中心的世界，而不是"为什么我们要拍摄这部电影?"

查理·卡夫曼(Charlie Kaufmann)的电影《改编剧本》(*Adaptation*，2002)中有一个角色叫"唐纳德·卡夫曼"(Donald Kaufmann)，唐纳德基于麦基(McKee)的理论，编写了一部俗套的连环杀手电影，并因此得到不菲的收入。麦基在电影创作上没什么建树，但人们认为这个角色是以他为原型的(见Ravenhill，2007)。

"很久很久以前都是一小撮人围在篝火边听人讲神奇、魔幻的故事。现在是整个世界……这不是因为美国电影院的'控制力'，而是故事本身的魔力，它团结了整个世界。"[史蒂文·斯皮尔伯格（Steven Spielberg），Variety，1993年12月7日，第62页]。这是对好莱坞神话的一句经典评论。

研究2.8

● 研究麦基的理论（或研究领域，如果你的课程研究他的话），比较这些理论与早期西方戏剧理论之间的异同点，包括希腊作家亚里士多德（公元前384—322）提出的"三幕式结构"。

● 思考这些电影剧本的理论在多大程度上：

a. 考虑到电影中其他观众的乐趣（比方说明星、情景等）；

b. 把作家当作作者。

● 在制作电影的过程中，他们是否回避说明其他的关键过程，如导演的作用、设计、选角、植入式广告、市场和好莱坞巨大的发行力量等作用？

不同媒介的叙事

正如我们在开头所说的，叙事理论指出，故事在任何媒介、任何文化中都有相同的特征，但特定的媒介和文化可以或被迫采用不同的方式来"讲"故事。如果你参与的项目要求你选择一种媒介编故事，这一点尤为重要。你将会被问到：有哪些功能是A媒介（比如连环画或收音机）有，但是B媒介没有的？反过来是一样的吗？这些差别一部分是因为不同媒介的性质和技术（"再媒介化"）不一样，使用群体也不一样。我们来简要总结一下。

言语故事

在这里就不讨论书面叙事或口头叙事，尽管这与视听或其他形式相比，强调的是书面或口头的叙事能力。

研究2.9

● 看看你能不能写出将下面这句话拍摄成电影、电视的分镜头脚本。

如何在图像和声音中表达这句话的意思？

"哈利恐怕永远也记不清，他是怎样通过那些考试的，因为当时他整天提心吊胆，随时提防着伏地魔破门而入。"

（摘自《哈利波特与魔法石》，J. K. 罗琳，1997，第191页）

● 如何把文字搬上大银幕，这个练习有没有让你产生什么问题？

一些女权主义者争论：被强奸的女性应该称为"受害者"（victims）呢，还是"幸存者"（survivors）？这里的问题在于不同的术语会形成人们对这些"故事"不同的感觉。

思考：这个如何表现在照片上？

照片

照片可能是比较奇怪的叙事形式，因为照片是一个凝固的时间点（就像彩绘玻璃窗或是一幅画）。但往往重要的新闻或广告照片的影响在于如何促使受众想象在这张照片之前发生了什么，这之后又将会发生什么。叙事多是由不同角度、提供的视觉信息和想象中角色的建构标示由来的——而且还有其中是不是有黑白胶片（常常在故事中代表"过去"）。你能够在第1章的案例研究中获取更多这方面信息。

参考利兹·威尔（Liz Wells）在这方面的指导（Wells，2002）。

研究 2.10

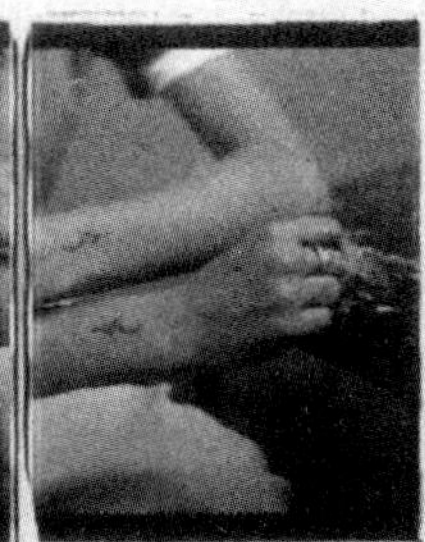

图 2-11 这幅照片是威尔（2002）的封面。这张照片分裂为四个部分，每一部分都似乎暗示着一个不同的角色和不同的故事。你如何描述他们？

图 2-12　电影等视听形式的媒介再现了过去 40 年漫画和绘画小说中极端和程式化的活力。这幅图是 1986 年弗兰克·米勒（Frank Miller）《蝙蝠侠：黑暗骑士归来》的漫画造型 © 1986 年 DC 漫画公司。版权所有，使用已经过允许。

连环画和动画片

连环画（再加上动画片和连续剧）的故事叙述方式的组合非常有趣：

- 语言（包括对话框）；
- 线条画。连环画可以无限合理化和夸张化角色和事件，不管多高成本的电影都做不到连环画的程度。在连环画和动画片中你永远都不必担心哪个明星脸上的粉刺或是灯光会出什么问题。
- 关键时刻的闪点插图视角非常独特、非常夸张。

动画片中的世界与现实世界往往是不一样的：《辛普森一家》中都是四个手指的、黄皮肤的居民，以及不切实际的“当地媒体”，永远长不大的孩子，遥远的情节和没有痛苦的暴力。但不管是大人还是孩子，都在电视机前津津有味地观赏着这种夸张或异常的故事。有些观众可能也喜欢与现实社会相关的角色和情节（尤其是对话台词），辛辣地讽刺现实生活中的政治或文化问题，也相对没有预算的限制。

《辛普森一家》的讽刺卖点是在逐渐升级，还是已经江郎才尽，见丘吉威尔（Churchwell，2009）的总结。其中，丽莎（Lisa）的角色一直被认为是“女权主义者的代表”。

她会怎么说？

图 2-13　“玛芝”（Marge）在 2009 年《花花公子》一期杂志封面上颇具争议的动作。

广播

广播使用声音和沉默（特别是声音的代表性）影响处理叙事的方式，通过声音、噪音、音效和沉默建立人物之间的空间错觉和各部分之间的时间错觉。它不会在电影耗时打造的特色（就像特效、服装）上花太多时间。

角色不能长时间保持沉默［就像在《落水狗》（*Reservoir Dogs*，美国，1992）中蒂姆·罗斯（Tim Roth）的形象，他大部分时间都是沉默的，“在舞台上”死去］，因为那样会让角色感觉像“消失”了一样。由于广播的符号相对廉价和容易制作，可以任意建构离奇古怪、风格迥异的故事，从时间旅行到一个女人在溺水时脑中闪现的记忆。

电影院

像视频和音频一样，电影是“以时间为基础”的媒介，通过摄像机的移动、剪辑、图像和语言来操纵时间和空间。一般的故事片都是两个小时，如果观众一直坐着观看，会感受短片般的冲击强度。有些人喜欢重复这种感受，在家里用“特殊的”DVD 屏幕观看，甚至是在下一季出来之前买一套 DVD 观赏。大屏幕的电视（经常也是同一厂家的产品）也增强了这一趋势。随着肥皂剧、连续剧或小说等更开放式的故事渗透到我们的生活之中，我们每天、每周甚至一年都在收看各个电视剧，但是这种短片的体验有所不同。

关于电影文本的进一步探讨，见第 1 章的案例研究、第 13 章和第 6 章关于《愚昧年代》的案例研究。

长期的“开放式”叙事

所以，在不同的媒介中故事的叙述方式或再现方式就会不同，部分原因是不同的媒介使用的材料（音频、胶片、数字媒介、线条图、单独的口语或者书面语）不同。但也与他们的制度和行业需求有关。

肥皂剧可以定义成开放式结局、多个部分穿起来的连续剧，一年 52 周都在播放。肥皂剧的起源是 20 世纪 30 年代的美国广播，那时候洗涤剂制造商（和其他厂商）想要向家庭主妇推销产品，于是产生了肥皂剧。肥皂剧是商业电视和 BBC 的理想模式，20 世纪 60 年代的商业电视借此把常规收视群推销给广告商；1985 年 BBC 凭借《伦敦东区》（*Eastenders*）吸引了大量的晚间收视群，打了一场漂亮的翻身仗。BBC希望观众能够整晚收看他们的频道，帮助BBC在确定下次收取牌照费的价格水平时提供大量收视群体的证据。

品牌化试图将产品与某种吸引人的意义或情感联系起来，为其建立“独特的销售主张”（Unique Selling Proposition）（见第11章）。

现在的主流肥皂剧越来越像是大型的新闻节目。被称作“金牌节目”的主打肥皂剧可以塑造频道品牌。尽管“肥皂剧”是最常见的、最受争议的一种媒介形式，但它不仅仅是“一种东西”。英国的地面电视中也有不同广播机构[**公共服务广播**（Public Service Broadcasting）、商业投资广播等]制作的澳大利亚、美国、威尔士、苏格兰和其他国家的肥皂剧。

这些反过来又可以分为高成本和低成本的产品，并且与纪录片、情景剧、**爱情片**（romance）、区域认同和不同观众之间有不同的关系。

《火线》（*The Wire*）的导演在多次采访中（2009）提出如何在备受追捧的电视剧形式里将受众的影响最大化，培养**人种志**（ethnographic）的现实主义或洞察力：

1. 不要向观众解释什么。让角色用自己的风格进行互动，观众会找到主线并很乐意将它们组合起来。

2. 一些角色不按常理出牌。“跳出角色框架之外”突出了人性的复杂感。

3. 不时地加入一些洞察力或点缀，只有真实体验过的人才知道。但不要解释任何事。

[在此感谢西蒙·科特（Simon Cottle）]

然而，我们可以进行归纳。英国肥皂剧对制作者的一个吸引力就是成本低廉，一部分原因是故事可以集中在几个“中心”地点（例如：酒店、酒吧、洗衣店或者咖啡馆）。这些地点是会面的地方，是故事的主要内容之一，也是肥皂剧经济和生产的需求。肥皂剧一周会播出两到三个晚上，丰富的故事情节是必要的。特别是一些可以随时变换的情节，允许：

- 排演、演员度假、怀孕和生病的时间；
- 通过几个故事同时发生，吸引不同的观众群，达到更大的播出效果。如果你对这条“故事主线”失去了兴趣，还可以关注随后出现的另一条主线。“中心的”会面地点让故事情节可以交叉，同时让整个故事的各个主线呈现出"社区"的感觉，达到肥皂剧的愉悦效果。随着互联网技术的发展，观众现在可以通过博客等联系制片人，对剧情发展提出问题和建议。

肥皂剧的故事也在为它的收视群体和广告商改变。在过去几年，英国一些肥皂剧通过布景、服装、情景和一些角色类型"提高档次"，试着提高广告时段的价格，吸引更有钱的观众。在《小河边》(*Brookside*)成功之后，其他肥皂剧开始尝试着吸引男性观众加入这一传统的女性项目，如医院的电视剧中加入了血淋淋的特效和特定的故事情节。例如，英国电视剧《警务风云》(*The Bill*)中的人物形象和情节就介于肥皂剧(一直有新剧集出来，每集都没有"封闭的"结尾)和系列节目[每周都有一整段故事情节，就像在《急诊室的故事》(ER)]之间。连续剧(包括"经典"连续剧)和"迷你连续剧"(常常是一种尝试)是另外一种故事形式，比普通故事要长，但不是肥皂剧那种"开放式结局"。

肥皂剧也常常通过有争议的主题来吸引观众。《伦敦东区》为了故事情节查阅慈善机构的网站列表，显示了他们非常注意这一点(见第4章)。同时，长期播放的肥皂剧在创伤性事件上比著名的戏剧形式更有优势。长期、隐形的戏剧性"社会问题"(比如强奸、虐待儿童、战争创伤)的后果可能在多年以后才会显现或者得以解决，正如现实生活中一样。

电视剧《罗伊尔一家》(*The Royle Family*, BBC, 1998—2008)不像其他肥皂剧，在电视中的表现非常"现实"。维基百科中提示："不要与皇室(The Royal Family)混淆了。"

自然，肥皂剧在"现实主义"方面是有缺陷的。你什么时候听到过肥皂剧中的角色讨论现实生活中的政治运动、人物、新闻，甚至是竞争台播放的肥皂剧？这些都是现实生活中人们常做的事情。

想一下为什么这些不会出现在肥皂剧中？

广播电台的肥皂剧制作成本低廉，因而有所不同。《阿澈一家》(*The Archers*)以其最新的农业故事情节而广为人知，对现实生活中的农业事件做出最快的反应。2001年爆发的口蹄疫对农业造成毁灭性影响，而《阿澈一家》在事件报道一周内就在广播剧中提及了这一事件。

问题：为什么电视肥皂剧很难做到这一点呢？

小　结

长期以来，"叙事"理论一直帮助我们理解不同媒介的运作方式，不管是"真实的"还是虚拟媒体，还有少数的 Web 2.0 交互式媒体。我们在之后（第 6 章）讨论它的扩展使用，比方说代替意识形态的位置，正像在"邮政罢工的管理层叙事"中一样。

这个领域的媒介理论一直基于非常文本氏的方式，但最后一个例子关注叙事如何"被讲述给"观众。虽然一些电脑游戏使用故事角色、"连锁行动"和结局，但"读者"或玩家应该感觉完全沉浸其中。同时，"既定"结局的操作方式不像是单一叙事的操作方式。例如，玩家可能会遇到挑战，甚至会使整个游戏、故事中止。

研究游戏的理论叫做游戏学（ludology），是从拉丁语的"游戏"（ludus）演变过来的。见 BBC 的 i-player 播放器上查理·布鲁克（Charlie Brooker）的 Gameswipe（BBC4 2009）对游戏有趣的评价。

我们很难对游戏进行概括，第一，是因为有很多种游戏[体育游戏、竞技游戏、大型多人角色扮演游戏（massively multiplayer online role-play games）]、单人奇幻冒险角色扮演游戏（RPGs：role-playing games）、射击游戏等。第二，他们往往与"轰动一时"的电影题材（特别是战争电影和动作冒险片）相联系，游戏的叙事性让玩家感觉是在电影中一样。但是他们的操作不同，是扮演角色或执行技能任务的叙事性乐趣。的确，游戏中用到多少叙事性理论是存在争议的（见 Dovey&Kennedy，2006）。

见第 8 章对"新媒体"的讨论，及他们如何激发我们重新思考和使用现在的理论。

像游戏这种"身临其境的"文化形式就像所有媒介一样，是通过一系列理论形成的。多人在线游戏的分支性叙事结构中，玩家的选择引导着故事的发展，是激烈的也是"开放式的结局"。

研究 2.11

- 列出你最喜欢的四个游戏。
- 其中哪些是叙事的，举个例子，这些游戏吸引你的地方是不是其中的故事或是角色，让玩家深陷其中，而且想要积极参与？
- 你怎么描述你与游戏角色之间的关系？

● 角色是否重要？音效（在媒介研究中常被人忽视）呢？角色的视觉表现呢？

● 就叙事游戏来说，你是否赞同莎拉·罗伯茨（Sarah Roberts，1995，Dovey&Kennedy，2006：48）的说法："交互性带来一种民主的错觉……艺术家给了观赏者选择的权力，而实际上艺术家已经设定好了所有要发生的选择……这比玩家没有选择要复杂得多，但仍然是全部设计好的。"

这将我们带到了第3章"类型与其他分类"，在类型的分类下如何产生和利用叙事期待。

参考书目与扩展阅读

Barthes，Roland(1977) Introduction to the Structural Analysis of Narratives，London：Fontana.

Bordwell，David，and Thompson，Kirstin(2008) Film Art：An Introduction，8th edn，New York：McGraw-Hill.

Branigan，Edward(1992) Narrative Comprehension and Film，London：Routledge.

Branston，Gill(2006) 'Understanding Genre'，in Gillespie，Marie，and Toynbee，Jason (eds) Analysing Media Texts，London：Open University Press，pp. 75-76.

Campbell，Joseph(1949) The Hero with a Thousand Faces，new edition，Fontana，1993.

Churchwell，Sarah(2009) 'What Would Lisa Think?' The Guardian，24 October.

Corrigan，Timothy，and White，Patricia(2004) The Film Experience：An Introduction，Basingstoke：Palgrave Macmillan.

Derry，Charles(1988) The Suspense Thriller：Films in the Shadow of Alfred Hitchcock，Jefferson，NC：McFarland.

Dovey，Jon，and Kennedy，Helen W. (2006) Game Cultures，London and New York：Open University Press.

Durkin，Kevin(1985) Television，Sex Roles and Children，Milton Keynes：Open University Press.

Field，Syd(1994) Four Screenplays：Studies in the American Screenplay，New York：Dell.

Hyde，Marina (2009) 'Cameron's West Wing Plans Take us Closer to Government by Box Set'，The Guardian，4 July.

Lévi-Strauss，Claude(1972) 'The Structural Study of Myth'，in De George，R. and F. (eds) The Structuralists from Marx to Lévi-Strauss，New York：Doubleday Anchor.

McKee，Robert(1999) Story Substance，Structure，Style and the Principles of Screenwriting，New York：HarperCollins.

Propp, Vladimir (1975) The Morphology of the Folk Tale, Austin: University of Texas Press.

Ravenhill, Mark(2007) 'The Cult of Story is Destroying our Culture from Within: It's Time to Start Fighting Back', The Guardian, 25 June.

Todorov, Tzvetan(1977) The Poetics of Prose, Oxford: Blackwell.

Wells, Liz(2002) The Photography Reader, London and New York: Routledge.

案例分析:《犯罪现场调查:迈阿密》与犯罪剧情片

- “犯罪剧情片”的分类
- 托多罗夫理论的应用
- 巴特理论的应用
- 叙事、制度、意识形态
- 情节/故事
- 普洛普理论的应用
- 列维-斯特劳斯理论的应用
- 参考书目与扩展阅读

犯罪类型的故事和破案故事是很好的入门题材,因为它们煞费苦心地从故事的证据中重建了“另一个故事”——“到底发生了什么”。“读者”使用与侦探小说和其他小说相同类型的推测:尝试着判断人物特征和动机、可能的行为和不可能的行为,以及相关“证据”。

在这里,我们会:

- 把叙事的主要理论应用于《犯罪现场调查:迈阿密》(CSI: Miami)的第1集中;
- 用互联网链接更新成视听形式;
- 提出这些犯罪故事如何与主流价值观联系起来。

“犯罪剧情片”的分类

哥伦比亚广播公司(CBS)的热播电视剧《犯罪现场调查:迈阿密》是纽约、迈阿密和拉斯维加斯三个《犯罪现场调查》(*Crime Scene Investigation*)系列中的一个,在这里我们主要研究迈阿密系列的第1集。我们在此主要研究叙事,但对大多数观众而言还有对类型的期待。

研究2.12

- 研究这一系列的宣传、选角、文字片头如何受到类型设定的影响。
- 列出粉丝关注CBS官方网站的原因。

“犯罪剧情片”的类别最常涉及的是破案,一种细分就是“谁是凶手”、“犯罪方式”、“犯罪动机”。不同寻常的是,美国最长的犯罪电视剧《法律与秩序》(*Law and Order*,美国,1990—2010)把每一集分成犯罪调查和法律起诉。但常常:

1. 注意力会集中在解决犯罪而不是解释上；而诸如更广泛的社会原因、犯罪、遭受审判、处罚的经历等内容……则是相关领域的其他类型片详细讨论的：包括“监狱电影”、惊悚片、戏剧纪录片、传记或者法庭剧。

2. 调查的对象不是最有影响力的犯罪，常属于调查性新闻，常不被认定为犯罪。

让我们更详细地讨论一下犯罪故事。绝大多数都是侦查案件。不用夏洛克·福尔摩斯(Sherlock Holmes)也能推断出“侦探小说”都有一个侦探，但往往也有一个新手侦探，两者之间的关系往往与破案一样有看头。人们对侦探故事发生的地点也情有独钟，可能是19世纪迷雾重重的伦敦、迈阿密或者是女侦探V. I. 渥修斯基(V. I. Warshawski)所在的芝加哥。

最常见的故事主角只有一个侦探。虽然在普洛普的理论里这些都是“英雄”，但许多粉丝的乐趣在于对角色、动态影像和他们“风格”的不同诠释。这种类型的“英雄”有两个主要的根源：

1. 第一种是英国式的“绅士”侦探形象，从福尔摩斯到摩斯警长(Inspector Morse)或者彼得·金德姆(Peter Kingdom)，还有“淑女”，如马普尔小姐(Miss Marple)。

2. 从20世纪20年代开始，另一个形象就是美国的“铁血”侦探，只有一条主线：这个侦探不是绅士，前身常是警务人员，比福尔摩斯更脆弱，特别是遭遇美人计的时候。他一般对胜负没有把握，也可能会批评社会不公正的秩序。复杂的故事让这个“表现的不是自己的人”深入腐败的美国城市的“穷街陋巷”中。

研究2.13

- 在《犯罪现场调查：迈阿密》的侦探中，你能看出这两种传统吗？
- 他们常常是男性，因此会营造出角色阳刚之气或者“酷”的感觉。
- 见YouTube上《犯罪现场调查：迈阿密》中“最完美的主线”霍雷肖(Horatio)，包括在交货时他如何使用自己的太阳镜。粉丝有时感觉这是一种滑稽的自我模仿。
- 你看见过“酷酷的”女侦探形象吗？她们的风格是怎么构建的？有没有霍雷肖或《犯罪现场调查：纽约》中格里索姆(Grissom)的威信？

另一种开始流行的“侦探片”是“警匪片”，讲述一众警察如何耗尽精力地破案。《犯罪现场调查》中没有令人沮丧的调查工作，取而代之的是神奇的高科技破案方式，常使用专门的语言和首字母缩写。它本身的术语在《犯罪现场调查》网站上有专门的介绍。

问题：在这种侦探故事中，警队成员之间的关系是否能引起你的兴趣？

夏洛克·福尔摩斯(1887—1893)或是电视《摩斯警长》(*Inspector Morse*,1987—2000)这些早期的叙事的乐趣在于,尽管我们不可能像福尔摩斯或摩斯那样聪明,但我们能通过华生/刘易斯医生(Dr Watson/Lewis)跟上曲折的故事情节,同时还因为我们永远都要比后者更"聪明"一点,而产生自我满足感。

这个叙事领域既包括耐人寻味的主人公形象的建构,也包括情节和故事的"表达"。

图 2-14　福尔摩斯冷漠、"超凡脱俗"的人物形象、"猎鹿帽"及贝克街(Baker Street)的住址都象征着他上流社会的身份。常常是维多利亚时代迷雾重重的伦敦激发了他的"盯梢"能力。迷雾重重的画面也让他的故事开始偏向恐怖片体裁。在这种设计下,福尔摩斯就像是"智慧的指路人"或是"医治社会痼疾的医生",把我们安全地带出迷宫般的道路。

情节/故事

我们总结一下《犯罪现场调查:迈阿密》第一集中"黄金降落伞"(The Golden Parachute)的情节,思考一下情节是如何安排的,以便区别于我们最后重构的故事。

注意:"剧情简介"(synopsis)这个词常指的是像预告片一样,对故事开头情节的总结。真正的剧情介绍会用文字总结所有发生的事件,而且必须给出故事的结局或"剧透"(spoilers)。这是理解和讨论整个故事的唯一方法,因为结局是至关重要的(见第2章)。

剧情简介:"黄金降落伞"

片头播放前的一连串事件:两名男性在沼泽地钓鱼时目击了一架飞机坠落的全过程。迈阿密犯罪现场调查小组的负责人霍雷肖·肯恩(Horatio Caine)和助手艾瑞克(Eric)到达现场。片中存在的问题是警方的哪个部门应该负责此次调查。他们在失事的残骸中找到了一个婴儿。艾瑞克认为小孩还活着,霍雷肖告诉他孩子已经死了。

片头:佛罗里达沼泽地壮观的长镜头和工作中的主角"高科技"的蒙太奇拍摄。

- 曾是警队队长的梅根·唐那(Megan Donner)到达现场,她曾因丈夫去世而缺席6

个月。她和霍雷肖曾争论过谁有这个案子的管辖权——是联邦调查局还是犯罪现场调查小组，两个部门采取不同的破案方法。这一场景在这一集中多次出现。

● 在第一具飞行员尸体的上身找到一个小的创伤。警方询问两名“钓鱼者”，两人提出要酬劳。调查小组在飞机上发现被替换的部分；并决定找出射击飞机的人。他们发现一个空的手提箱和幸存者苏默(Sommer)，苏默是保险公司主管，当时他和经理们都在飞机上。他们把苏默送进了医院。

● 他们在5英里以外的地方找到一具女性的尸体，死者是公司的高级会计师克里斯蒂娜(Christina)，是第二个不在座位上的乘客(从没有安全带在身上燃烧的痕迹推断而来)。她的手受伤了：随即片中闪现了可能导致她死亡的场景。霍雷肖拜访了克里斯蒂娜的母亲，发现她在高中的时候有过“抑郁症”，而且“非常善于保守秘密”。

● 霍雷肖告诉同事，这个公司的管理层当时因涉嫌欺诈，正乘坐飞机前往华盛顿出席美国证券交易委员会(Security and Exchange Commission)的听证会。卡蕾(Calleigh)发现飞机上的门是打开的，并发现出口的门闩遭到了损坏。

● 他们发现一名拉丁裔工人挫平了门闩，但经警察推断，那个门是从里面打开的，因此排除了这名工人的嫌疑。

● 苏默在医院接受调查。他声称不记得任何事，然后说他当时坐在椅子上(虽然没有安全带烧伤的痕迹)，当时克里斯蒂娜开始喝水，而且行为有些古怪。在提到枪伤的时候，苏默似乎有点困惑。他们取了苏默的指纹并测试了克里斯蒂娜的头发，发现她在使用抗抑郁药，而且在6个月前曾自杀过。失事飞机的黑匣子一直没有下落。苏默的指纹在飞机门上到处都是。霍雷肖和梅根认为当时这里有一场搏斗，克里斯蒂娜紧紧抓住门不放。但后来他们发现苏默自己出院了。

● 艾瑞克和提姆(Tim)指控钓鱼者洗劫了飞机坠毁的现场，要求他们交还拿走的东西。他们在鳄鱼池里拿回了黑匣子，其中存留着飞机坠毁前驾驶舱的声音。这些经过处理，发现了17秒的打斗声，但是没有开枪的声音。

● 他们搜查了克里斯蒂娜的住处。弹道专家卡蕾发现飞行员不是被子弹打死的，而是被一枚不合格的螺栓杀死的。霍雷肖注意到灭火器不见了，推测苏默用它逼克里斯蒂娜下飞机。

● 调查小组发现飞机的门有不合格的零件。传票的副本显示，飞机载着被指控涉嫌欺诈的保险公司高管去美国证券交易委员会出席听证会。在几英里之外的女性尸体是检举人(揭发了公司的腐败)。公司主管苏默不久后上吊自杀了。

● 霍雷肖又与克里斯蒂娜的母亲谈了一次。他读出克里斯蒂娜写的揭发信的开头，同时镜头拍摄了整个小组的工作情况。结尾处，霍雷肖想着这名举报人，精神上向她“致敬”。她的话“如果真相不能大白，我们就会感到无力”成为了最后的画外音。

研究 2.14

这里的总结花费了很多时间！但希望大家可以了解情节是怎么安排的，与我们最后重构的故事有什么不同。看你是否可以在此复制第 2 章的图表。

问题：故事最早是什么时候发生的？

答案：克里斯蒂娜 6 个月之前企图自杀（通过故事中分析她的一根头发揭露出来的），她因为揭发了公司的欺诈行为，进行了激烈的心理斗争。

问题：为了故事的愉悦性，还故意"拖延"或者改变了什么事件？

答案：在找不到"确凿"的证据——失落的黑匣子之前，我们只能一直推测案件的经过。

- 发现的公文包里面可能都是揭露真相的文件。
- 本可以先找到克里斯蒂娜的尸体，同时追踪故事背后的真相。
- 调查小组大半集里都在寻找开枪的人，但这个猜测却让片中的角色和观众误入歧途。
- 同样，究竟是谁应该负责此次调查，是犯罪现场调查小组还是"联邦调查局"（虽然这有利于塑造"人物形象"，也是故事产生的愉悦）。

这种叙事情节比平铺直述（从 A 到 Z）要更加吸引观众。同时，《犯罪现场调查》作为一个长期播出的电视剧（不像普洛普、列维-斯特劳斯和巴斯的研究对象），引入了故事链、争论和人物形象，在以后的剧集中可以继续展开。

托多罗夫理论的应用

这里可以用到托多罗夫的理论。但"很久很久以前"，双方处于"平衡"的状态很短暂，立即就被打破了，甚至很难撑到片头结束。我们在上文已经讨论过"本来还可以在什么地方开始？"的问题。

克里斯蒂娜经过了激烈的心理斗争，当她决定去"检举揭发"的时候，这一"破坏"将会把事件引入不同类型或虚拟故事的分类中。它可能标志着这个故事变成企业犯罪的惊悚片，或"社会问题"的戏剧、或是突出腐败的传记。

问题：最后达到的平衡中是否肯定了一些价值？它是不是一种"结束"而不仅仅是一种"停止"？

答案：尽管提到了企业腐败的问题，但使用叙事的形式站在调查的一边。"坏人"的自杀与被逮相比，减轻了对这些劣迹的裁决。

普洛普理论的应用

普洛普的理论是关于早期的叙事，但仍然可以使用。虽然局限于较小的范围，但这里的主人公的确是以某些特定形象(英雄、帮助者)出现的，在“任务解决”的同时，伴随着“对坏人的惩罚”，符合叙事闭合(narrative closure)的特征。但你可能会说自杀作为“惩罚”在一定程度上软化了人物形象，以至于我们不会把他当作坏人。有的时候，尽管霍雷肖是负责人，在故事中专门突出他的形象，但这里表现的“英雄”似乎是整个团队。

巴特理论的应用

巴特认为(1970)，叙事文本[来自拉丁语“编织(英文译为 tissue)”]不是一个东西，而是不同的组成部分和过程编织在一起，有些是故事“内部的”，有些与“外在的”或剩下的事实联系起来。当时这一理论引起很大轰动，但现在很少有人会感到惊讶了。不过，这个理论还可以用于考虑了解故事的其他方式。

巴特认为叙事有五个代码，这五个代码激发了“读者”的“活力”。其中两个文本“内部的”代码是：

- 阐述性代码(enigma/hermeneutic code)，设立并解决主要的疑惑。本集一开始就出现了主要的疑惑：为什么飞机坠毁了？这至少产生了两种乐趣：“知道”答案是一种乐趣，故事的曲折和意外推翻了人们最初的预测，这也是一种乐趣。
- 行动性代码(action/proairetic code)，通过细节“解读”复杂的行为，因此不需要我们把所有的事情都讲出来。本集中，抬着苏默的担架意味着接下来要“带他去医院”，所以接下来我们看到他在病床上也不会感到意外。

还有的代码从故事中延伸出来，与剩余的文化联系起来：

- 能指代码(semic code)包含围绕着人物形象和其行动在内的所有内涵。这些源于文化上可以识别的语篇和意义模式，例如《犯罪现场调查：迈阿密》中的“职业女强人”的形象。巴特和其他解构作家对“人物形象”不是很感兴趣，但这却对电视剧的网络粉丝很重要。他们围绕霍雷肖展开激烈的讨论。他是“非常酷”的拯救者，还是太要求完美、控制力强、冷漠以至于无法得到满足的人？因为人无完人，不仅有缺点，也需要有私人生活。
- 象征代码(symbolic code)用更小、更具体的事物替代更大、更抽象的事物。调查小组实验室让人感觉不真实的黑暗可能就是一种象征手法，就像具有悲观色彩的电影中用黑暗来代表社会道德观的黑暗，人们通过科学调查来点亮黑暗，与福尔摩斯风格相仿。

● 文化或参照性代码(cultural or referential code)在历史情境中指明文本的含义。在这一集中提到，"大部分的举报人是女性"，标志着当时的一个事实，也包括使用当时的称谓代表揭发腐败的人。"海豚"是"当地"对一个迈阿密橄榄球队的称呼。这里也有很多当时佛罗里达场景的视听镜头，对当地居民乃至全球各地的美剧迷来说都是很熟悉的。但就算是同一个故事，使用广播和文字讲述出来的版本就做不到这些。

列维-斯特劳斯理论的应用

列维-斯特劳斯不关注按年代排序的单独故事情节(虽然这就是为什么开始应用他的"横向聚合关系"理论)，他感兴趣的是很多故事中重复的成分和这些成分之间系统化的关系。他称这些是虚构故事中的"纵向聚合关系"。虽然如此，这两者有时候是"二元对立"的，常应用于单个故事之中。

《犯罪现场调查》系列中，列维-斯特劳斯的方法可能会定位在持久的"犯罪/法律和秩序"的二元对立中，并且涉及：

问题：它怎样体现这种二元关系——通过人物形象、设计、行为的对比？

问题：美国影视作品倾向将明显的对立模糊化，它如何改变美国影视对于这种二元对立的处理？

研究 2.15

美剧《嗜血法医》(*Dexter*，2006)也是发生在迈阿密，请记录下这部电视剧如何：

a. 设置叙事立场、选角和法医专家的英雄形象；

b. 表现坏人(在这里是跟英雄一样的人物形象：这对二元来说有什么作用？)

c. 与周围的文化联系起来，包括《犯罪现场调查》系列的巨大成功，以及他们把"高科技"建构为"救世主"的形象。

梅根和霍雷肖的破案方式一直是对立的，这点也非常值得深思(她坚持严格跟着证据走，霍雷肖则常凭借"直觉")。这可以联系到许多犯罪小说中的性别对比。《X档案》(*The X Files*，美国，1993—2002)打破了性别定式(假设女性依靠"直觉"，男性依靠"证据")。《灵媒缉凶》(*Medium*，美国，2005—2010)则似乎路线相反，主角是具有透视功能的女调查员。

研究 2.16

● 《超感神探》（*The Mentalist*，美国，2008）、《别对我撒谎》（*Lie to me*，美国，2009）和《法律与秩序：犯罪的倾向》（*Law and Order*：*Criminal Intent*）中的男侦探具有超乎寻常的直觉和几近“堕落的天才”形象，这在故事中起到什么作用？有没有相同的女性形象？

● 对比上述美剧与 BBC1 的英剧《司法正义》（*Criminal Justice*，特别是 2009 年系列）侦测“犯罪行为”的方法。

叙事、制度、意识形态

布兰尼甘（1992：3）认为叙事是“一种将时间和空间组织成一系列因果关系事件的方法，有开头、有过程、有结尾，体现出对事件本质的评价”，他的理论部分总结了我们现在研究的领域。

图 2-15　“迈阿密”的一个标志是这个沙滩，给人带来视觉的愉悦和不间断的“广告”；另一个是代表着危险的沼泽地。两个标志性的场景将迈阿密与纽约、洛杉矶版的《犯罪现场调查》区别开来，更不要说福尔摩斯故事中 19 世纪迷雾重重的伦敦了。

但是《犯罪现场调查：迈阿密》是竞争激烈的市场中一个具体的电视剧，或者说是一种特许经营权的产物，不是一部小说或是一部单独的电影。这点形成了它讲述故事的方式，如多在以广告收入为来源的电视频道播放，因此你可能注意到有几秒钟会突然出现壮观的俯瞰图，但却不是剧情需要的。这些提供了购买消费的乐趣，也可能本身就是“广告”，从广告回到故事时留给观众几秒的缓冲。同样，你也可以选择不间断的收看方式，比方说买一套 DVD。同时，在电视监管制度下，电视广告比一些美国的网络广告要少得多，还有一些像 TiVo 一样跳过广告的数字录像机。

这个电视剧利用了视听的叙事方式：讲故事的方式与口头叙事方式不同。例如，片头精心编排了令人兴奋的音乐、剪辑和飞机坠落，在机身砸向水面的时候达到高潮，非常流畅、引人眼球，就像钓鱼者的钓鱼线一样。还有故事的开头，预示了故事叙述方式的——巧妙、顺利和狡黠，同时也让人觉得惊险刺激，极具异域情调，并搭配了巧妙的音乐背景。

尽管这里大部分使用的是佛罗里达的大沼泽，但是在其他剧集里“佛罗里达”包括：

- 针对潜在的西班牙裔收视群体；
- 关注过境、走私、毒品和难民等题材的故事；
- 展现低俗、美艳和奇异的一方面——常常非常污秽的“娱乐产业”；
- 观众对这一类型的知识：“帮派分子南下寻找光明”；
- 恶臭的沼泽，“湿热”的环境以及其道德内涵（见电影《玩尽杀绝》(*Wild Things*，美国，1998)，特别是片头，看是否可以引起共鸣）。事实上这一系列是在洛杉矶拍摄的；实验室之外的环境通常是在不知名的酒店客房拍摄的（特别是现在一般用来制造恐怖气氛的浴室）或是迈阿密郊区蔓延的别墅。

计算机生成影像(computer-generated imagery)和实验室的巧妙效果形成了电影、电视和电脑游戏非常生动逼真的视觉“愉悦感”。对观众来说，科技相关的计算机生成影像在很多方面取代了“华生医生”的功能——“协助者”的角色，解释简单的事情。在这里，视觉可以解释这些事情。叙事中强调的疑惑从“抓住坏蛋”变为“发生了什么”，效果似乎取代了现在缺少的追捕的乐趣。

这也表明这种华而不实的高科技是节目中的英雄或是明星，很多场景中的确是“黑暗中的曙光”。但另一方面，这种片子也缺少人物形象的刻画，很多粉丝对此表示不满。片中人物（特别是霍雷肖）很少出错，也很少表露自己的情绪。法医对每具尸体都只是一句简单的“你好……”，似乎存在着允许表达情感的空间。

这种单调被认为是硬汉的传统，霍雷肖在与克里斯蒂娜母亲交谈后，向检举人克里斯蒂娜精神上“致敬”的时候，他的行为方式得到了软化。然而，花在刻画人物内心、疑惑上面的时间是有限的，这一部分是由于剧中花了太多时间来“解释”术语，而不是显示人物情感或复杂的生活，或讨论某些罪行引起的更广泛的问题（这里指的是资本主义的腐败）。

研究 2.17

● 这些灯光会不会象征着侦查是“启蒙的灯塔”？

● 比较英国电视剧《犯罪观察》(*Crimewatch*)(真实)和《唤醒死者》(*Waking the Dead*)(虚构)的叙事及重构方法。是不是都建构了“神奇”的高科技？

图 2-16 《犯罪现场调查》中的高科技，明亮的灯光和昏暗的背景

人们认为随着科学技术的发展，高科技将会有百分之百的准确性和启蒙意义，拯救人类，这也可能是《犯罪现场调查》如此受欢迎的原因。麦克林(McLean，2005)推测，其中一个原因就是这部片子“非黑即白——证据从不说谎——这在当前的灰色社会是令人欣慰的”。但这意味着这一电视剧完全缺乏现实生活中犯罪调查的另一面——未能结案，甚至在破案中犯错误，对定罪者造成恶劣的影响的一面。《犯罪现场调查：迈阿密》中这些科学的表现和叙事部分是在意识形态上最强大的，也是最具限制性的方面。

参考书目与扩展阅读

Branigan, Edward(1992) Narrative Comprehension and Film, London: Routledge.

Cooke, Les(2001) 'The Police Series', in Creeber, Glen (ed.) The Television Genre Book, London: BFI, pp. 19-23.

McLean, Gareth(2005) 'CSI: Tarantino', The Guardian, 11 July.

Tasker, Yvonne(2009 unpublished), 'Smoke and Mirrors: "Psychic" Cops, Pseudo-Science and Male Intuition in Crime Television', part of the Salford University Screens and Mediations seminars.

第3章

CHAPTER 3

类型与其他分类

- 电影分类：《末路狂花》（*Thelma and Louise*，美国，1991）
- 重复和差异
- 案例分析：模式和类型
- 元素的所有组成部分
- 地位和类型Ⅰ："逃避主义"、性别和逼真性
- 地位和类型Ⅱ：文化背景
- 正式分类
- 小结
- 参考书目与扩展阅读

媒介输出可以根据以下方式来分类：

- 它的制作者；
- 它的营销人员、评论员及官方的分类或审查员；
- 它的消费者或使用者。

这些分类(是情绪摇滚乐还是垃圾摇滚乐?恐怖片还是惊悚片?)对我们接触媒介和深入了解媒介有着实质性的影响。这些分类决定了:

- 作品的地位;
- 作品最初能否投入制作,以及之后如何发行的问题;
- 作品能否承受边缘化甚至审查的压力;
- 观众或用户如何接受、拒绝或者影响作品对他们发出的邀请。

本章主要研究“类型”(genre)的概念,并结合其他文本分类或**建构**方法进行阐述。

“类型”(genre)在法语中有类型(type)或种类(kind)的意思。有些作家认为这个概念类似于动植物的生物学分类(蔬菜还是水果?爬行动物还是哺乳动物?)。这就体现了类型的“自然属性”,帮助我们理解类型如何像物种分类一样发生变化、变异、产生混合物或“介于两者之间的类型”。但这仅仅是比喻。你如果用这一比喻说某些类型“灭绝”了(如西部类型),这个问题就会变得更加复杂,因为在《断背山》(*Brokeback Mountain*)、《朽木》(*Deadwood*)这些影视剧中,你会重新发现这些所谓“灭绝了”的类型的主要成分。

> 人类学家玛丽·道格拉斯(Mary Douglas)研究某些物质如何被归类为“废物”(dirt),她称之为“没有出现在恰当地方的东西”。这在一定程度上强调了“废物”是基于禁忌或分类体系的。

类型可以被理解为众多**分类**(classification)形式中的一种,就像地图一样。不同类型的地图(道路地图、地质图、消费者地图)为了方便人们使用,总要忽略掉一些特征,只强调一个地方的某些部分。同样,园丁和农民会将植物分为“野草”和“正常植物”/“农作物”。但若是采用另一种分类体系,这些植物的分类就只是“植物”而非“动物”。当我们按照品种的系列进行区分的时候,就会常常使用二元的“不是……,就是……”(either/or)的分类体系。

> 或者像某些人说的“有差异的重复”,强调这二者不可分割。参照柯瑞根和怀特(Corrigan and White,2004)。

在媒介研究中,人们通常认为“类型”是固定的、简单的分界:“仅仅是另一部”黑帮电影或嘻哈音乐。“一旦你看过其中的一部作品,你就了解了整个类型。”但实际上,同一类型的作品中总是有相同点和不同点。举一个例子:和任何类型的作品一样,英语中电灯泡的笑话是众所周知的笑话,因此观众对这个笑话的期待也是相同的。除非你之前从来没有听过这个笑话,不然只要你一听到问题,就知道这是一个笑话(一种旨在搞

http://www.lightbulb.jokes.com 上有这些笑话的"通用原则"以及一些例子。

笑的类型),因此你会朝着某种搞笑的方式来思考问题的答案,而不是其他比较严肃的方向。

> **问题**:拧一个电灯泡需要多少思想警察(thought police)?
>
> **答案**:不需要……从来就没有电灯泡,你不记得了吗?
>
> **问题**:需要多少个男子汉大丈夫来换一个电灯泡?
>
> **答案**:男子汉大丈夫不怕黑。
>
> 诸如此类的笑话。

"建构"(framing)指的是:a)一张照片、一幅画等对象的尺寸和位置;b)媒体影响和限制观众认识理解特定群体、问题、类型的能力。

换一种说法,你作为参与者,正在对这个故事进行分类或者建构——猜到这个问题并不严肃,可能包含更多的是搞笑的成分。如果你喜欢电灯泡的笑话,你的一部分笑点就在于你对这个笑话"似曾相识"却又"一知半解"。换句话说,这个笑话建立了一个期望体系,既有重复又有区别,而且需要你知道这个特定的类别("一种笑话")。它重复的仅仅是基本的框架:一个电灯泡,同样特点的一群人,把两者有趣地结合在一起的一个数字。不同点在于,这几个成分在这一次是如何结合起来的。一旦确定了类型之后,就可以在这个类型的惯例中进行变通。这里的乐趣往往在于夸大地引用某些众所周知的桥段。

电影分类:《末路狂花》(*Thelma and Louise*,美国,1991)

图 3-1 《末路狂花》(美国,1991)中的角色吉娜·戴维斯(Geena Davies)和苏珊·萨兰登(Susan Sarandon)

1. 提示：本书中我们通过列举电影的名称、主要出品国家（这部电影的产地是美国）、出品时间来对电影进行分类，便于对这些影视剧的例子进行历史和全球定位。其他作家可能使用制作人的方式，列举导演的姓氏[这部电影导演的姓是"斯科特"(Scott)]及日期，省略掉作品产地。电视频道常常只在银幕上打出电影名称。这些分类方式形成了观众的期待。

2. 最初，这部电影被称作公路电影/言情片/伙伴电影/女性电影。但电影分类的方式有很多种，基于不同目的或不同时期。

- 互联网电影资料库（IMDb）列举了 4 种主要的分类（冒险、戏剧、犯罪、惊悚），但如果你用鼠标点击"更多"(more)，将会弹出 60 多种分类（包括"悲剧"、"女性主义"、"性爱"等）。
- 如果以明星来分类，一些观众会把这部电影归为吉娜·戴维斯、苏珊·萨兰登、布拉德·皮特（Brad Pitt）或哈维·凯特尔（Harvey Keitel）主演的电影。
- 还有一种经典的分类是电影作者的分类，使用这种分类会强调该片是雷德利·斯科特（Ridley Scott）的电影，一般不太以电影剧作者的名字来分类。就像斯科特的其他电影如《银翼杀手》(*Bladerunner*)[多以菲利普·K. 迪克（Philip K Dick）的电影改编而著称，在其著名的科幻小说之后]。这部电影赢得了奥斯卡最佳编剧奖，但有些人讨论实际上这部电影的女性剧作者凯莉·库里（Callie Khouri），还有两位女影星也为此片做出不小的贡献。
- 奖项的重要性也逐年增加，不仅帮助外语片或者低成本电影在某些网络发行，如"艺术电影"等，而且也是亚马逊（Amazon）网站上的主要介绍内容。
- 正式分级（参考 IMDb）从法国的 U 级，到荷兰的 12 岁分级，到美国的 R 级，再到英国的 18 岁分级。
- "家长须知"中会警告家长电影中有"性和裸体"、"暴力和血腥"、"亵渎的语言"、"酒精、毒品、吸烟"，同时也提示片中有"令人恐惧、紧张的场景"，"激烈的强奸场景"并且"结局会令人非常紧张"。

正如阿尔特曼（Altman，1999：102）所说的：谁提出了每个通用术语？对谁而说的？有什么目的？……为什么同一部电

著名影片《光影的魅力》(*Visions of Light*，美国，1993）讲述了好莱坞电影的摄影艺术，所有的电影引用都以摄影师的姓名进行标记，没有使用通常以导演进行标记的方式。

玛吉·辛普森（Marge Simpson）独自度过假期，她在路上非常沮丧。于是她在泡泡浴中一边吃着巧克力圣代，喝着龙舌兰，一边看《末路狂花》。

影有时候会通用性地描述，而其他时候又用完全不同的术语来描述？只有通过这些问题，我们才能发现类型是如何（为何）使用的。

相关案例

2009年，谢丽尔·加斯科（Cheryl Gascoigne）出版了她与足球运动员保罗·加斯科（Paul Gascoigne）12年的婚姻史[《坚强：我如何在加扎的阴影下生存》（*Stronger: My Life Surviving Gazza*）]，生动地描述了保罗酗酒成性，并对加斯科使用家庭暴力的细节。这本书是以普通的包装出版的。谢丽尔说她不希望那些对妻子施暴的丈夫认出她们正在阅读的内容是什么。这是一种奇特的"分类"用途（或者说是避免分类的用途）。

重复和差异

即使是明显的重复——"翻唱"版本，即歌手"重复"一首流行歌曲——它的卖点也是熟悉与陌生的结合。

观众喜欢追求熟悉的快感。我们希望，在某个媒介文本甚至日常情况中大体了解"可能会发生什么"，并得到保证。"惯例"（convention）这个词常被理解为消极的意义，简单地强调和重复主流（或者说"标准的"）价值的规则。但更准确来说，惯例为了存活下去，需要具备适应和改变的能力。假如某个故事、电子游戏、音乐与其他的作品完全不同，我们就没法理解它。

研究3.1

● 想一想你自己日常生活中的惯例——庆祝生日或者向陌生人介绍自己。在重复的惯例中有哪些乐趣？如何创新和改造惯例的架构，比如一个笑话？

● 一个相关问题：某些惯例或限制的约束可能是媒介使用者和制作者的兴趣来源。那些使用Twitter的用户喜欢挑战在140个字数限制内发微博（tweet）。你也有使用Twitter或其他形式媒体的愉快经历吗？

然而同一类型的作品也不尽相同，一般的媒介输出不同于其他行业的产品。你可能希望你的电脑与同一批次的其他电脑质量一样，甚至一模一样。但是你可能不会想让电脑所传递的信息内容也是完全重复的。

里克·阿尔特曼（Rick Altman，1999）用电影作为例子，拓展了"类型"和语言、传播理论之间的联系。他认为，类型应该以他所谓的"语义"成分和"句法"结构来分类。一些作家用（语义）成分对电影类型进行分类：音乐、角色类型、类似的对象或者场景（如枪、犬牙）。另一些作家分辨类型的方式有所不同，一些电影通过情节结构、角色关系等特有的（句法）方式搭建这些"建构模块"（building blocks）。阿尔特曼建议两种方式可以结合起来，并且指出多年以来，西方的恐怖电影和音乐剧在分类上都拥有很高的语义和句法的一致性（Altman，1999：90）。后来他又加入了他所谓的"语用"因素，即由观众、粉丝或制作中具体情况等所产生的影响。我们将在案例分析"作为流行艺术的恐怖电影"中谈到这些问题。

研究 3.2

● 选择阿尔特曼上面提到的三种类型之一，尝试识别它的语义和句法成分。

● 你最近看过类型电影（比如《暮光之城》）如何改变或对待以上问题。

研究 3.3

● 迅速浏览一些电视或广播频道。

● 你用多长时间可以辨别出正在播放的节目是什么类型？几秒钟？

● 你怎么辨别出来的呢？对于电视频道来说，在音乐、色彩、各种对话、声音、剪辑的速度、服饰、灯光等方面传递着哪些不同的信号呢？

标准化有两层含义。它可以表示"同一性",也可以表示保持标准,这是在"质量"层面上的意义。值得注意的是媒体中关于"同一性"和"差异性"的讨论。

研究 3.4

- 试着调低电视节目片头的音量,然后换一种别的音乐。
- 这会对识别它的类型带来什么影响?
- 这种音乐为该类型的节目赋予了什么内涵?

对媒介产业来说,"类型"帮助公司在制作和交易媒介"文本"时,通过建立好的期望对产品进行分类、推广和发行,减少了行业风险。在经济上,媒介产业成本高昂、行情不稳,"类型"有助于预测产品的开销,这些都需要"**标准化**"(standardization)生产,这包含了"标准化"的双层含义。当然它也需要差异。这就是当时好莱坞电影制片厂体系中"生产线"的真实写照(约从1925年到1950年),并以不同的方式体现在如今的电视作品中。无论是"独立的"、州立的电视公司,还是提供公共服务的电视公司,都需要预测年收入,包括BBC的收视牌照费、出售广告空间、出售广告空间并外加频道费(有线和卫星公司)等方式。

规模经济是扩张、规模带给生意的成本效益。随着生产量的增加,产品的平均价格会下降。然而争议在于,增长的边际收入是数字媒介的营销关键(相对便宜)。参考MSB5网站上产业的部分。ONLINE @ RESOURCES

如果产品能够进行相似分类,那么规模经济就能够在生产制作中发挥作用,而且重要的是还可以运用到市场营销和发行当中,可以预定和重复使用相似的场景、剧本作家、主演、广告空间等,不必每次都去重新制作或搜寻。同时也能够保证广告商在特定的时间、特定的频道拥有特定的收视群体。传统上来说,英国肥皂剧如《伦敦东区》和《加冕街》(*Coronation Street*)就有固定的大规模收视群,是傍晚保证频道收视率的关键。

长篇节目《加冕街》吸引了众多观众,因而格拉纳达(Granada)为其忠实的粉丝群建造了一个永久的布景,并雇用了一批历史学家,确保故事情节上的准确度。

随着时间的推移,有些明显的事实发生了变化,甚至是在2008年金融危机之前发生的。电影方面,好莱坞制片厂体系解散,英国广播发生了巨大变化。1982年开设了第4频道,随后发展了有线和卫星广播,现在的Web 2.0时代,消费者在电脑浏览器上可以随时收看节目。收视群在一定程度上被分散开来,因此媒介从业者会试图锁定更具体的小部分观众或者潜在的"**分众**"(niches)观众。"窄带广播"(narrowcasting)这个词指现在以广告为指向的发展趋势,以不同于以前仅有几个频道(例如英国电视节目中的BBC和ITV)向大量观众"广播"的媒介生态。

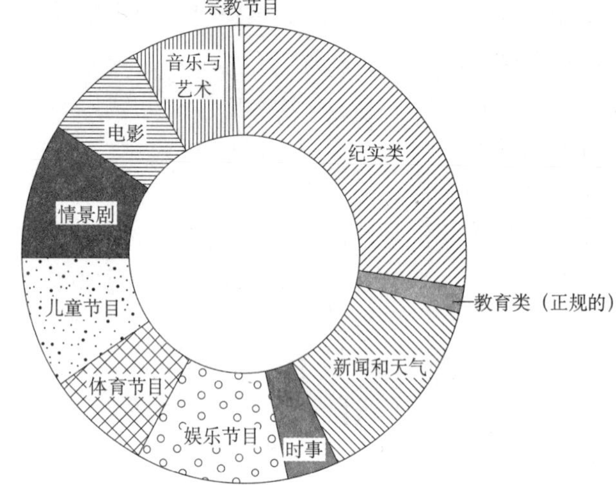

图 3-2　BBC 将其节目进行类型分类。哪些地方有重叠？为何要这样分类？

"Niche"的原意是指墙上的小笼或凹槽；分众营销(niche marketing)现在指的是通过特定的媒介产品或产品的某些方面来吸引更具体的、但回报更高的潜在消费群体。

案例分析:模式和类型

在电视节目**模式**(format)中可以看到一种新的差异或标准化平衡，如一家独立公司恩德莫(Endemol)的节目是"多媒体平台"的(主要是电视和 Web 2.0)。它考虑的是模式——一个与"类型"有些重叠的类别。

图 3-3　即将过时的英国节目《老大哥》(*Big Brother*)过时了的商标。

模式是概念或者说是一种设置，它可以在全球销售，然后进行本土化。一种模式可以包括任何元素，从现在的联系、布景类型到灯光、音乐，甚至到合约中的资深制作人等。西蒙·考威尔(Simon Cowell)的身价约为 1.2 亿英镑，因为他曾任达人秀的评委，拥有并管理该电视模式。见布朗(Brown,2009)。

最近流行的是达人秀的类型，有许多不同的模式，如英国的达人秀(*Got Talent*)、流行偶像(*Pop Idol*)，美国偶像(*American Idol*)，X 音素(*The X Factor*)。

● 这些达人秀的模式有何特点?

● 你认为 BBC 的《学徒》(*The Apprentice*)算是达人秀吗?

两个关键的类型:电视节目《智者为王》(*The Weakest Link*)和《谁想成为百万富翁》(*Who Wants to Be a Millionaire*)都属于"智力问答类节目"(quiz show)(一种娱乐形式,中心是主持人、参与者和奖品),虽然这些节目的模式或设置(提问的方式、设计、奖品、惩罚等)不一样。

《老大哥》等类似节目是"闯关游戏类节目"(game shows):这种娱乐形式的中心是团队或个人之间通过"游戏"或"任务"赢取大奖,经常是通过竞争的模式,这个过程中会有不同程度的欢乐、尴尬、危险、困难。

模式或者设置根据活动需求有明显的差异,比如节目场景(是荒岛? 还是丛林?)、奖品和惩罚等。《老大哥》的类型、模式使用了较为自由的"全部元素",因此全球风靡、经久不衰。它结合了:

1. "真人秀"(不彩排、不用剧本、使用监控摄像机,尽管节目场景常常"娱乐性"较强);

2. 游戏节目(节目具有独创性,有团队和个人进行对抗比赛;挑选的参赛者多是极度渴望表现自我的选手,常把节目当作成名和发财的手段);

第三点关键元素:

3. 观众通过高收益的互动科技参与其中,包括博客、电话连线投票决定"角色"的命运以及网络实时转播。

参见第 13 章的"电视真人秀"(reality TV)。

混合物(Hybridity):本词的原意是指植物的杂交。这里指媒介产品融合不同的文化价值、科技和正式版权,制作出如流行音乐、喜剧中的"交叉作品"(《绝望的主妇》)。

随着广告商开始设法吸引过去称为"观众"的小部分人群,媒体形式也开始进行融合,形成**混合物**(hybrid)或"搅拌物"(mashed)。制作人和观众想要不一样的娱乐和知识节目,因此各种媒介形式现在开始发生冲突和融合:赛博朋克(cyberpunk)、戏剧式纪录片(drama-documentary)、喜剧和"现实"纪录片《办公室》(*The Office*,BBC 2002—2003)等。这种现象有时被称作"**互文性**"(intertextuality),即媒介和其他文本互动的多种方式,不再是唯一的或独特的方式——包括引用、改编、

互文性：媒体和其他文本互动的各种方式，而不是唯一的或独特的方式。它比“融合”的概念更广，而且有些人认为它得益于没有与生物学的比喻联系起来[植物和动物杂交（hybrid）]，这表示组合的元素本身是没有改变的。

再媒介化等。

尽管这样的融合有时被贴上“后现代”的标签，但大部分媒介形式都包含某些“混合”的成分，从来没有“纯正”的浪漫歌曲、小说、电影或恐怖电影、书籍、喜剧等。好莱坞（以及19世纪早期文化形式）为了吸引更多的观众，常常在“男性”类型的电影里加入浪漫元素，如电影《北非谍影》（*Casablanca*，美国，1942）。

另一个有效的分类是“次类型”（sub-genre），它定义了类型的具体版本，如“意大利式美国西部片”，或观众喜爱的警匪片中又分为“银行抢劫类”、“犯罪辛迪加”（crime syndicate）。这些有别于混合的类型，是由不同类型之间的互动而产生的融合：浪漫喜剧、音乐恐怖电影。最后，更为复杂的是，“循环”（cycle）这个术语描述了一种类型中简单但却相当激烈的制作周期，比方说当单个电影之间共同使用了某个方法的时候——例如《惊情四百年》（*Dracula*）中的恐怖电影“循环”。这一混合、“搅拌”的过程近年来愈演愈烈，尤其是随着互联网的发展和广告商对更多特定群体的需求而不断扩大。试图从中理解“类型”的流动性。

图3-4& 图3-5 吸血鬼-恐怖-动作-喜剧-青少年-校园系列：混合影视剧《吸血鬼猎人巴菲》（*Buffy the Vampire Slayer*）和电影《暮光之城》（美国，2008）。参考下文以及本章的案例分析“作为流行艺术的恐怖电影”。

图 3-6 “意大利式美国西部片”《地狱三镖客》(*The Good, Bad, and the Ugly*, 意大利, 1966)中一个震撼镜头。参考柯瑞根和怀特(Corrigan and White, 2004: 297)对“次类型”和“混合类型”的探讨。

“恶搞电影(prankster cinema)——纪实、表演艺术、谐剧和讽刺的结合——这种电影才刚起步就以其独特的魅力吸引了我们的注意力。”瑞安·吉尔贝(Ryan Gilbey, 2009)为这种电影起了一个新的类型名。参考第13章。

图像表现法(Iconography):艺术历史的术语,原本指的是十五六世纪指导艺术家使用“正确”的颜色、手势、面部表情等来刻画基督教条。因为媒介通常使用移动、视听的影像,所以这个术语的“意义”要更加重要(参考第1章)。

元素的所有组成部分

制作人、观众或媒介使用者的理解和活动千变万化,娱乐类型的一个重要进步就在于将这个类型融入更实际的背景当中。类型不再是固定的几套元素,一直重复、偶有创新,而是“**元素的所有组成部分**”(repertoires of elements),是了解到的惯例和期望之间流动的系统。制作人和观众共享这些元素的组成部分,双方都很积极地建构意义。制作人可以依据观众熟悉度来制作产品,而观众也喜欢这种稳定性,越来越多地与制作方交流自己的喜好、热情、失望、愤怒等。观众在电影、电视、游戏等中的惯例和期待包括:

- 叙事——某种类型的故事通常如何开始和结束;故事的中心有何特点等;
- 视听代码[在这里有时会用到“图像表现法”(iconography)]:场景设置(西方的经典景观;科幻中的高科技场景)、服饰、灯光等。
- 与现实世界的关系:这类类型有多现实,如何控制该类型范围内的意识形态价值(如战争、浪漫、犯罪),以及这种价值观如何随着时间变化而变化。

我们来看浪漫型类型,或者说“言情片”,它的次类型是“浪漫喜剧”(romcom)。这种类型和很多常用的商业和理论上的术语一样,都混合了不同的元素。浪漫电影原本指的是中世纪的骑士、荣耀、战役——以及像兰斯洛特(Lancelot)和格温娜维尔(Guinevere)之间的爱(通常是婚外情)。我们现在对“浪漫色彩”的理解继承了这些早期文学中的浪漫。浪漫故事常常始于一个男性闯入女主角的生活或男主角深深地吸引了女主角。这些场景包括了亲密的关系或者性关系,可能发生在青春期,或者一个三十几岁的单身女人身上,抑或是一个试图兼顾工作和婚姻、甚至或许还有孩子的人。故事经常通过亲密的对话、邂逅、巧合、误会等来发展，在故事发展中故意拖延情节的发展，因而让观众更加渴望这对情侣会“走到一起”（尽管如果两人没有走到一起会让观众的这种渴望延长）。

> 获得巨大成功的《暮光之城》系列小说和电影中的爱德华·卡伦(Edward Cullen)的角色设置是为了把这些“不可及”的渴望推向极致。吸血鬼和浪漫爱情的结合巧妙地传递了这种自讨苦吃的乐趣。

图 3-7　虽然冠上“现代化”的标签，这部米尔斯 & 布恩(Mills and Boon)的海报围绕一个阴暗而神秘的男人(Mr. Big的前身？但却是神秘、有威胁的异类“酋长”？)，这个男人比女人高，他的拥抱似乎把女人“融化掉了”。这种感觉熟悉吗？

研究 3.5

这些小说和电影受到了摩门教条的巨大影响，参考 http://writetools.wordpress.com 及其他网站上的讨论。

意识形态上来说[参考《位置》(*La Place*)，1987)]，英雄男主角对女性特殊的亲密和关爱为女性读者和观众提供了一种幻想，逃避现实生活中对她们漠不关心的男人。这种男性形象有时被称为“具有母性的男人”(maternal male)。如果你再看一遍这些典型的硬汉形象，如《乱世佳人》(*Gone with the wind*，美国，1939)中的瑞德·巴特勒(Rhett Butler)[克拉克·盖博(Clark Gable)饰]的角色形象和爱德华·卡伦的形象，你会惊奇地发现他们在剧本中常会流露出这些情感。这些亲密感在一些“女性电影”的视听惯例中经常出现：相比男性类型电影，不大把女性身体作为迷恋对象；多用特写镜头，尤其聚焦男、女演员的眼睛；某种风格的亲密举动、声音和对话；以及一种特别的音乐——瀑布般倾泻的和弦、钢琴、管弦乐中的弦乐——强化了关键的浪漫时刻[参考“**逼真**”(verisimilitude)，第 92 页]。另外，常常会有奢华、时尚的服饰和“乌托邦式”的家用陈设，顺便可以“搭售”(tie-ins)服饰和家用广告——参考《楚门的世界》(*The Trueman Show*，美国，1998)中对这种营销手段滑稽的模仿和《广告狂人》中有趣的引用。

图 3-8 两个"职业人员":在一间豪华宾馆卧室的浪漫场景中,电影建构的角色形象和穿着强调了这对情侣之间的相同点,冷酷地判断着对方。

最近的一部言情惊悚片《口是心非》(*Duplicity*,美国,2009)与《暮光之城》形成鲜明的对比,尤其是年龄较大的观众是否会反应强烈?该片的托尼·吉尔罗伊导演(Tony Gilroy)写道:

"……一个想法是……两个人如果不相信任何事,或完全不可靠,他们如何相爱?这部电影纯粹是关于爱情的思考。没有人担心结婚,没有人担心交流,也没有人的生物钟在嘀嗒计时。这是最基本的。我可以信任你吗?你可以信任我吗?"[2009年沃特斯(Waters)引用托尼·吉尔罗伊的一段话]。

如图3-9和3-10所示,两部"浪漫"电影的男性角色分别展现了两个截然不同的父亲形象。瑞德·巴特勒(克拉克·盖博饰)在这里被称为"有母性的男人"。"母性"使他产生了一种对斯嘉丽[Scarlett,费雯·丽(Vivien Leigh)饰](通常冷漠无情的)天性无尽的同情和理解——就如同母亲对自己孩子那般。同时他的男性魅力也吸引着斯嘉丽。2007年的爱情喜剧《一夜大肚》(如图3-10所示)表现了一种截然不同的关系,最近一系列喜剧片表现的多是成功的职业女性在一段恋情中如何面对"可爱"但无能、不善言辞的男友变得"听话顺从"。

图 3-9 《乱世佳人》(美国,1939):瑞德"母性"的一面。

图 3-10 《一夜大肚》(*Knocked up*,美国,2007):喜剧化地表现了意外怀孕以及男方明显没有为人父的心理准备。

当乔纳森·罗斯(Jonathan Ross)2010年离开他在BBC的电影评论节目时,很多人想当然地认为节目会找一个男评论员接替他,结果一次游说活动让安妮·比尔森(Anne Bilson)填补了这一空缺(参考她在《卫报》上的电影专栏)。

图 3-11 《侏罗纪公园》(美国,1993)中在厨房里非常聪明的怪物考验了逼真性的极限。

地位和类型Ⅰ:"逃避主义"、性别和逼真性

"男性"类型的地位一直比爱情类型的地位高,无论是从预算来说还是从市场营销或批判评价的角度来说。这种地位常常通过"逃避主义"(escapism)的概念来操作。人们对男性的认知和宣传如下:

- 参考"现实世界",男性的形象更加"现实",例如在战争片中的战役、制服、将军的名字、演员的训练等。
- 很少感情化(虽然实际上他们也需要经历各种不同的情感);
- 不"逃避现实":通常,传统的"女性"类型(浪漫、音乐)被认为是"逃避现实的"(escapist)。

虽然所有的故事和文娱节目都是想象的,在某种意义上来说不是"现实生活",但从其他方面来说,这些节目却是我们大部分现实生活的写照。我们直接或间接地花钱去体验它们;我们花费大量时间、努力想象、"扮演"故事世界里的角色;同时,娱乐节目形式越来越成为新闻节目的一部分。

此外,我们从没有在享受娱乐中感受到完全的"欣喜若狂"。即使是"最空洞"、最血腥暴力的"逃避"都是与现实问题相关的。在这里可以用到"逼真"(verisimilitude)一词,这个词与媒介形式中的"真实"、"可能"、"相似"都有着各种联系。其

图 3-12 《拆弹部队》(*The Hurt Locker*，美国，2009)是好莱坞女导演史无前例的一次胜利；是由凯瑟琳·毕格罗(Kathryn Bigelow)在约旦执导的动作冒险战争电影。影片有争议地表现了主角沉溺于充斥雄性荷尔蒙的战争的磨炼。

> 玛莎·金德(Marsha Kinder)认为，像成龙(Jackie Chan)、周润发(Chow Yun Fat)和李连杰(Jet Li)等动作明星表现了香港动作电影的“差异”，音乐剧是建构手段：功夫影星成龙就像金·凯利(Gene Kelly)一样(Kinder 2001：89)。

中两个主要的联系是：文化逼真，或者说类型与社会秩序或所处文化之间的联系；形式逼真，或者说观众太习惯于成长中的习俗惯例以至于这些习俗看起来非常“真实”甚至是潜移默化的。形式逼真中的一个例子是在电影《侏罗纪公园》(*Jurassic Park*，美国，1993)中视觉上非常“逼真的”电脑影像合成的恐龙。它们能吃人，荒谬地在厨房中灵巧地行动，开门，甚至显得不耐烦地轻敲它们的爪子。但它们不说英语——因为根据科幻小说中生物的行为原则，让电影中的生物说英语是“不可能”的。

警匪片或战争片(像其他男性主导的类型一样)自认为地位高于音乐剧(被称为“女性类型”)，而显示他们地位的其中一种方法就是更明确地引用现实社会中发生的公共事件或政治事件——达到文化上的逼真。因此这些影视剧使用报纸头条，使用现实生活中政治人物、将军或罪犯的姓名，甚至起用像乔治·拉夫特(George Raft)等一众过去的黑帮演员。直到现在，警匪片也没有很好地运用深受音乐剧(“非现实的”)粉丝喜爱的华丽色彩、镜头角度和镜头的运动。20世纪80年代的电视剧《迈阿密风云》(*Miami Vice*)中，导演迈克尔·曼(Michael Mann)的一个创新点在于他使用了华丽的镜头运动，而且男主角的服饰色彩很柔和。

战争影片常常让观众试图逃避日复一日复杂的、世俗的或令人沮丧的新闻报道。战争影片也很少谈论情感问题。这就意味着这种影片很少表达一些主要的情感：不同背景下的士兵在一个“团队”中产生的战友情谊、团队精神，也很少表现战争中无可厚非的恐惧、人类脆弱的身体、如何生存以及如何应对战后精神创伤等问题。

通常，流行的媒介形式会被看成是“逃避现实的”，不如“真正的艺术”，因为它们是产业化制作，针对的不是精英观众。例如，好莱坞的早期作品就是为了让工人阶级在晚上下班后能够看看电影，进行消遣娱乐，而不是为精英提供类似歌剧院式的聚集场所。此外，有些势利的评论认为，美国要比欧洲低等，因为美国多年以来，从来没有任何值得引起严肃文化关注的作品。就浪漫爱情电影来说，地位较低的电影经常吸引女性观众。这种情况现在就没有这么明显了，但在一些电影和电视评论中还是有迹可寻。

20世纪20年代,“好莱坞”试图吸引中产阶级(白人)观众到大城市“电影院”:名字、设计和奢华的管弦乐队和身着制服的服务员,都是文化声望的表现,有点像歌剧院。见布兰森(Branston,2000)。

对比《辣身舞》(*Dirty Dancing*,美国,1987)主题中产生的同情心理。

皮埃尔·布迪厄(Pierre Bourdieu,1930—2002)在1958年的阿尔及利亚战争应征入伍后开始进行人种志研究。《区隔:一种趣味判断的社会学批判》(*Distinction: A Social Critique of the Judgement of Taste*,1984)研究法国20世纪80年代早期如何通过阶级、文化和教育形成看起来“自然的”、“普遍的”“品味”。

回到浪漫爱情类型,威廉姆·保罗(William Paul)认为近期出现的“爱情喜剧”以不同的方式(运用文化逼真)思考现实世界发生的事情。女人更多地参与到工作和其他户外活动当中,避孕变得更加容易,男性对于成为怎样的“男人”发生了观念性转变,这些都推动了爱情喜剧的改变。另外,就形式逼真和文化逼真而言,这些电影现在都要与其他类型的电影联系起来,以吸引年轻观众:“恶心的”或“动物”喜剧,例如粗俗、“重口味”的《美国派》(*American Pie*)系列。

这样的变化对新型“爱情喜剧”的语言和极端情况产生了影响[参考《我为玛丽狂》(*There's Something about Mary*,美国,1998)以及其中臭名昭著的带精液发胶的场景]。但是其他类型的写实或社会逼真会避免这些场景,考虑到这些场景对观众和票房的极端影响。例如,电影《一夜大肚》(美国,2007)甚至《朱诺》(*Juno*,美国/加拿大,2007)中,很少有对于堕胎、艾滋病、使用避孕套利与弊的理性讨论。

地位和类型Ⅱ:文化背景

法国的马克思主义社会学家皮埃尔·布迪厄在他蜚声文坛的法式文化模式著作《区隔》(*Distinction*,1984)中,提出了“文化资本”(cultural capital)的概念(意味着类似于“高端”的文化形式如歌剧、戏剧、古典音乐),旨在吸引特权阶级(20世纪的法国)的注意力,把他们的文化形式和喜爱的类型凌驾于那些“较低”阶级的文化形式和喜好之上。他认为这本身就是一种资产或优势。

性别和文化能力

这一理论后来应用到电视、女性肥皂剧和杂志中,这些媒介形式是人们认为的较低层次的媒介形式,这种形式任何人都能够理解,但只会吸引比较愚蠢或平凡的观众。女权主义作品[见布朗斯顿(Brunsdon),1981]认为,女性喜欢的肥皂剧需要特别的“女性化”技巧和能力,如阅读“感情波动”的信号或了解类似关系的复杂性。这些都是文本之外的知识,来自于女性多年以来培养自己成为母亲来抚养孩子;或类似护士、教师的工作;或是除了在男性失业率高的时期之外,一直宅在家里做家庭主妇的经历。女性更容易发觉角色之间的某种眼神、细微的手势、沉默等背后的意义。她们多操持家务,意味着她们可以通过亲密的手势、谈话来抓住肥皂剧故事的关键部分。

人们认为女性可以获得这些鉴赏爱情剧或肥皂剧的能力,或者女性都喜欢这些形式。我们并不是说男性观众就不能突然产生或发展出鉴赏爱情剧或肥皂剧的能力。但是早期非正式的性别训练让这个性别的群体(“大男孩不哭”)难以接受某种类型的影视作品(例如悲剧结尾的爱情片),而对另一个性别来说,这种类型就再自然不过了。从男性的性别能力来看,一般认为男孩应该在一些视频、电脑游戏或是恐怖电影中表现得坚强,尽管有些时候男性感到这些让他们难以“忍受”。最后,我们的文化仍然期望男性以“坚韧”的形象区别于女性。人们宣扬男儿有泪不轻弹,不要感情丰富,要显得有决断力和坚强,就像动作冒险电影中的男主角一样。但幸运的是,并不是所有的男性都听从这一建议。

其他“文化能力”的相关著作指出年轻女性排斥电脑的原因。并不是这些年轻女性不具备使用机器或技术的能力,而是她们抵制或不适应“电脑大师”、“极客怪才”、“计算机脑袋”的世界。这些大师、怪才往往是把电脑当作“老婆”的年轻男性,他们经常爱攀比和炫耀——“我的比你的更大更快”——关注非常男子气概的游戏类型,如动作冒险和科幻小说,重视迅速、自动决策的能力。社会正在尝试在媒介和教育领域处理这种认知。但一个非常现实的问题在于,未来的“信息富裕”和“信息贫乏”不仅会造成阶级上的差异和南北性差异,更会造成性别上的差异。

研究 3.6

● 上文是否符合你的以下经历：

a. 类型（尤其是肥皂剧和“硬汉”类型的影视剧）以及这些类型的典型受众；

b.“计算机文化”以及假设的男性和女性计算机用户的能力。

● 像 Facebook 这样的社交网络中是不是不存在这种差异？

托尼·本内特（Tony Bennett）等人最近在研究这种以阶级为中心、法国特有的模式是否仍然适用于 21 世纪的英国。他们的结论是，尽管文化阶级差异依然存在，某些“品位”或偏好的地位还要考虑性别、种族和年龄的因素。他们还加入了“杂食性”（omnivorous）的品味概念。随之而来的还有研究“非主流”（cult）形式的理论家（例如“垃圾电视”），他们指出一些粉丝有着“双通道”的优势，既可以自己“幼稚”地享受这种形式（低层次的能力），也可以根据它的代码了解幽默（更高层次的能力）。此外，他们还指出，这不是老套的“高层次文化”如莎翁戏剧或歌剧，而是现在的文化特权或“资本”的形式。

你认为这段对“乡村音乐和西方音乐”的评价公平吗？

你认为这里面包括哪些艺术家和音乐范畴？

以下是本内特等人（2009）关于最近对英国文化品位调查的思考：

英国现今文化资本的主要表现应该是对什么感兴趣……然而这并非都是对任何事物真正的品位，是有局限的，主要浏览的是英语语系的、英国和美国的文化形式。在文化领域，关键的文化差异很少交叉，如音乐领域，许多人爱好摇滚、重金属、电子乐和流行音乐，却很少涉足古典音乐（反之亦然）。一些特别受非难的口味（如乡村乐、西方音乐）除了自己的（工人阶级）爱好者之外，几乎遭到所有人的唾弃。

2009年，一些影院开始放映如歌剧等"精英"内容的现场表演，国家大剧院演出了《菲德拉》(*Phèdre*)。这是不是一种新的混合形式——剧院—电影院？(尽管过去也曾在广播电视中出现过)

现今的文化边界(cultural boundaries)在哪里？工人阶级的男性一听到有人建议去听歌剧或古典音乐就会犹豫不前。而专业人员一般不会承认自己阅读过《世界新闻报》(News of the World)，看过很多电视节目、喜爱"电视真人秀"、"纯粹的"娱乐节目，或喜爱乡村音乐和西方音乐。

研究3.7

思考构成你自己媒介使用"领域"的类型。

- 你自己的类型偏好和回避的类型中有没有形成上文提到的边界？
- 你是否"承认"自己喜欢一种定义为低层次的类型——例如《X音素》?《换妻生活》(*Wife Swap*)?"乡村和西方"音乐？
- 你是否曾犹豫要不要说你喜欢一些"高层次"的作品，例如古典音乐？
- 或者你是对"什么都感兴趣"的，比如，你是否消费过"绝大多数"的媒体、文化或类型？
- 你和朋友会不会用诸如"低级趣味"、"普通的"、"高尚情趣的"之类的词来区分不同作品？如果是，你们是怎样区分的，针对何种媒介类型而言？

BBFC：英国电影分级委员会(British Board of Film Classification)的前身是英国电影审查局，是一个独立的、非政府机构，自1913年开始负责管理电影，1985年起负责管理视频，现在管理一些DVD和游戏制品。

参考它的著名网站：http://www.bbfc.org.uk。

布迪厄对"文化资本"的强调现今已经没有效力。但是他仍成功地提出，一件作品的"艺术"地位往往是赞同的关键性标志，表示"质量"和"严肃性"，并在商业上涉及重要的版权问题。实际上，如果一种类型可以声称自己是"艺术的"或完全"授权的"地位，它可能就会占有自己的媒介空间。这对于外语电影(参考这章的案例分析)仍然适用，尽管现在很容易通过DVD和网络下载获得电影，更加复杂化了"艺术电影"的分类。

另一个例子是从接受程度来说的。英国电影分级委员会是否根据电影是不是"艺术"电影来决定不同的等级(例如对性的表现)，并因此假设如果是艺术电影，就会在比综合性多厅电影院"更安全"的艺术电影院等场所观影，而且观众多来自中产阶级？这是有争议的。“艺术电影”的关键标志当然是有“艺术家”的存在，无论是导演、歌手还是作家。这有时是需要讨论和定位市场的。

有趣的是，《精神病患者》一书为电影制作人所厌恶（“作为电影太令人可恶了”，一个剧本读者写道），该片的评论也褒贬不一——然而票房成绩斐然。后来影评人进行正面的再审，该片最终获得两项奥斯卡提名。

恐怖片类型的爱情营销策略（明显背道而驰）很好地验证了阿尔特曼强调类型使用和分类的实际方法。

两个“恐怖片”案例分析

1. 不同类型的地位，可以通过《沉默的羔羊》（*The Silence of the Lambs*，美国，1991）一片有所体现，该片更多被当作惊悚片而不是“简单”的恐怖片。内容上它明显符合“电锯”类恐怖电影。片中心理学家和连环杀手的角色区别于更早的恐怖类型电影《精神病患者》（*Psycho*，美国，1960），融入了汉尼拔·莱克特（Hannibal Lecter）的“迷人”形象。

朱迪·福斯特（Jodie Foster）扮演了理论家卡罗尔·克拉尔（Carol Clover，1992）所谓的早期、低层次的电锯恐怖电影中的“终极女孩”。克拉尔强调这些电影对女性的一系列袭击最终遭到报复，不是遭到男性的报复，而是被凶手袭击的“终极女孩”的报复。

该电影在1991年情人节首映，成为青少年情侣“一起看恐怖片”继而进行身体接触的借口。如《首映》（*Premiere*）杂志所说的：“如果在情人节要考虑选择这部电影还是巧克力，电影可能是更好的选择，《沉默的羔羊》这部电影承诺一定会非常恐怖，你最后一定会吓得躲在你心爱人的怀中。”然而更多的宣传把它归为“惊悚片”或“心理惊悚片”，这个术语很容易让人联想到“希区柯克式”的词语，一种作者身份和类型地位的混合。虽然《沉默的羔羊》可以说是介于两种分类之间，该片的宣传试图用一些模棱两可的形容词替代与“恐怖片”的关系：“可怕的”（terrifying）“残酷的真实”、“骇人的”（macabre）、“黑暗的”（dark）。

片中的角色都是著名演员。联邦调查局特工克丽丝·史达琳（Clarice Starling）可能被认为是电锯—恐怖系列“终极女孩”的人选之一。但是最终她由奥斯卡影后、耶鲁毕业的女权主义者朱迪·福斯特出演，福斯特在联邦调查局总部进行了一周的“现实主义”调研，她高层次的“举措式”演技受到极高的赞誉。该影片对暴力和色彩的使用也有所局限，避免了窥阴癖者（voyeurism）或最血腥的特殊效果[见贾柯维奇(Jancovich),2000]。互联网电影资料库(IMDb)对这部地位较高的电影的分类为:“犯罪/惊悚片”。

研究3.8

《沉默的羔羊》上映已经有一些年头了。

- 随着年轻观众、网络评论、视频特效以及更容易接触到外国电影的改变,你认为恐怖电影类型的低层次开始发生改变了吗?
- 英国电影分级委员认为,类型吸引有见识的(如,不会感到震惊的)粉丝或“狂热”观众,因而不需要很多剪辑,这个建议正确吗?

图3-13 帕索里尼的基督形象,1964年。一句相关的引言:“当我给穷人食物时他们叫我圣人。当我问为何穷人没有食物时,他们叫我共产主义者。”——天主教解放神学论者多姆·赫尔德·加马拉(Dom Helder Camara,1972)。

2. 另一个体现分类仍然有地位区别的例子。梅尔·吉布森(Mel Gibson)的《耶稣受难记》(*The Passion of the Christ*,2004)的影评大多非常严肃。影评人将这部电影归类为使用现实、严肃方式的高层次主题(耶稣基督受难前的最后时光)。电影的能指不仅体现在电影主题上,也体现在字幕使用“真正的”拉丁文和阿拉姆语的(Aramaic)对话上(这些常常和外语电影或“艺术电影”相联系),音乐圆润低沉、电影节奏缓慢。

只有少数评论者认为,电影长时间突出耶稣被钉死在十字架上极端血腥的特效(一些人称之为“写实”),是一种对承受力的考验[吉布森早期电影《勇敢的心》(*Braveheart*,美国,1995)和后来的《绝代启示录》(*Apocalypto*,2006)中也有类似部分,也使用外语对话]。这些都表明这部电影可以作为恐怖片的一种。但“恐怖片”是一个令人反感的标签,因为恐怖片地位较低,人们把恐怖片当作年轻观众喜爱的娱乐片,这有悖于耶稣最后受难时光应该体现的高尚地位。

还有小部分评论者指出电影留在“圣经史诗”的界限

之内的方式。基督（诞生于巴勒斯坦）和他的家庭都由浅肤色的演员（这里多年的欧洲传统）扮演，而不是由（更加真实的）深肤色的演员扮演。电影中只突出他布道的经典部分，而不是帕索里尼（Pasolini）的《马太福音》（*The Gospel According to St Matthew*，意大利，1964）和解放神学论者（liberation theologians）著作中所宣扬的代表穷人利益并鼓励激进的社会改革的部分。

正式分类

类型并不是定位和“建构”媒介产品的唯一分类方式，只是在某些方面设定了期待。它可以逐渐变为审查制度，成为一系列活动的一部分：

- 每天：我们在真正做之前都会自行审查自己说过和写过的东西；
- 每天：都会作为“优秀的专业人员”，自行审查“官方渠道”发布的新闻；
- 正式分类：这些不会直接取缔，但可能会把有争议的节目放在黄金时间段之后播出，或强烈建议一些电影或 DVD 只能面向某些年龄层的观众。
- 禁止某个媒介产品或媒介产品的某个部分发行的审查制度和决定性措施。其中一项措施包括切断网络连接，曾在中国和缅甸等地发生过；还有一项措施是禁止某些文本的传播，这项措施现在已经不多见了。

对英国的电视而言，一个关键的分类方式就是节目播出的时间（“在晚上 9 点之前还是之后？”）需要遵循“家庭观看电视政策”（Family Viewing Policy）。这个政策努力保证不适合儿童观看的节目不会在大部分儿童看电视的时间播放：通常晚上 9 点之前电视节目公司应该保证电视上不会播放儿童不宜的节目。过了这个时间点，就是父母的责任了。

这基于“普通”家庭和“普通”观看模式的概念(一家人围坐在电视周围),并反作用增强了这一概念,但这一概念现在可能已经过时了。

研究 3.9

- 你们“全家一起看电视”的经历是什么?你有没有经历过这样的分类政策?
- 你有弟弟或妹妹吗?你认为这个政策对他们适用吗?如果是,怎样应用?你认为哪些类型是关键?
- 随着技术的改变,现在人们可以在网上观看各种节目和影视剧,电脑都在卧室里,这对这一领域会产生什么影响?

英国正在使用由英国电影分级委员会制定的正式分类体系,针对电影、视频和DVD以及其他一些数码产品(例如游戏)进行分类。英国电影分级委员会没有监管的权力,但常被称为“电影审查机构”,对这个机构更好的理解是一个进行分级的组织机构。该机构决定某件作品适合哪些观众群体,并时常建议电影制片商剪切、改变某些部分的电影内容,以符合这部分观众的类型,尤其是对儿童有害的内容。

一个关于分类的老笑话:“如果我喜欢它,它就是引起欲望的;如果我不喜欢,它就是色情片。”“宣传”(propaganda)一词在讨论中也有这种作用——参考第6章和《愚昧年代》的案例分析。

英国电影分级委员会负责检查作品内容是否违反刑法(如残忍地对待动物或儿童;煽动种族仇恨,存在亵渎言语等)。有极少数情况,它会不给电影分级。2009年,英国电影分级委员会认为日本电影《异常》(*Grotesque*)是性虐待片(参考英国电影分级委员会网站)。最终的电影审查权在地方议会的手上,地方议会可以否决英国电影分级委员会的任何决定,虽然很少发生这种情况。在电影院也有年龄要求,分类包括“在父母的陪同下观看”和“仅允许18岁以上观看”。对DVD的建议可能是,“内容包含适度的性内容,包含一个与毒品有强烈关系的内容”。

研究 3.10

问题：有时候分级的作用不是审查，而类似于在给影片做广告。讨论一下这个观点。

答案：分级可能会吸引潜在的观众，也可能因为不同的分级标签而阻止一些观众。

父母想知道哪些电影可能会吓着他们的孩子，电影是否有暴力画面、大量的毒品镜头，或者可能有用头撞击别人等容易模仿的暴力形式。

同样，年轻观众常常想“酷”一把，观看他们当前年龄不应该看的成人电影。

电影制片商经常和英国电影分级委员会等分级机构进行协商，以便获得他们期望的分类。他们有时拒绝拿掉某些片段，以便取得更高的级别，尤其是恐怖片。电影分级是一个根据实际而变动的过程。

在 2009 年 7 月，英国环球影业公司（Universal Pictures UK）出人意料地发布了特别编辑的《布鲁诺》“15 岁”标准版本[《布鲁诺：删减版》（*Brüno：Snipped*）]，“为了避免年轻观众中日益增长的不满，同时使票房收益最大化。英国电影院被报不准 18 岁以下的观众观看此片，但仍有大量 18 岁以下的年轻观众迫切想要观看此片。”“15 岁以上及成人观看”的版本比原始版本短了 1 分 50 秒。这一举动是史无前例的，（7 月 14 日）一封寄给《国际银幕》（*Screen International*）的信中称，1979 年派拉蒙（Paramount）修改了再发行的电影《周末夜狂热》（*Saturday Night Fever*，美国，1977）的级别，从 X 级（18 岁）变成 A 级（父母陪伴），档期正赶上学校放假，删减了原片中大概 10 分钟的内容。

传统的审查方法仍然在使用。乌克兰文化部全面禁止在国内放映《布鲁诺》（*Brüno*，美国，2009），认为其“毫无理由地展示生殖器官”，把“同性恋的变态心理”描述成“明确的现实主义方式”。

小　结

这一章试图将类型放在更广泛的正式和非正式分类和构建体系中来讨论。无论是类型形式还是各种分类，还是其与现实世界的认知关系，又或是文化地位，这些过程通常是在一个范围之内。

我们认为，类型需要并产生了某种程度上的创新，以及重复的乐趣。类型内容本身越来越受到制作人的观众形象的影响，如今更多的是受到网络内外观众和粉丝发起的活动的影响。类型的文化手段可能会受益于日渐增多的用户呈现，并表明这有助于实质性的创新。但它也会思考：一些“明显的”类型元素(什么构成了“圆满的大结局”或什么不能提)会不会仍旧保留了一些压迫性的身份或假设，而排斥另一些。

接下来的案例分析会给出更多的例子，研究根据版权、“外文电影”、类型以及“艺术电影”内容等进行“分类”的电影。

参考书目与扩展阅读

Altman, Rick(1999) Film/Genre, London: BFI.

Bennett, Tony, Savage, Mike, Silva, Elizabeth Bortalaia, Warde, Alan, Gayo-Cal, Modesto, and Wright, David(2009) Class, Culture, Distinction, London and New York: Routledge.

Bourdieu,Pierre (1984) Distincion: A Social Critique of the Judgement of Taste, London: Routledge.

Branston, Gill(2000) Cinema and Cultural Modernity, London and New Yok: Open University Press.

Brown, Maggie(2009) ‘Can Cowell Back a Global Winner?’ The Guardian, 29 June.

Brunsdon,Charlotte (1981) ‘Crossraods: Notes on Soap Opera’, Screen, 22, 5: 52-57.

Clover, Carol(1992) Men, Women and Chainsaws: Gender in the Modern Horror Film, Princeton: Princeton University Press.

Cook, Samantha(2006) The Rough Guide to Chick Flicks, London:Rough Guides.

Gorrigan, Timothy, and White, Patricia(2004) The Film Experience: An Introduction, Boston: Bedford/St Martin's.

Gilbey, Ryan(2009) ‘Jokers to the Left, Jokers to the Right’, The Guardian, 17 July.

Gledhill, Christine(ed.) (1987) Home is Where the Heart is, London: BFI.

Gomery, Douglas(1992) Shared Pleasues: History of Movie Presentation in the United States, London: FBI.

Jancovich, Mark(2000) ‘”A Real Shocker”: Authenticitym Genre and the Struggle foe Distinction’, Continuum: Journal of Media and Cultural Studies, 14, 1: 23-25.

Kinder, Marsha(2001) ’Violence American Style: The Narrative Orchestration id Violent Attractions’, in Slocum, David J. (ed) Violence and American Cinema, London and New York: Routledge.

Krutnik, Frank(2002) ‘Conforming Passions?: Contemporary Romantic Comedy’, in Neale (2002).

La Place, Maria(1987) ‘Producing and Consuming the Woman's film’, in Gledhill, Christine (ed.) Home is Where the Heart is, London and New York: Arnold.

Lovell, Alan, and Sergi, Gianluca(2009) Cinema Entertainment, London and New York: Open

University Press.

Neale, Steve(2000) Genre and Hollywood, London: Routledge.

Neale, Steve(ed.) (2002) Genre and Contemporary Hollywood, London: BFI.

Paul, William(2002) 'The Impossibility of Romance: Hollywood Comedy 1978—1999', in Neale (2002).

Waters, Florence (2009) 'Duplicity: Tony Gilroy Interview', Daily Telegraph, 20 March.

案例分析:作为流行艺术的恐怖电影

- 恐怖电影中的儿童
- 风格和哥特式:不同的元素
- 发行策略
- 参考书目与扩展阅读
- 全球及当地观众
- 作者和推广
- 小结

我们将在这里研究两部电影如何以有趣的方式使用恐怖等元素。这两部电影在全球观众和影评人中都颇受欢迎,从而挑战了这种类型的电影往往层次低的说法。

恐怖片是电影历史最持久的类型之一,这种类型的电影不断进化,经历电影的各个周期。最近的一个重要周期是全球电影中弥漫的东亚鬼片[参考MSB5网站关于日本恐怖片(J-horror)的案例分析]。这个周期现在还在自然的发展,但在东亚鬼片开始的初期,也有一些其他著名电影所具有的相同元素,从某些方式来说,来自于早期电影的观众认知和行业经验。《灵异孤儿院》(*The Orphanage*,西班牙/墨西哥,2007)和《生人勿进》(*Let the Right One In*,瑞典,2008)各自的叙事方式、角色刻画和视觉风格截然不同,人们把两者定义为次类型(sub-genre)不同的恐怖片,但却以类似的方式进行发行和传播。以里克·阿尔特曼(1999)的术语来看,我们认为用包含法和语义学来看,这两部电影都是恐怖片,但用排除法和句法学来看,它们却一个是鬼故事,一个是吸血鬼的故事(虽然我们可能质疑这两种分类)。等会儿我们会提到一些实际问题,比方说这两部电影是如何发行的。

ONLINE @ RESOURCES

为了充分学习本章的案例分析和相关参考,你应该观看这两部电影(最好是多看几次)。这两部电影都充满了悬念和意外,因此如果你还没有看过这两部电影,请注意下文中会剧透一部分情节。

恐怖电影中的儿童

在《灵异孤儿院》中,劳拉(Laura)和丈夫、养子回到了西班牙北部海岸她儿时待过的一个孤儿院。劳拉打算将孤儿院改为学校,为那些有学习障碍的孩子提供学习的地方。她离开孤儿院的时候与她儿子一般大(7岁或8岁),不久劳拉的儿子就开始和劳拉离开后死去的孩子们打起了交道。渐渐地,劳拉意识到她儿子的举动,当儿子突然消失时,她开始怀疑这间孤儿院有什么东西或什么人带走了她的儿子。

这一场景立刻唤起了人们对一部早期的西班牙电影——《小岛惊魂》(*The Others*,西班牙/美国,2001)的记忆,这部电影源于亨利·詹姆斯(Henry James)的经典鬼故事《螺丝在拧紧》(*The Turn of the Screw*,1898)和据此改编的电影《古堡魅影》(*The Innocents*,英国,1961)。

图 3-14　原来的孤儿之一。

研究 3.11

为什么选择儿童?

你看过的电影中,有没有在潜在的恐怖场景中突出儿童;

- 有哪些"表演"是围绕"无辜"和"邪恶"的概念?
- 其中有没有父母与孩子的关系,特别是母亲(养母)与孩子的关系?
- 有没有"普遍的"童年经历?

《生人勿进》描述了一群青春期就要结束的孩子。一个孤独的12岁小孩奥斯卡(Oskar)在学校经常遭人欺负。他住在斯德哥尔摩郊区的公寓里。一天,他家隔壁搬来了一个男人和一个女孩,不久他就与这个女孩成为了朋友。随着女孩的到来出现了一系列恐怖的谋杀事件,最后奥斯卡意识到这个女孩是一个吸血鬼——然而他已经爱上了她。伊莱(Eli)看上去只有12岁,但实际却快满200岁了,这正是电影创造的"不同之处",但这个“不同之处”又遵循了其他吸血鬼电影的传统。电影的名字立刻吸引了恐怖电影爱好者的注意，因为他们知道一个吸血鬼必须被主人邀请才能进屋。我们过去看过很多恶魔般的儿童，但是很少像伊莱这样“富有人性的”。在这方面，伊莱显得与众不同，因为过去这类电视、小说和电影中成功塑造的只有青年吸血鬼和吸血鬼猎人形象，例如《吸血鬼猎人巴菲》和《暮光之城》。

在这两部聚焦儿童的恐怖片中，我们可以看到两部不同文化背景的电影如何利用了同样的元素，又如何在句法层面加以区别的。

全球及当地观众

《灵异孤儿院》是一部国际化电影。虽然主要制片商来自西班牙，但法国电视电影集团(Canal+)和好莱坞(华纳兄弟公司)也参与其中，由在西班牙、美国和墨西哥影坛著名的吉尔勒莫·德尔·托罗(Guillermo del Toro)“呈现”给观众。这部作品的背景为该片在全球市场的推广打下了良好的根基。

《生人勿进》是由瑞典的影视公司合作出品的。瑞典的流行电影通常只在瑞典、挪威、芬兰和丹麦之内传播，极少在全球市场上亮相。《生人勿进》是三个近期获得广泛传播的瑞典影视作品之一。这三部影视作品都是流行类型小说改编而成的。畅销犯罪小说《督察员沃兰德》(*Inspector Wallander*，在德国比得上《哈利·波特》的销量)在2005年首次被改编为瑞典电视剧，然后2008年在英国播出(当时英国也开始翻拍该小说)。斯蒂格·拉森(Stieg Larsson)的惊悚小说《龙纹身的女孩》(*The Girl with the Dragon Tattoo*，瑞典/丹麦/德国，2009)一经翻拍，迅速成为最卖座的“本地电影”、“欧洲电影”，当时该小说也成为英国乃至全世界的畅销书。

《灵异孤儿院》和《生人勿进》必然能在当地和该区域获得成功，但是更大的宣传推广需要更加谨慎的营销策略，包括在各种电影节上的展出。这在稍后我们会有研究；在这里，我们先想想是什么让电影的本地影响与众不同。

类型研究提供了研究其他媒介概念的有效方法，包括再现。观众通过内容的重复，很容易就会发现类型的叙事。相同或相似的角色长期以来出现在相似的故事中。由于很多类型很**逼真**，人们就可以观察影片中的呈现如何随着时间的推移而变化。哪种男人会变成匪徒？他们的家庭背景如何随着时间的变化而变化？在这一层面上，类型电影是“具有渗透力的”。这些电影吸收了现实世界中正在发生的事，而恐怖电影与现实社会中的变化也常常存在一些联系。东亚的鬼的形象往往运用“新技术”来证明自己的存在，比方说通过电视和视频、移动电话和互联网证明自己的存在，主角常常来自单亲或不和睦的家庭，这是东亚文化中一个比较新的现象。恐怖电影会表现现实世界中正在发生的事情。

这对于西班牙接受《灵异孤儿院》是非常重要的。2007年秋，这部电影发行时正赶上《历史记忆法》(*Law of Historical Memory*)的宣传，该片承诺治愈因70年前西班牙内战所造成的家庭创伤。市民可以申请，挖掘在佛朗哥(Franco)民族主义军中受害的亲属尸体，重新安葬在家族墓地中。《灵异孤儿院》中，劳拉发现她儿时伙伴的遭遇，是本片中与内战相关的一个隐喻。另一个隐喻是"相信"过去并屈服于它的意义，在这里表现为劳拉的丈夫最初怀疑"鬼故事"，但后来开始接受他的妻儿已经死去(假设这部电影设定在2005年6月的西班牙，孩子们的死应发生在大约30年前——在1975年佛朗哥死后不久)。

西班牙电影中仍有很多涉及内战的题材，包括两部吉尔勒莫·德尔·托罗的影片《魔鬼的骨干》(*The Devil's Backbone*，西班牙/墨西哥，2001)和《潘神的迷宫》(*Pan's Labyrinth*，西班牙/墨西哥/美国，2006)，以及早期的经典电影《蜂巢精灵》(*The Spirit of the Beehive*，西班牙，1973)和《饲养乌鸦》(*Raise Ravens*，西班牙，1976)。这些电影都是佛朗哥统治下的西班牙的隐喻，表现有着幻想的关系的儿童[由童星安娜·托伦特(Ana Torrent)饰演]。在《饲养乌鸦》中，孩子(鬼)的母亲由洁洛汀·卓别林(Geraldine Chaplin)饰演，她在《灵异孤儿院》中出演灵媒的角色。童星和以儿童为中心的故事是佛朗哥统治下西班牙电影的一大特色[见斯通(Stone)，2002]。所有这些"互文性"和历史共鸣使得《灵异孤儿院》在2007年的西班牙电影中获得了票房冠军。当这部电影在国外上映时，已经作为全球公认的一部成功的恐怖电影，但实际规模却没有那么大。

《生人勿进》中的场景设置或许没那么出众，但也是非常准确的。原小说甚至使用了历史事件的真实日期，包括1981年10月27日在瑞典海域首次发现苏联潜艇。20世纪，瑞典在世界大战和"冷战"中一直保持中立，所以苏联潜艇(可能装有核武器)的入侵是非常罕见的，直到第二年还是瑞典新闻媒体的讨论话题。在电影中，有一段广播提到了苏联领袖列昂尼德·勃列日涅夫(Leonid Brezhnev)。使用这些现实主义的细节的作用是什么？介绍具有潜在威胁、不受欢迎的来访者，这是一种隐喻手法吗？或者这部电影代表了拥有纪录片细节的另类恐怖电影？这些细节在瑞典观众看来，将会有更深的意味，但因为电影元素的全球化，全球观众很容易理解吸血鬼和"陌生人"的关系(或许带给他们疾病?)。我们注意到在亨宁·曼凯尔(Henning Mankell)的犯罪类型小说中，当代的瑞典多被描绘为曾经是"社会民主主义的"国家，不仅受到蜂拥而至的难民的困扰，还要面对全球犯罪活动的入侵，如性交易和毒品贸易。

如果我们发现，故事设置在1981年的原因是因为作者(以及改编者)当时就是12岁，我们还会否定上述的想法吗？

研究 3.12

研究不同版本吸血鬼的故事。

- 吸血鬼来自哪里?
- 吸血鬼是如何抵达西欧的?
- 吸血鬼对社会有哪些威胁?
- 如何把德拉库拉(《惊情四百年》)和其他类似的吸血鬼融入现代社会中?
- 查阅第2章的"角色功能",《生人勿进》吸血鬼故事的角色功能如何?

风格和哥特式:不同的元素

两部案例分析的电影是知名的恐怖电影,剧情都聚焦在儿童上。故事构思来源于18、19世纪文学中的"哥特式浪漫"(Gothic romances)。"哥特式"一词通常表示故事多集中在维基百科常描述的"极端的感情和黑暗的主题"。哥特式故事常常设置在荒凉的地方,在黑暗和嗜血的城堡和恢宏的建筑里,故事常常发生在夜间和极端天气之下。《灵异孤儿院》是发生在阴雨连绵的阿斯图里亚斯海岸的"黑暗房间"之中。冬季的斯德哥尔摩阴沉而寒冷。从某种意义上来讲,场景是司空见惯、单调乏味的。然而寒冷的天气把角色推入极端的情况。

随着时代变迁,哥特式场景已经发生了变化,因此我们现在接受了一种"城市化的哥特式"场景,同时还有一种荒凉、与世隔绝的感觉。这一元素已经得到了扩展。但是运用阿尔特曼的句法方法,我们可以通过叙事结构中元素的组合方式来区分这两部电影。《灵异孤儿院》强调情节,与哥特式紧密联系。故事以女性为中心,关心母亲的身心状态——她应该对儿子的死负责吗?也有一种家庭情景剧的感觉——她寻找孩子的过程会不会影响夫妻关系?她是不是认为自己是某种代理母亲——首先是对她希望招收入学的孩子而言,其次是对她抛弃的孩子的鬼魂而言?我们也可以参照人们熟知的"女性电影"——尤其是20世纪40年代的电影,例如《煤气灯下》(*Gaslight*,美国,1944)里英格丽·褒曼饰演的角色,褒曼在她姨妈被杀的屋里疯了。

在DVD中,导演和成员很清楚他们创造的情节剧(melodrama)——尽管这个词在电影行业中不常用(可能在西班牙比英国用的要多?)。在一般的语境中,它是一个贬义词,指的是"过度"或"过分"的策划和表演。在批判术语中,情节剧实际上是音乐、场面调度、表演等的"过度"表现,但是这些应该是为了类型而精心安排的。情节剧和恐怖片有很多相同的视听风格,但前者可能更吸引年长的观众,或者那些期待更多隐喻的观众,他们不喜欢一些恐怖片中惊悚的场景,或者是恶心、恐怖的颤抖。

在这里有必要仔细看看该片在西班牙的海报，并在 **MSB5 网站**上查阅该片在美国、英国的电影海报内容。

图 3-15　三张西班牙版《灵异孤儿院》的海报。

> **研究 3.13**
>
> **情节剧和恐怖片**
>
> 《灵异孤儿院》的海报用哪些方法表现了恐怖片和情节剧之间不同的元素？
>
> - 利用你对第 1 章的理解，分析海报是如何产生意义的。
> - 你能够区分不同元素的引用，以及对不同观众的吸引力吗？

《生人勿进》中的另一个元素是“成长的浪漫”，或可以称作“社会问题”电影。此外，有人提议称这部电影为“儿童电影”，这种说法在英美文化里显得奇怪，但一些欧洲电影文化认为富有挑战性的叙事方式适合儿童电影。需要注意的是，这部电影源于一部“儿童小说”，Cineuropa 网站将它描述为“本质上是一部甜蜜的青春期爱情故事，恰好伪装成带有超自然意义的反欺辱剧”(Boyd van Hoeij，2008 年 12 月 6 日)。

浪漫是哥特式延续下来的一个传统，但通常是成人的浪漫。电影的“社会”层面包含遭受欺辱的主题，以及郊区整体压抑的气氛。“受害者”包括大部分人都失业的酗酒群体，故事中还有家庭关系问题和奥斯卡迷恋报纸中暴力谋杀新闻的问题（小说还包括了几个十几岁儿童吸胶毒的问题等）。

浪漫和社会细节对电影爱好者而言是很重要的，他们在 Facebook 的瑞典电影页面上比较这部电影与更主流的电影《暮光之城》。下文对导演的采访中有一条对真实和幻想结合的有趣评论：

图 3-16　奥斯卡放学后待在教室研究摩斯电码。

剧本的风格十分严肃，没有什么对话，很有诗意。我们相信电影应该通过图像来表达。书中照顾伊莱的老年男人明显有恋童癖。我认为现在有太多的恋童癖主题出现，而不过是为了给故事增加感情的特殊效果，并没有彻底对其进行研究。我不希望这样一个复杂、强烈、令人不安的主题困扰着两个主角之间的爱情。

（Cineuropa 网站）

电影中有一个细微的手势暗示了伊莱和哈肯（Håkan）之间的关系，不过与《灵异孤儿院》一样，《生人勿进》精心组织起来的元素让这部电影如此深入人心。一些现实的细节增强了哥特式的感觉——太多的错误类型会毁了这种感觉。

研究 3.14

一个现实主义的吸血鬼故事？

- 《生人勿进》中描写的现实细节如何区别于好莱坞的吸血鬼电影？
- 电影选择的演员有没有增添现实主义的效果？
- 你如何解读影片的结局？你认为奥斯卡现在在做什么，30 年后呢？

作者和推广

《灵异孤儿院》的英国宣传主要打着“吉尔勒莫·德尔·托罗”的旗号。虽然德尔·

托罗非常认可这部电影，大力支持电影的制作和宣传推广，但他不是电影的“作者”。电影打着他的旗号可能给观众带来错误的期望，因为该片除了对内战的影射之外，与《潘神的迷宫》几乎没有相同的元素。英国的DVD宣传把《灵异孤儿院》形容成“新版的《潘神的迷宫》：非常经典——《卫报》”。打住，更有用和更准确的说法应该是“自《小岛惊魂》以来最恐怖的鬼故事”。对于经销商和影评人而言，一个问题在于非主流的字幕片通常没有观众熟知的演员，因此必须提及导演的名字或者一个相关的卖座电影。《灵异孤儿院》在西班牙没有这样的问题，因为贝兰·鲁达（Belen Rueda）的影视作品很有名（其中一些在国际上露过面）。电影在西班牙的巨大成功表明，没有语言的障碍（有着当地文化知识），《灵异孤儿院》是一部主流类型电影，而不是一部特殊电影。

《生人勿进》略有不同。导演汤玛士·艾佛逊（Tomas Alfredson）一直在瑞典国内影视圈打拼。电影中没有著名的演员，而且是一个原来做广告和电视娱乐节目的小型独立公司制作的第一部故事片。在Cineuropa上的另一个采访中，制片人约翰·诺丁（John Nordling）说起因分级带来的问题，导致12岁男孩的故事在大多数国家只能给较大年龄的观众播放。在瑞典，本片发行范围“广泛”（虽然成功，却受到盗版的影响）。在其他国家，电影由一个经验丰富的德国经纪公司销售。

在瑞典，电影《生人勿进》某些程度上随着原版小说（2004年首次发行）发售。英语平装翻译本直到2009年1月才发行。这就意味着经纪公司唯一可以用来宣传的资料就是电影的类型以及在各个电影节得到的评价。仅仅以恐怖片的分类来宣传不太可能吸引全球票房，因此电影的包装和基调就显得尤为重要了，再结合霍伊特·范·霍特玛（Hoyte van Hoytema）精湛的摄影技术，缓慢的节奏、音乐和声效的运用，这些在预告片和艺术海报上显然获得巨大成效。

互联网电影资料库列举了《生人勿进》在2008年和2009年各个电影节获得的50多项奖项。这些奖项来自欧洲、北美和东亚的恐怖/奇幻电影节和普通电影节。电影、导演、作家、摄影师和童星获得了各种奖项。电影节的反馈都融入不同地区的各个预告片、海报和网络资料中。瑞典和英国的网站通过flash视频很好地呈现了电影的外观和基调（雪景的淡入和淡出对比主要的静态场景），预告片强调了人物的行动和惊恐。英国的预告片呈现了镜头之间吸引人的关键点，比美国预告片的基调表现得更好；美国预告片则把所有的对话都放到了最后（给人一部快节奏恐怖片的印象）。

发行策略

从20世纪90年代早期开始，多年萧条的全球电影业开始复苏，电影发行开始使用新的分类形式。大多数主要的电影产业会在节假日期间迎来电影发行的“高峰期”——香港的农历新年，南亚的开斋节（Eid）和排灯节（Diwali），美国的感恩节等。盗版泛滥迫使好莱坞在全球多个地区“同步”上映大片。当地的各个节假日仍然十分重要，但总体来说，尤其现在国际市场要大于单独的北美市场，电影发行就逐渐走向国际化。这意味着某些种类的电影可以根据它们可能发行的时间来分类。

这些种类(除了“暑期大片”)中最著名的就是“获奖电影”，一般在美国发行，通常只用小部分电影获得12月底奥斯卡提名的资格，然后在1月提名期间大力推广影片，一直到2月份的奥斯卡颁奖典礼。在这两个月里，巨制大片之间的竞争相对较少，通常要到了5月才会有激烈的竞争。电影也在海外很多地区发行。

恐怖电影如何制订发行计划？10月底的感恩节周(Hallowe'en week)会着重推出针对青少年的恐怖电影。这个节日处于暑假与感恩节的高峰期之间。而且由于有忠实于恐怖片的青少年观众，让影视公司在票房平淡的时期也可以大赚一笔。但影视公司要想在10月、11月和1—4月发行适合成人的电影，则需要谨慎的计划。2000年3月，环球电影公司宣布《永不妥协》(*Erin Brockovich*)获得巨大的票房成就，电影中朱丽叶·罗伯茨饰演了与她明星形象不同的浪漫喜剧角色。2005年4月，环球选择发行《翻译风波》(*The Interpreter*，英国/美国/法国，2005)，电影由妮可·基德曼(Nicole Kidman)和肖恩·潘(Sean Penn)主演；而在2006年，环球故技重施，推出丹泽尔·华盛顿(Denzel Washington)和朱迪·福斯特主演的《局内人》(*Inside Man*)。后两部电影虽然没有创造《永不妥协》过亿的票房，但仍然成绩斐然，业界评论环球把它们作为“智慧的成人电影”类型，在大片高峰期(或“获奖电影”)之外也可以稳赚票房。

《灵异孤儿院》和《生人勿进》并不是好莱坞电影，都是先在国内市场发行，通过电影节、角逐奖项亮相，逐渐取得国际认可。当这两部电影最终在英国上映时都已经小有名气，在一定程度上是一种“学院派类型”的电影。但因为这两部电影都有字幕，成为英国的“特殊电影”(specialised film)，通常这意味着电影只局限在小型的独立影院发行。然而，由于2006年11月、12月吉尔勒莫·德尔·托罗《潘神的迷宫》取得巨大成功，两部电影的发行商决定将电影同时推上综合性多厅影院，并且进行更广泛的发行。两部电影精心制作了无字幕对话的预告片(但加入了电影节的获奖画面)。2008年3月下旬，Optimum集团在74家影院放映《灵异孤儿院》。2009年4月上旬，Metronome影业在68家影院放映了《生人勿进》。

比起其他带字幕的电影来说，这两部字幕片在英国吸引了大量的观众。两部电影也毫无疑问被提上了美国的翻拍日程，这让电影的粉丝非常愤怒，因为原版电影总是最“真实的”。2009年，两部电影的原制作人宣布参与翻拍计划。但这也阻止不了粉丝的不满态度，正如当时中田秀夫(Nakata Hideo)为好莱坞制片厂翻拍日本电影《午夜凶铃2》。或许我们有必要重新阅读这个案例分析，并找出这两部电影“原型”搬到美国银幕的主要问题在哪里？

小　结

我们对类型理论部分的应用有助于更好地解读这些电影，证明类型元素这一概念的流动性和推动力。分析流行电影以及其发行和认可度让我们能够采用阿尔特曼的实际方法，补充我们的语义和句法知识。《灵异孤儿院》比起《生人勿进》而言是一部更传统的电影，后者有趣地再创造了吸血鬼的传说。不过这两部电影都挑战了“艺术”和“流行”的分类。

参考书目与扩展阅读

Altman，Rick(1999) Film/Genre，London：BFI Publishing.

Cherry，Brigid(2009) Horror，London：Routledge.

Delgado，Maria(2008) 'The Young and the Damned'，Sight and Sound，April (also online at：http://www.bfi.org.uk/sightandsound/review/4275).

Stone，Rob(2002) Spanish Cinema，Harlow：Longman.

http://cineuropa.org/ffocus.aspx? lang=en&treelD=1665.

http://www.facebook.com/pages/Lat-den-ratte-komma-in-aka-Let-the-right-one-in/27543047841?ref=ts.

MSB5 网站有这个案例分析的补充材料，还有早期的案例分析“日本恐怖片和《午夜凶铃》系列”。

第4章

CHAPTER 4

媒介再现

当前的媒介再现

“再现”(representation)一直是媒介研究的重点，可以从以下几个方面进行描述：

1.“再现”的概念强调，不管某些媒介影像看起来多么真实或令人信服，它们并不是简单、直观地表现这个世界。媒介影像永远是一种建构和再现，而不是一扇“通往现实世界的窗户”或一面镜子。

2.“再现”能够表明，一些媒介会不断地再现某些影像、故事以及场景，让它们变得“自然”、令人熟悉，进而忽视甚至排斥其他影像，让其他影像变得陌生甚至让人感到威胁。在此引出了一个问题，究竟是什么人有能力让某些影像变得熟悉，以及随之带来的隐患。

3. 这会产生一些问题：如果某些群体或某些场景总是以压抑或限制性的方式呈现出来，会不会影响到公众对他们的理解？一些群体在街头和采访中如何对待其他的群体？很多人把这个问题联系到政坛领袖的身上，如工会、学校和政府领导“代表”民众做出关键性的决定并产生现实性结果。

a. 你是否曾使用过不同的邮箱进行自我再现？

b. 群组再现的例子可参见：卡迪夫青年网，www.thesprout.co.uk。

“媒介再现”最近呈现出两种现象：

4. 越来越多的人开始使用数字形式的“自我再现”，从电子邮件到博客、社交网站、游戏和模拟[如《第二人生》(*Second Life*)]等。

5. 近来人们开始质疑“官方”政治及“我们”在“官方”政治中的呈现方式。有些人认为，这种质疑削弱了媒介再现的政治见解。同样，新的政治形式开始创造性地利用新的媒介类型，制造影响力。

请看第6章的案例《愚昧年代》，包括电影、首映礼、网络、电子邮件及其他数字活动。请查看2009年Twitter相关的大型活动。参见序言。

当前“再现”的复杂性

“再现”已经成为“纪实性”媒介形式的一个重要概念，如纪录片、新闻等。但它与那些充满想象与“沉浸式”的媒体形式关系不大，例如电脑游戏。相比于“展现”世界，这些电脑游戏更多的是为了给用户创造一种体验。喜剧形式同样挑战了这一理论[见麦都思(Medhurst)2007]。

但是我们也时常批判对“媒介再现”的简单应用，可能会产生“刻板印象”，或者在比喻中叫作“面向现实的镜子”。我们在之后会讨论这个问题，但现在我们先来讨论一下“折射”(refraction)与**“再媒介化”**(re-mediation)的概念。

图 4-1　一个视觉折射的例子。身体在水中的"再现"与镜子中的"再现"不同。就像媒体一样,水不是简单的"通往现实的窗户"。

研究 4.1

● 术语"折射"是对光波的研究。当光从空气进入水中(例如阳光普照的游泳池),光会让人们水下的身体变得扭曲。

"事实"或对"事实"的感性认知往往是大多数媒介形式的一部分,甚至是虚拟媒介形式与喜剧形式(回忆"逼真性"及其在类型中的作用)。但是这种"事实"是"弯曲的",或者说是习俗与这些形式需求的折射。喜剧需要制造笑点,恐怖片需要反派角色来制造惊悚的效果,甚至新闻也喜欢以故事的形式来架构角色以及悬念。

● 记录下"折射"如何应用到你最喜欢的媒介形式或媒介内容中。

● 你能说出这个词是如何发展"再现"的概念么?

● 解决这些问题后,考虑"折射"如何应用到"纪实性"媒介形式中,如新闻。

一些作家强调的另一个概念是"再媒介化"[见利斯特(Lister)等,2009]。这个概念指出,所有的媒介在刚出现的时候都会去适应之前已有的媒介。所以电影会去适应戏剧和文学,电脑游戏会被称为电影的"再媒介化"形式(见第8章)。这包含了折射的进一步形式,不是简单的、镜子式的"再现",也不会是早期形式的简单重复。这类观点在讨论适应(adaptation)时已经出现了,"再媒介化"的理论通过强调这一观点,将新的媒介形式纳入其涵盖的范畴里。

"刻板印象"(stereotype)一词来自希腊文"stereo",意思是"固态的"。它在印刷术语中是实心砌块的意思,可以代表人们需要花费很多时间去呈现每一种类型的细节。尽管这种方式现在已经过时了。"脚本"与"故事"之类的术语尝试使"再现"更加流畅。

刻板印象与脚本

再回到"再现"的主流讨论。媒介让我们可以想象到某个具体的群体、身份和场景。当这些与人联系起来的时候,我们称之为刻板印象(stereotype)或类型(type);刻板印象或类型在提供场景或过程的影像时,有时会用到"脚本"(script)的概念来排除其他同类,暗示我们在成长过程中熟悉这些场景并知道如何在我们的生活中进行“呈现”。这些设想会对人们对世界的期待和体验产生实质性的影响。

刻板印象是媒介研究的重要概念，但是人们已经觉得刻板印象是理所当然的。在使用这个术语时常会出现一些错误，比方说，刻板印象不会描述一个真实的人或角色。布拉德·皮特就不是刻板印象，但他的形象中却存在一些刻板印象，如“阳刚”、“柔情硬汉”等，并因此排除了其他刻板印象。刻板印象是对特定群体的广泛认识或设想。人们通常认为刻板印象是“谎言”，应该“去除”刻板印象，以此来“消除偏见”、达到平等。刻板印象一词与“类型”(type)甚至“样板”(archetype)(虽然意义相似，但作为术语具有更高的地位)相比，更具贬义色彩。

刻板印象有以下几个特征：

1. 包含对带有“刻板印象”群体的分类与评价；

2. 通常会强调这一群体某些容易抓住或理解的特征，通常是有争议的，然后假设这就是社会如何定义该群体的原因；

3. 对群体的评价通常是负面的，但也有例外；

4. 刻板印象通常(在“我们”和“其他人”之间)保持绝对的差异和界限，用“一系列差异”来描述应该更加恰当。

建构(framing)有两方面内容：a)影像如何通过“建构”来强调某些特征；b)媒介如何“建构”、影响和限制观众对某些群体、事件、故事的认知，特别是在新闻形式中。

让我们进一步来探讨一下。刻板印象是一种分类或建构的过程，因而我们必须要感知这个世界，理解每时每刻接收到的信息和印象。但是为了适应各种情况，我们都不得不“带有偏见”(prejudiced)。“prejudiced”这个词的根源是“预判”(prejudging)。各种指示图只是以某种方式展示了现实世界的一部分。

所以大多数人在某些情况下都会利用刻板印象。例如，我们和某人初次见面的时候，都会对这个人进行归类，而且常常基于细枝末节的证据——发型、裤子的长度、口音等。相应地，我们也会被人以这样的方式归类和归纳刻板印象——学生、老师、伦敦人等。我们常常用性别、宗教、性等细小的符号和因此产生的期待与“脚本”来解读我们遇到的人。这个过程就好像我们理解媒介中某个角色的方式。

研究 4.2

● 思考上面的观点。你最后一次是在什么时候看到一个陌生人并通过他/她的衣着与口音来给他/她"归类"？对你来说，"分类"的关键符号是什么？

● 你为什么会这么理解这些符号？和媒介图像有关吗？

● 你的估计正确吗？

● 最后提一个微妙的问题，你是怎么知道自己的估计是否正确的？

故事中往往没有足够的时间与空间去详细描述每个角色的"背景故事"（一种方式的影射）。因此，会使用"类型"来简要表达背景的特征。这些角色常带有很强的刻板印象。

回到第2个特性：刻板印象会假设某些群体具有某些容易捕捉的特征。这些往往通过主流论述进行传播，与主流论述流向的文化中强烈的意识形态假设有关（见第6章）。刻板印象把这些主流论述放在虚构人物的中心（"阿拉伯人"，"青春期的孩子"），同时又暗示这个群体的所有成员都具有这些特性。下一步是提出这些特征（往往是历史进程的结果）促成了这个群体的社会地位。刻板印象的一个魅力在于，他们提出的特征的确"有些道理"。随后，刻板印象在一系列的媒体、笑话中出现，这一特征就成为了这个群体的核心事实，形成了这个群体的社会地位。

见泰萨·帕金斯（Tessa Perkins）关于这个概念的重要前沿理念。

案例分析 1：美国种植园的刻板印象

举一个例子。在美国独立战争（1861—1865）之前，作为商品在棉花种植园工作的非洲黑奴在好莱坞电影与其他论述中都有以下几种刻板印象的符号：

● 步履蹒跚；

● 音乐感强，随时都可以歌舞起来；

● （一些女性家奴的形象）身材臃肿、愚昧无知，性格像孩子一样。见电影《飘》（*Gone with the Wind*，美国，1939）中的"奶妈"（Mammy）和百里茜（Prissy）。

如果说这种带有贬义色彩的刻板印象有些道理，这未免有些侮辱人。但是请思考以下几点：

图 4-2　在《飘》中饰演奶妈的海蒂·麦克丹尼尔（Hattie McDaniel），以受压迫的种植园黑人老妇女的形象深入人心，并因扮演这个角色而成为了历史上少数荣获奥斯卡殊荣的非裔女配角。见肖哈特和斯坦姆（Shohat & Stam，1994）对这段表演的精彩评论。

● 在南方种植园的黑奴如果逃跑被抓到，就会被挑断小腿肌肉（因而会产生“步履蹒跚”的刻板形象）。

● 黑奴很少有受教育的机会。因而会产生负面的刻板印象。这些也贬低了黑奴用手上有限的资源制作音乐和唱歌跳舞的能力。反而，他们认为韵律是原始的动物特征，因而进一步让奴隶主产生偏见：“对黑奴进行教育就是对牛弹琴。”

● 妇女被奴隶主当作生育的工具。她们的身体会因为多次怀孕生子，再加上没有医疗保健而变得肥硕，而且她们经常会被唤进主人屋里服侍白人的小孩。但负面的刻板印象把保姆的肥胖身材归因于懒惰和无知，而不是残酷的奴隶制剥削所造成的结果。

尽管从历史角度来看，统治阶级一直对受压迫阶级有严重的偏见，但这种偏见却是由多个刻板印象所造成的。正如种族主义与好莱坞的著作《汤姆叔叔、黑鬼、穆拉托人、黑人女佣和年轻的黑人男性》(*Toms, Coons, Mulattoes, Mammies and Bucks*,博尔格,2003)中表明的,有几个非裔美国人的形象总被人重复使用。每个刻板的形象都随着时间不断地变化,联系更广阔的、不断变化的历史语篇,如殖民主义或父系价值观。正如博尔格(Bogle)指出的,他书名中有些术语是中性的意义("coon"在1848年前都指的是乡下的白人),直到历史将这种观念转变为种族歧视。而有些用法则对受到刻板印象的群体表示同情,如黑人人权运动的宣传或《泰坦尼克号》(美国,1997)中爱尔兰特征(Irishness)的使用。

见美国 www.racia-licious.com 上的精彩博客"种族和流行文化的交叉点"。

看看全国记者工会(National union of Journalists)网站上关于英国种族报告的指导方针。

"种族"(race)和人种(ethnicity)

种族主义(racism)并不全是对有色人种的痛恨。更准确地说,所有带有以下论断的描述都属于种族主义:

1. 人们可以依据"种族"划分,通常是通过显著的外貌特征进行区分。某些描述迷恋于使用"肤色、头发和骨骼"的差异来区分"白人"与"黑人"之间绝对的差异。这样的差异确实存在,但是以更加微妙和混合的方式存在,而不是种族主义者罗列的少数几个"种族"(黑人,雅利安人等)。

种族主义者下一步暗示:

2. 这些假定的(通过"血统"或"种族")的简单分类从根本上解释了这类人的行为和性格特征,比阶级、教养(包含宗教与教育)、性别等其他因素更能说明问题;

3. 某些"种族"比其他种族的等级要低,而某些行为则是与生俱来的。

种族主义与刻板印象有些相似,抓住了某个群体容易让人察觉的特征,把这些特征作为辨识这个群体的主要标志。同时,这些特征(往往)是负面的,而且这些负面的特征会被社会不断夸大。有时就如同纳粹主义,把"白人"或雅利安人放在正面、甚至至高无上的地位之上。种族主义者被总结为"利用'种族'之间存在的差异来诋毁其他种族,从而证明本种族的优势和滥用权力的特权，包括经济、政治、文化以及心理等方面”[肖哈特与斯特兰(Shohat and Stam)，1994]。

民族(ethnic)差异[**人种划分**(ethnicity)]往往不是生理上的差异，而是文化上的差异和特性，多是由于语言、宗教或是地理位置导致的。民族差异并不像种族划分，把历史上人类的差异分解为所谓的根本的“种族”划分——白人、黑人还是雅利安人、高加索人还是闪米特人等。

刻板印象最后的一个特性是每个群体之间有绝对的分界。而事实上，确实存在差异的范围(spectrums of differences)和一些夸大的、不容易变动的不平等的地位。但是“范围”(spectrum)往往不是反抗刻板印象的方式。通常，反对刻板印象的言论包含西方文化的一个主流价值观：我们都是独特的个体，我们没有类型。

这个观念在某些方面来说是对的，但是它忽略了在特定社会秩序中塑造我们的社会结构，以及共享和变化中的历史结构的差异。很多经验都是典型的，或相同的。有人说，我们真正的区别不是因为“独特的要素”，而是由于巨大、共享的社会力量(如阶级、性别、民族)如何在不同人身上(加上遗传因素和个人历史)互相作用、混合在一起。这个模式让人们可以了解其他人的特性，可以共同改变不公平的社会结构。种族主义做不到这一点。

举例：

摘自 http://www.racialicious.com，美国根据《芝麻街》(*Sesame Street*)的人物形象拍摄的费雪牌(Fisher Price)玩具手套广告，激起了人们的讨论。

图 4-3　艾蒙毛绒手套的广告

"让我们一起来追溯帮派文化基因(meme)* 的进化

1. 政府政策剥夺了大量的城市中心资源,民众失业……房价跌落,贫民聚集……人们转入了'地下'经济。只剩下了'下层阶级'、政治家……继续缩减市区有色人种社区的投资。也就是说,市区要与那些美丽的公园与优良的消防设施说'再见'。

2. 当服从规则反而让你无路可走的时候,社会就产生了暴力。

3. 这些地区饱受痛苦、足智多谋的青年黑人、拉丁美洲人和亚洲人引起了(几乎是)以白人'为主流'的美国的注意,把有色人种描述成有暴力倾向的人种,进一步让他们相信白人拥有至高无上、先进的'文明'。嘻哈和饶舌音乐成了音乐制作室和制作人(以及少部分有色人种)的摇钱树。

4.(这些)变得商品化时,他们也开始去政治化(depoliticized)……

5. 现在,去政治化、'强硬'与'城市'成了'酷'的同义词。每个人都想变酷。

6. 郊区的白人青年让'帮派'变成可以令人接受的。

7. 剥离一切意义,这种文化基因渗透到越来越年轻的群体当中。"

讨论:从你对帮派形式及音乐的经验来看,有没有用"城市、市区"来表示黑人的用法?

* meme:文化基因。可以在维基百科上查找到这个颇具争议的词。

研究 4.3

- 思考那些按照年龄、肤色分类的"分界点"(cut-off points)(黑人/白人;小孩/大人;老人/年轻人),从一方逐渐变成了另外一方。
- 你对这些重要的分界点的经验是什么?比如小孩和大人之间的分界点。

一个众所周知的例子：荷兰13岁的劳拉·德克尔(Laura Dekker)在2009年宣称她想成为最年轻的独自航海环游世界的人，随后便被法院暂时监管起来。但是她的父母支持她实现梦想。

这个问题是如何呈现出来的？（在博客的新闻报道上可见）

"脚本"与表现形式

脚本的一个定义："在某些情境下剧情走向的共同期待，以及什么样的结果是人们想要的或是不想要的。"(Durkin，1985：126)

理解重复再现的另一个方式就是把媒介看作循环往复的主流"脚本"，这里的再现指的是事件和场景的再现，而不是建构角色的呈现。我们作为"演员"，将这些共同的期待以截然不同的程度"表演"或颠覆[见德尔金(Durkin)，1985；戈夫曼(Goffman)，1959]。这些期待中包含很多重要的影像，如何生活，如何在特定情况下与人相处等。当你看过邂逅的桥段后，你就会感觉当真爱"降临"的时候你会有所感觉，因为你已经看过很多这样的"脚本"。甚至你还可能在私下排练或幻想过"真爱""降临"的场景。

莎皮·克萨迪(Shappi Khorsandi)是在伊朗出生，英国长大的喜剧演员。她的书《英语表演的初学指南》(*A beginner's Guide to Acting English*)使用了表演一种身份的概念，其中部分是真实的，部分是表演。见YouTube上她的喜剧表演。

同样地，你也许会通过媒体告诉你的脚本去努力模仿他人的成功之道，而这些脚本中常常包含坚忍不拔的意志[见卡茨(Katz)2006年发表在YouTube上的言论]。这些脚本中包含某些观念，比方说什么情况下应该诉诸暴力(出现在西部片或警匪片中漫长对峙的桥段)，你应该如何表现或者隐藏你的情感等。而区分它们的主要依据是种族以及阶级。卡茨认为，在建构美国黑人和中国青年男性的脚本时，都会表现出强烈的大男子主义，因为他们单一的形象大多是由帮派和功夫类型的电影所呈现出来的。

研究4.4

- 你可否想出其他来自媒介的"脚本"？如电影、音乐、游戏、电视剧等。

某个研究员认为，灾难片的“脚本”在描述大多数人应对灾难时的反应是错误的：“99%的人表现的很理智而不是吓呆了。人们会互相帮助。”(Ed Galea，2010，见 www.guardian.co.uk/education/2010/mar/16/disaster-planning-research)

● 在你玩的游戏或是听过的歌中，最常出现的是什么场景？

● 你有没有经历过某种情况，但在某种媒介的“脚本”中没有见过？那是什么？你是如何处理的？

案例分析 2：呈现与性别

性(sex)与性别(gender)的区别非常关键，但两者的使用方式不同。在这个情景中，“性”(sex)与“性特征”(sexuality)的概念不同，性特征指的是性取向(sexual orientation)、性行为以及性幻想等。这里提及的性差别(sex difference)是指通过性器官、荷尔蒙等物理特征进行的男性与女性的区分。

换一种说法，性(sex)会说“这是一个男孩”；而性别(gender)则会说“噢，真好！”然后去买蓝色的卡片，蓝色的婴儿服、玩具枪，并产生一整套假设。[摘自布兰斯顿(Branston)，1984]

研究 4.5

你如何区分下面两个简笔画中，哪个是男的，哪个是女的？哪些线条给你提供了依据？

图 4-4　布鲁娜(Bruna)卡通

● 寻找庆生卡片、少儿动漫、卡通形象中的例子[对“新生儿”庆生卡片的颜色做一个调查，你会发现显著的性别差异(gender difference)]。

● 这是否表示我们的文化中一直存在着性别差异的假设？

"当我只有三四岁时，母亲就开始教我去寻找灰尘、关注别人的感受"［雪儿·海蒂(Shere Hite，1998)采访的一个妇女］。人们认为这种社会化产生的技能是"自然的"，"培养"女性适应某些工作——一种自证预言。

见扎克·奥特利博客上对英国足球的精辟看法，并在网上检索她的职业生涯。

2007年4月的网络观测基金会(Internet Watch Foundation)报告显示，不同于一般的恋童癖形象，网上80％遭虐待的儿童是女孩。

性别差异是在文化中形成与实现的。尽管性别差异是基于"身体"的生理分类，人们却在此基础上建立了一整套差别化的系统。所以你的性会决定你是否能生小孩（尽管这不是一个绝对的事实），然后性别定位会迈出第二步。这些定位坚持认为，因为妇女生育了小孩，所以她们应该待在家里把小孩抚养大。而整个社会系统，包括法律、税收、工作安排、儿童抚育以及媒介话语都会说"这是很自然的"。

研究性别角色的女权主义者表示，人们对性别差异的态度，以及随之而来的文化话语与刻板印象都发生了巨大变化。一些大型节目如《老大哥》(第4频道，2000—)及相关博客等媒体对性(sexuality)、性别、种族和残疾人的态度发生了转变。《老大哥》在2004年的一期重磅节目上请来了葡萄牙籍变性人纳迪亚(Nadia)，改变了公众对变性的态度，最起码是这个节目的观众对变性的态度。还有2007年，扎克·奥特利(Jacqui Oatley)成为第一位评论英国男足比赛的女性。

即便有这种进步，很多著名的新闻节目仍然限制女性的出现。例如，大选报道(罗斯，2004)中，英国主要频道大选之夜的关键报道仍然没有女主持。媒介行业的就业(与失业)统计显示该行业仍然存在明显的性别歧视。"好莱坞"是性别化的全球形象与媒介实践的重要来源，有着开放、开明的形象，但它也存在巨大的性别失衡。2008年，票房收入前250名的电影中，参与电影制作的导演、监制、制片人、作者、摄影师和编辑中仅有16％是女性，与2001年相比下降了3％，与2007年相比仅上升了1％［见洛赞(Lauzen)，2009］。

媒介再现中的重要问题是：在什么时候和什么情况下媒介会忽略某种类别？这在性别方面表现得尤为明显。卡茨(2006)指出，新闻报道中的美国校园暴力事件及公路泄愤事件几乎都是男性犯罪者，但是报道很少提及犯罪者的性别，只是简单地表述为"哥伦比亚杀手"或"飞车党"，忽略了对男性暴力倾向的讨论，因此让人觉得这是正常的。另一个例其他遭受压迫的类别也得不到关注。人们经常讨论黑人间的犯罪，保罗·吉尔罗伊（Paul Gilroy）曾经评论道“没有人说过卡姆登镇（Camden town）垃圾袋凶杀案是‘白人间’的犯罪案例”（《卫报》，2003年1月8日）。

子：在过去几年中，媒介开始焦虑男生的考试成绩不如女生。但往年的情况一直都是相反的，男生的成绩高于女生，却没有人关注过这个问题。当时人们并没有把性别当做一个问题来看待，因而没有人注意到这个问题。

性别再现中还有想当然的文本习惯。尤其是视听媒体中“观赏”的问题。约翰·伯格（John Berger，1972），欧文·高夫曼（Erving Goffman，1979），劳拉·穆尔维（Laura Mulvey，1975）等人创造性地提出，女性会把自己当成“被观赏”的对象。这是通过无数的文化形态以及权力结构的积累而得出的，不管是经典的艺术形式还是好莱坞电影中都是这种情况。然而男性则会被呈现为积极“观赏”别人的主体，男性的行为多是有目的的、有社会价值的行为。

见第3章好莱坞和其他“浪漫”形式的电影，多为女性观众量身打造，因而“眼神”有所不同（多聚焦于脸和眼睛，而不是身材），女性角色和明星多是中心而非配角。

穆尔维研究了20世纪五六十年代以男性为主角的多部好莱坞电影。她认为电影中三个连锁的观赏系统都属于“男性”，女性则只是“观赏的客体”而非行为主体。这些眼神包括：

- 从摄像机到角色；
- 荧幕上的角色之间；
- 观众与荧幕。

在此之后，情况有所变化，包括穆尔维自己对“观赏”的观念。她（1981）写道，她忽略了观众中女同性恋者的感受和以女性为中心的电影。

还有一些理论家研究了男性与眼神的关系变化[见德瑞（During），2005]。自20世纪80年代以来，广告商为了扩大消费，尝试让男性觉得自己应该关注一些外表方面的消费（从衣着到护发），之前这些外表消费都是提供给女性的。为了达到这个目的，广告商需要去展示男性性感的身材，大量的男性广告不仅让女性带有欲望地观看，也让男性产生对同性的欲望。

图4-5 《男性健身》杂志。

"一个粉红色的棉T恤上写着：'如此多的男孩，如此少的时间'……但是这件衣服是给五六岁小孩的……那么是不是还有给7岁孩子的丁字裤……或给9岁小孩的镶垫文胸呢？"（Christina Odone, 'Sexy Kids', New Statesman, 2002年7月15日）。见http://www.pinkstinks.co.uk。

图4-6 2009年20岁的模特莉齐·米勒（Lizzie Miller）的照片引起争议，被指责因为腰上的赘肉"过度肥胖"。但她也收到上百条支持的信息，安慰她的身材在这个情景下是"正常"的。

研究4.6

有趣的是，有报道称2009年英国《男人帮》（*FHM*）杂志的销量被《男士健康》（*Men's Health*）杂志反超。

类似的杂志还有《男性健身》（*Men's Fitness*）。请根据穆尔维的观点分析最近的一期杂志：

- 模特如何发出并接收这样的眼神？
- 男性是不是也像一些海报女郎一样，成为了"性对象"？
- 这个图像包含什么？摆造型？看着相机？展示性感的身材？

不管我们如何对待当前的性别形象，这种形象是自相矛盾的。就像若斯·吉尔（Ros Gill，2006）所说的：

- 表现"自信"的"女性力量"（钢管舞？）的报道与厌食和身体畸形的"流行"程度的报道放在一起；
- 报道强奸的配图报道与艳舞俱乐部和性爱电话的广告放在一起；
- 一些年轻女孩要穿得很性感，注意外表和衣着，让她们显得更年轻；
- 公共场合经常出现性感的女性身体，以隐晦的色情形式呈现出来——当然，这要排除那些比较"保守"的文化。

很多女性认为，"再现"开始倾向于呈现色情的影像与语言，这不是思想"开放"，而是**复古的性别歧视**（retro-sexism）。使用讽刺的"借口"（"我只是在开玩笑，你到底有没有幽默感？"）；音乐广播的"放荡不羁"（包括一些女性主持）；或者类似《男人帮》之类的杂志，女性摆出各种性感的造型再加上"挑逗"的标题——种种迹象都表明了这一点。

"后女权主义"（post-feminism）一词表明，女性现在已经"超越"了争取男女平等的阶段："后现代主义"认为轻松及戏谑的方式是对待压迫的恰当回应。年轻女性认为平等收入、避孕等自由权益是早期女权主义者所争取的。在消费主义术语中，人们对"自由"的定义发生了改变——"后女权主义者喜欢购物、做整形手术、去酒吧像男人一样喝酒"。但与此同时，社会就忽略了依旧不平等的工资和工作机会，以及女性所担心的身材问题等问题。

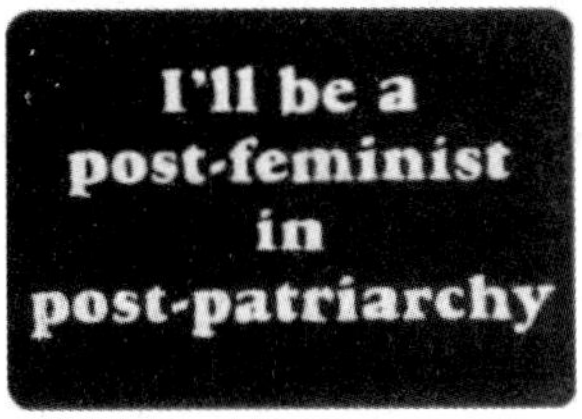

图 4-7 利兹市(Leeds)的明信片。一些人会争辩不管在阿拉伯世界还是西方世界,我们都生活在“新父权社会”(neopatriarchy)。在 Google 上搜索这个词汇,看你是否同意它的说法。

研究 4.7

问题:你是否听说过“后女权主义”? 你觉得用这个词来描述现代女性合适吗? 是否用“复古的性别歧视”会更好?

问题:这种女性形象会在何种程度上具有讽刺意义?

问题:检索并讨论最近出现的“粉色系”(pinkification)现象。最近几年,年轻女性的衣服、店铺以及文化都变成“粉色系”。你可以从 www.pinkstinks.co.uk 网站上开始了解。

变化阶段及“正面与负面”的讨论

我们在上文提到了历史是如何影响与改变某些脚本和刻板印象的。有色人种等群体感受到政治与社会的压迫,便开始尝试去改变这种压迫。这会出现在再现的层面上,也会出现在其他层面上。那些想要改变形象的人起初会简单地要求更多地展示这个群体,使用简单的“反射”模型。然后,在早期“争取发言权”的时候,这些群体可能会试图建构以他们为中心的更多令人产生同情的故事,对比以前将他们比作恶棍和不靠谱的“类型”的描述。这些负面的描述可能是暴力历史进程的结果,包括战争、殖民主义遗留下大量怨恨、侮辱性的形象。这种种族刻板印象具有很长的历史——比方说墨西哥人或美国土著,当代的阿拉伯人和穆斯林。

这种阶段仍然存在,与之后的几种再现共存。女同性恋在主流文化形式中表现得相对低调,除了一些“破冰”的影视作品如《艾伦》(*Ellen*,美国,1944—1998)和《战士公主西娜》(*Xena Warrior Princess*,美国,1995—2001)。

一旦出现这样的形象,人们就会要求展现更“积极”的形象。但如何将“负面”形象转换成“正面”形象? 这个问题听起来很容易,但实际上很复杂,问题包括:

- 如何去定义呈现出来的“群体”,如“女性(?)”和“穆斯林(?)”等这样巨大而复杂的群体;
- 什么样是“正面”再现? 对谁呈现?
- 就业的影响,如歧视问题?

让我们先看看最后一点。背负着负面刻板印象的群体(作为“问题”或是“潜在的恐怖分子”)很少有机会接触到具有影响

"……一些受压迫者的消极行为会立刻被总结为典型的普遍行为……（然而）占据支配地位的群体的再现就不是有寓意的，而是'自然'地不同……一个腐败的白人政治家不会被看作'这个种族的笑柄'……"（Shohat&Stam，1994：183）。

力的媒体或其他权力形式。这会引起失业的恶性循环，媒体内部也没有要求去关注这些问题。在寻求庇护者的例子中，这些寻求庇护者甚至可能不敢上镜、不敢在报道上留名，担心被报复（见本章的案例分析）。当群体的形象真的开始产生了，他们不得不忍受这种**再现的负担**（burden of representation），包括以下问题：

● 现实需要恰当的再现，但什么是人们所认为的这个群体的现实？大多数可以恰当表现自己的群体往往不是同一类人（试想一下"学生"这个概念就融合了多少不同的个体）。在这个群体里，谁可以决定这个形象是正面的还是负面的？BBC著名的系列节目《阿差也疯狂》（*Goodness Gracious Me*，英国，1998—2001，见YouTube上相关视频："Let's go for an English"）及其相关产物可以看作一群年轻亚裔英国人对自己群体的定义，这是与更具威胁性的老辈"规规矩矩"的形象相反的。

● 如果某个群体之前一直缺少媒介话语权，如何去重新建构这个群体的特性（特别是在肤色的问题上）？这意味着当这个群体的某些成员出现的时候，他们就变成了整个群体的"代表"，他们会希望通过自己的努力来提高整个群体的地位。这对那些想要建立新形象、新故事的人而言是一种负担。

多年以来，电视上很少出现"英国黑人"的形象，即便出现了，也往往以"问题"的形式或者（同情及保护的说法）"受害者"的形象出现。黑人角色的出现多是为了表现黑人"群体"的形象。黑人的"正面"形象多包括严厉的父母、地位高贵的教师、值得尊重的小店主等形象——与白人所呈现出来的角色相比，表现形式要小了很多。因而这些成员会自相矛盾地认为，如果能以多样的正常方式呈现出自己群体的形象，即便是"负面"的方式都可能是一种进步。

"完美的照片让我觉得恶心。"［小说家简·奥斯丁（Jane Austen）1817年在一篇文章中写道］

《伦敦东区》中出现的有色人种非常多，但形象却备受争议——有的人小偷小摸，有的人要面对家庭困难等——有人认为这是形象再现的一种进步。

1987—1990年片中出现了第一个穆斯林家庭，2003年5月广播听众研究理事会(Broadcaster's Audience Research Board,BARB)称《伦敦东区》是继《英国偶像》和《英国达人秀》之后,最受少数群体欢迎的节目。

《伦敦东区》网站上有一个特殊的慈善板块,在故事情节中大量出现:让人们开始思考社会"再现"以及个性化的角色。

在考虑再现的重要性时,可以参考这个:"我知道一个同性恋男子被凶犯以'荣誉处决'(honour killings)的方式谋杀了——事实上,一旦有穆斯林男青年的死因不明,警方就会联系性健康组织,查看他是不是在我们的数据库中"[慈善工作者易卜拉辛(Ibrahim),霍姆伍德,2009]。

又出现了另一个饱受争议的家庭——费雷拉一家(Ferreiras,2003—2005)。2007年之前,种族平等委员会(Commission for Racial Equality)严厉批评《伦敦东区》,因为这部电视剧没有呈现出伦敦东区真正的"种族构成"。据称,《伦敦东区》片中平均出现的有色人种演员要明显低于伦敦东区实际的有色人种数量,反映的是20世纪60年代伦敦东区的情况,而不是21世纪的伦敦东区。该剧的一个制作人员写道:"人们批评以前的亚裔家庭、费雷拉一家的形象设置的既无聊又不切实际,他们的名字是穆斯林和印度的组合,他们的姓是葡萄牙语……我们对他们的角色只是求稳,没有什么精彩的戏份……"(Khan,2009)。

然而,对某个角色的需求和角色"代表社会"的方式,这两者之间有一场激烈的较量。后者一直受到群体的高度关注(有时通过互联网评论受到全球关注),这些群体可能会觉得自己的形象被扭曲了。如2008年,一个叫马苏德(Masood)的穆斯林被拍到在斋月的斋戒期吃东西。近百个观看者抱怨此事。BBC报道:"尽管马苏德是标准的穆斯林,他并不能代表英国所有的穆斯林。他是一个虚构的人物,在脆弱的时候放松了对自己的要求。"最近的电视剧情是一个穆斯林发现自己是同性恋的浪漫故事,尽管收视率很高,但这个情节有些冒险。这个穆斯林首次亲吻同性的场景吸引了790万的观众[见霍姆伍德(Holmwood),2009]。同样在这个家里,2009年的一条主线表现的是纳布(Zainab,马苏德的母亲,一个小生意人)在40岁的时候有三个孩子,两个已经成年了,她期望她不要再怀孕了,但结果出乎夫妻俩的意料,因为伊斯兰教不赞同女性流产。

总结:"负面"印象不总是(有些人所谓的)"正面"的对立,可以通过群体自身和其他人一起的努力,产生更全面的联想。

对"正面"和"负面"有一种不同的理解。一些群体的成员可以解释为什么这个群体会呈现出粗暴、不服从社会体系的形象,如1870年之前美国种植园奴隶的情形。如果他们的形象是“正面”呈现的呢？总是带着微笑，欢乐地歌颂他们的命运？他们会怀疑这些“正面的”形象只是为了让统治阶级放宽心，相信在不公正的体系下一切都运转得很顺利。

有时，某些群体会接纳自己拥有的非常消极的刻板印象，接纳一些侮辱性的外号，像黑人会叫自己“黑鬼”(niggers)，同性恋会叫自己“女王”(queens)、“伪娘”(sissies)、“女同”(dyke)、“拉拉”(fems)。

“我喜欢 sissy 这个称呼(一种对男同性恋的刻板印象)。它是一种‘消极’的称呼么？是的，但我认为要不惜代价让人了解，‘消极’总比‘没有’好。”(Harvey Fierstein in Russo, 1981)

研究 4.8

圈外人是否有权利去使用这些贬低性的标签？这是争议不断的话题。

- 调查萨莎·拜伦·科恩(Sacha Baron Cohen)扮演的各种极端角色经常属于哪些群体(见第 13 章)。
- 你觉得他会像是人们常说的那样，“真的”是在讽刺那些群体吗？在你的论述中，你会利用什么证据来证明自己的观点？

“我想看的同性恋电影应该注重爱情的刻画，而不是放在同性恋上。其中一方也不要被杀害或遭受惩罚。”——*Time Out* 杂志的同性恋编辑保罗·波司登(Paul Burston)，2009 年 10 月 10 日。见他在《Time Out》上的文章。

世界上没有百分之百正确的文本或是完全“正面的形象”，这必然会挑战本身带有敌意的观众。我们必须在特定历史里了解媒介形象，或是不同媒介形式“折射”出来的复杂形象。

当人们认为媒介应该像镜子一样反映社会而不是再次呈现的时候，社会上对“现实主义”的呼声开始不断高涨。有些曾经被忽视甚至受到严重误解的群体希望他们能够得到更准确的理解。但是现实主义策略能否成功取决于这个群体的努力程度。这 章的案例分析会讨论在大多数社会中最弱势的群体，以及他们是怎么被社会忽略的。

寻求庇护者通常会隐藏他们的身份，这会阻碍恰当的自我呈现。在政治上和媒介中，这类群体之外的人有时候会参与这些被拒绝的再现，甚至为其服务。见 20 世纪五六十年代美国民权运动早期呼吁现实主义的例子。

但是对于社会中最有钱的人来说，不被关注和隐私是他们的特权。而狗仔队就是依靠这个赚钱的，当然有些名人也与狗仔合作。例如，直到 2009 年我们才发现，一手造成全球经济衰退和大量民众失业的银行家往往是神龙见首不见尾，比方说他们的私人安排和住所很隐秘。但这个故事在头版没待多久，就被替换成一些国会议员贪污腐败的小事。英国媒体现在开始常规化搜集一些所谓的“傻帽”、“下层人民”的新闻（见第6章）。

报道群体的媒介种类或类型也会影响到再现。这也引发了下面的问题：

a)不同的媒介类型如何影响“现实主义”需求？那像喜剧或科幻等需要夸大角色的类型应该怎么办呢？

b)刻板印象会不会使用夸张的次数多了，就不再会有敌对的后果，而是为了喜剧效果“自由地使用”所指对象？

c)以前描述这些群体的方式既不幽默又有很多限制，这些方式会不会突然复苏？它们又如何与现在的描述方式结合起来呢？

对“现实主义”的呼吁可能会忽略一个事实：媒介文本与现实世界没有直接的关系。他们可能属于某种形式（比如电脑游戏），这些形式带给观众的体验与新闻或时事是不同的。的确，有些人会说游戏需要让玩家完全“沉浸”在游戏世界里，忽略了如何“呈现”角色等问题。用户对这种媒介形式的熟悉程度会影响“现实效果”以及通过游戏获得乐趣的目的。同样地，游戏的技能表现也可以作为自我呈现的一部分。见杜克飞与肯尼迪（Dovey & Kennedy，2006）提出的女性玩家在掌握某些“男性”游戏技巧时获得的乐趣。

喜剧、科幻及再现引发的问题

研究加温和史黛丝（Gavin & Stacey，BBC，2007—2010）如何看待威尔士相关的刻板印象，例如通过露丝·琼斯（Ruth Jones）尼莎（Nessa）过火的演绎进行的“折射”，以及一个威尔士的劳动阶级妇女贪婪的扭曲形象。

影像是现实的反映，这个想法类似于镜子原理，过于简单，特别是对于喜剧与科幻形式。它表明，有一种非常简单的东西叫作“现实”，以一对一的形式“反映出来”，就像不失真的玻璃。

喜剧似乎喜欢夸大刻板印象逗乐观众，而非真正的“反映”“现实”（见Medhurst，2007）。举个例子，戴福德（Dafydd，“我是村里唯一的同性恋”）在《小不列颠》（*Little Britain*，BBC，2003—2004）中表现的是滑稽的噘嘴，穿着一身橡胶衣服，很容易生气的形象。这个角色的笑点在于他“意识不到”很多人都接受同性恋，而且同性恋是件很普通的事。因而他像故事的其他角色一样，觉得观众会对这些角色拥有“过时的”偏见，从而自我感觉良好。比方说叛逆少女维基·波拉德（Vicky Pollard)，“不对，但是，对，但是，不对”[①]。有时这种角色会渐渐变成自我激励，或感觉情节过早地展示了“恐同症”(homophobia)的消逝——“都在戴福德的脑海里”——或对劳动阶级妇女的蔑视。

或采取笑话的形式。莱斯·道森(Les Dawson)说道：“我知道那是我的岳母”，因为老鼠一听到她来，都乖乖地逃到捕鼠夹里。这里有几个有趣的地方：

- 道森的台词，沙哑的北方口音以及时机，特别要对比——
- 那些夸张的惊叫——图片中的那些老鼠！
- 笑话非常简洁，设计得很好，表现得也很好。

然而，这么简短的笑话也可以见效，是因为其中的刻板印象很容易捕捉到，如文中的“岳母”提供了一个快速的辨识，这个笑料同时也包含了一种“我们”和“他们”的感觉。这个值得停下来思考：

问题：这个笑话讲述了谁的观点？忽略了谁的观点？而跳出这个舒适的圈子来讲，谁是“他们”，谁是“她”？

问题：接收这个笑话的群体对媒介剩余内容的体验如何？这会不会改变对笑话的体验？

一个更早的例子：普洛普研究几百年前童话中很多女性死于难产后，(邪恶)的继母往往成了观众眼中共同的坏人。见第2章。

为了进一步阐述最后一点，我们需要继续讨论：我们觉得岳母的笑话可笑，因为这是一个比较过时的例子。工人阶级夫妇结婚后不得不在“岳母家”住几年，但是家庭结构的变化削弱了岳母对夫妇的影响。也许夸张的程度本身就标志着玩笑与现实之间的距离。用符号学语言表示就是：快乐更多来自能指的作用，而非符号呈现所指对象的方式。这是这种形式中很好的例子。

然而，如果你是大龄妇女，你的感觉会不一样，因为这些侮辱人的笑话和喜剧都是针对你的。也许年龄对你来说不是一个重要的标志，你不会生气。但如果这个玩笑是针对正在遭受虐待的群体，他们没有什么“群体感觉”，也没有自己的媒介形象，那这种针对性的玩笑就没有这么轻松了。

① 叛逆少女波拉德在剧中的经典口头禅——译者注。

研究 4.9

● 你有没有听过这样的笑话？

● 有没有发生过这种情况，你觉得有的笑话很“可笑”，但你却不能笑？你能否用莱斯·道森的方法来分析一下？基于这个讨论，你对电影《布鲁诺》(*Brüno*)有什么新的看法。

网络已经改变了多种形式的压迫。来自 *Time Out* 杂志的保罗·波司登(Paul Burston)举了个例子，他生活在边远农村的亲人不敢“出柜”——可能在 20 年前他从未这样做。

但是现在他加入了 Facebook 等网站，并在上面结成了具有共同利益的群体。

历史和制度进程

对于“再现”的讨论不能仅仅局限在文本分析的层面。我们需要进一步了解上下文的情景，比方说媒介制度及其不同的阶段，以及他们和现实世界之间的关系。历史变革扩大(或缩小)了人们的想象，媒介形象的冲突与挣扎是其中的一个重要部分。

● 20 世纪五六十年代美国黑人民权运动和现在的环保运动提出要努力创建美国各个种族的不同形象，不追求消费至上的主流生活方式，形成“不同的生活方式”。

● 资本主义娱乐行业在四分五裂的市场上寻求利润，不可避免地改变了群体的自我呈现，特别是在网络上，导致了无法预测的结果。尽管前提条件是人们假设购买力是有限的。“粉红英镑”(pink pound)正在说服广告商去关注有钱的同性恋群体，继而转变同性恋的形象。对于贫困群体来说(例如长期失业或是寻求庇护的人)，改变自身形象的方式则有所不同，比方说博取统治群体的同情。

● 媒体行业就业模式的改变是平权措施和平等机会政策

本·斯蒂芬森(Ben Stephenson,BBC戏剧调试总监)巧妙地把形象和就业联系在一起(Khan,2009)："我们给少数群体上镜的机会越多，就越会让他们觉得电视是他们生活的真实反映，就越会让他们选择媒体作为职业。"

努力的结果，这种变化意味着，无论在什么地方，特定群体(例如种族，性别或残疾等)中某个人能否获得工作取决于他们是不是比其他候选人更适合这份工作。这样的做法可以帮助人们产生积极的期待并追随榜样，而不是(可能是潜在的)确信"女性或北方的工人阶级不可能从事这份工作，因为我从来没有见过这些人做这份工作"。

平权措施也开辟了新闻或影视剧对工作场所的讨论和体验。如果残疾人在报社工作，那么人们就不会有"残疾人总是无助的受害者"的刻板印象。一些英国"黑人记者"评论道，如果通俗小报有更多有色人种的记者，报道中就不会总是带有种族歧视了。但网络形式会有所不同。

图 4-8　凯瑞·卜妮尔(Cerrie Burnell)。

对残疾人的印象

2009 年，卡迪夫大学历经一年的研究发现，每周仅有6.5个毁了容的人会出现在电视上。

然而，媒介在其他残疾人方面有惊人的进步。2004 年，弗兰克·加德纳(Frank Gardner)在阿拉伯受枪击导致重伤，BBC 对这位资深外国记者的报道，就是一个很好的例子。镜头中出现他坐在轮椅上，他的样子经常会吓到第一次见到他的人。

在一些电视节目中，会提供给聋哑观众的手语解说。天生独臂的"CBeebies"节目主持人凯瑞·卜妮尔会收到少数家长的投诉信，说她的形象"吓到"了他们的孩子。尽管也有人说，他的孩子很高兴在电视上看到和她一样的人。

图 4-9　史蒂芬·盖特利(Stephen Gately，1976—2009)。

● 随着 Web 2.0 接触量不断扩大，这种形式与老式的机制同样重要。新闻形式总会报道某些个人或群体的负面形象。这些目标人群很少有机会去回应或表明立场。他们面对毫无依据的指控时没有钱请律师进行起诉。

2009 年，简·莫伊尔(Jan Moir)在《每日邮报》上的报道却引起了大规模的网上抗议，文章声称男孩地带(Boyzone)的歌手史蒂芬·盖特利"非正常"死亡，并将死因联系到他的性取向。这次抗议由 Twitter 组织发起，报刊投诉委员会(Press

Complaints Commission)的网站因大量的抱怨而瘫痪。见查理·布鲁克(Charlie Brooker)对莫伊尔愤怒而睿智的回复 http://www.guardian.co.uk/comomentisfree/2009/oct/16/stephen-gately-jan-moir。

小　　结

很多媒介系统性地限制了某些群体的形象,甚至故意对他们进行错误的再现或是部分的再现,尤其是在虚拟形式中。这里可以用到话语(在第6章和15章有更全面的讨论)、脚本、故事和刻板印象的概念。

但是我们反对所谓的媒介自身具有强大力量的观点,该观点认为媒介简单地在文本层面上社会化人们的信仰、角色和行为。我们也质疑"再现"的简单应用,提出"折射"和"再媒介化"的概念,有效地扩充了单一的"再现"概念。我们也建议不要死板地使用"刻板印象"的概念。

我们希望你可以有效地使用这些方法,摒弃自动怀疑、简化媒介再现的丰富性和作用的方法。

参考书目与扩展阅读

Antler, Joyce(2007) You Never Call, You Never Write!, Oxford: Oxford University Press.

Berger, John(1972) Ways of Seeing, Harmondsworth: Penguin.

Bignell, Jonathan (2004) An Introduction to Television Studies, London: Routledge.

Bogle, Donald (2003, anniversary edition) Toms, Coons, Mulattoes, Mammies and Bucks: An Interpretative History of Blacks in American Films, New York: Continuum.

Branston, Gill (1984) Film and Gender, London: Film Education.

Briggs, Adam, and Cobley, Paul (eds) (2002) The Media: An Introduction, 2nd edn, Harlow: Longman.

Campbell, Duncan(2001) 'Hollywood Still Prefers Men', The Guardian, 5 December.

Deacon, David, Pickering, Michael, Golding, Peter, and Murdock, Graham(2007) Researching Communication: A Practical Guide to Media and Cultural Analysis, 2nd edn, London: Arnold.

Dovey, Jan, and Kennedy, Helen W. (2006) Game Cultures, London and New York: Open University Press.

During, Simon(2005) 'Feminism's Aftermath: Gender Today', in Cultural Studies: A Critical Introduction, London: Routledge, Chapter 6.

Durkin, Kevin(1985) Television, Sex Roles and Children, Milton Keynes: Open University Press.

Gill, Ros (2006) Gender and the Media, Cambridge: Polity Press.

Goffman, Erving (1959) The Presentation of Self in Everyday Life, Garden City, NY: Doubleday.

Goffman, Erving (1979) Gender Advertising, London: Macmillan.

Hite, Shere (1998) The Hite Report on Women and Love: A Cultural Revolution in Progress, London: Viking.

Holmwood, Leigh (2009) 'TV Ratings: Gay Kiss Lifts EastEnders to Nearly 8m', The Guardian, 22 June.

Katz, Jackson(2006) Violence, Media and the Crisis in Masculinity, MEF Amherst, available through YouTube.

Khan, Yasmeen (2009) 'The Right Ethnic Mix', MediaGuardian, 22 June.

Lauzen, Martha (2009) 'The Celluloid Ceiling in 2008: Behind-the-Scenes Employment of Women in the Top 250 Films of 2008', http://www.womenarts.org.

Lister, Martin, Dovey, Jon, Giddings, Seth, Grant, Iain, and Kelly, Kieran (2009) New Media: A Critical Introduction, 2nd edn, London and New York: Routledge.

Medhurst, Andy (2007) A National Joke: Popular Comedy and English Cultural Identities, London and New York: Routledge.

Medhurst, Andy and Munt, Sally R. (eds) (1997) Lesbian and Gay Studies: A Critical Introduction, London and Hendon: Cassell.

Mulvey, Laura (1975) 'Visual Pleasure and Narrative Cinema', reprinted in Mulvey, Laura (1989) Visual and Other Pleasures, London: Macmillan.

Mulvey, Laura (1981) 'Afterthoughts on Visual Pleasure and Narrative Cinema Inspired by King Vidor's Duel in the Sun (1946)', in Thornham Sue (1999) (ed.) Feminist Film Theory: A Reader, Edinburgh: Edinburgh University Press.

Nunn, Heather, and Biressi, Anita (2009) 'The Undeserving Poor', Soundings, 41(spring): 107-117.

Perkins, Tessa(2000) 'Who (and What) Is It For?', in Gledhill, Christine and Williams, Linda (eds) Reinventing Film Studies, London and New York: Arnold.

Ross, Karen(2004) Framed: Women, Polities and News Media, Coventry: University Research Monograph.

Russo, Vito(1981) The Celluloid Closet: Homosexuality in the Movies, New York: Harper; paperback reprint 1987.

Shohat, Elaine, and Stam, Robert (1994) Unthinking Euro Centrism: Multiculturalism and the Media, London and New York: Routledge.

Wardle, Claire, and Boyce, Tammy(2009) Media Coverage and Audience Reception of Disfigurement on TV, Cardiff: The Healing Foundation and Cardiff University.

案例分析：移民的形象

- 对“移民”和其他迁移类型的话语和刻板印象
- 刻板印象中的“一丝真相”？
- 小结
- 新闻媒体
- 媒介再现的种类
- 参考书目与扩展阅读

“再现”不可能“超越”现实世界中的事物。在移民以及寻求庇护者的例子中，“所指对象”的群体数量巨大、隐蔽却又备受争议。在过去的5年中，许多民意测验显示，在英国以及一些欧洲国家，公众对移民以及庇护的态度是普遍否定的，而且这种情况愈演愈烈(Crawley，2009)。这些态度往往会导致一些极端的行为，甚至会造成对移民的攻击。他们也影响到政府政策和话语的方向及内容——另一种方式的“再现”。

这里我们研究一下移民的形象：

- 不同的移民群体或情况在媒体中是如何再现的？有没有得到充分的表现？
- 一些媒体会不会一直再现某些框架、影像、文字以及“脚本”，以至于让它们变得“自然”和熟悉？
- 这样会不会忽视甚至排除其他话语？
- 是哪些媒体在做这样的再现？

“寻求庇护的人”处在再现的第一个挣扎阶段，需要质疑一些狭隘、负面的印象，错误的信息以及偏见。让我们先来解释一下这些术语。

研究 4.10

看看你对这些概念到底了解多少。你看过新闻或其他媒体形式解释过这些术语吗？

- 调查一天的新闻报道，可以是纸媒或网络。不同的报纸或网站会不会利用这些术语可能产生的迷惑或者误解来进行报道？他们有没有试图解释这些术语？

什么人是**寻求庇护者**(asylum seeker)？根据1951年联合国难民公约(UN Convention on Refugees)，是指抵抗迫害，寻求庇护，等待政府决定的人。

什么是**难民**(refugee)？是指(包括英国在内的145个国家共同签署的)《联合国公约》授予避难权的人。法律对“难民”的定义是，那些由于种族、宗教、国家、参与某些社会组织或持有某些政治立场而害怕遭到处决的人，由于不允许或者害怕而不愿意获得本国保护，继而在国外避难的人。

什么人是**非法寻求庇护者**？没有人是非法寻求庇护者。寻求庇护不可能是违法的：每个人在国际法中都有最基本的人权去寻求避难。“伪装的避难者”(bogus asylum-seeker)这个术语就是一种误解。这个是对申请庇护结果的一种偏见——就像描述一个被告人在审判中“假装无辜”。更确切的名词解释是“申请庇护未成功者”。

什么人是“**非法移民**”(illegals)？未经法律允许就工作的人，不管是什么理由。因此，他们的收入低廉，多在极差的环境下打黑工，有时是给“工头”打工。但是这种问题也会发生在其他群体的身上，不是由非法移民引起的问题。反而：

- 它可以被利用于引发对类似犯罪活动的恐惧，如卖淫和性交易、贩毒、盗窃——这些确实存在于非法佣工中，但也不局限于此。
- “非法移民”概念的使用就像与寻求庇护者一样。实际上，使用“没有合法身份的移民”(undocumented immigrants)的概念可能会更好。

国家统计局记录了英国每年进出英国的人口净流量，使用“迁入人口”(in-migrants)和“迁出人口”(out-migrants)两个概念。很多人更喜欢以“人口流动”(people flows)的概念来描述迁徙运动。

对“移民”和其他迁移类型的话语和刻板印象

我们认为刻板印象包括对这个群体或活动的分类及评价。就像类型给予事物绝对的分界，尽管使用“差异的范围”或“连续体”的概念更合适。换句话说，刻板印象为庞大的现实打上了狭隘的标签，如“南方人”、“北方人”、“球迷”、“学生”、“移民”等。

我们更多使用“迁徙”(migration)这个词，而不是“移民”(immigration)，试图帮助人们对大量的人口迁徙或“人口流动”提出不同的评价。迁徙所引发的争论具有多方面的原因，比方说本国人担心失业，或者国际恐怖组织的渗入，或者不喜欢文化融合，就像“通婚”和“荣誉处决”。就如同很多媒体形式中所报道的，这些很容易产生吸引人的故事角度，但也很容易造成误解。他们也忽略了其他社会群体的文化实践会冒犯什么：比如猎狐，高额奖金文化等。

“人口流动”

某些“迁移”的形象是积极的，媒介将其打造成“自然的”旅行，甚至是人们可以忽视的。旅游和学生“间隔年”(gap year)的旅游基本不属于全球“人口流动”，尽管这种旅游是很多经济的发展关键部分，也会激发未来的个人移民倾向。而历史上，17世纪英国受迫害的“清教徒”离开本土迁徙至北美洲，但这种迁徙很少被称为移民。

其他大规模的迁移并没有自然化，更不要说让人欢喜。在这里就牵扯到阶级和“经济移民”的问题。有一种说法是，穷人的旅行叫作“移民”；而公司高管、白人、富人的迁徙被称为“重新安置”(relocation)，是受欢迎的。高薪管理层在不同机场之间穿行，与背井离乡从事保姆、性工作或是钟点工的贫困国家妇女，这两种人之间的话语差别很大。可参考查尔德和埃伦瑞奇(Hochschild & Ehrenreich，2003：4)如何记录这个相对不公开的全球流动，他们管这种贸易叫作“一种看似很像爱的东西”。

联合国难民事务高级专员公署(United Nations High Commission for Refugees)在2009年为3400万人口服务，其中包括83.8万寻求庇护者。发展中国家的窘况催生了全球大部分的难民，但这些国家也多可以提供庇护(见联合国难民事务高级专员公署的网站 http://www.unhcr.org 以及 http://oxfamgb.org)。

研究 4.11

问题：你和你的家庭属于哪些“人口流动”的类型？包括假日、去高校读书等。学生占国际人口流动的很大比重。

图 4-10　19 世纪的海报中对加利福尼亚部分“移民”的安置(和销售)提供了大量的承诺。包括对气候的保证。

历史

“我们在这里，因为你们曾在那里。”这是20世纪80年代英国反种族主义运动的口号。

对“移民”的刻板印象在有些方面就如同美国对待黑人奴隶一般。他们的“排他性”把这类群体作为完全不同的人，甚至不当作人看，因而人们很难在这类明显的问题上问“为什么”。人们很少为了琐事而背井离乡，踏上危险的旅途。即便他们到达目的地，有证据显示很多人只是计划在其他国家暂时落脚，希望一达成目标就可以回故乡。这就产生了复杂的问题：现代国家是否需要国界？是不是出于恐怖主义和贩毒团伙的安保需要？

几段缺失的历史：

a. 巴基斯坦形成单一民族国家（在某些新闻界侮辱性语言中被称为一个“累赘”）一部分是因为英国。当帝国统治结束时，印度分成了一个巨大的穆斯林国家（巴基斯坦）和一个印度教国家（印度）。这个问题在媒介中提及的次数多么？

b. 贫困人口的全球“经济”迁移模式。这种模式通常是在同一个国家之内发生的，如苏格兰、爱尔兰、威尔士人迁移到富裕的英格兰。

威尔士的文化理论家雷蒙德·威廉姆（Raymond Williams）在《政治与文学》（*Politics and Letters*，1979，第 36 页）中曾提到：“有些人说他的家庭与诺曼底人（Normans）一起（也就是说他们是贵族），我们则反问：你喜欢这里么？”

c. 索马里“海盗”一直是新闻报道关注的焦点，部分是因为人们对那个精彩世界的好奇。但是索马里的渔民（其中一部分变成了“海盗”）多年来向联合国抱怨，富裕国家的非法捕捞把他们推向了经济崩溃的边缘。他们的海岸也由于地方军阀与两个欧洲公司签署的协议而变成了核废料堆积地。这些有毒的废料在 2004 年的海啸中污染了整个海岸。

研究 4.12

- 看看这周关于“移民”问题的新闻。
- 故事的情景中有多少对历史的认识？在哪里？有哪些历史？

这些“背景故事”很少能得到充分的呈现。刻板印象的一个好处在于，他们通常会从复杂、巨大、痛苦的一系列知识中提取出有趣的捷径——例如，人们不愿想起的不平等与依赖的关系。现在很难指出，这些低收入的移民对接收国的贡献往往比他们获得的要多，比方说税收。

新闻媒体

新闻话语(news discourse)和移民形象在这里显得尤为重要，特别是在新闻标题的术语选择上。新闻价值(见第12章)的相关部分指出，一旦一个“故事”、主题或一套“脚本”是有争议的，或是“有报道价值的”，就更容易定位这个标题。但这个标题通常忽略了外来移民可能为接收国所做出的贡献。就主流报道而言，托词往往是“据我们了解……”或“公众担心……”意味着几乎所有的事物都可以被断言。而关键词往往是重复的，如“淹没”(swamping)、“蜂拥”(stampeding)、“蔓延”(overrun)、“全球避难中心”(asylum capital of the world)、“泛滥”(flooding)、“潮流”(tide)、“波动”(wave)、“海绵”(sponging)等。这些形容不把移民当人看，把英国归入了高傲的“岛上民族”(近乎种族主义者)。

研究 4.13

阅读一篇引起移民恐慌的文章。

- 列举它使用或重复使用的关键词，特别是在标题中的。它在确定关键词时做出了怎样的选择？
- 寻求庇护者的形象是怎样建构的？更高一层的语境是什么，比如他们逃出了怎样的环境？使用了哪些事实和统计？引用了哪些组织机构的话？
- 如何使用的图片？是不是大多数寻求庇护者的形象都是：
  - 缺失的，取而代之的是英国政府官员的形象？
  - 男人的形象，强调大部分寻求庇护者是单身男性？(根据联合国难民事务高级专员公署，49%的“关注人口”是女性，44%的寻求庇护者和难民是儿童)。
  - 文章中出现的不是英国地区的本地人？
- 如果文章来自当地报纸，这篇报道有没有帮助本地人去了解那些寻求庇护者的困境、外表、能力、家庭？
- 有没有一些关于他们家庭的照片，不具威胁性的工作照或是住房状况的照片？
- 有没有迹象表明，报道这些发生在英国乡镇的故事的记者是“亲临现场的”？

研究 4.14

- 你的朋友觉得一个寻求庇护者可以获得多少社会保障(根据2000年的莫里民意测试现实，大部分人相信每周会超过110英镑)？

2009年10月，一个25岁以上、单身、赤贫的寻求庇护者每周仅有35.13英镑。这是合乎情理的，因为“寻求庇护者……一般食宿在英国边境管理局(Border Agency)中，没有住房花费，也没有水、电、气的花费”(英国边境管理局)。他们在等待审批结果之前不允许工作。

故事都希望有吸引眼球的标题、简洁的分析。但这些可能会让人忽略掉关键的信息，因此造成错误的再现——使得一些弱势群体被人忽视。人们更多的是扫一眼报亭报纸或网络新闻误导人的大标题，很少有人会真正去买报纸并阅读文章内容。因此，这些歪曲现实的文章就算发表撤回文章的声明(时间很晚，也会刊登在报纸或网页比较不明显的位置)，也不如准确而考虑周全的新闻报道。

像难民委员会[Refugee Council，见 http://www.refugeecouncil.org.uk 的“避难基础知识”(Basics on asylum)]这样的组织会去尝试纠正错误的再现：

a. 庇护申请都是书面的，所以很难用形容受惊动物的词“stampedes”(逃窜、蜂拥)来形容难民。申请庇护的家庭数量远远超出英国内政部(Home Office)的想象，他们大多等待时间超过三年(2005)——这也进一步证明他们没有“逃窜”。

b. 2008年的数据显示，英国远称不上“全球避难者中心”，在工业化国家人均申请庇护的人数中，英国排名第17。

刻板印象中的“一丝真相”?

我们之前已经提到，刻板印象选取一个群体容易辨识的特征并放在这个群体形象的中心，表明这个特征是适用于整个群体的不变事实，甚至成为了造成这个群体现状的原因。

寻求庇护者像很多弱势群体一样，他们经常受到他人的嘲笑甚至是身体上的攻击，因为他们与寄主种群(host population)相比，不能接触同样的资源，或负担不起这些资源。这种剥夺的结果造成了这个群体的负面印象，不管是语言上的障碍，外表、经济的窘迫，还是走投无路而导致的犯罪。人们一再地暗示寻求庇护者的天性就是投机倒把、坑蒙拐骗，甚至具有犯罪倾向。这种“与生俱来的”本质成了导致他们如此窘况的替罪羊。

研究4.15

想象一下如果你在《伦敦东区》这样的著名肥皂剧制作团队中工作，你想要展开一个寻求庇护者或是经济移民的故事。

● 你将如何展开故事？你将使用哪些已有的角色来延伸到新的角色？故事的“主线”会是什么：家庭关系、疾病、不得不东躲西藏还是就业问题？

● 选取演员可能遇到哪些问题？声线、性别、年龄，可能的宗教信仰或是政治冲突？你如何处理种族主义者的博客？这些折射如何解释肥皂剧中相对缺少的此类剧情？

案例：《加冕街》(2007 春季)中开始的故事主线在政治上很敏感，关注波兰工厂工人的非法移民主题(后来发现是“合法的”)。其中包含一个情节，警察在接到一个表达不满的密报后突袭检查，后来发现这条线报是不可信的。

讨论要点

1. 如果你想要把肥皂剧的寻求庇护者作为主角，并刻画成一个和谐而受欢迎的角色，你可能会被指责为在“政治纠正”(politically correct)。然而，如果你把他们定义为可疑的角色，人们会指责你在边缘化他们。剧中的角色以及关键角色的社会代表(“英国白人”、“女性”、“寻求避难者”等)之间的冲突需要更好的理解。

2. 长期播出的医疗连续剧提供了不同的可能性，相当一部分原因是新的形象

a. 不需要通过现有角色来介绍；

b. 已经存在一定程度的同情，因为病人需要帮助。

案例：BBC 在 2008 年的《霍尔比市》(*Holby City*)中上演了很长的一段情节，一个医生全程帮助一对来自韩国的寻求庇护者，其中一个怀上了连体双胞胎。

研究 4.16

重复 4.14 的研究，但是把你的角色定位在医疗连续剧中。

举例：“爱尔兰人”

历史上，那些拥有着不同文化传统、饱受饥饿和追捕的群体，经常被他们移入的文化塑造成负面的形象。特里·伊格尔顿(Terry Eagleton)反对人们对 19 世纪爱尔兰移民的刻板印象——“爱尔兰人都是懒汉”。他认为相反的，多数爱尔兰人在大饥荒后逃离了他们的小农场来到了维多利亚时代的英国[这个“大饥荒”一部分是因为不公平的贸易安排，尽管“大饥荒”(Great Famine)这个词让人听起来感觉是来自圣经，是“神的旨意”]。这些来自爱尔兰农村的穷人不适应英国穷人辛苦的工作纪律，“这可以被看作是懒惰，因为他们生活的就像一些小佃农，只是做一些小工，又可以享受点生活，抽着低级烟，享受各种节日”(Eagleton，2000)。

后来英国基于19世纪公路和铁路的爱尔兰修理工,和来自乡村的热爱社交和语言的长期感觉,形成了历史上对"爱尔兰人"(the Paddy)的刻板印象。

图4-11 一张明信片,讽刺反爱尔兰的种族主义喜剧演员[如伯纳德·曼宁(Bernard Manning)或是吉姆·戴维森(Jim Davidson)],背景墙上列举了大量著名的爱尔兰作家的名字。

媒介再现的种类

不同的群体对移民的看法不同:一方面,有的群体反对移民是因为担心他们的到来会造成住房条件的恶化、侵蚀"英国本土文化"、出现犯罪活动、人口拥挤等;另一方面,很多雇主喜欢雇用那些廉价的非法移民。政府在这些压力下开始模糊化移民政策,更不用说他们在媒介形式中的形象了。

不是所有的新闻形式都会对移民有敌意。自由的新闻报纸(《卫报》《独立报》等)经常会以一种同情的方式来描述移民的故事,一些电视时事节目也是如此。像《伦敦东区》这样的肥皂剧尝试去扩充英国不同"种族"群体的呈现。一些受欢迎的喜剧演员也是因为英国长期的移民经历而出名。

英国的喜剧演员们[奥米德·得亚李利(Omid Djalili)、莎皮·克萨迪、沙继亚·墨嘉(Shazia Mirza)]在广播、戏剧和绘画中探索自己对英国的经验(见 YouTube 上的片段)。伊朗裔英国人得亚李利在影片《角斗士》(*Gladiator*,英国/美国,2000)和《木乃伊归来》(*The Mummy*)中的形象已经深入人心,经常像他说的,在喜剧中破坏性扮演过分的"东方"形象。巴基斯坦裔英国人墨嘉写下了一段他最近的经历,作为这种自我呈现的一部分:

> 我最好还是回到我的故乡。我的故乡应该是伯明翰,但是英国国家党(BNP)却说是拉瓦尔品第(Rawalpindi)……尼克·格里芬(Nick Griffin)被问到……你怎么看出来一个人是不是英国人?他说:"你看一眼就知道"……我十天前去了阿姆斯特丹(Amsterdam)、塞浦路斯(Cyprus)和巴黎,结果被法国人、意大利人、西班牙人、马来西亚人还有埃及人认错。我甚至曾经被一个印度人认错(这真正惹恼了我!)……
>
> 讽刺的是,我在伯明翰长大,没有人比我们那里的巴基斯坦人更像英国人了。我知道在莎丽服(saris)下穿着丁字裤的女人,没有 HP 沙司就吃不下咖喱鸡肉饭的小伙子,以及在圣诞节吃清真火鸡的孩子。

这些类似于《阿差也疯狂》(见其中著名的"Going for an English"的片段,诙谐地模仿很多英国人去"吃印度菜"时对印度食物的态度)等喜剧电视剧中夸张的形象。这对于寻求避难者来说是不同阶段的呈现,他们通常不愿被摄像、拍照或是被提及姓名,害怕来自家乡的报复行为,或申请被拒绝,或产生家庭或群体的摩擦。这又引发了"表现力"的问题(见第 4 章)。

电影资源和进一步的文本分析

很多"移民"的形象将这些移民呈现为受害者,这是他们所厌恶的,特别是在他们从原先令人绝望的环境中不畏艰险穿越大陆之后。一些小说如《回家的路》(*The Road Home*)或某些电影都可以体现这种经历。《天使夜惊情》(*Dirty Pretty Things*,英国,2002)以及《面包与玫瑰》(*Bread and Roses*,英国/美国/德国,2000)都将影片的焦点放在办公室、酒店的移民清洁工身上;《万福玛丽亚》(*Maria Full of Grace*,美国/哥伦比亚,2004)的主线是一个哥伦比亚的"毒贩"及驱使人们从事那种工作的原因。英国的电视连续剧《身份的战役》(*Britz*,第 4 频道,2006—,见网站)讲述的是"两个穆斯林兄弟被推向两条完全不同的道路"的惊悚片,其中一个成为了自杀式人体炸弹。

图 4-12 《我在伊朗长大》(*Persepolis*，法国/美国，2007)是根据导演的漫画故事改编，讲述了一个伊朗女孩生长在政权交替的伊朗，后又逃离到了巴黎的故事。

让我们进一步研究一部具有同情心的电影：剧情式纪录片《美丽新世界》(*In This World*，英国，2002)。这部纪录片讲述了阿富汗14岁的贾马尔(Jamal)和他的表姐伊纳亚特(Enayat)从难民营逃出来，前往英国寻求庇护的冒险之旅。导演迈克尔·温特伯顿(Michael Winterbottom)拍摄这部纪录片的一部分原因是源于他在2001年看到一篇新闻报道：英国多佛港在一个集装箱中发现了58个窒息而死的中国非法移民。以下是一个关键场景的简述。如果你觉得这些描述在再现"脚本"或场景的时候让你感到震惊，你可以试着把这一方法应用到其他文本中：

在主角贾马尔和伊纳亚特的旅程中，他们为了非法进入意大利，花了一大笔钱躲进一个卡车集装箱里。这段旅行变成了一场噩梦，因为缺氧、没有食物和水，伊纳亚特和其他几个人在途中死亡。当他们到达意大利的特里雅斯特(Trieste)时，贾马尔步履蹒跚地下了车，逃离了这个充满死亡的集装箱。声轨中同时有婴儿的哭闹，这是唯一活下来的"非法"移民；那些意大利人看到尸体后的声音；马路上的声音；贾马尔的脚步声以及哀伤的音乐。

贾马尔不停地跑，摄像机跟着他，一开始是手持的，晃动得很厉害，慢慢地变得平缓，当他跑出了那可怕的集装箱时，镜头移到了他的前面。他逃离那个可怕地方所爆发出的能量也缓解了观众们的情绪。贾马尔也从一个小心警惕的人(对蔑视他的骗子)转变成深深流露出绝望的人。摄像机很巧妙地抓住了他第一次哭泣的场景。他一直不停地跑、不停地跑，直到让我们开始思考：他在这个陌生的土地中最终能跑到哪里？他从这残酷的生存中学到了什么？

屏幕接着渐渐变黑，贾马尔再一次出现，镜头显示为两周以后。他成为了旅客和居民熟悉的形象：乞讨、纠缠的移民，小偷小摸(当侍者正给一位女性顾客呈递豪华的水单时，他偷了她的钱包)。影片尽管没有赞同他的行为，但是展示了他是如何一步步沦落到这一步的。

图 4-13

图 4-14

图 4-15

图 4-16

小　结

这部影片挑战了那些对移民充满敌意的话语与刻板印象，尤其是影片中呈现的一些场景。被刻板印象的群体也有责任，它们没有充分解释其历史原因。“接收国”的媒介也会把自己“国内”的其他问题转移到这些移民身上，把社会结构的问题推卸给移民。这些问题不是移民造成的，但却对移民造成了重要影响——国内外贫富差距变大、失业率上升、对恐怖主义的恐惧、在一些英国城镇相对突然的社会变化等。

“移民”的形象与媒介再现往往是不恰当的。这让移民群体和群体之外的人很难提出公正的问题。例如，批判某些原教旨主义（religious fundamentalism）对性别压迫的问题很容易就被人误解为“伊斯兰恐惧症”（Islamaphobia），继而不考虑这个问题（见 www. womenagainstfundamentalism. org. uk/）。

但的确存在一些自我再现的例子，也有一些主流媒体努力帮助“接收国”的观众考虑移民者的情况。有一些网站专门欢迎寻求庇护者（如 http://www. swansea-arrivals. net），还有一些诸如“向种族主义出示红牌”的运动，反对人们对足球运动员的种族歧视（http://www. srtrc. org），还有两个德国网站 http://www. no-racism. net 及 http://www. exiledjournalists. net/page. php 值得参考。我们希望你会加入这个日益增长的国际经验的讨论。

参考书目与扩展阅读

Crawley, Heaven(2009) Understanding and Changing Public Attitudes: A Review of Existing Evidence from Public Information and Communication Campaigns, London: The Diana, Princess of Wales Memorial fund.

Eagleton, Terry(2000) The Truth about the Irish, London and New York: St Martin's Press.

Hochschild, Arlie, and Ehrenreich, Barbara (eds) (2003) Global Woman: Nannies, Maids and Sex Workers in the New Economy, London: Granta.

Mirza, Shazia (2009) 'Shazia's Week', New Statesman 11 Jane.

Tremain, Rose (2008) The Road Home, London: Vintage.

Williams, Raymond(1979) Politics and Letters, London: New Left Review and Verso.

第5章

CHAPTER 5

全 球 化

- 全球化体验
- 全球化历史
- 媒介全球化方式
- 全球—本地之间的流动
- 全球化的未来?
- 小结
- 参考书目与扩展阅读

本章围绕"全球化"这一复杂概念展开讨论,涉及:

- 当今媒介全球化的程度;
- 该研究领域所涉及的范围,包括全球化历史;
- 在理解本章时用到的变化和冲突的争论;
- 当前我们应该如何应对。

本章研究的问题以及“新媒体”贯穿全书。读者可以参照移民和《愚昧年代》的案例分析，以及第10和12章。

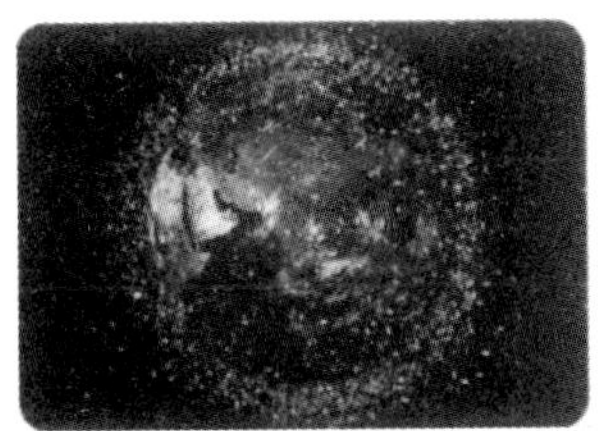
图5-2 这是最近拍摄的照片，地球周围充斥着人类制造的太空垃圾，强烈唤起了人们对于最初“纯净”地球的回忆，让人类更容易感受到“我们”的“社会”并不是那么友善。

研究5.1

如图5-1所示的这个蓝色的巨大球体是什么？地球？世界？地球仪？行星？

图5-1 1966年，该图像第一次出现在世人眼前。

这些不同的名称都有什么含义？而在有些人眼里，“国际社区”(international community)中像“国际”之类的词汇是否指的是阿富汗的战争？“community”(社群、群体、共同体)是充满力量、“一呼百应”的词语，是对怀疑主义的有力回应。

在一些关于“发展”的论述中以保护式方式用“社群”来代表“其他人”：“他们”是一个(乡村的)“社群”，“我们”(城镇研究员等)则不是，因为我们更加现代(modern，又是一个“一呼百应”的词汇)。

全球化体验

每个人都会有日常的媒介全球化体验，单是互联网就提供了公认的全球化资源，不管是Google，Facebook，微博，博客，邮件还是连接手机的技术，或者是在本书出版后出现的更多新技术，都为用户提供了连接全球的可能。你最喜欢的品牌可能利用全球推广为其品牌造势；2006年开播的《英雄》、2004年开播的《迷失》等美剧，展现了全球化背景下的人物形象和场景设置；很多轰动一时的大片都具有全球性主题或各地风光。所有这些都促进了“跨越国界的”想象——正如本文深入全球化迁徙的黑暗面一样，这些都增加了国家之间的相互了解。

你可能是大型多人线上角色扮演游戏(MMORPG)如《魔兽世界》(*World of Warcraft*)、《第二人生》(*Second Life*)游戏的千千万万玩家之一，或者你可能被卷入如2005年的卡特里娜飓风(Hurricane Katrina)、猪流感、2009年迈克尔·杰克逊去世研究麦卡恩的网站 http://www.find-madeleine.com。注意这个事件如何成为全球活动,包括邀请他人转发消息在全世界寻找失踪儿童。

问题:为什么一个失踪儿童会引起全球运动?

"一个 1996 年的汽车比 1969 年首架登陆月球飞行器的计算机处理能力还要强。"[巴尔纳(Balnaves)等,《经济学家》,2009:5 期]

或者 2007 年玛德琳·麦卡恩失踪等全球性新闻事件当中。你也可能期待着下一场席卷全球的体育赛事、流行音乐会或是示威游行,甚至你自己的形象都会出现在这些全球事件中。

这些事件分散在全球的各个角落,参与者可以即时与人分享,让人一想起来就非常兴奋。自 20 世纪 70 年代以来,科技发展日新月异,媒介(指的是任何用媒介传递的意义,从书面语言开始)从一对一(印刷、电报)到一对多(广播讲话,电子媒介如广播、电视)到多对多或社交媒体(如线上游戏和社交网络)。我们之前对"远方的其他人"(distant others)的模糊概念现在借助媒介"出现"在人们的日常生活中,有的是电话里的声音,有的是电视、电脑屏幕中的人物形象。

全球化历史

超出国家范围的统治集团已经存在了数百年,像是古代中国、古代波斯、古罗马和大英帝国以及中世纪和现代欧洲的罗马天主教会。这些都包含着文化和"媒介"(从某种意义上来说的媒介,如文档、牧师在布道坛传教,大排场的演出等)以及力量的展示。

但是当代媒介全球化的过程是完全不同的。它的标准是:

- 出现在全球舞台的活动,不仅是国家或地区范围内;
- 活动是在全球范围内组织的;
- 全球不同地方的活动相互影响,相互依存;
- 经常包含媒介和技术,让沟通不只是快捷,而是变成即时沟通。

通信技术始于两千年前中国的造纸术和印刷术。随后,造纸术传遍全球,让书籍和手册可以传播信息。由此形成"远方的其他人"的概念,成为了媒介全球化研究中一个引起共鸣的词汇。

早期媒介技术

造纸术是中国古代四大发明之一(埃及人用纸莎草的纤维发明了纸的前身——莎草纸)。古人最开始用蚕丝造纸,

1924 年，英国国王乔治五世在大英帝国展览会为自己发了一封电报，花了 80 秒钟的时间用英国的线路环绕全球一周。

后来传到了伊斯兰教国家，建立了第一个造纸厂。随后，官方的基督教世界将造纸术认为是伊斯兰教文化的象征。1221 年教廷下令禁止使用纸张书写官方文件，这一举动可能是为了保护欧洲富有的牛羊牧场主的利益，因为当时欧洲都是使用羊皮纸和牛皮纸(和其他早期的纸类)。但是欧洲 15 世纪中期发明的印刷机改变了这一局势。更多相关历史请登录 http://ipst.gatech.edu/amp/collection/museum_pm_euro.htm。

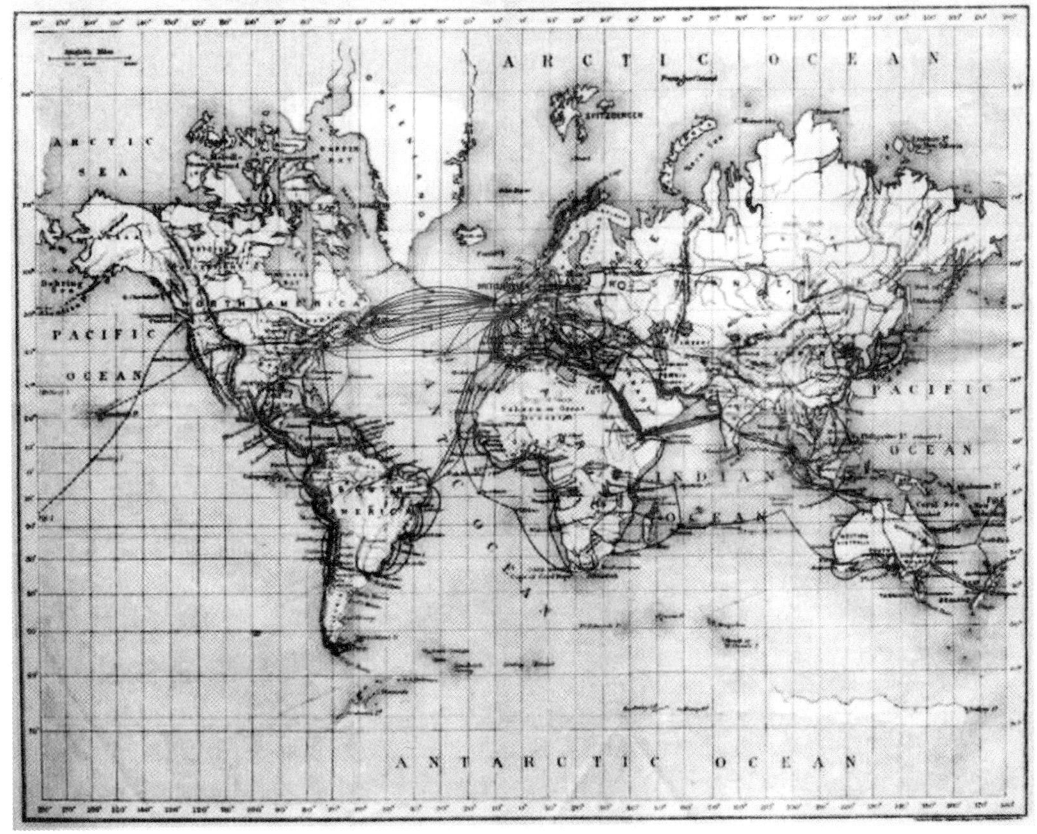

图 5-3 1901 年水下电报的线路图显示这一技术在欧洲帝国深远的根基，开启了 20 世纪媒介全球化的新纪元。将此图与图 5-10(近期全球互联网线路)进行对比。

图 5-4　1917 年英国书籍封面，似乎把种族和性别的全球等级作为帝国主义的一部分（像家里的孩子），并认为这是合理的。见英国近期关于种族的话语，如英国国家党的演讲。

16 世纪，欧洲和世界其他国家的贸易逐渐扩大。随后，西方帝国主义逐步扩张。帝国主义结束后，征服、语言和新兴媒介在 20 世纪开始了全球的发展。随后，欧洲皇室和大东电报公司（Cable and Wireless）的建立促进了水下电缆系统的发展，国际新闻通讯机构的建立进一步促进了后期的全球扩张［见查普曼（Chapman），2002］。

人们很难想象水下电缆有多么重要，直到 19 世纪 50 年代，电报系统还是局限于陆地铺线。到了 19 世纪 70 年代，海底电缆逐渐打通了东南亚、非洲海岸，随后又连接欧洲与中国、澳大利亚和南美洲。

这是第一个全球通信系统，将信息的发送从传输信息的物理需求分离出来。新闻通讯社也从大的区域收集和传播新闻，最终在 1869 年达成协议，将世界分为互斥的操作范围。这些就像水下电缆系统一样，或多或少与欧洲帝国主义势力范围相吻合。

在这里需要关注近期的两个转折点。一个是 1973 年美国总统尼克松取消了 1944 年“二战”结束时签署的布雷顿森林体系。该体系建立了稳健的货币交易体系和国际贸易协定。与此同时，电子通信、广告和工会遭到攻击，再加上布雷顿森林体系的取消，这些事件共同推动了巨大的投机金融市场，促进了“自由贸易”、“解除管制”以及追求市场和全球廉价劳动力的公司资本主义的发展［见班奈特，转引自格罗斯伯格等（Grossbergetal），2005：146-150］。这一过程也叫作“新自由主义运动”（neoliberalism）或全球化，之后是撒切尔主义（Thatcherism）。一些经济学家认为这种**新自由主义**的建立是 2008 年全球金融危机和经济衰退的主要根源之一。

> 新自由主义运动（见名词解释中的定义）似乎很符合时代和“自由主义”。但是它制定了资本主义全球化的政策，让教育、健康、艺术和住房等免费、公共资助部分的利益受损。在欧洲，“二战”结束时的社会运动推动了这些内容的发展［见霍尔（Hall），2007］。

第二个转折点是 2001 年美国的“9·11”事件，纽约世界贸易中心双子塔遭遇恐怖分子袭击。这一震惊世界的恐怖事件发生在全球最繁华的大都市之一，很多人都以为这一幕是发生在大制作的动作冒险电影里。那一刻，充斥着各种嘈杂信息的世界安静了：不管是在电视上还是在现场，见证这一幕的人都震惊得说不出话来，美国电视不间断的广告暂时停播了。当时没有罪犯立即出来宣布对此事负责，因而导致政府开始假设各种威胁的可能，媒体用大篇幅对恐怖主义进行报道，政府采取行动进行全球反恐战争。有人指出，美国民众的恐慌和猜疑他人一部分原因就是受到这种氛围的影响。而在此当中，媒介扮演了关键角色。

研究 5.2

电影《*11′09″01*—“*9·11*”》(法国,2002)由来自世界各地的11个导演制作,每个导演的任务是拍出11分钟的电影来评论“9·11”事件。夏因(Chahine)、马克马尔巴夫(Makhmalbaf)和露驰(Loach)的电影尤其震撼人心,整个电影为除大片之外的全球电影业做出了榜样。

- 如果让你拍一部该题材的11分钟电影,你会拍什么?列出提纲。
- 其中的困难在哪里?
- 在“11′09″01”的合集里找出你最喜欢的电影,说出它的优点在哪里?

这种方式常忽略了不平等,不平等不同于“差异”(difference),尽管不平等也可能产生差异[见瑟伯恩(Therborn)2009和第6章“意识形态”]。

另一方面,这件事让人们有点草木皆兵,对有移民背景的人尤为敏感,尤其是那些来自被列为恐怖主义国家的移民(如有些英国的穆斯林,尽管属于这一宗教不代表来自这个国家)。对这个敏感问题而言,恰当的处理方式应该是求同存异,并重视差异对各个群体的影响。

更多讨论请登录womenagainstfundamentalism.org.uk查看女权主义团体对不同宗教原教旨主义的回应。

小历史:惠恩(Wheen,2004:182-183)引用了一位著名历史学家的话:“在20世纪60年代,没有宗教或狂热信徒的恐怖组织。直到80年代,世界上64个已知的恐怖组织里只有两个是宗教组织。”他把这个与美国在20世纪80年代赞助穆斯林原教旨主义的行为联系起来,当时美国丝毫没有考虑到这样做可能产生的后果。

研究 5.3

- 列举你近期看到研究差异的媒介信息,可以是音乐、游戏、喜剧或电视节目,如《英雄》《伦敦东区》或英国BBC 2的《你以为你是谁?》(*Who Do You Think You Are*?)(强调很多家庭历史的多样性,不管是从阶层而言还是地域而言)。
- 你是否喜欢这种差异性研究?你能够从中获得什么?

英国国家党的回应却不是那么开明,他们宣称代表英国大多数受压迫白人的利益。他们把“英国人”与“这个岛上种族”的“盎格鲁—撒克逊的特征”(Anglo-Saxon-ness)联系起来,并声称这一做法延续了古代各个种族之间的明显差异。因此,人们认为种族隔离是“自然的”:这些种族应该被隔开(种族隔离时期)。“多元文化论”强调不同民族在当代全球文化中的融合共进,而英国国家党则反对这种理论。

研究 5.4

- 列举你一周的媒介使用内容,看看有哪些是与多元文化相关的?
- 从记录中可否看出媒体在推进多元文化?在哪个媒体?哪个节目或者博客、网站?他们采取了什么形式?

媒介全球化方式

米歇尔·麦克卢汉(1911—1980)是加拿大颇具影响力的大众传媒理论家。第 8 章对他的著作进行了全面的讨论。

“普遍的”(universal)和“全球的”(global)两者之间的区别在于,“普遍的指任何地方和任何时候,而全球则更多指的是这个星球此时此地的特征。”(During, 2005: 87)

尽管全球发生这些巨大的变化,我们还是把世界叫作“地球村”(global village)。20 世纪 60 年代,传媒理论家麦克卢汉(Marshall McLuhan)提出“地球村”这一概念。这个概念不是为了唤醒生活在狭窄无趣的“乡村”的人进城寻求自由和工作机会。他强调积极的(同时也是怀旧的)“全球化”的开端。就像斯皮尔伯格讲述的好莱坞故事(像是旧时的炉边故事,轻松地、“自然地”周游世界),这个形象表明“全球的”(global)就是“普遍的”(universal),所有人都拥有同样的影像和产品,用共享的银幕温暖着所有人的手。美国近来开始重新考虑如何建立自己的帝国,将国家打造成和蔼、文明的“全球警察”形象,这甚至是“无意中”发生的[见约翰逊(Johnson),2007]。

其他理论家对“地球村”的理解就没有那么怀旧。英格丽·弗尔克默(Ingrid Volkmer, 2003)指出,世界卫星新闻频道促进了“全球**公共领域**”(global public sphere)的形成,推动了尤尔根·哈贝马斯(Jürgen Habermas)的理论(见第 12 章)。她和其他理论家利用“世界性的”(cosmopolitan)、“市民”和“世界公民”等概念,充分发掘媒介全球化的潜力,增强国家和

“世界性的”(cosmopolitan)意义是什么?基于经济意义的昂贵旅游、全球精英俱乐部的会员身份?还是某种假想社区,在这里来自不同国家和文化的人可以互相尊重对方及对方的信仰?(见霍尔,2007)。

“只购物,别说话”:20世纪80年代的新自由主义运动口号。由于“自由市场”的诱惑,当时消费主义大肆扩张,购物中心、世界名牌等风靡全球。

在全球多元化的宗教概念中,性别歧视和性压迫对“全球化”和有时它所取代的“传统”有不同的阐述。见电影《割礼龙凤斗》(*Moolaadé*,塞内加尔/法国,2004)。电影中展现了某些非洲地区复杂、令人气愤但是视觉上有节制的女性生殖器切割(女性割礼)。

各州媒体的力量。更进一步来说,这些概念是与全球盛行的消费者或者购买者至上的概念相抗衡的。

部分不太乐观的观点非常怀疑媒介全球化所谓的平等主义和“自由市场”所谓的自由。理论界的代表人物有赫伯特·西勒(Herbert Schiller, 1919—2000),还有罗伯特·麦克切斯尼(Robert McChesney)、诺姆·乔姆斯基(Noam Chomsky)和娜奥米·克莱恩(Naomi Klein)。西勒没有论证全球媒介的自有资本,而是论证了以美国资本家利益为主的“文化帝国主义”的本质。正如惠恩所说的:“问题不在于全球化本身,而在于这场游戏的规则永远是胜者制定的,他们只忙着让别人遵守游戏规则,自己却从不履行这一义务(Wheen,2004: 245)。”

西勒(1997)还提出,传统的本土文化被大国的外来势力冲垮,最主要的方法是通过媒介和其他文化输出。各国继而形成了新的文化依赖和地位,反映出过去帝国主义势力之间的关系。

这一马克思主义案例中有两个关键点。第一,居于统治地位的美国广告业把美国昂贵的产品模型和贸易强加给整个世界(即便是在美国之外的商业统治,如韩国电子产品三星),尤其是以品牌为驱动力的商业媒体。这种通过广告赞助的文化形式已经非常普遍,取代了其他组织媒介的形式(如公共服务模式,或者更本土化的媒介,这些形式在全球变暖的情况下是必需的)。

此外,对于更贫困的市场而言,美国媒介大亨可以大幅度压低费率,以影响当地媒介生产制作。虽然广播公司可以把进口来的节目本土化,以适应当地观众的需求,但这并没有减少外来媒介的影响。像非洲或者加勒比地区的广播公司就不能以更低的价格生产出同等级技术含量的节目,而且他们的电视台经理也不得不买进这些影视节目。现在,电视台需要买进全球通用形式或者经销权的节目,如真人秀《老大哥》,然后把它变为本土的口味。然而大多数时候,人们则倾向于本土产品,并试图通过减税优惠等方式支持本土作品。

第二,广告和品牌形象大肆宣传,继而构建出颇具争议的媒体,刺激着美国式消费主义的需求,让本来难以承担高昂消费的社会需求升级。现在备受争议的一个话题就是某些“欠发如果本土电影业取得商业成功，人们常常会按照好莱坞(Hollywood)一词衍生出本土电影业的名称，如印度的宝莱坞(Bollywood)，还有尼日利亚的瑙莱坞(Nollywood)。

人们不大会提到美国的“硬实力”：强硬谈判贸易条约、向全世界推行版权、动不动就以武力要挟（美国在全球有上千个军事基地）。见米勒(Miller)等(2007)，约翰逊(2007)。

城市规划专家总结出，“星巴克咖啡厅和体育场”是很多迈向“全球化大都市”的城市发展的驱动力。思考一下，你周围的城市有没有这样的情况存在？

达”的地区却在某些方面成为了追求生活品质的典范。尤其是当下，全世界都受到了高度资本化的“发达”地区所带来的过度消费的影响。

美国宪法提出“生命、自由和追求幸福”是每个人的“人权”。但是最近的研究表明，在以不同方式组织的地区或者是欠“发达”地区，高消费资本主义文化并没有人们想象的那么“幸福”。http://www.happyplanetindex.org 每年调查人们对“美好生活”的构想，结果发现与全球广告和新自由主义中宣扬的截然不同。

一些人对西勒的理论进行批判和改良。首先，人们在20世纪五六十年代对该案例进行了研究和发展，当时美国的全球经济统治地位似乎坚不可摧。但是这不能充分描述“二战”后的全球变化，而正如西勒所意识到的，这一理论在20世纪90年代以后更难适用。

当今世界风云变化，全球势力重新组合，这种趋势从某种程度上削弱了美国的经济统治地位（尽管美国用军事力量震慑全球，按照自己意愿推行贸易和其他关系的发展）。例如，曾有人质疑，到底谁是美国经济的真正拥有者，答案是中国，因为中国拥有美国绝大多数的债券。

媒介方面，一些美国媒介产业被外国公司收购：

● 1989年，日本索尼公司继收购哥伦比亚的唱片公司(CBS records)后又收购了哥伦比亚三星电影集团(Columbia and TriStar pictures)；

● 德国贝塔斯曼集团(Bertelsmann AG)收购了美国无线电公司(RCA)和兰登书屋出版社(Random House)；

● 1986年，当时的澳大利亚媒介大亨鲁伯特·默多克(Rupert Murdoch)收购了20世纪福克斯公司(20th Century Fox)；

● 2008年印度传媒公司Reliance BIG Pictures购买了史蒂文·斯皮尔伯格的梦工场电影公司(DreamWorks Studio)的大量股票。

但是这些品牌的基地还是在美国，公司维护股东的利益，始终保持盈利。

这种屈尊的态度体现在：他们身上的装饰和服装在西方被称作“时尚”(与现代化联系起来)，在“发展中国家”则被称为“传统”(与古代和旅游联系起来)。

其次，有人提出异议，认为文化帝国主义的意义暗指“第三世界”国家在美国等其他国家的媒介入侵之前，本土颇具浪漫色彩的传统和文化遗产正处于鼎盛时期，不受外来价值观的影响。评论家认为这种态度过于袒护所谓的弱势国家，美化了弱势国家的前殖民地文化。所谓的本土文化都要经历长期、艰难的文化冲突和交流，进而形成复杂的传统和“遗产”，这种过程常常是指欧洲和其他地区几百年以来的殖民统治，远远早于近年来美国的干涉。

这种情况通常指的是“欠发达”地区的文化。但是流行音乐中更多的是指具体的港口城市，记录着各种迁徙的影响，从加勒比到纽约到伦敦，他们本来就来源于与非洲的奴隶买卖。想想被称为“坐在汽车上的城市”的底特律(当时底特律是美国汽车生产中心)，或者利物浦和布里斯托尔的大港口，它们的奴隶制历史在早期的披头士音乐和近期的波提斯黑(Portishead)、大举进攻乐队(Massive Attack)的音乐中都有体现。在英国西米德兰兹郡工业地区，特别是考文垂(city of Coventry)兴起的“2 Tone”音乐运动，如 The Specials、The Selecter 和 The Beat 乐队，混合了雷鬼音乐、朋克和斯卡音乐，风靡全球。以下是几个例子：

- 有些媒体具有地方性，尤其是依赖于网络和现场表演的音乐等；
- (常常是痛苦的)全球历史和迁徙所造成的影响；
- 总部多设在美国的全球公司，可以将“地域—全球化”音乐传遍全球。

麦当劳遍布世界的连锁店造就了“麦当劳的世界”和乏味、没有工会保障、低薪“麦当劳工作”。因为麦当劳拥有超过 2 万家全球连锁的标准化生产，再加上它的美国资本主义身份，“麦当劳”一词常用来表示标准的美国化世界。

研究 5.5

- 你可以在近期的音乐中找到地域化和全球化的联系吗?
- “情绪摇滚”(Emo)据说来自华盛顿朋克运动，其他的音乐有没有这样的来源? 还是说现在的音乐兴趣更多来源于网络社区(莉莉·艾伦在 Facebook 上发起的活动)?

想要了解全球音乐行业，见韦勃(Webb，2007)及 http://www.ifpi.org/，http://www.mi2n.com/以及 http://www.musicdish.com/。

图 5-5 海德拉巴是印度的信息技术产业中心，拥有世界上最大的电影工作室，当地的 Imax 电影院展示了在此类媒介网络中强烈的视觉对比。

就算是澳大利亚媒介巨头鲁伯特·默多克，也要加入美国国籍来吸引更多美国人的注意力。

最后，尽管人们宣称全球化是均匀分布的，但全球化绝不是一个简单的均化作用，或是为整个世界提供同样的服务，把全球变成所谓的"麦当劳世界"[见赫尔曼和麦克切斯尼（Herman & McChesney），1997]。我们经常会接触到混杂的内容，而不是体验"均匀分布"的全球文化。"本土"文化和语言丰富而又复杂，正如人口和想象在全球的流动。全球化不仅是西方向其他地方的一致扩张。其他国家的媒介也会与西方媒介相互交流、进出口产品，人们用"流通"、"网络"、"走廊"和"跨国化"等词汇来进一步描绘这一图景。他们想要表明，当我们谈到媒介"覆盖"的时候，在这个显而易见的覆盖地区里总会有缺口和覆盖不到的地方。"Web 2.0"和全球即时的互动评论、运动和产品形成了另一个复杂的因素。

但是我们也总会受到公司资本家的巨大影响，公司资本家就算不属于美国文化，在"新媒介"中也还是非常有影响力的。

研究 5.6

联系上文提到的"流通"，阅读下文：

"为了达到自己的统治地位，全球资本家必须把所有人都带到这个网络中，每个人必须都有那么点美国味儿，或是看起来像美国人，或是像美国人一样去爱，或是走起路来像美国人。这就是为什么电视和文化界那么重要，因为你只有看了电视才知道美国人的走路方式和思维方式。"（霍尔，2007：150）

- 对上文的内容进行小组讨论，分析你有没有这样的媒介体验或者热情，包括追逐品牌？
- 哪种文化形式是通过美国影响的路线、拼写方式、混杂物或是口音而调节或者表现出来的——是经常在歌曲中，在"大西洋中部"DJ 的声音中听到吗？

你可能觉得这种描述是不恰当的，"东方"的文化形式对你很重要：比如《谋杀绿脚趾》（*The Big Lebowski*）里面的老兄和道教？功夫？宝莱坞联合出品？又或许 Web 2.0 是你的主要媒介来源？

- 如果真是这样，这些如何受到美国的媒介影响呢？

图 5-6 2009 年，班克斯(Banksy)用这张图昭示我们讨论的问题。图中孩子的T恤上写着“我讨厌周一!”在本节讨论中，这幅图代表什么意思?

全球—本地之间的流动

现在我们来分析一下，是什么因素促进了美国文化势力的全球化，又在某种程度上让原本促进“全球化”成功的“本地化”和“跨国化”变得复杂？现在人们经常会用“全球本土化”(glocal)来描述当前消费资本主义如何在本土优先和本土文化的基础上扩大差异。

美洲大陆是以15世纪意大利商人和制图师阿美利哥·韦斯普奇(Amerigo Vespucci，1454—1512)的名字命名的。而相比之下，据说加拿大的名字是出自法语对当地词汇“卡纳塔”(kanata)的音译，体现了混杂的社区。

案例：美国电影

美国娱乐巨头继承和发扬了多年的成功商业经验，从19世纪90年代就开始向国际化发展。北美与其他大陆有着紧密的联系，北美的历史是一部移民史，同时也是血腥的征服史，如美洲原住民、非洲奴隶。

好莱坞电影就是美国早期混杂而又均匀的例子。20世纪90年代，美国早期的制片商和影院老板多是第一或第二批美国移民，因此影片的风格也多符合欧洲输出国的通俗品位。因而，美国电影的文本策略非常谨慎，直到今日仍在使用：

- 对不同市场使用不同的题目和宣传策略；
- 制作甚至设计不同的电影版本，以适应不同观众的需求；
- 为了尽可能地适应更大的市场，电影中的文化常会模糊化处理或者采用开放情节，以避免本土文化的敏感问题造成的利益损失。

同时，英语成为美国的主要语言，意味着美国早期的产品可以与处于统治地位的英语一起传遍全球。

对于英国电影来说，这是个“双刃剑”：英语电影可以轻松地进入美国，同时也意味着他们将与美国产品一同竞争英语市场。

美国出口公司迅速开始对世界不同地方采取不同的定价策略，这意味着，美国电视剧一旦在北美市场发行(市场足够大，可以偿还其生产成本)，它可以以不同的价格出售给全球的广播公司，这个利润就是净赚的。在“发达国家”，定价基于观众规模和一次性价值(比方说大城市可以接触到相对丰富和集中的观众)。但像是在非洲，其定价可能会低很多，既保证整体上盈利，也巩固了非洲受众享受美国式娱乐的习惯，在银幕上展现美国的产品和生活方式。然而，当地的一种反应是不顾版权问题，直接免费重复使用美国制作的内容。因此美国媒介才要打击盗版，维护版权。

同时，很多媒介产品采取合作生产的方式，以减轻媒介产品“穿梭”全球的巨额成本；一部分通过壮观的特效，连接人们对“魔幻”和魔术师的全球体验。这些都意味着大型媒介公司需要考虑当地观众的感受，尽管他们想要影响观众或者加强他们的感受，以适应全球资本主义的追求。

研究 5.7

- 以几天的电视节目为案例，研究其制作细节。
- 其中有多少节目是合作出品的？
- 就黄金时间的节目来说，合作出品所提供的资金可能会以什么方式影响到节目？

研究领域可以包括：

- 角色分配（即使是纪实类作品）：有没有使用明星？有什么效果？
- 故事的架构和角色选取，故事中有没有“模糊”的“放之四海而皆准”的情节？
- 地点的选取，是否有熟悉的（旅游胜地）景色？

研究 5.8

- 从报纸或网络中找到你所在城市或地区的上映电影名单。
- 选取一个多元化的大城市，找出一部典型的独立电影。
- 计算该城市有多少个电影院播放美国的好莱坞电影，算出它在播放电影总数中所占的比例。

全球化的未来?

有各种词汇形容我们在太阳系的存在,这些词汇也产生了不同的反响。“地球”(planet)这个词现在引起了环境问题专家的讨论,“全球化”(globalisation)经常适用于新自由主义运动或当今全球消费资本主义的某个阶段。我们的世界接下来会走到什么阶段,变成什么样子?这经常成为人们辩论的题材,引来争议不断。一个设想就是中国即将成为“全球霸主”,另一个设想则是世界会逐渐发展成“地球村”,冷漠的消费者通过网络互相联络,品牌全球化,网络发展无限可能。还有一种设想是破坏性消费引起的气候变化,是消费资本主义不断扩张造成的恶果,比方说迅速消耗资源的网络等。还有一种可能性甚少有人探究,是“堡垒”(fortresses)的概念,不管是拒绝接受某些移民的“欧洲堡垒”(见第4章案例分析),还是全球抵挡逐渐上涨的海平面的堡垒。

“中国称霸”的未来?

在评估中国工业的媒介形象和媒介力量时,可以通过以下几点来判断:

a. 中国没有全球大品牌(与美国的可口可乐、谷歌和微软相比),而且也不大可能会塑造出全球大品牌。美国公司和其强大的形象、全球部署和版权保护继续主宰着全球的顶级品牌。

全球媒介和中国:《阿凡达》

美国2009年出品的《阿凡达》(*Avatar*)在中国和其他国家取得了巨大的商业成功,尽管中国每年只进口20部外国电影。之后,中国中部的旅游主管把某地风景区的一座山更名为“哈利路亚山”(The Hallelujah Mountain)——电影中模拟的一个可爱浮石。

中国真能“称霸”吗?

中国像印度一样,除了本土观众,还有大约4 000万的海外观众。有一个用来形容这种现象的词是“去地域化”。

2009年排名	2008年排名	品牌名称	原产地	类型	2009年品牌价值(美元)
1	1	Coca-Cola	美国	饮料	68 734 000 000
2	2	IBM	美国	电脑服务	60 211 000 000
3	3	Microsoft	美国	电脑软件	56 647 000 000
4	4	GE	美国	多元化服务	47 777 000 000
5	5	NOKIA	芬兰	家用电器	34 864 000 000
6	8		美国	餐馆	32 275 000 000
7	10	Google	美国	互联网服务	31 980 000 000
8	6	TOYOTA	日本	汽车	31 330 000 000
9	7	intel	美国	电脑硬件	30 636 000 000
10	9	Disney	美国	媒体	28 447 000 000

图 5-7　2009 年顶级国际品牌价值排名

“软实力”是 20 世纪 90 年代兴起的政治概念，它表示通过笼络、外交和吸引力（还有成功的国家品牌）实现的影响力，而非通过武力等“硬实力”实现的影响。

图 5-8　一张壮观的图片，中国想通过这场全球盛事表现国家实力，包括军事实力。可调研其他奥运盛事，包括 2012 年的伦敦奥运会。

然而在矿产资源丰富的非洲大陆上，中国在道路建设等行业中有着举足轻重的地位。见爱德华·博廷斯基的纪录片《制造业》(*Manufactured Landscapes*，加拿大，2006)中拍摄的震撼场面。

b. 中国缺少人们常说的“软实力”(soft power)，包括语言的传播、全球风靡的电影、体育、音乐等。语言是区域流通的关键，像是半岛电视台和 BBC 都具备强大的媒介影响力。他们经常代表着早期殖民地语言的传播：英语、西班牙语、法语和阿拉伯语。然而，尽管世界上将近 1/5 的人会说中文，中文却没有殖民地时期沿袭下来的英语或西班牙语那般强大。

2008 年奥运会，中国花费近 700 亿美元增强软实力，想把中国与奥运联系起来，想呈现出更加富强和谐的现代化的中国形象。奥运庆典中有大批受过严格训练的军人、演员和志愿者。

c. 中国的强大不是来源于过去广阔的海外殖民地，主要是依赖廉价的劳动力和规模经济，为西方市场和贸易提供廉价制造业服务。而由于这些海外市场的经济衰落和复苏，中国再次迎来了新的商机。

d. 过于关注中国崛起让人们忽视了印度经济和媒介影响力的崛起，更不用说美国和欧洲持久的媒介实力。

e. 同样，气候变化可能会让中国形象的矛盾进一步激化。如果全球变暖的灾难发生，中国将面临巨大的损失。同样，中国在环保技术上投入大量资金(尽管现在来看还不能改变其由汽车经济向现代化公共交通经济的转变),其未来全球形象会包括“拯救地球”。

印度本土观众和旅居海外的印度人,形成了印度电影广泛的受众群,包括北印度语和泰米尔语观众。宝莱坞宣称自己是世界最大的电影业。

研究 5.9

- 有人预言中国即将成为“全球霸主”,你怎么看?
- 你从哪里得来的这些预言?
- 媒介形象在其中起到什么作用?属于哪种媒介类型?电视、电影、广播、动漫、游戏、体育报道,还是 Google 类的网络形式?
- 在你选择的媒介内容中是否有早期的种族歧视(“傅满洲”、“黄祸论”等形象),比如喜欢拍摄一大批受到管制的中国人形象?还是其形象在电影和网络等广泛传播的媒介中是有区分的、个性化的?

中国社会的改变,尤其是有车一族的激增促进了广播业的复苏。中国大城市的交通堵塞声名狼藉,因而司机们只能困在车里听广播。

“地球村”的未来

很多媒体把地球描绘成令人兴奋的全球统一体,也可以称作一个“村”,尽管这似乎代表着舒适怀旧的 Web 2.0 形象和其他形式的全球现代化。如果把地球比作一个村,就是一个巨大的宽带网络社区,一个有着共同的幻想与迷恋,冲突与团结、多元与分散的兴趣社区。

图 5-9 有些全球盛事可以改变不平等的现状。2010 年由南非主办的世界杯引发全球轰动,尽管有低价票的传言。你认为南非世界杯在决定庆典的呈现方式时,对哪些部分进行了强调,哪些部分进行了删减?

体育赛事经常会采用夺目的演出,如奥运会、各种世界杯、演出、会议等,进行“全球联合”。体育尤为重要,例如,英国天空广播公司据说花费超过 10 亿英镑的天价购买 2010—2013 年绝大多数英国大型比赛的直播权[《观察家》(*Observer*),2009 年 8 月 16 日]。尽管国内直播的收益下降,他们仍希望能用海外和新媒体平台的收益来弥补差额,还可以根据需求售卖最精彩的场面、手机剪辑、海外播放权和广播权。

尽管经济不景气,但互联网“自由”及媒介“自由市场”仍然值得庆贺,因为在这里据说还存在着忽视性别、阶层及其他差异的平等。可悲的是,这种平等是以媒介权力及其他关系上的持久不平等,作为代价的。

a. 首先,所谓的“我们”具有读写能力、拥有电脑和宽带流量可以上网(不用说在上网期间需要的水、食物和住所),但问题是谁是“我们”？尽管“宽频普及率”有所增长，移动通信增长速度加快，我们不能想当然地认为每个人都能接触到这些技术和支持系统。

独行侠和他可靠的印第安伙伴唐托（Tonto）面对一大帮虎视眈眈的阿帕奇人。独行侠说：“我们真的惹麻烦了，唐托。”唐托问：“白人，‘我们’是指谁？”

b. 其次，Web 2.0 满足了谁的利益？Web 2.0 正如众多现代科技一样，是在五角大楼的军事研究中产生的，或在像比尔·盖茨等人的非传统热情中诞生的。但当你在搜索引擎中输入一个类别时先跳出哪个条目，或是 Google 邮箱检索你发送的每一封邮件，这些是由谁控制的？一些国家可能会对媒体进行监管，有时会关掉你的电视和网络（例如缅甸）。

同时，如何在全世界管理泛滥的色情图像？专家将这个问题定义为艾滋病增长的原因之一。见第 10 章。

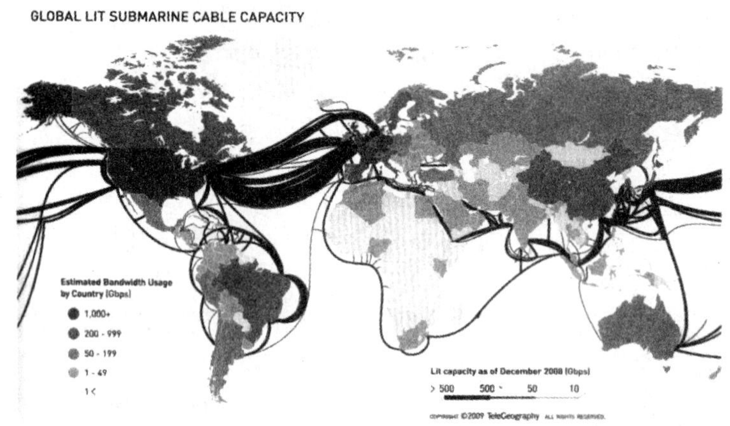

图 5-10　这张地图展示了 2008 年 1 月全球可用海缆系统容量［专业术语称为光缆能力（LIT），与电缆容量最大值和实际使用带宽不同］。比较图 5-3，详情见 www. telegeography. com 和最新版地图。

《缅甸起义》（*Burma VJ*，丹麦，2008）试图用视频记录 2007 年“番红花革命”，成千上万的僧侣上街反抗缅甸的军事独裁统治。当时的缅甸维持统治的一个方式就是关闭国外的网络连接。

c. 共同的迷恋和“远方其他人”的存在为全球共享创造了乐趣。尽管不加批判的活跃受众是存在风险的，仿佛他们都有能力建构抵抗的意义和用途，抵制荧幕上播放的所有内容。很多媒介用户可以为自己抵抗或诠释新闻形象（尽管这忽略了为什么其他人选择附和他们）。但这并不是说“全球市场”会为我们做任何事情。我们仍需要调查性新闻或资金宽裕、擅长研究、规范的国家级媒体，而且由于媒介全球化的推动，国家级媒体可以与博客博主和民众监督（见第 8 章、第 12 章和第 13 章）共同合作。

高尔夫球手泰格·伍兹把自己形容成"白黑印亚太"(高加索人、黑人、印第安人和亚洲人的混血儿)。这种混血身份是他成为前赞助商耐克全球市场营销的关键原因。

全球新闻和信息作为追求"全球公民意识"的关键部分,主要是基于美国利益形成的。这对于全球媒介的其他部分来说是不公平的,也是矛盾的。美国有线电视新闻网的"CNN效应"指的是CNN频道引领的24小时全球新闻风潮,战争、危机和灾难的新闻大幅增加,并对20世纪90年代后的国家对外政策产生了一定影响。这一类全球报道就像美国其他媒体一样,都是由广告支撑起来的。它改变了全世界的新闻报道模式,但是这种新闻报道的受众常是小部分受过高等教育、住酒店的男性精英、有钱人。

全球—本地的未来

不管是"地球村"还是美国主导世界,我们都很容易忽视国家及其媒体的重要性,更不用说具体到本地媒体或者社区媒体。尽管公司经常践踏国家的法律法规,但全球资本主义仍然需要国家的维持,比方说将产品重新安置到薪酬低或距离目标市场更近的地区,或汇率更合算的地区。"自由贸易"不是真的"自由"或是"解除管制",它是基于数千页的当地规定和国家共同协作的结果(见米勒等,2005: 41)。美国就是一个典型的例子,例如为打击网络盗版而进行的协作。

图5-11　图中展示的是2009年布基纳法索电影节。人们可以清晰地看出它与奥斯卡金像奖等其他全球性电影节布置的巨大区别,如戛纳、伦敦或威尼斯电影节。

即使在最艰难的条件下,人们仍然对我们这个世界的本地意象(imagery)保有巨大的欲望,不管是真实的还是虚假的。例如在非洲的一些地方,人们常会反复观看小型移动影院的电影巡回展。布基纳法索的泛非洲电影节已经成功举办了40年,尽管有些电影在本地被禁播或删节,只能靠其他电影节来提升知名度。

本地节目也拥有稳固的收视群,如绝大多数拉丁美洲国家夸张的电视连续剧吸引了当地的男女老少。拉丁美洲的南方电视台尽管在2005年开播时受到布什政府的攻击,还是获得了不小的成功。而人们一旦开始关注国产电影,就会削弱好莱坞的全球利润。这种对本地作品的关注始于法国,现在希腊和日本等国也开始关注本国作品,几年前本土语言的电影只有5%的市场份额,而现在增长到65%[皮尔金顿(Pilkington),2009]。

研究 5.10

列举你上周使用媒介的体验受到以下哪些因素的影响：

- 生活在全球化媒介经济中；
- 生活在国家内媒介经济中；
- 生活在国家和世界特点交替的媒介中；
- 所使用的媒介会将你与“远方的其他人”即时连接。

你这周在媒介中看过多少本地的形象？是哪种形象？在哪里见到的？

“封闭式社区”有时用来描述相似的现象，在住宅区有严格控制的进出门，有时有保卫看守。在贫困国家，这些人经常为有钱人提供安全服务，像堡垒一样。

未来的堡垒？

你可能听说过“欧洲堡垒”，这个词源自“二战”时期，但在今天，堡垒这个词有两个语境。一个是阻碍不需要的移民潮涌入欧洲（商务舱不受威胁），被称为“欧洲堡垒”。另一个认为人们对于灾难性的气候变化无能为力，有钱的国家不管是字面上还是喻义上都应该建立“防洪”的防御措施（见下文及第6章的案例分析）。

图 5-12　西班牙救援队在旅游胜地兰萨罗特岛的海上搜救失踪非洲移民的过程中打捞出一具尸体。

(2月16日)昨日,西班牙沙滩上两名冲浪者试图抢救溺水的非法移民,他们的船在加纳利群岛遇难,为世界上最艰难的移民路线之一的加纳利群岛又增加了一场惨剧。

图片所显示的惨象令人毛骨悚然。还有一些度假者帮助在加纳利上岸的移民,是当地居民帮助现在已经不遥远的"其他人"的例子。

研究5.11

- "欧洲"对你意味着什么?它的这一形象是通过什么样的媒介形象和话语营造的?
- 为什么以色列被允许参与欧洲歌唱大赛?你会不会把以色列当作一个欧洲国家?如果你不这么认为,为什么?同样,将其与媒介形象联系起来分析。

研究5.12

一个相关领域:努力成为"现代世界"的一部分?

- 研究最近媒体关于某个城市、国家或地区形象或品牌的争议。例如哈萨克斯坦声称在电影《波拉特》(*Borat*)中国家形象受损,或是2008年奥地利的禁室乱伦案对国家形象的损害。巴西也表示,2002年《辛普森一家》某集中对巴西的描述让其颇为不满。

气候变化的未来

像其他未来一样,气候变化的未来是矛盾的,既有希望又有恐惧。这些语境中的"地球"被当作可能毁坏的"星球",强调我们居住的地方是"人类"居住的物质世界。然而无论是构建这一想法,或是监控地球每一分钟的改变,还是抗议破坏生态的消费,并让整个活动传遍全球,所有这些活动都需要全球化的电子媒体。

研究 5.13

- “在天气预报这一领域，全球气候变化的问题，a)有可能得到解决，但 b)却趋向于被避免”，对这两个观点你怎么看？
- 关注一周的天气预报，记录下公告的语气。在较冷的国家，热天气会不会更受欢迎，因而没有任何质疑？“天气”（weather）和“气候”（climate）的含义有什么差别？
- 试着改编一个不同的预报，比如在英国对“天气”的态度中，如何把全球问题也考虑进去，编出一档简短的节目。在编辑过程中会遇到什么困难？

电影电视类的媒体行业对全球环境有着巨大影响，如华丽的场景、建筑等，很多城市现在靠这些来加入“全球都市”的精英行列。而实现全球通信娱乐的既轻便时尚、又美观高效的小玩意儿也是需要物质资源的。

研究 5.14

- 研究非洲的“钶钽铁矿”
- 试着调查主要媒体公司如索尼和苹果是否使用这一矿产。
- 可不可以在网上找到挖掘这一矿产的后果？

［全球资本预测以及著名的全球思想家乌尔里希·贝克（Ulrich Beck）总会提到“风险”这个词。但是人们甚少关注可预测或已知的风险、已经存在的后果，比方说开采这一矿产的儿童身体健康会受到什么影响。］

图 5-13　儿童挖掘钶钽铁矿，这些矿产是对移动电话、DVD 播放器和电脑公司等非常珍稀的矿产。其出口所得利润据说是用来支援刚果民主共和国和非洲其他矿产丰富地区之间的血腥冲突。

小　结

这一章以及关于媒介全球化的所有文章都试图囊括一个不切实际的范围。然而，我们可以在大量的理论和推测中找出一些关键点，这也是我们在本文中尝试的。

http://www.timesonline.co.uk/tol/news/world/asia/article3646320.ece 上详述了2008年印度如何接管了英国公司。

总的来说，人们理解和感受全球化媒介的方式可能是矛盾的。尽管这些方式在很多媒介形式中几乎察觉不出来，但他们却推动了惊人但却不公平的转变，同时延续了棘手的冲突和不平等。如果把“全球化”看作受到美国控制的整体，这种观点是很令人沮丧的，但是人们可以通过区域、网络、流通、“流动”或网状结构来构建“全球化”。如果我们必须要给媒介全球化下一个描述定义，我们可以把它定义为公司资本主义，除了采用国有制经济的中国（比方说把国家控制看作一个资本家，与其他所有的资本家竞争）。

全球化媒介的资本主义本质所造成的后果常被认为是理所当然或者无法避免的。例如：

绝大多数“西方”媒体筹集资金的方式是广告，这种需求经常压制了公众对优质媒体的需求；

- 电视和网页浏览都会被广告打断；
- 网络管制会例行检查你的消费偏好和个人信息；
- 像其他的资本主义企业一样，媒体也关注利润；
- 文化产品也开始产生“自由贸易”的驱动，如电影和电视；
- “发展”意味着走资本主义的发展模式：过度消费、最廉价的雇用模式和重金奖励高层等方式（见米勒等，2005）。

图5-14　这是在卡迪夫学院一个全球化的欢迎标牌。

但资本主义还是铸就了“全球化”，例如全球应对“地球”威胁的敏捷度。美国宇航局NASA为全球检测和环境发展提供了空前的机遇。不同的文化和个人都渐渐融入各种有趣的互通互联方式之中。越来越多的网民参与到虚拟社区当中，推动公民通过更民主的媒介和政府直接参与到国际事务中来。

参考书目与扩展阅读

Balnaves, Mark, Donald, Stephanie Hemelryk, and Shoesmith, Brian (2009) Media Theories and Approaches: A Global Perspective, London and New York: Palgrave MacMillan.

Bennett, Tony, Grossberg, Lawrence, and Morris, Meaghan(2005) New Keywords: A Revised Vocabulary of Culture and Society, Malden and Oxford: Blackwell.

Chapman, Jane(2002) Comparative Media History: An Introduction, 1789 to the Present, Cambridge: Polity Press.

During, Simon(2005) Cultural Studies: A Critical Introduction, London: Routledge.

Hall, Stuart(2007) 'Living with Difference', Soundings, winter: 148-158.

Herman, Ed, and McChesney, Robert(1997). The Global Media: The New Visionaries of Corporate Capitalism, London: Cassell.

Hochschild, Arlie, and Ehrenreich, Barbara(eds) (2003) Global Woman: Nannies, Maids and Sex Workers in the New Economy, London: Granta.

Johnson, Chalmers(2007) 'The Good Empire', Soundings, winter: 80-91.

Johnson, Phil(1996) Massive Attack, Portishead, Tricky and the Roots of Trip-Hop: Straight outa Bristol, London: Coronet Books.

Klein, Naomi(2001) No Logo, 2nd edn, London: Flamingo.

Klein, Naomi(2007) The Shock Doctrine: The Rise of Disaster Capitalism, London and New York: Allen Lane.

McLuhan, Marshall(1964) Understanding Media: The Extensions of Man, London: Routledge and Kegan Paul.

Miller, Toby(2007) Cultural Citizenship: Cosmopolitanism, Consumerism and Television in a NeoLiberal Age, Philadelphia: Temple University Press.

Miller, Toby, Govil, Nitin, McMurria, John and Maxwell, Richard(2005) Global Hollywood 2, revised edn, London: British Film Institute.

Pilkington, Ed(2009) 'Dark Future as Cash-Hit Hollywood Slashes New Films', The Guardian 19 October.

Schiller, Herbert I. (1997) 'Not Yet the Post-Imperialist Era', in O'Sullivan, Tim, and Jewkes, Yvonne (eds) The Media Studies Reader, London: Routledge.

Soderberg, Hans(2006) 'Is There Blood on your Mobile Phone?', http://danchurchaid.org.

Therborn, Goran(2009) 'The Killing Fields of Inequality', Soundings, 42 (summer): 20-32.

Volkmer, Ingrid(2003) 'The Global Network Society and the Global Public Sphere', Development 46, 1:9-16.

Webb, Peter(2007) Exploring the Networked Worlds of Popular Music: Milieu Cultures, New York: Routledge, especially Chapters 1 and 2.

Wheen, Francis(2004) How Mumbo-Jumbo Conquered the World, London: Fourth Estate.

案例分析：《贫民窟的百万富翁》：全球电影？

● 电影缘何轰动全球	● 电影制作
● 电影销量	●《贫民窟的百万富翁》与宝莱坞
● 电影首映会上的争议	● 奥斯卡典礼之后
● 小结	● 参考书目与扩展阅读

《贫民窟的百万富翁》（*Slumdog Millionaire*，英国，2008）已经成为一个文化现象。这部英国历史上最成功的电影（也就是没有美国投资的英国电影）在全球市场上或被认为是美国电影，或被当作印度电影。但依据这部电影的内容、传播程度以及生产过程来说，这种现象是合理的。但也因此在不同文化背景下用不同的方式引起争论，挑战观众。

电影缘何轰动全球

《贫民窟的百万富翁》的制作比大多数故事片的制作过程传播的要广，一部分是因为故事制作过程本身就是电影的魔力之一，其创作者即使是在获得奥斯卡成功之后还在一直做巡回宣传。这个故事改编自印度驻伦敦外交官及作家维卡斯·史瓦卢普（Vikram Swarup）的作品《Q&A》，他将两个真实的新闻报道融合在一起进行创作，一个发生在英国，另一个发生在印度。一个退休的英国军官因在《谁想成为百万富翁》的知识竞猜节目中作弊而被判诈骗罪。由于这档节目在印度很受欢迎，史瓦卢普就想“在印度版的《谁想成为百万富翁》中，谁最不可能成为赢家呢？谁可能被指控作弊呢？”一位德里的科学家做了一个实验，他把一台电脑给了城市贫困地区的孩子，而且只有这些孩子才能接触到这台电脑。这些孩子没有依靠任何成人的帮助，很快地学会如何使用这台电脑。从这两个故事中，史瓦卢普构造出了这样的情节：一个贫民窟出来的孩子知道竞猜节目的所有答案，因为这些题目都涉及了他的人生体验，而不是通过教育得来的知识。

这本小说是“印度的”，但他使用的是通俗的印度英语。他使用了《一千零一夜》（*Arabian Nights/The* 1001 *Nights*）的传统故事讲述方法：谢赫拉莎德（Scheherazade，《一千零一夜》中的苏丹新娘）每天晚上都要讲一个不同的故事，否则国王就要处决她。在《Q&A》中，年轻人罗摩·汤玛士·穆罕穆德（Ram Thomas Mohammed）必须要解释他如何得知每个竞猜题目的答案，于是他向自己的辩护律师讲述了自己个人经历的细节。

研究 5.15

谁想成为印度的百万富翁?

上网搜索这一答案。

- 为什么《贫民窟的百万富翁》在印度引起如此轰动?
- 都涉及了哪些明星?
- 你觉得印度的中产阶级会如何看待这一节目?最贫困的印度民众能不能看到这个节目?
- 基于这一节目的电影可以关注或深挖什么题材?

《Q&A》在英国产生强烈反响,并在 BBC 电台 4 频道中连载。在该书出版前,Film 4 的制片人泰莎·罗斯(Tessa Ross)就看中了这部小说,并交给西蒙·博福伊(Simon Beaufoy)把此书改编成电影。博福伊决定去印度感受小说中的"印度文化",但作为一名在全球享誉盛名的电影编剧[《光猪六壮士》(*The Full Monty*,英国,1997)],他知道这个故事要更加符合英国主流观众的口味。

以下是博福伊做出改变的地方:

1. 主角变成了穆斯林教徒,他和他哥哥来自孟买贫民窟。他的名字变成了贾马尔(Jamal)。在小说中,这个角色是一个孤儿,在德里一个英国牧师的房子里长大,解释了为什么他可以说英语和为什么他的名字可以跨越印度三个主要的宗教。

2. 删减了小说部分情节,使故事主线更加清晰。

3. 浪漫元素更加突出,贯穿整个故事。

当丹尼·博伊尔(Danny Boyle)成为此剧的导演时,故事原本可以进一步调整,但是在最终版本中,博伊尔认为故事的目的——青梅竹马的一对男女终成眷属——不是"美国式的",因为它把赢得奖金一笔带过。尽管美国观众更关注英雄抱得美人归。

博福伊在改编剧本的时候,罗斯忙着与克里斯蒂安·科尔松(Christian Colson)合作,以保证电影的原汁原味。科尔松是英国著名的小成本电影制片人,2005 年仍旧与塞拉多影业(Celador Films)合作,该公司是《谁想成为百万富翁》版权拥有者之一。史瓦卢普在小说中并没有使用该节目的原名,但是罗斯认为该电影的关键就在于这一电视节目。当科尔松确定了节目版权之后,他就可以投资电影制作,并把电影的发行权卖给英国、爱尔兰和法国的百代公司,北美的华纳兄弟和全球各地的其他公司。科尔松可以将卖片所获的收益抵消制片的费用,同时保证自己的控制权——也就是说,电影是由英国生产的,不会受到好莱坞经销商的干扰。

图 5-15　贾马尔在《谁想成为百万富翁》的现场答题。

电影制作

当丹尼·博伊尔最终答应拍摄此部电影时，他选择把整部电影放在印度拍摄，使用印度员工，但是大部分的"部门主管"都来自英国。博伊尔提起他在泰国拍摄的好莱坞影片[《海滩》(*The Beach*，2000)]，以及他如何不想再把西方的制作班底搬到亚洲。于是博伊尔带着他的御用摄影师，安东尼·多德·曼特(Anthony Dod Mantle，曼特常在丹麦工作)，一起来到了印度。他在孟买采用了复杂的拍摄计划，同时使用胶片和数字设备，而第二摄制组则由印度员工在印度的其他城市进行拍摄。

制作团队的一个关键决定是选择演员和与演员沟通。选派角色的导演加尔·史蒂文斯(Gail Stevens)是博伊尔之前的合作伙伴和专业团队成员，在伦敦进行电影的相关工作，而在印度的选角任务则由洛芙琳·坦丹(Loveleen Tandan)负责。坦丹与年轻演员合作非常紧密，因此最后成为合作导演。

研究 5.16

演职人员

- 使用印度的演员和工作人员有什么优势和劣势？
- 如果加入更多的英国工作人员或者亚裔英国演员，会有什么区别？

在 YouTube 等网站上搜索有关于博伊尔、博福伊等人的采访。

印度电影

印度是世界上生产电影最多的地方，也是观众最多的地方。但这不是它的唯一产业。电影制作是由一系列的制作中心根据电影语言和目标受众来组织的。大部分外国人听说过印度的“宝莱坞”(Bollywood)，尽管宝莱坞是印度电影业最有钱也最具鲜明立场的电影公司，但它不能代表所有的印度电影。

宝莱坞相对来说是个新词汇(20 世纪 80 年代后才广为人知)。它指的是某种北印度语(印度官方语言，40%印度人使用，主要在北部)的畅销电影。宝莱坞的中心在孟买，每年大约有两百部大制作(印度标准)的电影。但是更多的电影是以四种南印度语制作的电影：泰米尔语、泰卢固语、马拉雅拉姆语和坎纳达语，每年大约有四百部。这些不同语言的电影被当作是区域电影，其中也包括几个更小的制作中心，拍摄像是孟加拉语、马拉地语和阿萨姆语等语言的电影。

第三种电影有时候被称作是平行电影(parallel cinema)。这种电影不难定义，指的多是比较严肃、现实或文艺的电影。这种电影更多面向德里、孟买、班加罗尔和其他主要城市的中产阶级观众。电影语言多样化，但多是北印度语或是英语，以适应最大的受众群。在北美受训的印度导演米拉·奈尔(Mira Nair)和迪帕·梅塔(Deepa Mehta)在印度的工作可以算是平行电影制作。

印度第一、二代大批的海外移民是宝莱坞电影或泰米尔语、泰卢固语电影的重要市场。

丹尼·博伊尔在拍摄之前看了一系列的印度电影，包括主流的宝莱坞电影，比如经常出演社会热点题材的阿米尔·汗(Aamir Khan)的电影，还有所有米拉·奈尔在印度拍摄的电影。奈尔 1988 年的《早安孟买》(*Salaam Bombay*)也和《贫民窟的百万富翁》一样，有很多的叙述情节。博伊尔也研究了拉姆·戈帕尔·维马(Ram Gopal Varma)的帮派电影，和阿努拉格·卡什亚普(Anurag Kashyap)的电影《黑色星期五》(*Black Friday*，印度，2004)。《黑色星期五》讲述了 1993 年的孟买爆炸案，博伊尔说这激发了他设计孟买贫民窟追捕的灵感。

制作组在选择角色中做了一系列重要决定，这对随后的电影产生了巨大影响。故事中的主角从 9 岁演到 13 岁，再演到 18 岁。当地试镜可以找到街头流浪儿童的演员，但是却很难用英语做到这点。因此，他们与洛芙琳·坦丹紧密合作，使用北印度语。当地年纪大点的演员可以用英语表演这些角色，但是博伊尔在孟买找不到成年的贾马尔。他觉得宝莱坞年轻演员都太“激动了”，身材也都锻炼得太健硕。这就是为什么戴夫·帕特尔[Dev Patel，曾出演电视剧《皮囊》(*Skins*)]从英国飞过来试镜。

尽管伊凡·卡汉(Irrfan Khan，警察长)是宝莱坞和平行电影的宠儿，并凭借平行电影和国际电影中的表现获得国际认可，但是对印度人来说，电影里的明星是著名的宝莱坞明星安尼·卡波尔（Anil Kapoor，知识竞猜节目主持人）。除此之外，《贫民窟的百万富翁》相对也没有什么明星大腕。

电影销量

《贫民窟的百万富翁》并没有超出预算（据报道为 700 万～800 万英镑），但由于华纳兄弟决定关闭负责制作该片的华纳独立制作机构，该片的未来突然一片灰暗。当时在北美，该片很有可能直接被制作成 DVD 发售。于是，博伊尔和科尔松立即赶往好莱坞，并成功说服华纳兄弟把这部电影卖给福克斯探照灯公司（Fox Searchlight）。博伊尔和博福伊都与福克斯探照灯有过成功的合作[《惊变 28 天》（*28 Days Later*）和《光猪六壮士》]，该公司曾成功将多部小制作的独立电影推向主流电影院。尽管如此，该片的第一部分大多已经有字幕，这也是个问题（尤其是在北美电视上播出）。

福克斯同时决定在印度发布两个版本，一个是原版，还有一个是北印度语版。英语版本在播放好莱坞电影的市内影院放映，北印度语版本作为宝莱坞电影在市内、郊区和小城市电影院放映。

电影转给福克斯探照灯公司对英国市场没有任何影响（百代负责英国的发行）。但美国的发行是非常重要的，该电影之后势不可当，一路杀到奥斯卡奖，引起了全世界的瞩目，在中国上映第四天票房已达 290 万美元。

图 5-16　印度南部班加罗尔的英文版本宣传海报，前面站着两名保安。

全球轰动

2009 年 10 月，根据 Mojo 票房网统计，《贫民窟的百万富翁》全球票房收入达到 3.77 亿美元(http://www.boxofficemojo.com)。实际票房还有可能更高，因为有些地区很难获取可靠数据。英国票房收入是 5 200 百万美元，美国票房收入是 1.41 亿美元，在欧洲、东亚和拉丁美洲的主要地区也有合理收入(本地标准)。印度当地有 730 万美元票房，但不确定是否包括北印度语的 360 万美元票房(http://www.ibosnetwork.com)。

好莱坞电影畅销全球，因为他们理解并享受全球的电影市场。但好莱坞仅占有 5% 的印度电影市场，有评论称，好莱坞的电影比宝莱坞电影更有影响力，因为很多宝莱坞电影都是公开地"借鉴"好莱坞的故事创意[2008 年，最成功的宝莱坞电影《未知死亡》(*Ghajini*)就是翻拍的一部泰米尔电影，故事创意模仿了好莱坞大片《记忆碎片》(*Memento*,2000)]。

《贫民窟的百万富翁》不是好莱坞电影，但人们常把它当作好莱坞电影。实际上，由于种种原因，这部电影是介于好莱坞电影和宝莱坞电影之间的。全球观众中很少有人认为这是一部英国电影，一部分是因为这部电影的成功不经意间满足了好莱坞和宝莱坞想要在双方市场获得轰动效应，继而轰动全球的愿望，重复了 2000 年《卧虎藏龙》(*Crouching Tiger, Hidden Dragon*，中国大陆/中国香港/中国台湾/美国)的成功。在第 5 章提到过，有很多人尝试创造《贫民窟的百万富翁》这种混合体，但都没有这部电影成功。

《贫民窟的百万富翁》与宝莱坞

这部电影如此成功，其商业和文化意涵的分析都集中在它与宝莱坞之间的关系。

《贫民窟的百万富翁》得益于有"玛卓斯莫扎特"之称的 A. R. 拉曼所作的曲子，据称拉曼是最炙手可热的全球电影音乐大师。尽管拉曼最开始是拍摄南印度电影的，但他在宝莱坞和美国、英国都赫赫有名。他在《贫民窟的百万富翁》中的配乐十分重要，但只有一首歌"Jai Ho!"有舞蹈动作，而且放在片尾致谢部分上。尽管在西方看来，这是在向宝莱坞致意，印度观众却未必把这个可有可无的舞蹈场面作为真的"宝莱坞"。另外，有些观众是冲着拉曼的电影配乐来的(印度电影配音是重要的媒介产品，不仅仅是电影的一个元素)。

什么是宝莱坞？

每年200多部的宝莱坞电影有各种类型和各种拍摄手法。有恐怖片、警匪片也有社会剧、历史剧和历史片，有拉姆·戈帕尔·维马、阿努拉格·卡施亚普，还有在有些方面被描述为“新浪潮”(New Wave)的丹尼·博伊尔。这些电影中有的与平行电影有相似之处。

除了这种多样性，宝莱坞最卖座的电影仍然是喜剧和感情剧。这些电影一般比好莱坞电影要长（尽管现在在某种程度上，两种形式都集中于130～140分钟），表演6～7个细心编排、耗资巨大的舞蹈场景展现电影明星，而这些明星又必须要跳舞（同时与配音的歌手对口型）。最重要的是，宝莱坞是娱乐巨头。电影构建了梦幻的世界，人们多是富有的中产阶级，注重道德伦理，遵守印度中产阶级家庭的习俗。而印度大多数民众的现实生活不是电影主要关注的事情。电影要想吸引海外的印度观众，大多会描写在北美、欧洲和印度之间迁徙的人物角色。宝莱坞的观众喜欢看刺激、诱惑的电影，也喜欢看明星——总之是一种逃避现实的娱乐方式。

电影首映会上的争议

该电影反响最好的地区是英国（例如票房相对于市场的大小），当地观众没有对电影产生疑惑。丹尼·博伊尔是影片导演，在2009年1月上旬电影发布时，北美获得的成功（11月电影在少数影院上映）为这部电影成功造势。电影宣传将该电影定义为“感觉不错的片子”，但其中有些暴力镜头与其宣传不符，让有些观众打消了观影的念头。但无论如何，这部电影受到了极高的评价，在几周内渐渐建立了广大的观众群（虽然该电影没有大多数好莱坞电影在英国的宣传阵势）。

但同样，2009年1月，该电影在印度上映时产生了争议，其英文版比北印度语版更畅销。然而众所周知，印度的票房很难统计（不同语言的影院有自己的数据），而且，由于播放北印度语版本的影院多远离大城市，票价低，可能观众会更多。北印度语的版本被视为“较为成功”的影片，其票房实际高于平均水平，但远远达不到宝莱坞电影的“大卖”。

随着观众参与到电影中来，意见产生了分歧。值得一提的是，《贫民窟的百万富翁》获得10项奥斯卡提名的同时，正是该电影在印度上映的时候。评论家和观众一会儿赞扬电影，希望一部“印度”电影可以获得奥斯卡；一会儿又指责这是一个西方人拍的印度电影。以下是其中的一些评论：

“……这不是‘真正的’印度，而是一个西方人眼中的印度，他把道德败坏包装成了取悦他人的娱乐方式。……这部电影有项任务，想要利用孟买的贫民窟来滋生诱惑人的污秽肮脏。”

——苏巴斯·K. 杰哈，2009年1月23日

（IBOS北印度语票房网站影评）

“……效忠西方会让它像是翻拍得没有活力、有距离感的趣味书，但要是看了《贫民窟的百万富翁》，就会知道其精神和灵魂是臭名昭著的、骄傲的印度人：这个帝国被彻底地压倒过。

这个电影不是用贫穷落后来取悦别人，不是一个白人展示给我们这些易怒的棕皮肤人如何蜷缩在铁路上。最后，这部电影只是带你经历了一场惊心动魄的旅程。Jai Ho!”

——舒哈拉·古普塔，《印度快报》，2009年1月22日

图 5-17　印度西部拉特的阿默达巴德地区悬挂北印度语版本的电影宣传海报。有些海报的北印度语标题使用的是罗马字体。

一个住在美国的印度年轻人在“Aint It Cool”网站上发表了一篇有趣的影评，赞赏这

部电影：

大多数印度电影都是童话故事，而大众文化中的童话故事有两个目的：一个是强调道德价值，另一个是逃避现实的重负。这两个目的都成了我们大多数北印度语电影的驱动力。他们想要弘扬道德规范，但却以逃避现实的形式实现。我们可以相信任何东西……《贫民窟的百万富翁》也是童话故事，如果大卫·西蒙(David Simon)[《火线》(*The Wire*)的创作者]创作，也会是这样的童话故事。

http://www.aintitcool.com，2008年11月26日

尽管关于这部电影的评论不断，但有趣的是，很多评论家公然抨击该电影只是因为他们知道这部电影非常了解印度电影，尤其是宝莱坞。他们无法争辩这部电影是西方对印度的"愚昧无知"，因为他们的确要承认这是西方人为银幕建构的印度故事，而这位英国导演又公开承认了印度对他的影响。于是，有的争论便成了："如果一个印度导演拍了同样的电影，这部电影还会获这么多奖吗？"

Dark Matter网站主页列出了对这部电影的评价，总结了其在全球语境下引起的一系列问题(摘要)：

用贫穷取悦他人、贫民窟观光、帝国主义的内疚、后殖民地不平等、揭露孟买贫困地区、感觉良好的电影、准确的描述、公然歪曲、视觉上的"孟买寂寞星球指南"(Lonely Planet guide)、(反)印度电影、宝莱坞狂潮。

(Atticus Narain，2009年3月9日)

研究5.17

用贫穷取悦他人？

阅读上面的评论，并上网查找其他评论。

- 你如何评价对于贫穷的描述？
- 使用"真实"、"感觉良好"和"逃避主义"这些词来描述这一电影的问题是什么？
- 这些评论家争执的"印度"特性是什么？

奥斯卡典礼之后

《贫民窟的百万富翁》在奥斯卡胜利归来后，引起的骚动持续了数月。有人控诉导演丹尼·博伊尔给片中年轻演员的片酬太低，此事成了全球各地小报的关注对象。博伊尔可能想起了安吉丽娜·朱莉和麦当娜收养亚非贫困儿童的善举，遂为其中两个贫民窟出来的儿

童提供信托基金供其上学，最终为其提供新的住宿。但这对于小报编辑来说动作不够迅速。

同时，有些年轻的印度导演把博伊尔看作拥有全球业务的导演。博伊尔已经宣布他对孟买拍摄之旅非常激动，因此他决定再在孟买拍摄至少一部电影，其中一部改编自最近苏克图·梅塔(Suketu Mehta)的纪实畅销小说《极大之城：失而复得的孟买》(*Maximum City：Bombay Lost and Found*)。同时，他表示想要与印度导演谢加·凯普尔和阿努拉格·卡什亚普合作。

《贫民窟的百万富翁》对电影研究和文化研究产生了较大的影响，其在专业评论家和学者间的分歧类似于影评人和时事评论员之间的分歧。例如，美国杂志《电影迷》(*Cineaste*)中罗伯特·科勒(Robert Koehler)痛斥电影(和丹尼·博伊尔)，认为这部电影能够获奖，证明了美国观众的中产阶级品位。他认为，这部电影毫无新意，博伊尔的作品抄袭了奥森·威尔斯(Orson Welles)等好莱坞一流导演的作品。博伊尔和博福伊只是展现了西方自由主义者眼中的印度。而在《电影迷》的下一期，拉胡尔·哈米德(Rahul Hamid)对他的大多数评论进行反驳。哈米德虽然承认了电影的缺陷，但同时表示这是部“表现全球化的电影”，并在泰姬陵(Taj Mahal)等场景中展示了巨大的贫富差距——不是通常旅游者的视角，而是用于呈现男孩急于赚钱的心理活动。不管科勒和哈米德是对是错，新的全球文本已形成了新的问题。

小　结

有一些较为均衡的观点指出，故事中很多博伊尔的风格来源于印度。也有人控诉该电影文化在总体上忽略了文学作者，在争论中，没有多少人拿电影和史瓦卢普最初的构想作对比(包括类似的泰姬陵事件)。不管印度和西方对该电影有什么评论，都展示了一个新的现象——基于印度的故事原型由“勉强称得上”英国和印度的双方合作，在全球票房引起轩然大波，票房超过制作成本30倍。这种成功在某些意义上需要被复制。

参考书目与扩展阅读

Blakely, Rhys(2009) “What Do Real Slumdogs Think of Slumdog Millionaire?” The Times, 9 February 2009.

Hamid Rahul(2009) “A Hatchet Job on Slumdog Millionaire”, Cineaste, 34, 3: 75-76.

Koehler, Robert(2009) “Slumdog Millionaire Review”, Cineaste, 34, 2: 75-77.

Kumar, Amitava(2008) “Slumdog Millionaire's Bollywood Ancestors”, Vanity Fair 23 December 2008, accessed via http://www.vanityfair.com/online/oscars/2008/12/slumdog-millionaires-bollywood-ancestors. html.

http://www. ibosnetwork. com/.

http://www. darkmatter101. org/site/2009/03/09/rethinking-post-colonial-representation-after-slumdog-millionaire/.

更多链接请见 **MSB5 官网**。 

第6章

CHAPTER 6

意识形态与话语

- “意识形态”及其历史：马克思主义方法
- 后马克思主义
- 认同政治和批判多元论
- 话语
- 生活性文化
- 小结
- 参考书目与扩展阅读

意识形态(ideology)与**话语**(discourse)的概念对媒介研究至关重要，尤其是在欧洲。我们认为“意识形态”依然可以很好地展现出媒介和其他力量之间想当然或看不见的关系，但是Web 2.0的出现也开始渐渐暴露出各种意见的分歧。在这里，“话语”帮助我们探索意识形态如何支配我们的日常生活，尤其是语言、假设、如何定位读者和线上线下的用户。

“意识形态”及其历史：马克思主义方法

有些成套的理论观念即便形成了严格的体系，也不能算是“意识形态”。比方说有些人可能有洁癖，于是就把这些洁癖和月球的运行周期系统性地联系起来，这不是“意识形态”，因为没有与社会权力的分布相关联。

意识形态指的是：

- 能够解释一些社会世界现象的成套理念；
- 这种理念常是局部的、不公平的，并且是选择性的（所有的观念都是）；
- 这些理念或价值观之间存在着社会权力的分布。

“意识形态”一般用在：

- 统治地位的经济阶层控制其他阶层的一种方式［见巴尔内夫斯（Balnaves）等，2009］；
- 这种方式让主流价值观的意义表现得“自然”、“明显”，而非是各个势力之间相互合作、相互抗衡形成的社会性均衡。宗教信仰在这个势力图中的地位备受争议。

图 6-1　2009 年的电影讲述了查尔斯·达尔文（Charles Darwin）在研究进化论时曾挣扎于自己的家庭宗教背景。该片颇具好评但很难找到美国发行商，最终被一家独立电影公司选中。

> 封建主义（Feudalism）：在该体系中，穷人效忠于“出身高贵的”地主，从意识形态上来讲，这是因为上帝是造物主，太阳围着它转，上帝创造的万物自然地存在高低贵贱之分。

1789 年法国大革命之前，有人第一次在法国提出，理论观点不是自由波动的，而是与社会力量系统性地联系在一起。法国大革命的“启蒙运动”（Enlightenment）提倡世俗人文主义，反对用宗教视角看世界；反对君主专制，推动新兴的资产阶级或中产阶级代替封建君主专政，推翻了宗教信仰颂扬的封建所有制。

西方媒体和文化研究对意识形态的讨论多来自于**马克思**（Marx）后期的著作（见第 1 章）。19 世纪，马克思对那些看起来“自然”但实际不公平的社会秩序提出了质疑。他分析了当时以利润和竞争为主的新兴社会体系——资本主义，以及其中的两个阶级：新兴的工业制造商（或资本家）和工人阶级（或无产阶级）。

资本主义(Capitalism):颇具竞争力的社会制度,兴起于17世纪的欧洲。在私有制中,资本家通过剥削劳动力来增加利润,积攒财富。

图 6-2 2009 年,共和党和私人医疗公司反对奥巴马总统的社会医疗改革,原因仍然是害怕集权社会主义。见第1章,及迈克尔·摩尔的《医疗内幕/精神病人》(*Sicko*,2007)。

劳森(Lawson,2009)用"涡轮消费"(turbo-consumption)来描述我们的时代,克莱恩(Klein,2007)和沃尔夫(Wolff)提出用马克思主义分析危机。

涉及的词汇

在2008年金融危机的重创后,"资本主义"这一词汇又开始风行。迈克尔·摩尔(Michael Moore)2009年的新电影甚至取名为《资本主义:一个爱情故事》(*Capitalism: A Love Story*)。人们为了这些事想破了脑袋,然后才逐渐想起这个曾经被人忽视的词汇。但是很少有人去解释"资本主义"的概念或者相关的概念。以下是一些简要的行动纲领。

重商主义(Mercantilism)指的是十六七世纪由商人领导的阶级体系,通过剥削殖民地、努力和战争来攒聚财富,推动了西方资本主义的发展。

工业资本主义(Industrial Capitalism)兴起于18世纪后期、19世纪早期,工业企业家凭借积累的资本和财富(来自于奴隶买卖和贸易的财富)开拓技术革新(如蒸汽机)。人们开始实行工厂制生产,这些"资本家"逐渐夺走了封建时期以来贵族地主的政治权力。

新型工厂制中工人的经验推动了社会主义(Socialism)的发展。社会主义是集体所有制或公有制共有的信条,是工人阶级在政治体系中维护权利的舞台,通过工会的力量推进,常由不信奉国教的新教徒支持。

公司资本主义[Corporate Capitalism,有时称作"后工业社会"(Post-industrial)]是当代资本主义的发展形式。法人股东(补助和保险基金)基本掌握着各大公司,在普通百姓(利益相关者)和大公司之间建立联系。"后工业时代",制造业在全球流通全球,经常流向低薪酬的经济体。

在过去的几十年中,公司资本主义与消费资本主义(Consumer Capitalism)相结合。消费资本主义继承资本主义固有的过度生产,刺激日常生活的各种消费,有人认为这会造成环境大灾难。

马克思(见第1章)认为,**阶级**(class)的差异,或者是人与创造和分配商品及财富的手段之间的关系(生产工具),决定着他们的价值观和政治观念。他们是否拥有工厂、银行、国家资产,并从中得益,还是要为工厂主、银行主等打工来养活自己?

这两个群体描述下的世界肯定会截然不同。马克思尤其关注资本家与其雇佣者——工人阶级之间的关系，他认为，如果工人阶级团结一致，实践出联合的方式，就可以改变历史。他认为，这两个阶级之间的阶级斗争是推动历史的发动机。

欧洲和美国对于“工人阶级”(working class)和“中产阶级”(middle class)的理解截然不同。在更有“自我追求”的美国，“中产阶级”代表着更广泛的群体。欧洲多用中产阶级来指代“工人阶级”。

乔治·布什总统在2000年纽约富豪名流晚宴上说：“今晚在座的都是顶尖人才，有钱人和更有钱的人。有的人叫你们精英，我说，你们是我的基石。”这是统治阶层难得一见的坦率。

两个当代的应用

1. 尽管马克思不大关注虚拟形式，也没有体验过我们的媒介，但后来广义的马克思主义对广告进行了解释，我们可以用它来分析广告。马克思主义研究广告如何专注于产品，所需的力量，使用时产生的愉悦等，这些让人们看不到生产这些产品时(劳动力)所需要的工作，甚至认为这种制作过程是“自然的”——广告使受众发生了深刻的意识形态变化：产品可以凭空产生，不用剥削人力或者自然资源[见威廉姆森(Williamson)，1985;2008]。

此外，汽车广告增加了汽车的制造量。不管汽车怎么提高燃油效率，都会加速自然资源的消耗(金属、玻璃、橡胶、油状物为基础的产品如塑料等)。尽管马克思19世纪的著作中没有提到气候变化问题，但这类问题在当前的语境下还是值得人类去探索。见威廉姆森在http://www.friezefoundation.org/talks/detail/the_culture_of_denial上的作品、本书第11章及由此引发的“漂绿”(greenwashing)问题，并参考本章的案例分析。

2. 马克思研究劳动及劳动力，他认为资本主义文化中无形的意识形态方式(罢工出现的时候除外)受到明星和名人的实体存在和意识形态的影响。明星奢华的生活方式投入了不可计数的人力资源与劳动(保姆、司机、服务员、公司)，而人们往往看不到这些投入，认为明星的打扮是“自然的”，争相追捧、模仿(廉价模仿明星价值不菲的服饰和待遇等)。除此之外，明星在电影中的形象也是精心设计的(投入灯光、服饰、化妆、写脚本等劳动)，但人们往往看不到其他投入，感觉整部电影只有这些明星一样。

图6-3 2009年，朱莉亚·罗伯茨在印度拍摄电影《美食·祈祷·恋爱》(*Eat Pray Love*)时随身携带350名保镖，包括40名枪手。她不仅乘坐防弹车，还有直升飞机紧跟在后[海德(Hyde)，2009]。印度一座神圣的庙宇闭门9天用于拍摄——同时提供劳动力。

研究6.1

● 研究几则汽车广告(电视广告、视频网站广告、印刷广告和其他网络模式)。

● 他们与主流价值观的关系是否如上文所描述的一样？如果没有，说出在哪里以及如何看出来的？

研究6.2

选取你最喜欢的明星或者名人进行调研：

● 调研他们的形象与他们"自然"展现自我这两者之间的关系；

● 调查这些明星的打扮都需要哪些劳动力。

这些吸引力如何依照性别分类？

马克思用意识形态的概念(及人力理论)来解释资产阶级是如何保护自己经济利益的，包括在动乱和变革的年代。他重点强调了三点(当然，马克思所在的年代远早于我们习以为常的交互式媒介时代)。

1. 其主导思想是，任何工作都要以统治阶级的利益为主，以保障统治阶级的统治地位，这已经成了各个社会的"共识"。马克思主义认为这导致了人们真实生活状况的根本性歪曲，尤其是对有偿工作。因此，在各种社会秩序中，拥有生产资料的人都控制着生产和传播主要政治理念的手段。这就是为什么建构意义的群体在各个社会(现在由媒介主导)都代表着政治问题。因此，工人阶级需要展示自己的观点和想法，对抗资本家的统治，让所有人听到他们的声音。

2. 与此相关的，马克思提出了经济基础和上层建筑的社会模型，现在又加入了媒介的概念。他认为，社会秩序中满足基本需求的方式(如通过工业资本主义体系的工厂生产或者地主和农民间的农村生产)与上层建筑之间的关系是很明确的。上层建筑是高于基本需求的"第二层"体系，比如有组织的宗教和文化生活。这个模型常被称作"经济决定论"，因为人们认为经济"基础"和它的拥有者不只影响了文化和政治活动，更是起到了决定性作用。

3. 最后，有人提出统治阶级通过这些权力之间的关系，让工人相信剥削和压迫关系是自然的、不可避免且不可改变的。这种意识形态蒙蔽了真正的生活方式，拖延民众探索改革的进程。更重要的是，统治阶级不择手段地阻止变革，而这种意识形态掩盖了统治阶级想要保持现状、获得既得利益的意图。

后来，意大利马克思主义者**葛兰西**(Gramsci)在媒介和文化研究中使用了“**霸权**”(hegemony)一词，成为思考主流价值体系变革的主要方式。葛兰西关注它们与日常生活性文化(lived culture)的关系，以及人们如何从“常识”(common sense)中抓住“健全的见识”(good sense)的核心，以“揭露”社会阶级分化的现实，成功推进社会变革。

葛兰西、阿尔都塞与克莱因

安东尼奥·葛兰西(Antonio Gramsci，1891—1937)是意大利马克思主义革命家，伟大的马克思主义理论与实践家，参加了意大利教堂与国家、南北方、农民与现代工人的政治斗争。他的理论显示了他深切地意识到复杂的斗争和谈判的必要性，深刻影响了现代的马克思主义作者。葛兰西没有强调统治阶级强加的统治，也没有强调经济基础的决定性力量，而是提出在现代民主社会，特定的社会群体要争取控制舆论或者霸权，因而他们进行说服、顺从，偶尔使用暴力。他强调“日常文化”的重要性，并强调对混杂文化的需求，他认为这是能培养成“健全的见识”的“常识”。这种思想用到了媒介当中，这是葛兰西没有想到的。

1927年，葛兰西被法西斯首领墨索里尼(Mussolini)囚禁，并死于狱中，在狱中，他写下了《狱中札记》(*Prison Notebooks*)，用晦涩的语言躲避看守和监狱审查的注意力。

后来，法国的马克思主义者**路易·阿尔都塞**(Louis Althusser，1918—1990)提出了意识形态国家机器(ideological state apparatuses)以及压制性国家机器(repressive state apparatuses)的概念，前者包括家庭、媒体、宗教组织和教育体系，后者在后期依靠“国家”，包括法律、监狱、军队。

“创造不同”(making a difference)在现在很常用，而多年前人们常用更宏大的词汇“改变世界”(change the world)。从某种角度来说，这体现了葛兰西式而不是旧时马克思对变革的期望，尽管这其中没有葛兰西对革命的雄心。

由于这些处于不同层面的斗争，稳固的权力不是一劳永逸的，而是需要不断谈判、妥协的拉锯战。这点对于媒介研究的启示是，人们不会被强迫或被哄骗相信虚假的世界观念，而是会不断积极努力地斗争，尤其是现在，可以通过媒介进行斗争。

马克思、葛兰西、阿尔都塞对于权力、顺从的关注在**娜奥米·克莱恩**(Naomi Klein)的“休克教条”(shock doctrine)理论和她对公司品牌的关注中得到发展。然而，她没有明确地使用马克思主义经典模型。见 http://www.naomiklein.org，研究“休克教条”在类似2010年海地地震等灾难中的应用。

2008年开始的经济危机和经济衰退是争夺霸权的典型例子。“市场支配一切”(the market dictating)的观点一次次再现。如此使用“市场”一词，否认了人们可以调整经济状况的程度，否认了少数人——其中多数是男性——控制着经济状况的情况。

这也属于马克思所说的“**商品崇拜**”(commodity fetishism)或者是“**物化**”(reification)。这个理论指出，人类创造的产品和更大的社会过程会被神奇地当作实体，拥有自己的逻辑，似乎“市场”已经成了真实的“物体”。维基百科上有关于马克思讽刺性使用“拜物”(fetish)一词的讨论，这个词是他在19世纪理性主义的思想语境下创造的，一般用在“原始”社会的某些“神秘”物体上，现在用来研究意识形态如何伪装现实社会关系，以及广告如何让人们产生对商品的“崇拜”的策略和结果。

《欲望都市》(*Sex and the City*，美国，1998—2004)中的主角经常会在打开或收到新款的服饰时尖叫，这是对商品崇拜的一种夸张展现。提问：你对某种产品有没有这样的崇拜？英国BBC著名的汽车节目*Top Gear*有没有让你产生对汽车的崇拜？

研究6.3

- 你对“自由市场”(free market)怎么看？能在哪些媒介形式中找到这个概念？
- 查找对于人们怎么称呼、描述(见新闻标志)当前的经济危机，并查找解决方案产生分歧的采访、新闻。
- 有没有任何发言人用以上我们提到的方式描述“自由市场”？
- 你还有没有遇到过对“市场”的其他见解？在哪见到的？

马克思着重研究所有制和经济关系的决定性作用，在**政治经济学**(political-economy)的作品中多有体现[如英国格拉斯哥大学媒介研究组(Glasgow University Media Group)、格雷厄姆·默多克(Graham Murdock)、尼古拉斯·加汉(Nicholas Garnham)；美国的罗伯特·麦克切斯尼(Robert McChesney)、埃德·赫尔曼(Ed Herman)、托比·米勒(Toby Miller)和珍妮特·瓦斯科(Janet Wasko)]。本书是为了矫正一些注重文本的媒介理论和过度赞颂"主动阅听人"(active audiences)力量的行为，但同时也会在研究中使用这些方法。珍妮特·瓦斯科把政治经济学定义为：

> 这是(媒介研究)不可缺少的一部分……经济因素限制并压迫生产制作出来的产品(并影响非生产制作的产品)、分配方式、分配地点和分配(及不参与分配)的群体。
>
> (瓦斯科，2001：29；见瓦斯科等，2006)

该理论把19世纪马克思所在年代的所有制模式和生产模式看作"控制"，所以，在全球媒介和所有制类型尤为复杂、交互的21世纪，如何分配成了关键问题。但分配并没有牺牲掉所有制所带来的关键压力，权力和利润越来越集中在少数的媒介巨头和公司手中。有人认为，这可能会导致：

- 整体可供观看的节目有所减少(如卫星、有线电视节目或电影院)，全球各大公司整合，砍掉或吞并了多数节目，只保留商业上最成功的经营者或是由国家提供资金的节目；
- 公司广告和营销在文化中占有统治地位。这种现象在"轻度管制"的美国电视节目中尤为明显，有时广告时间和节目时间差不多长。在大型电影中，广告也很有影响力，有大量的植入式广告、搭售(tie-ins)、推销等，常常可以见到搭售的DVD、主题公园游、衣服、电脑游戏、时尚、美食酒水等；
- 由"大片"产生的产物是表演的"主持人"和媒介公司的"招牌"(不管是好莱坞电影还是"招牌"节目、音乐演奏者等)。有些人认为大片是通过这些附带产物成功的，这种成功"刻板、无趣、易懂"。见瓦斯科等(2006)如何描述迪士尼及其全球热销产品的争议。

1992年，布鲁斯·斯普林斯丁(Bruce Springsteen)的歌"57*channels* (*and nothin'on*)"就是这样的一个例子。

否认(disavowal):精神分析学中,否认是指不承认存在的困难和创伤的过程。有些媒介理论家用它来解释人们用广告、娱乐和梦幻形式等掩盖自己对现实的不满。该词揭示了受众的认知,以及希望通过这些媒介形式来忽略现实的愿望。

"主流意识形态"理论的结语

有些作家[见阿伯克龙比(Abercrombie)等,1980]认为,主流意识形态的确存在,并在争夺霸权,但是他们认为在解释社会秩序如何形成时,更重要的是:

- 对武力、政党派别的认识(监管和武装控制的大型国家机构,见克莱恩,2007);
- "经济萧条的压制"、维持生计的需要、消耗大量时间和精力来抚养子女和家务劳动……虽然人们并不认同当前的价值体系或认为事不关己,但所有的压力让人们没有空间、时间和精力来改变现状。

除此之外,诸如法兰克福学派等利用精神分析的人,支持商品崇拜带来的欢愉,对很多文化形式尤其是品牌和名人助长了本已相当不公正和不平等的社会秩序这一事实予以**否认**。

研究 6.4

- 你是否赞同以上的观点?
- 你的朋友或你自身有没有这样的媒介体验?

后马克思主义

"经典"的马克思主义理论受到了一些历史变迁的影响:

- 1989 年,东欧社会主义国家集团崩溃,干扰了将马克思主义理论付诸实践的革命家。
- 20 世纪 70 年代以来,复兴的"自由市场"和"新自由主义"政策渗透到人民生活的各个方面。有人指出,这种政策也影响到了媒介理论:让媒介理论倾向于只关注"主动阅听人"对媒介产生的影响,忽略公司媒介的争议,也不再质疑公司媒介对各种媒介产品和受众线上线下活动的限制。
- 同样有影响的是**后现代**(postmodern)理论派。但不管

见 **MSBS 官网**对《低俗小说》案例分析的最新版本,文章着重讨论了后现代理论。 ONLINE @ RESOURCES

他们如何“解构”主流意识形态，往往还是为了建构自己的意识形态：他们希望摒弃任何政治性联系来建构更好的世界。

● 现在，越来越多的人怀疑科学或推理所拥有的绝对真理，或科学一定对世界是有益的。这开拓了媒介分析的新领域，尤其是虚拟形式的媒介分析。但这却对马克思主义产生了影响，因为马克思主义理论是建构在科学之上的。

尽管有些人认为马克思主义的方法已被束之高阁，所以它的长处和短板也随之消失，但是上述的这些改变仍引发了人们对一些关键问题的讨论。

● 当主流意识形态只有一个，而且是与经济力量直接相关时，统治阶级就不会让人畅所欲言，导致的结果就是所有人都只能跟着统治阶级的利益走。我们在这里谈的是扎根于竞争和某种对立的资本主义。这种“单一的意识形态”常会对任何人做出非常傲慢的假设，除了研究者。如果意识形态发展得很顺利，各个阶层已经完全顺从，那研究他们的人为什么还会有“局外人”的想法呢？

● 基于性别、种族等因素如何对“生活机遇”产生关键性影响，新政治所面临的挑战为学者研究不同形式的压迫提供了新的方式。但正如马克思主义模型中的阶级，这些因素不是绝对的决定性因素。现在在“多元化”和“不平等”二者之间的区别上有一些重要的讨论[见奥尔(Orr)，2009]。

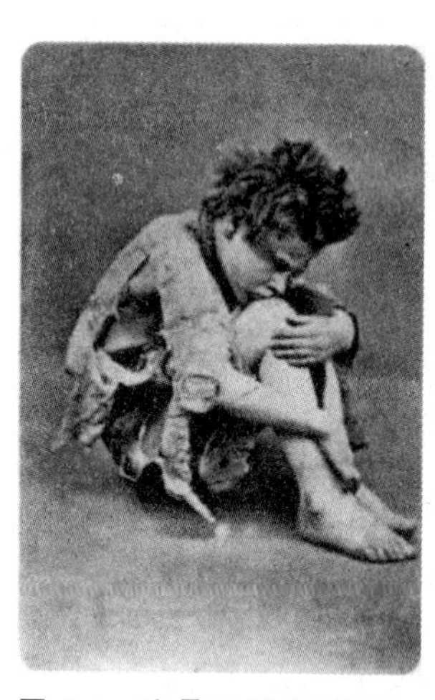

图 6-4　这是巴纳度慈善机构（www. barnardos. org. uk）提供的一张照片，照片里是 19 世纪英国街边的流浪儿童（1870—1877）。

持续存在的阶级与变化中的外表

1. 想要判断一个人是“穷人”还是“富人”，通过外表就可以很容易看出。19 世纪的慈善先驱巴纳多先生就用骨瘦如柴、衣衫褴褛的“流浪街童”形象来唤起有钱人的良心。现在“第二世界”慈善机构还在使用这一招，这是可以理解的。而直到相对较近的时期，艺术家和漫画家才开始使用硕大的身体、服饰、大礼帽和口音等来代表富人——“肥硕的资本家”或贪婪的贵族。

2. 现在，有教养的语言、身材苗条甚至瘦才是富裕的表现，瘦不再是缺少食物的表现，而是显示这个人有良好的饮食习惯。然而，很多人为了达到这样的身材常会产生厌食或正如你了解到的,"得到认可的"身材具有性别特征,而不顾人们总体上对健康的考虑。"身材法西斯"(body fascism)显示了人们修饰身材、用手术完善身材的压力和意识形态形象。

炫耀性消费(conspicuous consumption)是伟大的挪威裔美国经济和社会学家**斯德恩·凡勃伦**(Thorstein Veblen, 1857—1929)创造的,用来形容商品消费是为了显示自己的社会身份和财富(不是用来形容饮食失调)。

尽管"所有人都看出"BBC《小不列颠》里的 Vikcy Pollard 处于"社会底层"(underclass),我们却很难听到"不肖富"(undeserving rich)这个词。

过饱过饥综合征等复杂的问题。人们不得不问,苗条的身材。能够证明什么,证明他(她)是富人吗?同样,就算是身着昂贵的服饰、珠宝,开着名车的人也可能背负着巨额个人债务。

这些改变让人们很难单凭外表看出这个人真实的经济状况。这也是为什么现在社会阶层更难拿出来讨论的原因之一,阶级不像性别、某些残疾、某个种族或宗教等因素那么好区分。

3. 肥胖在有些文化中显示这个人有很多食物可以吃,但是在"发达国家"则是文化与物质的匮乏和上瘾(也可能因为遗传的因素,或有的人不想做"时尚的奴隶")。对于这些群体复杂的态度,人们常用"贪吃"(而不是上瘾)来解释他们的肥胖。从意识形态来讲,这一观点让人们不再指责肥胖是由于市场营销和食品巨头所引起的"上瘾"。

4. 对于这些指责的意识形态脉络包括 20 世纪 80 年代后人们对巨富的赞颂(如一些名人报道),公司的贪婪被正大光明地称作"发展"。不管是个人财富还是公司财富,都很难再像马克思主义理论说的一样,与"动手动脑"创造财富的劳动者直接联系起来。

再看各种重新塑造形象(make-over)的节目,这些节目常被称作"垃圾节目",常是为了把参与者(常是女性)改造成"可以接受"的形象[见伍德和斯克洛兹(Wood and Skeggs),2008]。或是媒体抓着一些"不值得被救助的穷人"(undeserving poor)或"社会底层"(underclass)不放,认为这是"衰落的大英帝国"的一部分。这些人常住在政府保障房里,女性尤其被描述成"邪恶的母亲",超市的账单里常会有酒,如果她的丑闻够劲爆,她们的族谱和与其他人的暧昧关系常会在娱乐小报上被无情地揭露出来。纳恩和毕热西(Nunn and Biressi,2009:107)给出了很好的解释:"这些所谓的不值得被救助的穷人渐渐与反面角色联系起来,因此表现良好的大多数人可以安心继续享受'精英集团'的利益。""社会底层"一词来自于美国,不仅形容无家可归者、瘾君子和小型罪犯,还用来形容贫困失业的无产阶级。该词延续了 19 世纪创造的"不值得被救助的穷人"一词中的贬义,并在不平等的阶级分化中排除了贫困的部分,这也是马克思主义所关注的。

自20世纪80年代中期以来，关于阶级的讨论越来越少，尤其是工人阶级的体验。为实现阶级认同而构建的结盟（工会、当地社区和工作场所）多数遭到了破坏，取而代之的是新自由主义理想，如“社会阶层流动”（social mobility）和“消费者选择”。

认同政治和批判多元论

人们对阶级的认同束手无策，于是，其他关键的身份认同（性别、种族等）开始争取更多的话语权。这种**认同政治**（identity politics）之间区别的一个很好的例子就是，有的女权主义者认为，尽管工资不平等是男女不平等的关键，但男女不平等不仅来自于工资不平等，也来自于再生产。这里的再生产不仅代表着繁殖下一代（家庭），还代表着重建社会秩序所需的家务活（照顾劳动力）。

研究6.5

图6-5　很多想当然的词汇是女性受压迫的关键。这是20世纪70年代珀西·西蒙德（Posy Simmonds）的漫画作品。

● 你能否为自己所在的“身份群体”设计一个类似的“压迫词堆积出来的山”？可以关于年龄、种族、性别甚至是阶级。

图 6-6　一张明信片，展示了生活和工业中，不同类型劳动者的不同需求。

我们常说男人的社会权力和社会地位是建构在女人对丈夫、孩子的家庭和情感付出之上的。而且，由于女人所谓的照顾家庭的“天性”，因而看护、清洁、餐饮服务和现金出纳这几个行业多招收女性雇员[见 http://www.fawcett.org.uk 和霍赫希尔德(Hochschild)，2003]。还有客户服务中心，尽管近年来，客户服务中心有越来越多的男性雇员，但这是因为经济萧条时期，男性不得不参与到原本属于“女性”的工作竞争当中。客服中心的工作包括“情绪劳动”(emotional labour)，女性自小就知道自己将来要成家并照顾家庭，因此她们培养了“情绪劳动”的技能，并在这方面的工作中很有“天赋”。

图 6-7　班斯基(Bansky)的作品显示不平等不仅是全球现象，更渗透到生活当中。该图显示了拉人力车的小孩和坐车的游客在财富上巨大的不平等。

同时，“黑人”理论家不仅提出现代工业发展的财富基础是由奴隶贸易积累起来的，还研究种族之间的不平等是如何构建和延续下来以及如何跨越阶级和性别区别的。人们对不同的性别、年龄(老年人和儿童)、残疾人和其他重要的结构化体验和斗争也有过类似的讨论。由于近几年 Web 2.0 的发展，这研究者威尔金森和皮克特（Wilkinson and Pickett，2009）大规模研究不平等产生的影响，并说明为什么平等比“增长”更重要。据估计，现在1%的世界人口拥有40%的财富。研究 http://www.happyplanetindex.org/。

回顾第2章斯皮尔伯格说的话：“很久很久以前都是一小撮人围在篝火边听人讲神奇、魔幻的故事。现在是整个世界……这不是因为美国电影院的‘控制力’，而是故事本身的魔力，它团结了整个世界。”

人们讨论更多的是“叙事”，而不是政治家的角度。例如，“巴勒斯坦人有自己的故事，以色列人有自己的故事”。这似乎代替了“意识形态”或“价值观”。问：这些词在语境中有什么区别？

些现象越来越明显，并改变了绝大多数人的体验。

有些人会说，马克思主义对阶级差别的关注渐渐转移到对“身份”的关注上。我们仍然生活在以利益、高消费和不平等为驱动的、严重不平等的资本主义社会；但现在，这些范围已经扩展到了全球，各个大陆之间相互剥削，不同形式的压迫剥夺了人们的权利。

有的人会说，新自由资本主义秩序与认同政治十分匹配，这种政治与阶级差别相关联，是值得学习的，是有必要的。但有人认为，认同政治关注更多的是多元化，而不是不平等，但是不平等在迅速扩张，产生各种令人恐慌的形式，如关注“种族”的法西斯运动（见奥尔，2009）。

媒介拥有权的多元主义模式进一步发展，媒介成为自由力量，注重媒介形式和媒介产品的多元化选择。有人认为，如果某种价值观或形式占据主流地位，那是因为它们“非常受欢迎”，在“自由的思想市场”中出类拔萃。例如，美国文化形式“颇受欢迎”，人们把它归功于“普遍的”吸引力，而不是全球协调的力量。

当然，媒介是多元的，尤其是在互联网和交互时代。受利益驱使，网站站主和大公司不得不传播多种思想和身份特性来保持盈利。但是我们还需要知道，是什么力量驱使某种思想和想象比其他的思想和想象传播得更快。因此，在发展原始的马克思主义和葛兰西思想的基础上，其他人[如汤普森（Thompson），1997]认为，我们现在生活的世界，多种力量交错：

- 经济力量
- 政治力量
- 强制力量，尤其是军事力量[见克莱因 2007 的“休克主义”（shock doctrine）]
- 符号力量，如信息和传播手段，包括宗教、学校和高校，以及起到关键作用的媒介。

这些方式有时被称作**批判多元论**（critical pluralism）。人们认为，不同的**话语**或对世界的描述有时是互相冲突的，但这不是一个对所有人都友善的“公平竞争环境”。有些话语是权威机构的一部分，很容易获得信任、物质资源、法律权力、出版权，如果必要的话，这些资源要努力争取。其他的话语则照旧遭到排斥、边缘化。

研究 6.6

- 你认为互联网有没有改变这些关系？
- 你有没有遇到过遭到排斥的话语：

a. 得到传播；

b. 被禁止传播？

话　　语

现在我们开始用"话语"(discourse)这个词来代替意识形态，这个复杂的概念可以有效地用于各个力量之间的多重思想和价值观。现在，媒介研究不再用扎根于阶级斗争(马克思模式)，以一个主流观点来对抗另一个对立观点。实际上，20 世纪 30 年代从纳粹德国逃到美国(见第 14 章)的具有影响力的马克思主义理论学派——法兰克福学派，开始称自己为"批判性"学派而非马克思主义学派，摒弃了"阶级斗争是历史发展的动力"一说。

身份冲突的反应由受压迫群体的媒介表现转向了更强有力的、居于次要地位的意识形态和身份的模型，后期的理论家通过生活性文化和有力或遭排斥的话语来进行分析，让更多人了解权力结构如何自维，并指出社会秩序在不同层面努力进行改变——比支配一切的阶级冲突更乐观的政治态度。

让我们再看一下这一方法的组成部分。

"话语"有着悠久而复杂的历史[见班尼特(Bennett)等，2005]，在媒介研究中经常被混淆，所以我们要在此解释一下。话语最初包括规定好的陈述体系或语言使用体系。"规定好的"(regulated)在这里是指在特定的领域中按照规定、习俗使用"恰当的"语言。"语言"(language)可以包括视觉语言(如符号学)。也就是说，话语是用于特定领域的实践(如法律、时尚、政治、医疗)的语言使用体系(讨论、描述、理论等)。

"话语"也可以追溯到法国理论家福柯(Foucault)的作品中。他关注知识体系的组织建构，包括语言，以及建筑的设计

米歇尔·福柯(Michel Foucault，1926—1984)是著名的后结构主义哲学家、知识社会学家和历史学家，其突出贡献是研究知识和权力的实践关系，尤其是疯狂或性相关的领域。

安排，法律、医疗、监狱等的例行习俗（任命、排斥、“游戏规则”）。它们是某些习俗力量的主要部分。

福柯认为，话语实际创建了“真理制度”以及我们的认知。例如“儿童”（child）这个词不总是用于描述“年轻人”（young adults），在不同的年代和不同的文化中很难界定。但是把某个人定义为“儿童”的时候，常带有大量的法律、财务等含义。

同样，有人认为话语用于对抗性的、专门的实践和亚文化群中，如朋克迷或某种体育的特殊语言。

“话语”作为媒介研究的一个概念，现在经常用于研究新闻报道中不同层次的词语的“含义”，采访问题的措辞，“游戏规则”如“语言礼节、演讲技巧、和将表达和社会等级结构联系在一起的形式”［佛柔（Frow），引自班尼特等，2005：92］。著名作者费尔克劳夫（Fairclough）的成就在于“话语”研究的语言学方面以及“批评话语分析”（critical discourse analysis）方式，见第15章。

> 用“evil”（邪恶）来形容某种行为或某个人往往是人们的宗教视角，他们认为行为不是在社会中形成的，而是“上帝给予的”，是不能改变的。

> 工作室、阶梯教室，或法庭、大使馆、医院或大商场以不同的方式设计使用者的位置，这与主流话语（dominant discourse）和权力关系有关。从这个角度出发，研究一个你了解的公共（或虚拟）场所或建筑。

研究 6.7

这听起来很隐晦，但请记录电视上一个充满争议、包含权威人士的采访。你能否看到采访中的“潜规则”、“语言礼节”或“演讲技巧”？有没有感觉到“有些事最好别说”的氛围：某些问题无疑不能提，某些有争议的领域避而不谈——例如，高额奖金，或者某位官员可能因战争犯罪受到国际刑事法庭审讯？

如果采访中有现场观众，采访者或现场主管是怎样通过麦克风等设备“管理”观众的提问、评论、尖叫甚至动作？（当然，采访不一定用得上最好的设备，或提前排除掉了一些问题。使用预录音同样重要。）

费尔克劳夫认为，话语分析重在探究内在的价值观和身份特性，以及日常实践（多是潜在的）和特定话语形构（discursive formation）规则所产生的双重影响。

我们来探究一下你如何使用第15章的语言学批评话语分析方式。狄肯(Deacon)等(2007)概括其价值为:

话语分析可以……指出那些想要终止意义的企图,并修复到给定位置,凸显某些正确的习惯,当出现问题时创新性的修复,并彰显话语无可替代的主体位置。(158)

在这里,"主体位置"(subject position)是指通过某些话语来"定位"我们的方式,如语言手势等。相关的词汇是批评语言学中的**谈吐**(mode of address),指的是一个文本对其受众"阐述"的方式,或"它认为我们是谁"。无论是线上还是线下,我们每天对老师、朋友、银行经理说话的方式是不一样的,我们对每个人的"定位"也多是不一样的:我们对有的人尊敬有加,对有的人很亲密,而对有的人则很警惕。进一步讲,当我们因自己的行为方式而获得某种称呼时("淘气的孩子","小大人"等),这种呈现或扮演出来的特性建构了我们的身份,至少是暂时性的。

再看看财经新闻的"专业"报道,经常使用隐晦的暗喻,如"股票市场经历了糟糕的一天/反弹/遭受重大打击"、"纳斯达克指数(NASDAQ)跌入水底"、"让经济回到正轨"等,到后来的"银行需要整顿资产负债表"、"政府正在清理金融领域"等。这些说法让本已故弄玄虚的股票市场更深不可测,用马克思主义的"商品崇拜"或"物化"的方式将这种神秘"自然化"。

与此相关,有人认为,不仅是商业,日常私人生活也渐渐变成了经济活动和"投资"的一部分。学生贷款、抵押、信用卡、养老金等成了全球金融体系的一部分。但我们也有"私人的"文化生活,如电视和杂志上的"生活方式",家庭装修、各种个人形象的改造等。这些让我们考虑到它们将来可产生的收益。因此,我们随时保持着"追求时代潮流"的心理,这是消费资本主义话语下的经典意识形态。

见一个对英国新闻形式有趣的解剖——查理·布鲁克(Charlie Brooker)的*Newswipe*(BBC 4,2009年开播),http://www.broadcastnow.co.uk/news/multi-platform/charlie-brooker-scores-global-youtube-hit/5010263.article。

模特莉丽·科尔(Lily Cole)最近谈到自己学业时说到打算"储备"(banking)经验,然后看未来想做什么。我们在决策中常谈到"投资",学生是"顾客",我们"拥有"项目而不是参与到项目当中等。

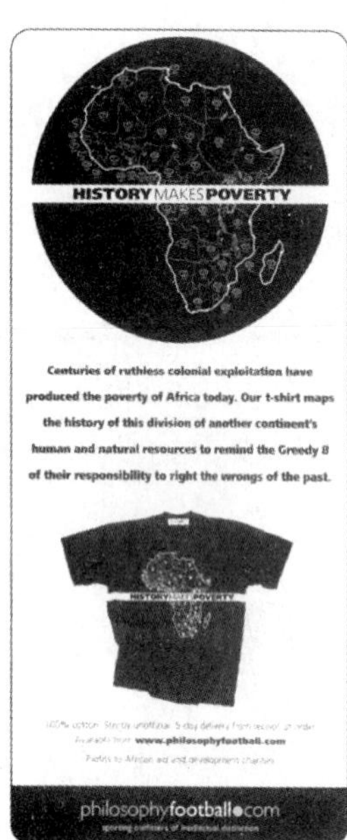

图 6-8 "让贫困成为历史"的 T 恤衫。

图 6-9 "酷"(cool)是时尚的态度,不轻易与政治活动等结合。很多人认为凯特·莫斯(Kate Moss)就是这种态度的代表,在镜头前常是桀骜不驯、冷漠无情,不落俗套。众所周知,她几乎不发表公共言论,对公众敬而远之。

研究 6.8

想想你最近看过的关于"生活方式"的节目或杂志。你是否同意以上的观点,为什么?

举例

1. 2005 年的 G8 示威游行 T 恤衫。它重新采用了非洲熟悉的话语:

a. "历史铸就贫困"(History Makes Poverty)(这个口号是"让贫困变成历史"(Make Poverty History)的变化形式,该口号曾是很多示威者的口号,已经成为一个震撼人心的词组);

b. 用"贪婪的八方"(Greedy 8)代替"G8";

c. (更隐蔽的)"分割另一个大陆的人力和自然资源的历史"地图。

2. 另一个例子是改变话语中语言和逻辑方式:"当我给穷人食物的时候,他们叫我圣人。当我问为什么它们没有食物时,他们叫我共产主义者":巴西累西腓市的赫尔德·卡马拉神父[Dom Helder Camara,1909—1999,拉丁美洲解放神学(liberation theology)运动先驱]认为基督教福音支持社会变革,而不是对社会现状的默许。

研究 6.9

查阅你常用的新闻资源——印刷品、电视或互联网,查找关于意识形态的隐喻。

现有的例子包括:

- 在政治话语中使用"癌症"的隐喻来支持某个情况宿命论、证明"严厉的措施"是合理的,同样暗示癌症是致命的(但这一点现在已经过时了);
- "精简"(downsizing)表示裁员(在经济衰退前?)。其他委婉的说法包括"现代化"(modernising)、"流线型"(streamlining)、"重组"(restructuring)、"合理化"(rationalising)等。

图 6-10 该图是英国"二战"时期的宣传海报,最近又开始流行在杯子、T 恤和明信片上。有人也开始肆意改编("现在开始尖叫惊慌失措吧!")。见本章的案例分析以及对"宣传"的讨论。

图 6-11 1945 年 5 月 8 日欧洲胜利日(VE Day),两个小女孩在伦敦巴特西的一片废墟上。她们无意间使用的两面旗帜让整张照片更能引起受众共鸣,更加"可爱"。佚名美国摄影师,皇家战争博物馆。

生活性文化

对"生活性文化"(话语分析里面较为松散的部分)的关注让我们想起了葛兰西的一些观点以及文化研究领域。葛兰西认为"常识"来自于很多人的指导,是前人留下的复杂体系,而不只是"智慧"。这些遗迹可能源自千百年前,也可能相互矛盾("天助自助者")。但是它们也在不断变化,与现代的理念和"智慧"相互碰撞。他强调,霸权是一种生活过程,不仅是强加的或单独存在于思想中的。"常识"(而不是他所谓的"健全的见识")的力量来自它与日常物质实践、仪式、活动及主导思想之间的关系。

举例

1. 毕利格(Billig)研究国家认同(national identity)的构造,有人认为国家认同用来调动政治权力、巧言说服年轻人上战场甚至不惜战死,而这些战争多关乎经济利益(当然,经济保障也可能是促使他们当兵的原因,年轻人不都是"傻子")。

他认为,如此强势的国家认同不是一直存在的。相反,"在当今世界,各个国家需要寻找理由让人们记住自己的国籍"(1995: 7;重点强调),这种认同一直"都在,所以在需要时,国家可以召唤他们"。毕利格认为,各国利用一套日常的生活性"平实民族主义"(banal nationalism)来影响着国民,达到此目的。日常琐碎的事件不断地提醒人们自己的国家,这种标志性"旗帜"不是体育赛事或者战争时大张旗鼓挥舞的"旗帜",而是在公共建筑上不惹人注意的旗帜,美国学校每日要求学生对星条旗行礼,硬币和邮票上的国家标志,街道名称中的国家故事,或者是新闻报道中"我们"、"他们"、"家乡"、"外国"的使用。毕利格(2005)和安迪·麦都思(Andy Medhurst,2007)同样研究了幽默的作用,及如何保持占支配地位的身份,并如何颠覆其中的一些身份。

研究 6.10

● 研究一系列"老一套的"民族主义话语(nationalist discourses)和自我强调的纪念庆典或体育庆典、民族主义者网站等(种族主义的英国国家党最近因企图用"二战"图像作为自己的标志而遭到抨击)的例子。

● 你也可以留意古今以来被称作"国宝级"的人物，这一类的民族主义话语的风格和作用是什么？

见罗布和韦斯特(Grindstaff & West，2006)对啦啦队和体育的性别政治的看法。

"报纸上的体育版可不是可有可无的附属品……体育版永远会有，永远不会空缺。每一天，全世界成百上千万的男人们浏览这些版面，分享胜利或失败，在这个摇旗呐喊的世界自在徜徉。"(Billig，1995：122)

2. 我们可以研究体育的生活性文化，尤其是在公司媒体建构之下，这种文化是如何复制、"提醒"我们性别和国籍的差异的。同时，这些大公司的话语展示和构建了人们对身体(大块头)和金钱力量的渴望。

经济主导因素也决定了我们对男性运动和女性运动的重视程度。总体来说，媒体对男性运动的报道大幅超过了女性运动的报道。对应的，除了奥运会，女性运动的奖金就更少。但是语言上的"标记"和其他"看似自然的"媒介活动更加深了体育上的性别区别。

● 女性运动仍然带有语言和视觉的"性别标记"，尤其是在互联网图像上。电视评论时常把女性运动员当作少儿对待，像是称女性运动员为"女孩"(girls)，一般不会听到男性运动员被叫作"男孩"(boys)，会叫她们的名而不是姓，并总是提起她们的婚姻或家庭状况[例如，人们常把威廉姆斯姐妹(Williams sisters)的网球成就与父亲的训练联系起来，这在男性运动明星身上是看不到的]。在女篮比赛中，运动员的形象总是与其性征联系起来，有些人认为网球运动员如玛利亚·莎拉波娃(Maria Sharapova)是因长相成了名人。

● 很少有国家会将女性的成就作为"国家"的代表(如橄榄球队等)，更多的是作为私人活动，其中的部分原因可能是她们很少能组成大团队的运动，而男性的大团队运动则早在学校就得到机构的投资和支持。

小　结

总而言之，马克思主义者强调意识形态的基础是经济和阶级斗争，而这个重点渐渐转移到其他形式上：

- 压迫
- 权力形成
- 传播的方式和具有挑战性的主导思想

人们对"意识形态"的关注开始转移到对"话语"的关注。人们不再认为媒体会"隐藏"或是"掩饰"资本家与工人阶级之间阶级斗争的"真实"过程。

在媒介研究中，这一方式变成了以下几种方式：

- 经济力量集中的阶级的确进行一系列的压迫，但是他们也受到其他阶层的影响；
- 很多自信的新身份和相关新思想的传播让这一状况更加复杂；
- 虚拟、娱乐和梦幻形式与现实形式一起开始探索这些身份；
- 受众如何使用新媒体，这种兴趣推动了媒介的进一步发展，带来了矛盾冲突。

很多人会说，我们偏离了马克思主义强调的经济不平等，尤其是在当前经济受到重创、严重不平等的资本主义社会，我们有得有失。尽管今时不同往日，但我们似乎应该重新思考马克思主义的这些重点，这也是这一章想要说的。

我们在"案例分析"中展示了当前最棘手的一个矛盾冲突——气候变化，也为意识形态分析提出了新的问题。

参考书目与扩展阅读

Abercrombie, Nicholas, Hill, Stephen, and Turner, Bryan S. (1980) The Dominant Ideology Thesis, London: Allen & Unwin.

Balnaves, Mark, Donald, Stephanie Hemelryk, and Shoesmith, Brian(2009) Media Theories and Approaches: A Global Perspective, London: Palgrave Macmillan.

Bennett, Tony, Grossberg, Lawrence, and Morris, Meaghan(eds) (2005) New Keywords: A Revised Vocabulary of Culture and Society, London and New York: Blackwell.

Billig, Michael(1995) Banal Nationalism, London: Sage.

Billig, Michael(2005) Laughter and Ridicule: Toward a Social Critique of Humour, London: Sage.

Connell, Robert(2000) The Men and the Boys, Cambridge: Polity Press.

Deacon, David, Pickering, Michael and Murdock, Graham (2007) Researching Communications: A Practical Guide to Methods in Media and Cultural Analysis, London and New York: Hodder.

Fairclough, Norman(1995) Media Discourse, London: Arnold.

Foucault, Michel(1988) Politics, Philosophy, Culture: Interviews and Other Writings, 1977-1984, London: Routledge.

Golding, Peter, and Murdock, Graham(1991) 'Culture, Communications and Political Economy', in Curran, James, and Gurevitch, Michael (eds) Mass Media and Society, London: Edward Arnold.

Gramsci, Antonio(1971) Selections from the Prison Notebooks, London: Lawrence and Wishart.

Grindstaff, Laura, and West, Emily(2006) 'Cheerleading and the Gendered Politics of Sport', Social Problems, 53, 1.

Hochschild, Arlie(2003) The Commercial Spirit of Intimate Life and Other Essays, San Francisco and Los Angeles: University of California Press.

Holland, Patricia(2003) Picturing Childhood: The Myth of the Child in Popular Imagery, London: I. B. Tauris.

Hyde, Marina(2009) 'Julia Roberts Turns a Temple in India into a Closed Set', The Guardian, 25 September.

Klein, Naomi(2007) The Shock Doctrine: The Rise of Disaster Capitalism, London and New York: Allen Lane.

Klein, Naomi(2009) No Logo, revised anniversary edition, London and New York: Picador.

Lawson, Neal(2009) All Consuming: How Shopping Get Us Into This Mess and How We Can Find Our Way Out, London and New York: Penguin.

Lewis, Justin, Inthorn, Sanna, and Wahl-Jorgensen, Karin(2005) Citizens or Consumers? What the Media Tell us about Political Participation, London and New York: Open University Press.

Marmot, Michael(2005) Status Syndrome: How Your Social Standing Directly Affects Your Health and Life Expectancy, London: Bloomsbury.

Marx, Karl and Engels, Frederick(1965; first published 1888) The German Ideology, London: Lawrence and Wishart.

Medhurst, Andy(2007) A National Joke: Popular Comedy and English Cultural Identities, London and New York: Routledge.

Munt, Sally(ed.) (2000) Cultural Studies and the Working Class, London and New York: Cassell.

Nunn, Heather, and Biressi, Anita(2009) 'The Undeserving Poor', Soundings, 41 (spring): 107-117.

Orr, Deborah(2009) 'Diversity and Equality Are Not the Same Thing', The Guardian, G2, 22 October, 10-11.

Therborn, Goran(2009) 'The Killing Fields of Inequality', Soundings, 42 (summer): 20-32.

Thompson, John B. (1997) The Media and Modernity: A Social Theory of the Media, Cambridge: Polity Press.

Wasko, Janet (2001) Understanding Disney: The Manufacture of Fantasy, Cambridge: Polity Press.

Wasko, Janet, Phillips, Mark R., and Meehan, Eileen R. (2006) Dazzled by Disney?: The Global

Audiences Disney Project (Continuum Collection), Leicester: Leicester University Press.

Wilkinson, Richard and Pickett, Kate(2009) The Spirit Level: Why More Equal Societies Almost Always Do Better, London and New York: Allen Lane.

Williamson, Judith(1985) Consuming Passions, London: Marion Boyars.

Williamson, Judith(2008) 'The Culture of Denial', a talk on http://www.friezefoundation.org.

Wood, Helen, and Skeggs, Bev(2008) 'Spectacular Morality', in Hesmondhalgh, David and Toynbee, Jason (eds) The Media and Social Theory, London and New York: Routledge.

案例分析：《愚昧年代》与气候变迁政治学

● 语境：影像与话语	● “宣传”一词
● 电影的文本方式	● “电影”及“日常实践”
● 小结	● 参考书目与扩展阅读

“气候变迁政治学”(climate change politics)是一门饱受争议的复杂全球学科。因此，对这一领域的媒介形象的争议颇为激烈、复杂。但至少它最终得到了全球的高度重视。多年来，由石油巨头(见 www. exxonsecrets. org)赞助的辩论家一直否认一些人类活动是导致气候变化灾害的主要原因，这些人仍然活跃在这一领域。

因此，我们以 2008 年的英国电影《愚昧年代》(*The Age of Stupid*)为例。该电影拍摄方式新颖大胆，于 2009 年集资制作，并投放全球。该片在媒介，包括“新媒介”或 Web 2.0 在如何反抗和改变意识形态的问题上提供了绝佳的案例：

● 如何在气候变化的辩论中“展示”这些问题；

● 如何将这些因素放在大规模上映、娱乐易懂的电影中；

● 这种再媒介化(从纪录片、政治演讲、研究等到很有潜质的好电影)如何与制作和发行“全球”电影涉及的话语和实践联系起来。

在 2009 年哥本哈根世界气候大会召开的数月前，这部电影在此“关键时刻”面向全球发行。在那时，已有很多证据证明全球变暖所造成的巨大影响。

1. 革命理论家葛兰西写道：“旧的已经死去，新的还没出生。在这个过渡期，各种病态的状况衍生。”(1930，1971 年翻译出版)

2. “其他年代的人努力废除奴隶制，颠覆种族隔离甚至登陆月球。我们知道自己需要做什么。”[导演芬妮·阿姆斯特朗(Franny Armstrong)在英国首映前给影迷的邮件，2009]

语境：影像与话语

通常，广告被看作史上最大的宣传体制(见下文)。尤其是汽车在广告上利用“计划性报废”(planned obsolescence)，并利用人们在电影、游戏和“*Top Gear*”(BBC 2002 年重新推出的节目)中对汽车的商品崇拜。尽管自己开车常会遇到交通堵塞,但人们仍然喜欢开车时冒险的体验,即便是最好的公共交通系统也对此望尘莫及。

面对气候变化的加速,汽车广告商的回应往往会自相矛盾。比如一个相对“环保”、但是五金矿产俱全的普锐斯(Prius)汽车广告。它的生态话语使用了熟悉的白色车身和背景,广告中没有其他交通工具出现,展现美丽的“自然风景”。汽车广告常会“带你观赏将来不可能存在的景致,尤其是在汽车等产品的使用下将会破坏殆尽的景色”(威廉姆森,2008)。

在过去几十年中,绿色和平组织成功地让人们关注冰川融化的现象,北极熊已经成了冰川大陆有名无实的首领,在仅有的小块浮冰上显得绝望却又“可爱”。“保护地球”的口号倾向于关注这种荒芜、壮观的地方。因为从这种(主流的)视觉方式上来看,这种杳无人烟的地方让人感觉有什么东西被分隔在里面——“自然世界”——可以用来研究、想象和“帮助”。尽管,人们会忽略人类文化长久以来对这些地方的影响,尤其是过度消费的资本主义社会对这些地方的影响。BBC在2006年推出《行星地球》(*Planet Earth*,2006,第一季),2009年推出《生命》(*Life*,2009),尽管这两部剧在很多方面都非常成功,但却很少提到游客或其他人类活动对纯净环境的影响。

图6-12 这是一则相对环保的汽车广告,宣传油耗“低”、可循环利用等。但相对的,汽车广告却到处炫耀自己滥用资源。见YouTube上普锐斯2010年的广告。

图6-13 北极熊

这个词汇也忽略了“地球”可能会从影响人类的各种灾难中继续存活下来。地球长期发生改变，在各种巨变中存活下来。说不定地球的下一个主宰者就是昆虫或者其他顽强的物种。

研究 6.11

- 你能不能找到类似的环境警告，包含人类活动在内？
- 他们是否需要来自于“hot spots”（“热闹的地点”和“森林火灾多发区”两个词义）？
- 这种景象与熟悉的“灾难”景象有什么不同？

图 6-14　获奖的电脑游戏《辐射 3》（*Fallout 3*）上的灾难让世界“枯竭”。

图 6-15　好莱坞第一部生态大片《后天》（*The Day After Tomorrow*，美国，2004）演绎了多重矛盾冲突。

图 6-16　《机器人总动员》（*Wall-E*）耗巨资打造了未来的荒芜场景，展现了人类对地球的最后一丝希望。

如图 6-14 到图 6-16 所示，这些电影用视觉影像（尤其是拥有尖端科技神话的美国）强迫人们思考如何不用现代资源，靠自己双手在地球上存活。这些融入了宗教非常“狂热”（rapture）（当然在美国的一些地区）的世界末日图景（见 http://www.raptureready.com）。“最坏的情况”（The worst）至今仍是军事化技能的一项挑战。

研究 6.12

- 不同的媒介及媒介形式（纪实/虚拟，儿童/成人等）展现气候变迁政治学的优势和劣势是什么？这对于电影、游戏等虚拟娱乐形式是一种挑战。新闻、纪录片、社交网络等可以让我们随时知晓最新的科学争论、最近发生的洪涝灾害等；而虚拟形式的作品则需要更多时间去制作。
- 电影、电视是否必须通过高价的特效、明星、绝技等来展现环境灾难？
- 这些与长久以来讨论的世界末日后的话语有什么关系？会不会让人们觉得“世界末日”非常诱人？
- 最重要的是，一直重复这种场景，让人们感觉没有其他的政治选择或另一种结果，让人们对未来感到无能为力——至少是在非“动作冒险”的政治与实践中[见布兰斯顿（Branston），2007]。

著名英国文化理论家斯图亚特·霍尔（Stuart Hall）过去常会在解释撒切尔的新自由主义政治的意识形态时提到“撒切尔亲爱的朋友 TINA”。TINA 是“There Is No Alternative”的缩写，意为别无选择，这与气候变化政治是相似的。

研究 6.13

列举你或你朋友看过或参与过的虚拟故事。

- 它们有没有帮你形成对未来的想象？
- 它们如何与儿童书籍、新闻节目和一些气候变化示威游行中更实际、更乐观的话语联系起来？这些细微的日常活动挑战了所谓“不可避免的”灾难。它们也可以通过政治愿望实现更大的改变，像是太阳能“发电厂”。
- 《机器人总动员》建构的场景有什么不同？在 Buy'n'Large 公司派来的飞船眼中，未来的人类是怎样存在的？在 X-Box 的游戏版本中及电影的其他搭售产品中呢？这些产品与电影的主要信息是否有冲突？

图 6-17　未来人们很可能使用安全能源，图中展示的是 2009 年西班牙南部的太阳能发电机。

《愚昧年代》试图将主流论述和政治行动转向气候变化，首先营造了特殊的话语语境：对某些熟悉的关键词汇如“进步”（progress）、“发展”（development）和“持续性”（sustainability）提出质疑。要持续哪种社会秩序？继续发展哪些不平等或不对称的消费？哪些知识体系和驱动力是落后的、不持续的？

其次，该片有多重形式的背景。

- 此类发行广泛、娱乐化的全球电影如何展现复杂的争论？
- 该片的 DVD 花絮如何有效地拓展整部电影？
- 电影的关键部分非常有视听效果，受到观众喜爱。如何将这些与电影所要传达的信息结合在一起？采取了什么风格的制作手法？

研究 6.14

- 如果你没看过这部电影，写下你对该片的期待。这种方法往往可以有效地看出“期待”是如何形成和传播的，甚至对小成本电影也适用，同时也可以看出该电影准确的操作过程。

包括：

- 电影如何开场？
- 第一个场景可能包括什么？
- 你对皮特·波斯尔思韦特（Peter Postlethwaite）的角色有什么期待？
- 这是“宣传片”吗？
- 电影如何收尾？

“宣传”一词

有些词汇可以让深入的对话戛然而止。“宣传”(propaganda)就是这样一个词汇。把一部电影定位为“仅仅是宣传”(该词的现代解释似乎是“说教性的”)而不予考虑,就是把这部电影定位为已经超越了可以接受的话语范围,具有过度的偏向性,让人无法相信。但同时,《速度与激情》(*The Fast and the Furious*)或 *Top Gear* 节目公开地崇拜过度消费二氧化碳的汽车,这种片子或节目就不会被称作宣传。它们是消费资本主义文化里经典的“自然产物”。

《愚昧年代》算是一部科幻电影,也是一部纪录片,目的是用该影片宣传造势,督促人类采取行动,拯救气候变化。宣传是一种话语形式,公开表现出自己想要说服观众,但多采用争论和文本的策略。广告、公共健康与安全以及政治信息等,都可以划为“宣传”。本片的片名及片尾采用了“和你”(AND YOU)一词,这是主流电影避免定位观众的开放模式。

图 6-18　英国在“二战”时期(1939—1945)提出“为胜利耕耘”(Dig for Victory)运动,鼓励人们辛勤耕耘公园、花圃、草坪,转变成小块园地,促进果蔬生产(见第 1 章)。最近这一风潮又开始复苏。这个海报带有“宣传性质”,正如书中另一幅海报“保持冷静,坚持向前”。

但是人们常常误认为,“宣传”只是代表残暴的政府控制,或者是欺骗民众的政党。法兰克福学派理论家利用这一隐含意义,看到了德国法西斯主义早期空前的宣传力量。因此,他们在 20 世纪 30 年代逃到美国,建构了美国早期消费文化的批评方式,并颇具争议地将其比作“宣传”。赫尔曼(Herman)和乔姆斯基(Chomsky)后来也做了同样的事情。

然而,如果你能接受我们下的定义,你就应该知道,“宣传”形式本身不应受到谴责,应该受到谴责的是使用它们的某些方法。这意味着,如果你不赞同一段宣传的内容,你需要说出来为什么,而不是打上一个“宣传”标签就可以,这样才可能会停止争议。

研究 6.15

- 在印刷品或谈话中,搜集最近人们使用“宣传”一词的例子。看看是否符合以上的论述。

“意识形态”有时候有类似的用法。这种遭到排斥的用法总让人们感觉对方想要传播自己的意识形态思想,或为自己做宣传。

电影的文本方式

首先，在 http://www.guardian.co.uk/environment/video/2009/mar/02/age-of-stupid-making-of 上观看制作该片的 50 分钟纪录片，它记录了这部电影长达 6 年的制作过程。请记下制作者描绘生态政治学的手法。

图 6-19　尽管不是定位在《后天》（美国，2004）的昂贵特效，该片还是具有一些简短却令人难忘的镜头。他们把片头设置成“灾难/末日之后”的场景，也巧妙地把它融入预告片中。片中的音乐也是一大亮点，你怎么形容这个音乐的基调和作用？

以下是我们的讨论：

- 作为一部纪录片，《愚昧年代》的叙事让人感到愉悦。两位制片人透露了他们的一些缺陷[如利兹（Lizzie）不知道气候变化政治学，一开始就预定了航班]和他们的焦虑（他们担心能不能“卖掉这个鸿篇巨制”，会不会失败等）。
- 该片寓教于乐，用陈述的艺术形式呈现出这部独具匠心的纪录片。该片承认了制作中存在的问题，用生硬的阿尔卑斯山镜头来表现时间的流逝，卡翠娜飓风灾难之后阿尔文(Alvin)参与其中产生的道德问题,还有电脑绘图、音乐和阿姆斯特朗周围的各种人才。现在,来看电影本身。

我们来不及研究本片的复杂性或者造作的细节。但你可以通过以下的问题来整理一下自己的反应。

它是如何建构的?相互联系的故事和人物是如何融入一个主题中的?

> 导演芬妮·阿姆斯特朗说,她从史蒂文·索德伯格(Stephen Soderbergh)的好莱坞大片《毒品网络》(*Traffic*,2000)中汲取灵感,片中有来自全球各地的各种英雄。《毒品网络》本身来自于英国第4频道的《性交易》(*Sex Traffic*,2005),是现在媒介形式联通全球的例子之一。还有几部热播电视剧,《迷失》(*Lost*)、《英雄》(*Heroes*)、《未来闪影》(*Flashforward*),都包括了来自全球各地的英雄。

图6-20　皮特·波斯尔思韦特是这部电影中的档案管理员。

1. 讨论档案管理员皮特·波斯尔思韦特的角色,你可能想到:

a. 他在2055年的科幻情境中,一提到人类就非常悲伤。这种未来设置和悲伤的基调比起相对更传统的纪录片形式,有什么进步?

b. 他用来看视频的虚拟"屏幕"虽然小,但却有重要的特效。这个"屏幕"对电影的作用是什么?如果没有这个"屏幕",这一场景会变成什么样?

对比《少数派报告》(*Minority Report*,美国,2002)中类似的屏幕。

c. 他的声音:他的声调、口音、年龄、节奏等意味着什么?

2. 电影中的矛盾和冲突、各个角色表达自己观点的镜头广受好评,这是单纯的"宣传"片或"意识形态"片做不到的。

问题:你知不知道这样的例子?似乎这种意识形态重要的一部分是承认他人的观点和话语的魅力或力量[石油科学家阿尔文对自己工作的自豪、美国消费主义对尼日利亚拉叶法(Layefa)的诱惑]。对"基要主义者"来说则不然。

3. 像传统的纪录片一样,本片也采用"蒙太奇"(montage)的拍摄手法,电影通过并列的短镜头来凸显主题。这些也没有给人留下深刻印象,但其内在含义却一直在挑战观众的智慧。举个例子,抗议风力农场的人声称这里没有风,但是拍摄时大风把气球吹向天空让他们自相矛盾。你可以想到其他的例子吗?

人们常说"政治"是"不酷"(uncool)的,这是有多方面原因的,如在互动的消费资本主义文化中存在的讽刺和对其他话语的认知,像是广告中有些荒诞的产品。

"酷"(cool)用来形容这个人看起来桀骜不驯、冷漠无情,不落俗套[见第6章对莫斯(Moss)的评论]。这与政治运动所需要建构的感情是完全相反的。例如有些激进分子在最近"愚蠢"(Stupid)和"10:10"的运动中,采用了更新颖的抗议方式,以及更幽默、更独出心裁的绝技。

研究 6.16

- 你是否同意我们对"cool"的定义?
- 查看电影网站以及制作过程的纪录片,有没有感觉到不同的"cool"?
- 这种风趣、巧妙的话语是怎么标记出来的?它怎么知道观众具有"媒介悟性"?
- 这部电影给你带来的乐趣是哪一方面?有没有令你不舒服的地方?片中嵌入的小电影(常是卡通片)讲述了帝国主义、广告的小历史,以及中国崛起让"我们完蛋了"等,你是否喜欢?

我们可能会说,这部电影通过与民间观众交流,很好地影响了气候变化的讨论。我们可以说,这部电影不仅展现了条理清晰、巧妙感人的主题,获得了意识形态上的成功,而且,激发了人们参与改变、创造希望的激情。

在这一方面,人们常引用(未经证实)雷蒙德·威廉姆斯(Raymond Williams)的一句话:"实行彻底的改变是让希望成为可能,而不是让绝望占据上风。"

“拒绝承认气候变化的人”常把“冷漠的大众”当作问题的症结所在。在当今由广告支撑的交互媒介时代，这一行为直接“否认”了意识形态的位置。

有些理论家站在精神分析的角度指出，因为个人的创伤，问题的关键不是人们漠不关心，而是太关心这个问题。不加抑制的气候变化威胁让人难以接受或参与进去，尤其是当政府不支持或鼓励对此采取行动时[勒茨曼(Lertzmann)，2009]。

因此，我们认为该片的一部分目的在于让人们心存希望，并付诸实践。

“电影”及“日常实践”

本片也受到电影业习惯的影响——由于人们常把电影业的操作认为是理所当然，因此，这一方面存在着深刻的意识形态。正如我们在其他地方说的，媒体不仅呈现现实环境，而且推动环境的形成。这其中包括发行和展览的话语——大型广播和电影公司把这种对抗性的电影内容定义、审核和分级为“非商业性的”，保证该电影是“非商业的”，而且只有少数人能看到它。“好莱坞巨头”是“规模是问题关键”(Size Matters)等语句的来源，好莱坞电影会用大量的宣传通告和明星阵容来展示影片的质量，炫耀财富，刺激消费、消费、再消费。

2008年9月，欧莱雅化妆品公司的口号“你值得拥有”(Because you're worth it)和促使银行崩溃的过度消费相得益彰。

这个口号和“这是你应得的”(Because you deserve it)相比有什么不同？通过这个概念转换会让人们思考价值是如何计算的。假以时日，这个小小的转换能否帮助建构新的主流论述？

除此之外，在筹集资金和拍摄准备的层面，耗巨资的大片是这些公司大型市场的营销支柱。前期策划和随后的“搭售”、订购、经销权之后，再销售其他多余的产品。确实，对很多大公司而言，这些是主要收入。这些是当今人类需求的“炫酷”的新型生活方式和分享资源方式，人们认为是理所当然的。

这部电影采取了“主流”策略，阿姆斯特朗承认使用了索德伯格《毒品网络》里相互联系的各路“英雄”的范例。影片(恰当地)提供的搭售产品有：贴纸，“愚蠢”(在一些高油耗车上可见)和“不愚蠢”(T恤、DVD、肥料箱等)。它的片尾鸣谢募捐机构如英国电影委员会和英国国家彩票公司(National Lottery)，都是重要的公共资源。作品一部分来源于观众。芬妮·阿姆斯特朗曾执导《卯上麦当劳》(*McLibel*: *Two People Who Wouldn't Say*

Sorry，英国，2005，video.google.com 上可查到，YouTube 上有预告片)。她也是一个风趣、熟练、有魅力的演说家、组织者和邮件迷——具有这种电影所需的各种魅力。这是2009 年一封关于美国的全球首映的邮件：

> 格伦·贝克(Glenn Beck，著名福克斯电视网主播)对我们的电影毫不客气，但我感觉他根本都没看电影，要不他就知道他也在电影里了。(一则有趣的 Facebook 回复：贝克不喜欢这部电影，说明这部电影无与伦比。我要去看。)

该片的制作、发行和放映，以及使用互联网的方式都是别出心裁，"可持续的"。"众筹"保证了影片所需的资金，很多普通人(多在网上)接到了小额的捐款邀请。你可以查到关于全球首映礼及"独立放映"模式的更多信息，这种新型影片发行模式让任何人在任何地方都可以购买到 DVD 放映权——价格按照放映者的财政状况而定——他们可以保留门票的收益，没有"中间人"。

在影片结尾显示出拍摄电影时排放的二氧化碳量。同时，"愚昧"摄制组力图举办"世界上最绿色的首映礼"，首映礼在英国伦敦莱斯特广场用太阳能发电的放映机，在天然气照明的帐篷里举行，名人乘坐电动车、低碳车、自行车走上绿地毯等。整个首映礼产生的碳排放量是一般大片首映礼的 1%，只有 5 吨。

小　结

马克思主义强调过度消费是资本主义的必然结果，尤其是在当前的高消费形式下。资本主义体系基于竞争与利益而非合作与社会共享，因此自然地，它会走向过度消费，"计划性报废"(见第 11 章)和不可避免地掠夺"自然资源"。同时，处理这些产品对环境的影响也越来越明显。

一些石油巨头为自己打造了支持环保的"漂绿"公共形象，但仍然重金反对环境政治活动。我们及本片支持这种经济与意识形态"驱动"下的讨论。但是后马克思主义媒体和政治学提出的不仅是"世界末日"的预言。气候变化的产生是不均衡的，它的影响也是不均衡的——实际上这已经是现实了。世界上的某些地方受到更多的影响，如新奥尔良，因为那里已经存在一些不平等——种族、阶级、性别、年龄和文化资本。一些绿色激进分子抗议在回收、贮存、修补等方面产生的男女不平等。

这部电影的政治定位是"红—绿"，意识到认同政治以及政治经济学的作用。它也顺带提到了一些主要(不是全部)的身份、故事和历史，有在台前幕后身居要位的全球杰出女性；有年迈的登山运动员动情地讲述欧洲阿尔卑斯山的变化，并加入自行车游行队伍；阿拉伯儿童成为片中的重要"角色"等。

有人说,"绿色"政治不像早期的"敌对"意识形态(马克思主义模式的"资本家与工人阶级",推动原教旨主义意识形态的两重身份等)。从某种程度上来说,不管与高盛(Goldman Sachs)或壳牌集团(Shell)总裁相比,我们的力量有多么渺小,我们还是可以改变自己的日常生活方式,尤其是我们的消费方式与节约方式——并且通过施加压力来促进改变。这部电影对推动这些改变做出了极大的贡献。

参考书目与扩展阅读

Boyce, Tammy and Lewis, Justin(2009) Climate Change and the Media, Oxford and New York: Peter Lang.

Branston, Gill(2007) 'The Planet at the End of the World', New Review of Film and Television Studies, 5, 2.

Gramsci, Antonio(1971) Selections from the Prison Notebooks, London: Lawrence and Wishart.

Hansen, Anders(2010) Environment, Media and Communication, London and New York: Routledge.

Lertzmann, Renee(2009) 'The Myth of Apathy', The Ecologist, 38, 5 (June).

Williamson, Judith(2008) lecture, accessed via www.friezefoundation.org, October.

第 7 章

CHAPTER 7

媒介商业化

- 商业组织研究
- 所有权及控制
- 联合大企业的经验
- 印度和中国的新角色
- 公共还是私有资金?
- 公共和私有的电影娱乐
- 新的数字环境
- 商业模式
- 小结
- 参考书目与扩展阅读

媒介制作始终是一个商业过程,常包括有创意的制作人,使用创造性劳动的“权力”,某种技术形式和发行体系,还有“交流”(与用户之间的交互作用)。就算制作人“在家中创作”,也适用于上述的体系。过去 20 年发生了巨大的变化,媒介行业自身也处在骚乱之中,有些人找到新的方法销售自己的产权——确保用户为购买产品而付出——而另一些人则面临销量下滑的危险。

研究 7.1

媒介购买习惯

回顾你自己的媒介购买习惯，与你家里5年前的购买习惯进行对比。你是否：

- 定期购买一种报纸？
- 曾经买过CD？
- 至少一个月去一次电影院？
- 买或租过DVD？
- 在线玩游戏？
- 有电视机？
- 考虑过你每个月的网费和电话费是多少？

你从这个比较中可以得出什么结论？

创造性权力常投入到“产权”当中，在法律中称为“知识产权”(intellectual property)。

商业组织研究

在相对短暂的媒介研究历史中，有些学者认为人们太过关注媒介文本本身，应该更多关注媒介使用和媒介用户。媒介研究越来越多地与文化研究结合，从某种程度上来说，这的确是目前的状况。而这一讨论缺失的，而且似乎一直存在在背景中的是对媒介制作者的关注——他们怎么组织，采用什么惯例，为什么等。本章关注的是媒介商业化，把媒介视作商业活动，这意味着两件事：

- 我们主要关注组织机构(公有或私营成分)，而非个体制作人，尽管“在家创作”的音乐人，甚至是私人博主或个体软件开发工程师会对整体的媒介行业产生影响；
- “商业”一词在这里包括行业和机构两方面的问题，本书之前的版本将这两个问题分开讲，现在我们认为应该放在一起理解。

媒介行业是各个机构组成群体，生产实体产品(如杂志、DVD和视频游戏)和“现场”体验(晚间广播、电影院的3D荧屏)以及一系列支持媒介生产与发行的服务和设备。这种媒介活动整体可以看作一个生态系统——不同的组织长期有效地进行互动，进而形成的体系。它们同时与媒介用户、评论家和解说员、调节者和政府进行互动。

见第5章对马歇尔·麦克卢汉的介绍。

20世纪70年代，马歇尔·麦克卢汉等将**生态**(ecology)的比喻应用到媒介研究当中。麦克卢汉当时提出，不同的媒介行业相互独立，使用不同的技术和不同的媒介语言形式，而与此同时，媒介形式却是互相依赖的。当前的媒介环境是技术和应用手段的**结合**，用户用一台便携式设备就几乎可以接触到所有传统的媒介形式。在你阅读本章的同时，我们就将知道消费者是否接受iPad等诱人（价格可以接受）的触屏“平板”电脑，用户可以玩游戏、看电影、电视节目、读报、看电子书、玩游戏和听广播，并提供互联网完全访问。

图7-1　苹果产品iPad——即将成为多合一的便携式媒体播放器？

尽管人们可以通过单个设备实现这些媒介活动，是不是意味着我们只有一个媒介行业？这似乎不可能，但从生态学的角度来讲，哪些行业会存活，哪些会改变，如何管理媒介环境的活力，这些需要我们考虑一系列的经济学和商学、社会学和政治学、管理学和心理学问题。

MSB5网站提供当前媒介机构的最新信息，以及一些历史背景资料。ONLINE RESOURCES

也有人批评生态学的比喻方式，认为资本主义市场的形象更为贴切。与更商业化的词汇相比，“景观”和“生态学”这一类的词汇反而起到了软化的作用。

所有权及控制

> **政治经济学**一词来源于19世纪我们现在所认为的“经济学”。政治经济学家注重谁拥有土地、劳动力和资本，以及他们使用这些资源的行为会不会造成什么政治后果。

> 见第6章珍妮特·瓦斯科等学者的作品。

> **新自由主义**一词用来描述并列的私有化和解除管制。见第5章。

> “自由市场资本主义论述”中，合并似乎是成熟市场的必然结果。

> 最有影响力的贸易协会是美国电影协会(Motion Picture Association of America)，亦称六大主要制片厂——见 http://www.mpaa.org/。

对**政治经济学**背景下的媒介理论家来说，公有制和私有制以及控制问题一直是最重要的。他们一直担心，媒介公司的所有制可能会集中在一小拨“主要参与者”手中，或者受到政府机构的控制，这两种可能性都可能对一系列的产品和服务造成不好的影响。

这种恐惧来源于垄断供应的经济状况[更确切的是，寡头垄断供应(oligopoly supply)——只有少数的几家大企业控制整个市场]。20世纪七八十年代，自由市场资本家成功游说政府放宽管制，私有化部分国营机构。因此，到21世纪初期，媒介市场不可避免地成为相对少数“传媒巨头”的囊中之物。因此，“自由市场”也就成了当前局面中自相矛盾的概念。“自由市场”提出，媒介用户可以按照自己意愿选择任何产品和服务。但是解除管制实际上助长了**联合大企业**(conglomerates)扩张，把生产资源合并到少数人的手中，拒绝给予用户真正的选择权。

> **媒介联合大企业**
>
> 联合大企业是跨部门的企业集合体，每个独立部门各具特色，占有不同的市场领域——也可能是跨行业的混合联合企业。他们大多通过“兼并与收购”形成。当它发生在特定市场或部门时，称为**合并**(consolidation)。

在第10章还有关于自由市场的讨论。我们进一步讨论一下媒介联合大企业。

这一类企业大多：

- 跨国操作；
- 跨行业操作，如媒介行业与相近的通讯行业等；
- 采取股份制(常是法人股东如基金的形式)，管理者可能没有直接的创意媒介经验；
- 总部一般在美国、欧洲或日本；

图 7-2 好莱坞常从国外或其他创意行业的优秀制片人那里“买进”创意。《美丽心灵的永恒阳光》(*Eternal Sunshine of the Spotless Mind*，美国，2004)是法国导演米歇尔·冈瑞(Michel Gondry)的作品。

● 实力够强，可以有效地反抗国家和国际监管者对其施加的限制，尤其是通过联合的商业协会或行业协会。

有些人的个人影响力很大，但他们的活动也必须受到企业管理系统和股东最终权力的限制。现代媒介活动的企业本质意味着商业决策基于短期和长期的经济分析之上——几乎没有创意性决策、单纯的艺术创新的空间(尽管优秀的设计是所有媒介活动的基本组成，产品创新也需要研发)。

研究 7.2

媒介大亨的作用

以下是三大媒介产业的关键人物。在网上查找与他们相关的企业，为什么股东对他们的事业感兴趣：

● 萨姆纳·雷石东(Sumner Redstone)
● 史蒂夫·乔布斯(Steve Jobs)
● 杰弗瑞·卡森伯格(Jeffrey Katzenberg)

然而，还有一些其他因素显示，媒介联合大企业在未来完全统治全球市场并不是无法避免的。这些因素包括：

● 没法保证大型企业的有效运转，没能保证股东的利益，因而在近期决定解散[比方说维亚康姆(Viacom)和美国在线时代华纳(AOL-Time Warner)]；

● 2008 年、2009 年经济衰退的影响，以及私人企业突然承认有时候需要公共部门的支持；

● 印度和中国市场不断扩张，产生了新的竞争对手；

● 新型商业模式的出现威胁到了传统的运作模式。

1969 年华纳兄弟(Warner Bros)被收购，收购它的公司主营殡葬业务、停车场运营、汽车租赁和建筑维护业务。

联合大企业的经验

20 世纪 70 年代，随着最著名的媒介“品牌”——好莱坞制片厂们被那些在媒介生产领域并无直接利益的更大的集团收购(如派拉蒙被海湾西方工业公司)，“媒介联合大企业”的理念开始生根。不过，当时集团内部的不同公司互动并不多。

研究7.3

好莱坞制片厂品牌

● 哪些是你所熟悉的？你知不知道哪个制片厂使用：盾牌、山、探照灯、神奇的城堡、地球和拿着火炬的经典人物？

● 这些标志在70多年间，大多数为世人所熟悉，具有极高的市场价值和销售价值——即便制片厂本身不以这种方式给电影打上标志。

http://www.neatorama.com/2008/12/03/the-story-behind-hollywood-studio-logos/讲述了一些标志背后的故事。

研究7.4

● 登陆IMDb(imdb.com)，查找你喜欢的电影。使用"组合细节"描述并检查每个电影的发行商。你可能会发现，你选择的大多数电影发行商中都会有一个好莱坞巨头。

● 现在选择你看到的前两个好莱坞巨头，在网络上搜索这两个公司属于哪个媒介联合大企业，其中还有哪些公司？并注意它们所在的媒介领域。最简便的方式是搜索每个联合大企业的"投资者"页面，而不是消费者页面。在自己进行检索后，你可以在**MSB5网站**的"Media Majors"页面上核对结果。

协同效应——这个概念用来表示将一个产品投放到另一个产品的生产制作和宣传推广中，会产生额外的价值。例如，一个媒介联合大企业与某作者在发行出版上合作，就可以考虑在同一个公司(或商业合作伙伴)各部门的电影、电视、游戏中改编发行。

ONLINE RESOURCES

20世纪70年代中期，好莱坞电影发展处于停滞期，行业形势转变蓄势待发(即便有些人认为电影的质量实际上更好了)。20世纪80年代，好莱坞电影业在商业上开始复苏，尤其是家用录像系统(VHS)的电影租赁和零售业务。有线电视、视频游戏和音乐录影带等新技术相继涌现，促进了行业的发展。同时，联合大企业不同部门的**协同效应**(synergies)开始显现出来。渐渐地，新老板买下各个著名的制片厂，以媒介活动的分类形成联合大企业(见MSB5网站的"Media Majors")。到2000年，一众主要企业统治了整个媒介环境，这些企业都具有全球效益，并都选择以好莱坞制片厂作为招牌。

2000年年初，互联网服务提供商AOL（American On-Line）和媒介巨头时代华纳（Time Warner）合并，成为历史上最大的媒介并购案，标志着网络和传统媒介的结合，进一步验证了媒介生态系统利益正在结合，并只有一个逻辑结果。但是合并没有真正发挥作用，随后即发现并购时鼓吹的“dot.com革命”抬高了AOL的价值，实际AOL没有那么大的价值。

网络公司（dot.com）革命——较短的时间内，有市场创意的新网络公司（略高于单纯的网站）成立，吸引投资者，股票价格一路飙升。但这些公司没有有形资产，新投资很可能成为幻影，2000年就是最好的例子（紧跟AOL和时代华纳合并之后）。

2008年，AOL脱离时代华纳。早在2004年，华纳音乐（Warner Music）就在一次管理层收购（management buyout）中脱离了时代华纳。同年，环球音乐集团（Universal Music）在维望迪环球集团（Vivendi Universal）失败解体后脱离了环球影城（Universal Studios）。（在核心媒介行业受到网络活动和侵权的冲击中，音乐行业首当其冲，因此，音乐行业遭受如此巨变是意料之中的。）

紧跟联合大企业的一个概念就是整合（integration），用来描述购买其他公司的过程（或建立新的子公司）为了扩张对媒介市场的控制。**纵向整合**（vertical integration）在电影业有着悠久历史，指的是控制制作、发行和放映的整个过程，因此在20世纪30年代，华纳兄弟或派拉蒙电影（Paramount）等巨头自己制作的电影，多在国内外自己的电影院放映来赚钱。在20世纪40年代后期，为了增加竞争，美国出台了反托拉斯法（anti-trust laws），禁止电影制片厂拥有自己的连锁电影院，但是在80年代，它们可以开发自己的视频商标，后来可以在自己的电视频道上播放这些电影。

横向整合（horizontal integration）指的是控制同一市场板块的企业。例如2000年，英国电影院合并，三大电影连锁店（Odeon、Cineworld和Vue）接管其他放映企业，因此这三家企业现在控制了整个放映市场的大部分份额。

另一个横向合并的例子是20世纪90年代，所有主要的好莱坞工作室接管了当时独立的特殊电影经销商，因而每个工作室都获得了自己的“自主品牌”。在美国（和其他地方），独特的、独立的制作和发行电影的理念遭受严重打击。而在当前的经济环境中，就是这一批工作室在巨变中变得不堪一击。2008年，华纳兄弟关闭了旗下的三家独立品牌[新线（New Line）、华纳独立（Warner Independent）和影屋（Picturehouse）]。

见第5章《贫民窟的百万富翁》的案例分析，本片是如何从华纳独立出来“逃到”了福克斯探照灯，最终得以在美国放映的。

建立联合大企业的动机是什么？只有在保证或提高利润的前提下，增长才是值得的。但通常人们不确定哪个策略是长期可持续的。有的管理人员便开始进行**多样化经营**(diversification)，尽可能地拓展各种媒介业务。其他人则相信协同效应，试图结合有同样内容的不同媒介。例如，相对年轻的维亚康姆联合大企业，鼓励包括MTV电视和尼可罗迪恩(Nickelodeon)在内的所有旗下品牌为派拉蒙制作电影。

图7-3　图中是伦敦Vue电影院的旗舰店(曾是Warner West End)展示20世纪福克斯(20th Century Fox)和派拉蒙(Paramount)的宣传资料。Vue是占领英国市场的三大连锁品牌之一，这三大品牌都为投资集团所有。

对共享内容的认同也引出了另一个问题，从长期来讲，**内容提供商**(content provider)和**内容载体**(content carrier)，哪个更有利可图？比方说，拥有电影的版权还是拥有一家电视频道更赚钱？有些联合大企业会两个都要，但其他人则认为这两个经营范电影资料馆收藏实体版本并进行保存，的确有固定成本，但其资产价值是由整个图书馆购买和卖出的次数而定的，大多数英国电影被原有主人卖出，很多卖给了法国运河影片公司(Studio Canal)。

围差异大，如果注重发展一个，企业会更加成功（为股东创造利润）。

随着销路和载体的多样化，媒介内容越来越值钱，新载体需要媒介内容来填充播出时间，因此库藏的**旧专辑**(back catalogues)也开始增值。在经济衰退时，电影资料馆并不亏损，因此内容具有一定优势，而依靠广告支撑的电视频道则可能会亏损。这也将我们引向另一个问题——基于订阅和基于广告的载体之间的区别，这个之后我们会谈到。

曾经称霸一时的最大并购几年之后也不得不以解散告终。承认品牌的重要性和旧专辑的价值证明了“旧的”媒介行业仍可以抵挡得住变化的速度。然而，在第 8 章中我们可以看到，如果在 Web 2.0 时代，复制是不可避免的话，“拥有内容”就成了一项危险的投资。凯文·凯利(Kevin Kelly)认为，实际“免费”的拷贝版本同时提供的“额外收费部分”是以后的收入来源（见 http://www.kk.org/thetechnium/archives/2008/01/better_than_fre.php)。我们还没到这一步，但对于依靠销售重复内容获取版税的人来说是十分可怕的。除了这些警告，“传统”的媒介巨头也面临其他新的挑战。

印度和中国的新角色

贝塔斯曼是罕见的联合大企业，仍主要受到贝塔斯曼的后代墨恩家族(Mohn family)的控制，墨恩家族 1947 年重建此公司。莱恩哈德·墨恩 2009 年 10 月逝世，在居特斯洛的公司中以事必躬亲闻名。他的继承人能否保存家族企业？

主要的媒介公司在行业发展的特定阶段出现。例如欧洲媒介大亨（唯一没有好莱坞品牌的）德国的贝塔斯曼(Bertelsmann)在 19 世纪以印刷公司起家，就其在网站上的宣言来看，贝塔斯曼仍然知道什么对企业文化最重要：

> 作为企业文化固有的成分，传统意识努力将长久以来的历史价值与现代企业政策相结合。
>
> (www.bertelsmann.com)

其他的欧洲媒介公司如英国与荷兰的里德—爱思维尔集团(Reed-Elsevier)和英国的皮尔森集团(Pearson)都是依靠印刷出版起家的。但 19 世纪后期出现的媒介形式——电影的著名品牌则大多数来自于美国（尽管很多是欧洲移民建立的）。自 20 世纪 80

年代以来，全球媒介行业中，美国新“玩家”以计算机和网络活动起家。微软、苹果和谷歌发展的商业环境就与以往截然不同。苹果公司蒂姆·库克的发言象征着一种全新的商业模式：

> 我们一直专注于创新。我们崇尚简约而不是复杂。我们相信我们需要拥有并控制我们产品背后的重要技术，并只参与那些我们可以做出重大贡献的市场。
>
> （蒂姆·库克，2009年1月21日，苹果会议）

20世纪80年代，计算机初创公司出现，这些独具一格的创业者不仅雄心勃勃，更有着桀骜不驯的风格，反对层级分明的传统商业。

当时索尼收购好莱坞电影公司哥伦比亚是因为日本电子制造商认为这可以帮他们销售录像带——一种纵向整合。1990—1995年，松下收购MCA/环球五年后就将其卖出。

这次宣言体现了苹果公司独特的企业文化——“拥有并控制”自己计算机的软件和硬件。尽管苹果和微软有着不同的策略（微软专注于为通用个人计算机提供软件），他们与谷歌都有着初创企业的气节（“美国西海岸”的感觉），主要由创意推动公司发展。但随着他们卷入消费者配件和媒介载体市场的纠葛当中（例如，MP3播放器、音乐以及电视下载），这些公司会不会开始向传统媒介公司发展？

尽管日本的文化背景不同，20世纪30年代又经历了军国主义时期，随后在1945年战败并被占领（导致了索尼等发展的战后环境），但日本出版社和电影公司的发展与欧洲和好莱坞如出一辙。日本的经验表明，硬件更容易打破文化壁垒，因此索尼、松下电器（Panasonic）和其他硬件制造商在全球热销，而电影和电视巨头如东宝（Toho）和松竹映画（Shochiku）则只能向日本观众销售日本文化内容（外国内容）。

早在欧洲和北美（和日本）之前，印度和中国便已经有了纯熟的娱乐形式，但是直到“二战”时期，欧洲的殖民和帝国主义统治都一直抑制着亚洲媒介机构的发展。在战后的几十年中，中国（除了香港）在很大程度上未能参与国际商业环境。印度政府的经济政策也不鼓励媒介公司拓展国际业务，直到1991年印度经济自由化。现在，全球人口最多的两个国家的中产阶级迅速发展，国内市场需求足够支撑大型媒介公司（通用英语是美国媒介公司的优势所在，欧洲则不然）。

在2010年的媒介生态系统中发展了一系列的全球媒介公司。印度涌现的各种媒介公司是不是单纯模仿好莱坞模式，中国政府会不会允许企业进一步发展、建立全球认同（例如，走出传统中国市场，面向东南亚和海外散居社群)，这些问题我们将拭目以待。

《伊丽莎白：辉煌年代》(*Elizabeth: The Golden Age*，2007)的印度导演谢加·凯普尔(Shekhar Kapur)预言："以后，蜘蛛侠在亚洲摘下面具的时候，他不是中国人就是印度人。而且他不再挂在纽约，而是上海或孟买的高楼大厦上。"(Ramachandran，2008)

研究 7.5

印度媒介公司崛起

以下这些公司都与好莱坞有关：

- UMP(印度 UTV 电影公司)
- 印度信实娱乐公司(Adlabs)

调查他们与好莱坞的关系是什么？这些企业与美国的联合大企业相似吗？

英国电影委员会定义的"电影娱乐"包括以下：

- 剧场(如电影院)；
- DVD 出租；
- DVD 零售；
- 付费电视；
- 地面电视；
- 免费多频道；
- 准视频点播(near Video on Demand)和视频点播(VOD)，包括电视和网上。

	2008 年亿/美元	全球份额(%)	2013 年亿/美元	全球份额(%)	全球份额变化(%)
美国	348	41.5	409	40.0	−0.9
日本	87	10.4	104	10.2	−0.2
英国	65	7.7	83	8.2	+0.5
法国	38	4.5	43	4.3	−0.2
德国	35	4.2	41	4.0	−0.1
加拿大	34	4.1	41	4.1	0
澳大利亚	24	2.9	30	3.0	+0.1
意大利	19	2.3	22	2.2	−0.1
印度	17.6	2.1	34	3.4	+2.3
中国	8.7	1.0	16	1.6	+0.6
剩下所有地区	145	19.3	175	19.1	−0.2

图 7-4　2008 年电影娱乐业的图表，以及 2013 年预测。

来源：2009 年英国电影委员会统计年鉴。

上述数据显示了印度和中国行业当前不发达，并预测了 2013 年的涨幅。

图 7-5 由于印度市场需求各种新影院，拉美连锁巨头 cinépolis 在 2009 年宣布利用墨西哥的经验，在印度建造主要的墨西哥建筑项目（迅速成为世界最受欢迎的剧院之一）。

中国和印度在其他方面也很重要。欧洲和北美的报纸销量一路下跌，而印度和中国的销量却开始上升，有些西方出版商抓住机会买进印度报业。总部在英国的每日邮报及全局信托集团（Daily Mail and General Trust）买进印度《今日邮报》（*Mail Today*）26%的股份，这是允许购买的最大份额。《今日邮报》是与出版多本美国畅销杂志印度版（见 http://www.indiatodaygroup.com）的今日印度集团（India Today Group）的合资企业。印度在一段时间内成为计算机软件公司的主要基地，看起来印度公司似乎将要引领未来的网络发展。

图 7-6 《今日邮报》的电子版。

公共还是私有资金

> “公费医疗制度”（Socialised medicine）是示威抗议奥巴马总统的健康计划中怀有敌意的用法，这是混淆的用法之一。事实上，大多数美国之外的人们享用公共投资的服务并了解医疗保健的好处。

2008 年的爆炸新闻是政府干预，欧洲和美国用纳税人的钱拯救金融市场的银行和抵押放贷者。这对欧洲来说可能不是什么新鲜事，但是美国政府的干预则饱受争议。我们意识到，这本书面向全球媒介的研究环境，欧洲读者可能不习惯用来形容美国政治的词汇，反之亦然。国际银行业务通过干预力挽狂澜，公共和私人领域都议论纷纷，也让我们开始思考这对媒介行业的意义。

2009 年 8 月，英国媒介出现两则新闻。据《每日邮报》报道，英国政府同意采取措施，严厉打击互联网非法下载音乐和视频。如遇到非法下载行为，政府将要求网络供应商中断用户的网络链接，这比英国政府的《数字英国报告》(*Digital Britain Report*)建议的措施严厉了许多。《每日邮报》称，媒介巨头大卫·格芬(David Geffen)到访英国是推动这一举措迅速通过的原因。格芬是格芬唱片公司(Geffen Records)的创始人，与史蒂文·斯皮尔伯格、杰弗瑞·卡森伯格共同执掌梦工厂(Dream Workshop Studio)，他在英国的行程是与英国商务大臣部长彼得·曼德尔森共进晚餐。可能这只是名人的“无聊季”(silly season)，但却显示了媒介行业如何劝说政府“保护”他们的私人利益，同时侵入公共媒介和其他形式的政府干预。后来证实，这条八卦并非空穴来风，2009 年 10 月曼德尔森按此方针宣布了一条政策。

“无聊季”指的是在很多国家的节假日，这段时期很少有经济或政治新闻，报纸和广播不得不用无聊、耸人听闻的新闻故事填补空档。

一周之后，鲁伯特·默多克的儿子詹姆斯向 BBC 发难，指责 BBC 把纳税人的钱用到非常成功的网上新闻运作中。在爱丁堡电视节上，詹姆斯·默多克作为新闻集团(News Corporation)欧亚部门的主席和首席执行官发言，新闻集团是英国天空广播公司(BSkyB)的最大股东和 BBC 的主要竞争者。长久以来，默多克家族一直攻击 BBC 和整个**公共服务广播**(Public Service Broadcasting)，但这次责难时机掌握得恰到好处(见鲁伯特·默多克如何评论网络新闻收费)。

在第 9 章有关于公共服务广播及用收视费资助服务的讨论。

随着广告收益日趋下降，报纸市场逐渐衰落，BBC 见机转向全面的网络业务，提供公司中广播和电视频道制作的视频、音频和文本服务，直接威胁到私营媒介开拓网络媒介业务的可行性。BBC 可以用收视费的收入填补亏损，但私营公司的网络业务则需要自负盈亏。

BBC 成功开拓网上媒介服务，这一功劳归功于前总裁约翰·伯特(任期 1992—2000)。伯特因“现代化”和“集权化”政策受到严厉的谴责，但由于数字媒介的成功，伯特似乎功过相抵。

默多克有意挑起此次事端，因为自由市场企业家如英国天空广播公司一直受到当前监管机制的束缚，而当前的监督机制支持公共服务广播，对私营部分的竞争则充满怀疑。鲁伯特·默多克先后买下《泰晤士报》(*The Times*)、《太阳报》(*Sun*)和《世界新闻报》(*News of the World*)等并将报纸更名。自从他成功空降英国平面媒介以来，这个争论就一直没有停止。有人认为，地面电视载体关于跨媒介所有权的规章制度是默多克在英国扩张的主要阻碍。但随着电视环境的改变(2012 年英国全面成为数字系统)，天空广播公司将成为媒介巨头，与 BBC 势均力敌。BBC 强制收电视收视费的特权一直为人所诟病。

很多国家制定跨媒介所有权，防止某些联合巨头整合不同媒介领域，在国家媒介市场形成垄断。

英国的新闻集团

全球媒介联合大企业新闻集团(News Corporation),旗下公司新闻国际(News International)拥有《太阳报》《世界新闻报》和《泰晤士报》,旗下的主要出版商哈珀·柯林斯,把英国天空广播公司称作其"股权下的子公司"(控制公司39%股权),该公司播放福克斯电视台的节目,20世纪福克斯也拥有英国的发行业务。见 http://www.newscorp.com/。

对于默多克的责难,BBC积极回应。原本与BBC经常一条战线的几个竞争者这次一反常态地支持默多克。例如,中立偏左的《卫报》一般情况下是坚决反对默多克,但它与新闻集团实际上面临着同样的问题。《卫报》完全利用自己的资源,创立了最受欢迎和好用的线上报纸之一,但怎么能与有收视费(经济衰退时期该收入是"受保护的")支持的BBC服务相抗衡呢?

有些评论员认为,类似的事件会软化BBC,为**瓜分**(top-slicing)收视费埋下伏笔——从电视收视费收入中分一部分给其他的媒介生产商,让他们可以在遍布的商业频道中履行公共服务职责。在数位电视转换之后,独立电视台(ITV)、第四频道和第五频道将大幅亏损,因为他们将不再拥有免费的广播波谱。当前这种形式的赞助支持着商业频道的公共服务广播(第9章有更多的公共服务广播信息)。

2009年10月,全国记者工会(National Union of Journalists)和媒介娱乐工会(The Media and Entertainment Union)等媒介联盟共同示威,要求停止瓜分,因为BBC需要全部的收入(他们需要保护成员的利益)。联盟提出,转换后"资金缺口"会更明显,可以向天空广播公司和Virgin Cable宽带或网络供应商和移动电话公司征税,填补缺口。2009年3月,公共政策研究所(Institute for Public Policy Research)委托全国记者工会和娱乐电影与戏剧联盟(Broadcasting Entertainment Cinematograph and Theatre Union)撰写的《注意资金缺口》(*Mind the Funding Gap*)报告出炉,支持公共、私有和众多不同公共服务广播提供商的"混合生态"。

《注意资金缺口》在公共政策研究所的网站上可以下载:http://www.ippr.org.uk/publicationsandreports/publication.asp?id=661。

研究 7.6

瓜分收视费

- 不只有一家公共服务广播提供商，它的好处在哪里？
- 如果只收取一次电视收视费，收入分给不同的提供商，这种方式会不会更好？
- “新”提供商如网络供应商和天空广播公司该不该承诺公共服务广播？

有些 BBC 材料在网上没有，有些体育报道有版权问题，以防止广泛传播。

《卫报》网站的例子也引发了第二个问题——BBC 在网络服务上花费的问题。《卫报》和 BBC 现在通过网络服务，覆盖了广泛的海外读者。购买纸质版《卫报》和购买收视执照的英国人有效资助了这些海外读者，免费阅读使用资源。《卫报》可以制定自己的政策，但所有购买收视执照的用户有权质疑 BBC 如何花费这笔收入。

BBC 面临两难的境地。BBC 的电视节目依然受欢迎，BBC1 是最受欢迎的频道（21%的收视率）。BBC 的广播台控制着它的商业对手，其网站是英国使用率最高的媒介网站。但保持这一领先地位有时是矛盾的。在收视费的讨论中，制作的节目有广泛的收视群体，这是人们付费的基本标准。但这一承诺让 BBC 的有些节目粗制滥造，而这些节目是完善多样化的公共服务广播所必备的。议会设置了收视费，2013 年该条款将重新协商，2016 年必须重新订立宪章。尽管政府可以在短期内计划收视费收入支出，但一直需要处理其他媒介制造商的抗议，还要一直捍卫收视费，这会让 BBC 的管理和生产规划决策举步维艰。（见第 9 章 BBC 的进一步报道）

在公共领域工作，很重要的一点是处理“投标”、解释预算、填写评估和鉴定声明。这在私有部分是不是同样重要？

公共和私有的电影娱乐

绝大多数形式的媒介活动都有公共和私有之分。电影是在“全球娱乐”的自由市场中扎根最深的，尤其是好莱坞和宝莱坞。国际电影业把投资基金的来源分为软性和硬性投资。好莱坞大肆宣扬电影巨头是靠智慧活在狗咬狗、人吃人的世界里，好莱坞鄙视通过公共计划提供的“**软性资金**”（soft money)。而小型电影业无法独立筹集资金发行电影，只能通过某种形式的公共支持来保证电影制作的多样化。软性资金计划包括：

● 减税优惠——在特定国家和地区制作电影的公司可得到优惠和特权；

● 开发基金——支持电影编剧在制作资金到位前的创意；

● 在特定国家和地区拍摄的电影可以得到直接的公共资金支持；

● 分销基金，可制作更多电影拷贝用于展映、联合推广与广告营销。

● 场地和节日资金；

● 年轻电影导演的培训计划和比赛等。

各国实行的计划不外乎以上这几种。即使是北美也有各种奖励措施，鼓励电影在不同的州制作。好莱坞大部分(电影和电视)的制作是在加拿大(温哥华和多伦多)，这其中部分原因是加拿大影视管理局(Telefilm Canada)的间接支持。

通过英国电影委员会(http://industry. bfi. org. uk/funding)或国家电影中心(Centre national du cinéma et de l'image animée, http://www. cnc. fr 提供英文版本)可以进一步研究不同的资金计划。政府支持这一类的计划，因为"创意产业"可以增加就业率，创造财富。美国电影协会官网发表的"经济影响报告"(http://www. mpaa. org)中，有证据表明好莱坞如何提醒政府自己的重要性。

> "法国法律认为，电影不是产品，是艺术。由于政府重视文化和电影的蓬勃发展，法国电影业得到政府大力支持。"《海外电影制作人合作指南》的这则介绍，与好莱坞理念截然不同(http://www. filmfrance. net/telechargement/FranceCoprodGuide09. pdf)。

新的数字环境

所有媒介行业在面临同一个挑战——如何面对网络服务的新型竞争——的反应是不同的。音乐行业第一个受到冲击，而且问题很严峻。最初，音乐产业一片恐慌，以为自己可以击败盗版，但最终不得不开始适应新的数字环境。我们在本章的案例分析会继续探讨音乐行业发生的变故，首先看一下国际唱片业协会(Internatioanl Federation of Phonographic Industries)《2009 年数字音乐报告》(*2009 Digital Music Report*)乐观的开场白：

> 音乐录制行业正在彻底改造整个行业和商业运作模式。我们的世界在五年之内发生了巨大的变化。唱片公司的业务方式发生全面改变，改造了运作模式，以应对音乐发行和消费方式发生的巨大转变。
>
> 音乐业同其他行业一样，进入了全球经济低迷的2009年。然而，我们无惧于改进、重新建构和彻底改造。唱片公司多年前就已经开始进行改造。因此，我相信他们可以更好地渡过难关。
>
> （约翰·肯尼迪，国际唱片业协会主席及首席执行官）

该报告的子标题是："适应环境变化的新商业模式"，并夸耀音乐行业现在20%的收入来自于网上数码销售——而电影和报纸则抱怨自己只有4%的交易额来自于数字平台。我们将在本章后面谈到报业，并在案例分析中一起讨论电影与音乐。电视也面临新的商业形式挑战，请见第9章。但网上交易的媒介行业最重要的是游戏业。

游戏业

据称，现在游戏业（也叫作"交互式娱乐软件行业"）已经超过电影业，成为全球最大的消费媒介行业。然而，我们很难进行比较，也少有人用媒介业务的角度来研究游戏业。以下是当前行业的概述。

游戏业来自于20世纪30年代的游乐场、机械游戏，20世纪70年代出现了大型电玩，在日本、欧洲和美国三个主要市场发展。20世纪七八十年代，第一台家庭计算机为游戏提供了新的平台，20世纪90年代确立了专用于游戏的计算机（台式和移动的）。在线游戏历史悠久，自从20世纪80年代开始便利用新的通信技术发展起来。

游戏业的第一点区别在于几个业界大亨在不同时期开发了专用的硬件和软件。第二点相关的是，与电影或音乐磁碟相比，软件更昂贵，而二手游戏市场也越来越发达，掩饰了更大的交易额。

普华永道会计师事务所的咨询师想要给这个市场一个更严格的定义：

视频游戏市场包括控制台游戏(包括手持游戏)、计算机游戏、在线游戏和无线游戏的消费者,以及视频游戏广告。不包括花在游戏硬件和附件上的费用。购买零售的游戏已经包括在个人计算机或控制台计算机中。如果这些游戏在线收取会员费,那么会员费也算在在线游戏的目录里面。

(http://www.pwc.com/gx/en/global-entertainment-media-outlook/index.jhtml)

公司

主要的业界大亨有联合大企业索尼的游戏机(Playstation),以及法国媒介联合企业维望迪的游戏部门和动视软件公司形成的动视暴雪公司(Activision Blizzard)。维望迪是媒介巨头维望迪环球公司的一部分。维亚康姆拥有Harmonix的《摇滚乐队》系列游戏(见本章的案例分析:音乐和电影),因此有些游戏公司与媒介联合大企业有着千丝万缕的联系。微软和X-Box也是有媒介志向的计算机公司。

图 7-7　图中玩家在玩控制台游戏

日本公司世嘉(Sega)和任天堂(Nintendo)有所不同,分别以弹球盘和纸牌游戏发家。科乐美(Konami)和嘉富康(Capcom)的发展背景则相同。

最后，其中有些来自英国的独立游戏设计师和出版商，逐渐联合成主要的出版商，如日本的史克威尔艾·尼克斯(Square Enix)，法国的育碧(Ubisoft)，美国的电子艺界(Electronic Arts)和Take-Two等公司。

除了硬件以外，这些出版商的交易额大致与一家好莱坞主要片场取得的票房收入相当(例如，有的可达约15亿美元)。

拥有主要在线特权的动视暴雪称，2008年欧洲和北美的游戏软件市场达240亿美元。日本和美国公司发布的游戏，有可能随后便由其竞争对手在特定地区发布，这一点电影和游戏是相似的。

这个商业报告表明了游戏业正在采取新的发行模式(用生态学的比喻)：

著名的行业分析师尼克·帕克称，根据他的研究，2014年将发生颠覆性变革("iTunes时代")，游戏业的"数字份额和零售份额将相当"。

……他说，即使苹果公司开发了基于英特尔Larabee芯片的专用游戏平台，他也不感到惊讶。

这表示，像苹果这类的公司可以迅速席卷游戏行业，帕克预测"强有力的新竞争对手，可以撼动整个生态系统"。

(http://www.techradar.com/news/gaming/microsoft-dismisses-cloud-gaming-analyst-predicts-apple-console-645066)

商业模式

维基百科认为，商业模式(Business Model)指的是：

商业的核心方面，包括目标、股票、策略、基础架构、组织结构、贸易惯例和操作流程与政策。

很多媒介行业面临的问题是，过去的成功模式现在已经不再受用了。它们可以采取新的模式吗？或用生态学比喻来说，这个机构是想适应新环境并进化，还是和恐龙一样灭绝？

2009年，以20世纪80年代重建全球报业商业模式闻名的媒介大亨鲁伯特·默多克宣布其报业帝国将面向网上免费的内容开始征收使用费。人们纷纷质疑，现在竞争如此激烈，默多克此举是否明智？如果他征收使用费，网络用户会不会转向其他免费网站？默多克知道，无论是卖网上广告还是收使用费，网络运营很难保持收入。但他也知道，如果网上的报纸是免费的，人们就不会去购买纸质的报纸。纸质报纸发行量降低了，广告费就会降低，长此以往，只能面临倒闭。这将会是报业"失败的"商业模式。征收网上报纸使用费的模式会不会更成功？

见第12章。

研究7.7

你曾买过报纸吗？

还是读免费报纸？

你是否希望能在网上找到所有的新闻故事？

在报摊前观察所有的报纸和杂志：

- 他们用什么方式促进销售量？
- 除了买报纸，你还有什么途径可以看到报纸？
- 你会花钱在网上看报纸吗？
- 你怎么看默多克的决定，它如何暗示了报纸未来的商业模式？

Y一代："16岁到34岁的人中，74%同意日常花费中包括租电影或去电影院是无可厚非的，而只有39%的人认为如果他们在网上观看同样的内容需要交钱。"(《卫报》,2009年9月7日)。

赠阅报纸模式作为"新型"商业模式存活了没多久，之后默多克便在免费提供网络新闻上改变了立场。在本书第四版，我们曾讨论过2005年赠阅报纸增长最快的是哪个部分，尤其是对市区里常搭乘公共交通的乘客来说。但是2009年，这些媒介产品的未来却变得不是那么明晰。

报纸运作经济学

报纸像大多数业务一样，也需要固定成本和可变成本。固定成本指的是无论发行量多少都不容易改变的成本。出版商为了保证每天甚至每周的生产，必须有自己或长期租赁的印刷厂。他们必须预定大量的纸张，至少有一些长期永久合同的员工，即使报纸短期内停刊，这些成本也都存在。其他成本都是可变的，如果工作不忙的时候，就不需要短期合同工。

收入（收益）来源于报纸的市场零售价和广告板块的收入。市场零售价中要减去发行成本（发行公司的费用、报刊经销商折扣、交通费等）。两种形式的收入相互关联，因此如果发行量降低，广告价格就会随之降低。

如果出版商有额外的生产能力，赠阅报纸是很诱人的，也就是说，他们可以用同样的印刷厂打印更多的报纸而没有额外费用（已经拥有设备）。同时，他们可以买进各机构的文章，而不是雇用昂贵的记者来写文章。赠阅报纸的边际成本（额外成本）应该较低，如果以合理的价格吸引广告商，这个方案就可行了。最大的问题是，如何发行？如果人们想买报纸，他们会去找报摊。你会去商店买报纸吗？大多数人不会（可能因为我们不奢望“便宜有好货”）。当地的免费报纸常由“直邮广告”的公司送货上门。地铁和公交站会有专门的箱子方便过往行人取走报纸。

图 7-8　赠阅报纸。

2006年间,伦敦一度盛行赠阅报纸,每天都会上演默多克的《伦敦日报》(*the Londonpaper*),与联合报业(Associated News)旗下的付费报纸《标准晚报》(*Evening Standard*)及旗下免费报纸《伦敦之光》(*London Lite*)之间的战争。2009年1月,联合报业把《标准晚报》大部分股权卖给亚历山大·列别捷夫(Alexander Lebedev),使这一战争有所改变。但2009年8月,在詹姆斯·默多克的父亲宣布网上新闻收费之后,詹姆斯宣布关闭《伦敦日报》。新闻集团前一年在这份报纸上损失了1290万英镑,因此该报停刊也就在意料之中。报纸之间的战争常常很血腥,坚持到最后的人才会"胜利",但付出的代价也通常很惨重。但如果《伦敦之光》希望赢利,它显然没有预测到列别捷夫之后会把《标准晚报》变成免费报纸。

亚历山大·列别捷夫是个有趣的人物,也代表着新闻集团的新型全球竞争者。列别捷夫还关注俄国的自由主义反对派报纸——《俄罗斯新报》,英文版在http://en.novayagazeta.ru/上可以浏览。

《标准晚报》发行时间超过180年,是20世纪60年代的伦敦三大晚报和后来竞争者中的唯一幸存者。BBC新闻网站表现得比较吃惊,报道说:

> 很多人不愿意花50便士去买一份报纸,而愿意花大价钱去享受其他娱乐和信息——尤其是手机和各种新闻网站。
>
> 这次也是,在事件发生两小时内,浏览《标准晚报》要全面免费新闻的人比读这份报纸的人还要多。
>
> BBC独占优势享受英国收视费收入,然而尽管俄罗斯亿万富翁拥有该报纸的75%股份,《标准晚报》仍然要寻求广告收入。这份潜在收入才是计划的根本。
>
> (http://news.bbc.co.uk/1/hi/business/8287715.stm,2009年10月2日)

在你看到这段文章的同时,报业之间的战争还在继续。我们不能预测结果如何。默多克会不会是对的,从此靠网络新闻的收入赚钱,弥补收费出版物的损失?列别捷夫孤注一掷的举动,会不会是传统纸媒的出路?在广告业衰败的时期如果莽撞可能会让列别捷夫一败涂地,但是谁又知道呢?可能BBC新闻网站将失去收视费的收入,又或者其他形式的公共服务广播产品会代替BBC?

小　结

我们认为新的商业模式和新的企业会随着媒介商业环境的进化而改变。从某种程度上来说，传统媒介联合大企业根深蒂固的思想是以“旧”行业如报纸、音乐和电影等为主，还没有完全赶上时代发展。Web 2.0 和 Media 2.0（见第 8 章）吸引了一些乐观的支持者，声称传统的政治经济学家在考虑所有制和控制时，规避了新模式和新企业的出现。现在的焦点是用户生成内容（user-generated content）等概念，最重要的是，用户如何真正地参与到媒介产品和服务中来。

而当我们回过头来看媒介市场，通过数字媒介和 Web 2.0 应用进入市场的新玩家也开始迅速合并他们开拓的新市场。微软、谷歌、雅虎和苹果仍然是新兴企业，但是他们占据着电脑和互联网为基础的媒介活动，正如旧的媒介联合大企业占据着传统媒介行业。

我们同样要记得，2009 年在消费创新如 Kindle 电子书和 Sony e-Reader 电子书开始冲击图书出版业的同时，好莱坞不得不承认经济危机对它的影响，投资银行原本每年提供的电影制作资金也大幅缩减。据《卫报》报道，某好莱坞财务顾问预测，制片厂得到的投资金额将会削减 66%。第三重打击是电影部门的马克·吉尔（Mark Gill）提出的“DVD 销售额降低 25%”（VOD 视频点播在竞争中仍有提升）。同时，在国际电影市场中，各国使用当地母语拍摄的本土电影与好莱坞英文电影之间的竞争日趋激烈。

游戏业与电影娱乐争着坐娱乐媒介的头把交椅。游戏公司在日本、法国和英国以及美国有坚实的基础。因此，当好莱坞挑衅印度和中国的电影崛起时，美国娱乐方面的霸权地位似乎不再像以前这么稳固。在第 9 章、第 10 章，我们会看到广播和规章条例。这里的问题是，不管是以传统模式还是 Web 2.0 模式，公共服务广播能否继续保持下去，尤其是在欧洲。

参考书目与扩展阅读

Curran，James，and Seaton，Marie(2009) Power and Responsibility：The Press and Broadcasting in the UK，London：Routledge.

Hesmondhalgh，David(2007) The Cultural Industries，2nd edn，London：Sage.

Institute for Public Policy Research (2009) Mind the Funding Gap，available via http://www.ippr.org/publicationsandreports/publication.asp? id=661.

Miller, Toby, Govil, Nitin, McMurria, John, Maxwell, Richard, and Wang, Ting(2004) Global Hollywood: No. 2, London: BFI.

Ramachandran, Naman(2008) 'Bollywood v. Hollywood', film & festivals, summer.

http://www.ifpi.org/content/library/DMR2009.pdf.

http://www.bectu.org.uk/news/230/.

案例分析:音乐和电影——数字与发行

- 拷贝的挑战
- 盗版
- 改变电影的商业模式
- 参考书目与扩展阅读

录制音乐的模式渐渐失去了吸引力,推出一个新歌手的费用也很高,所以拥有很多旧音乐版权的音乐公司开始转而重新包装,推出旧歌。这是经受过考验的可靠的旧音乐,与推测、投机的全新音乐之间的对比。

[杰里米·拉斯赛尔(Jeremy Lascelles),独立音乐公司 Chrysalis 董事长,2009 年 9 月 20 日,《观察家》(*The Observer*)]

在当前的媒介商业环境下,市场和商业模式不断变化,以上的引文显示了企业对自身发展的困惑。音乐行业首先遭受盗版的根本性打击,传统商业模式瓦解。电影业在某些方面来说是最不愿意变成数字媒介的商业模式(以及决定如何支付数字电影的放映)。然而,是音乐行业的董事长认识到"旧音乐"的价值,并用新形式发行。《观察家》文章中所指的是甲壳虫乐队的音乐重新灌录,并面向全球发售,包括"怀旧的"手工制作甲壳虫乐队单曲 CD(日本)和任天堂 wii、索尼 PS 和 X-Box 中《摇滚乐队》游戏音乐的甲壳虫乐队版。音乐行业成功地利用版权,开发出新的媒介商业模式。

尽管音乐和电影行业的运作方式和发展时间不同,但两者长期以来几乎是共生的(symbiotic)。自 20 世纪 20 年代以来,录制音乐成了电影必要的一部分,很多时候一家公司同时拥有电影厂和唱片公司。(见 MSB5 网站的经典案例——音乐行业、科技和协同效应) ONLINE @ RESOURCES

在 20 世纪 80 年代,两个行业联系更加紧密,电影行业越来越依靠增值版权,尤其是卖录像带和后来的 DVD 时的相关增值版权。两个行业都受到新兴媒介形式——音乐录像带的影响。20 世纪 90 年代,数字网络世界的新环境开始挑战这两个行业。两者的主要区别在于传统产品的展示模式有所不同。

音乐行业可以分为现场表演和录制音乐两个行业。现在我们所谓的电影娱乐在本质上是一样的产品,都是事先录好后通过不同的模式发行(例如电影院、电视、DVD 等)。

拷贝的挑战

音乐行业首先开始面对拷贝的挑战。20世纪60年代之前，只要有类似的磁带录音机，就可以从唱片和广播上拷贝音乐。20世纪70年代，人们可以用更方便的盒式录音机拷贝音乐，而80年代开始出现了正式的抗议活动。英国的唱片上甚至有标语呼吁“家庭录音正在摧毁音乐”。这个业界抗议活动（英国唱片协会发起）得到了来自音乐家协会（Musicians' Union）的支持（音乐家协会也发起了自己的抗议，认为录音“摧毁了现场音乐”）。然而它的主要目的是为了保护唱片公司的利益[见麦克劳德（McLeod），2005；莱恩（Laing），1985]。实际上，80年代的家庭录音没有对音乐行业造成致命的伤害。按照现代的数字拷贝标准来说，当时的录音费时费力。大多数人仍然自己买唱片，然后录成“合辑”与朋友分享，或放在车上播放，或用随身听。

图7-9 早期反拷贝的业界抗议活动。

CD拷贝的音乐品质更好，这为大量拷贝盗版开辟了新的道路。然而直到音乐压缩和“抓取”软件出现之前，数字拷贝并不是件易事。随着侵犯版权的MP3音乐越来越多，20世纪90年代后期以来的改变带来多重后果：

- 他们改变了人们听音乐的方式和“音乐行业”的结构，录制音乐多为单曲，而非“唱片集”或“单曲唱片”；
- 独立的品牌和表演者提供更广泛的发行潜力；
- 录制和现场音乐之间的关系改变了。

像iTunes之类的服务奉行**长尾理论**（long tail），提供所有类型的音乐。同时提供试听、播客、网络电台等服务，可以在演艺明星和唱片公司网站上播放MP3。Web 2.0出现后，人们不用听任音乐公司的炒作，网民之间可以互相推荐音乐，促进了音乐的民主。Spotify、YouTube和My Space等“网络自动点唱机”上有各种演艺明星和粉丝的页面，由于这些音乐爱好者的存在，现在录制音乐的环境已经完全不同了。

研究 7.8

你怎么听音乐？

你用 MP3 或电脑听音乐吗？

- 如果是的话，你会不会整理播放器上的音乐？
- 在如何分类自己的音乐和听取别人的建议中，你觉得有多少是用户创造的内容？

音乐行业通常利用长期“签约”歌手的版权。回顾 20 世纪五六十年代歌星的传记片（例如《灵魂歌王 Ray》，美国，2004），你会发现这些有抱负的音乐家都是从小公司开始，之后签约大公司，成就了自己的事业。公司会希望塑造出歌手的形象，说服他们制作可以大卖的音乐。现场演出常用来开拓歌手不同阶段的发展，增加他们的曝光率，提高排行榜的排名，通过大型演出巩固销量。同时，有的公司会尽可能地利用音乐的版权（电影、广告等），在后来形成专辑（如甲壳虫乐队）。

坎布瑞·麦克劳德（Kembrew McLeod，2005）引用了音乐行业巨头的模式出现问题的例子，2001 年美国乐队 Wilco 与大公司 Reprise 解约，因为他们最近的专辑不够“商业化”。于是 Wilco 要回了自己的版权并传到互联网上。2002 年，他们在独立音乐公司 Nonesuch 的帮助下重出这张专辑，销量过 50 万，获得巨大成功。Wilco 乐队发现，至少 Web 2.0 的引导是对的。

在第 8 章，我们引用凯文·凯利的话：接受你的产品会被拷贝的现实，但人们仍要花钱购买无法拷贝的部分。有的人喜欢的乐队不属于大公司，但能得到大部分收入或能占大部分份额，他们会通过这种方式支持喜欢的乐队。粉丝可能会现在互联网上听音乐，但之后也可能去买他们的专辑。Wilco 就没有因为粉丝会拷贝音乐而“失败”。

大型音乐公司（索尼、百代、华纳唱片和环球）有着巨额管理费。他们与签约歌手之间的利润分成非常复杂。回想这些歌手的传记片，很多时候唱片销量出色的歌手真正的收入却很少。有些歌手如果管理得好，最后会发财，但这个商业模式最注重的是创造利润，歌手的利益需要自己去争取。

	专辑（实体）/百万	专辑（数字）/百万	专辑（整体）	每年的变化（%）	单曲（实体）/百万	单曲（数字）/百万	单曲（整体）	每年的变化（%）
1999	121.6		121.6	+0.1	71.0		71.0	−3.8
2003	159.3		159.3	+6.8	30.9		30.9	−29.7
2005	159.0		159.0	−2.7	21.4	26.4	47.9	+48.4
2007	131.8	6.3	138.1	−10.8	8.6	78.0	86.6	+29.3
2008	123.3	10.3	133.6	−3.2	4.9	110.3	115.1	+33.0

图 7-10　1999—2008 年间英国专辑和单曲的销量

盗　版

"盗版"(Piracy)近年来用来指非法拷贝和发行音乐、电影和电视节目的行为。有趣的是,很多非法翻印和发行的商贩也沿用这一称呼。

"盗版"这个词已有两千多年的历史,英文原意为海盗在海上掠夺的行为。18世纪,有些海盗非常出名。维基百科的描述恰到好处:古典时期的海盗是叛乱但却聪明的团队,活跃于现代生活的官僚主义之外(http://en.wikipedia.org/wiki/Pirates)。

再后来的非法广播尝试播放各种类型的音乐,不同于有许可证的广播公司,因此总是有一定的公共支持。20世纪60年代,英国非法广播的确尝试从海上播放广播。他们最后因法律问题而被关闭,但是民众对他们的支持推动了英国广播业的巨大变革。内陆的非法电台仍然有浪漫主义情怀,但对广播政策却没什么巨大影响。

网络电台没有国界,各个网站之间也可以互相拷贝下载。这些网站利用BT协议(BitTorrent protocol),让每台带宽有限的计算机成为"社区"的一分子,共享大型文件。BT把各个计算机连起来,每台计算机贡献文件的一部分。该协议的使用者都是合法的,提供更快捷、更可靠的下载,但是很多共享的文件没有支付版权费用。最有名的种子站是瑞典的"海盗湾"(Pirate Bay),正如网站名所表达的,这个BT社区共享文件没有国界的区别,同时也挑战传统形式的版权法律法规。

还有一个词汇也有着浪漫主义和英雄主义色彩,"bootleg"(非法制造)[可能来源于20世纪早期,美国禁酒期间人们把酒藏在靴子(boot)里走私]。20世纪60年代,不法商贩携带便携式录音机混入摇滚音乐会或偷偷把音乐带出录音棚,制造出第一个广泛传播的非法唱片。这种非法唱片非常畅销,歌手和唱片公司因而开始出正版唱片,如鲍勃·迪伦(Bob Dylan)和乐队的经典专辑《地下室磁带》(*The Basement Tapes*,见en.wikipedia.org/wiki/Great_White_Wonder)。

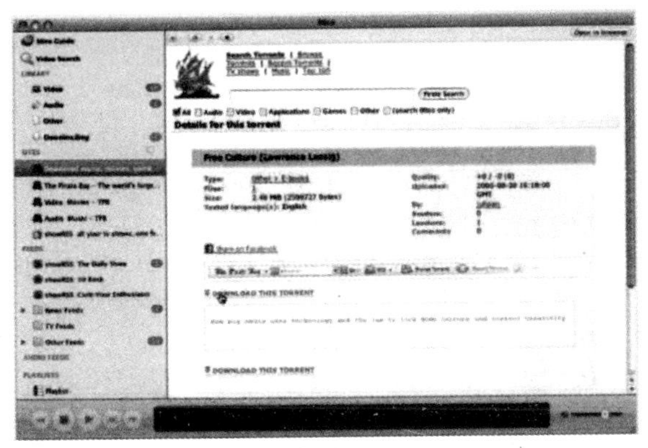

图7-11　"海盗湾"网站上的唱片样本。瑞典有三个组织的名字中有海盗两字(Pirate或Pirat)。在维基百科(Wikipedia)上查询是哪三个组织。

后来的仿造者就不怎么具有浪漫

色彩了，把正版唱片复制成磁带、CD和DVD，只是为了赚钱。但这些盗版唱片也在某种程度上帮助歌手扩大听众群。早期的盗版比较粗制滥造，包装不足以令人信服。现在盗版的质量越来越好(除了枪版电影之外)。但有人还是质疑盗版破坏了演艺明星和媒介行业，同时出售质量不好的产品。它作为一个犯罪产业造成了很多不好的影响，甚至摧毁了有些国家的电影产业(见第10章)。

我们很难避而不谈盗版的道德问题。大多数人可能会接受某些避免版权问题的拷贝和发行，谴责其他形式只是为了在旧货市场赚钱。音乐和电影行业反盗版的声音整天充斥在我们的世界里，而我们也不想买粗制滥造的拷贝版本。数字媒介行业最重要的问题是我们不可能制止住复制仿造者(见凯文·凯利在第8章的引用)，因此，我们需要新的商业模式。

见劳伦斯·莱西格(Larry Lessig)在TED上对版权问题有趣而又振聋发聩的演讲(http://www.ted.com/talks/larry_lessig_says_the_law_is_strangling_creativity.html)。

莱西格的演讲又回到了演艺明星和创新的问题上。他认为，虽然各国版权法互不相同，但都是在特定的流行音乐和唱片形成惯例的环境下制定的。但20世纪初期开始，技术和媒介使用发生变化。在媒介全球化的时代，我们需要制定新的版权法。见本章和创作共用(creative commons)的部分。

研究7.9

音乐的价值

你怎么评价音乐？

- 你自己做音乐吗？是否用音乐制作过媒介产品？是否收集唱片来消遣？
- 你认为一个新的创作、一个唱片和一台现场演出价值多少钱？
- 你怎么发掘新歌？
- 数字发行会不会影响音乐的定价？

制作音乐和电影

你如何创作一首畅销的歌曲？天赋和想象力是必须的，但不一定需要高端设备。高品质的录音设备，基本现场录音也只需要几百英镑。很多城市有小时计费的录音棚。录下来的歌不用花任何费用，只需要计算机和网络就可以制成MP3。制作CD的价格也不贵。如果表演者愿意只满足小众的口味，为自己的粉丝表演和制作音乐，他们的日子会过得很滋润。要是想销量第一，又在圣诞节排行榜占第一位，又是另一回事。但总体而言，歌手和小型唱片公司在不断扩张，而大型公司则苦于如何在网络下载的世界中转型。

拍电影则截然不同，虽然也需要天赋和想象力，但还需要各种技能。制作流程和昂贵的设备意味着，与制作音乐相比，持续拍摄卖座的电影需要花费更多的钱。你可以花5000英镑拍一部电影[《僵尸日记》(*Zombie Diaries*,2008)]，2009年的英国僵尸电影*Colin*声称自己只花费了45英镑，但这些都是特殊案例。现在要想在英国拍一部上线电影，至少要花5万英镑，如西恩·迈德斯(Shane Meadows)和帕迪·康斯戴恩(Paddy Considine)的《当克和苏克孜》(*Le Donk and Scor-Zay-Zee*，英国，2009)，这两个人想要设立资助项目，帮助年轻导演拍摄5万英镑的电影。小成本电影只能进行数字发行，但比音乐制作人把MP3放到网上要难多了。

改变电影的商业模式

有的电影虽然下线了，但人们仍想看这部电影，怎么办呢？自20世纪80年代开始，视频点播和准视频点播就成了人们的梦想。90年代开始，人们可以从有线和卫星电视上进行点播。现在，人们可以在家庭电脑或移动设备上点播视频。但服务供应商仍然面临定价问题，尤其是在盗版盛行的情况下。如果收费过低则会亏损，如果收费过高，用户可能就去买便宜的盗版电影，甚至是非法免费下载电影。

法国和美国开发了红盒子(Redbox)DVD自助租赁机，1美元1天，就可以租到最新上映的电影。但有些好莱坞制片厂拒绝供应自己的电影，觉得降低了自己产品的价值。英国电影租赁网站Lovefilm在英国获得巨大成功，红盒子的租赁形式在英国可行吗？

图7-12 英国曼彻斯特皮卡迪利车站附近的"pop"DVD自助租赁机。"pop"是环球和索尼推出的一项服务，大多数自助机摆放在多放映厅电影院，同时也卖游戏、下载资源和DVD。这里的租赁机锁定那些不会去电影院，而在车站等公交车的人群。

服务商也可以提供其他的电影娱乐服务。这些新服务会带来什么影响？DVD 租售业还没红火几年，2007 年、2008 年就开始走低。2009 年好莱坞的 DVD 收入骤降，开始更多考虑开放放映权，因此也带来了纵向整合、合并和多样化的问题。

电影是最高调也是最可能获得成功的媒介产品。它的价值多由观众的喜好决定：观众是否想要一上映就看这部电影，想不想要最好的效果（高品质的放映、音效、座椅的舒适度等）。发行公司通过炒作和广告刺激观众的收看欲望，增加首映当周周末的票房（如果票房收入高，电影院要付给发行公司更多的费用）。

图 7-13　洛芙琳·坦丹亮相 2009 年 1 月孟买的《贫民窟的百万富翁》首映礼（见第 5 章的案例分析），电影第二天在印度上映。

随着首映周结束，“新”电影开始失去新鲜感，观众数量持续下降。当电影院觉得再继续放映也赚不到钱的时候，这个电影就该下线了。在这个商业模式中，电影院在这部电影已经赚不到钱了，于是就开始销售它的 DVD。DVD 的体验是全新的。尽管电影已经不“新”了，DVD 的价格可能比电影院票价还高，意味着购买者觉得这部电影值得再看几遍，或与人分享，这样人均花费就更便宜了。租赁更便宜，但可能需要等更长时间，看完电影就要还。接下来的几种方式［按次收费电视服务（PPV）、订阅、免费播出］费用会更低。

这种放映权的系统是大型制片厂建立的，为了影片的卖座率。但对一些专业电影来说却不合适，而且在当今网络时代，这种体系很难在全球适用。

……影院票房收入越来越不能说明电影的成功度，然而票房仍然是电影表现的唯一衡量方法，二次放映还没有结束，甚至一直不会结束，人们就开始统计票房来决定电影是否成功，还认为这种方法很可靠。人们都知道发行公司不愿意公开DVD、电视和PPV销量。

如果持有首先放映权的电影院可以放权，与其他平台如视频点播、DVD和下载资源同时放映电影，票房收入会如何？

[迈克·古德里奇(Mike Goodridge)，《国际银幕》(*Screen International*)，2009年10月22日]

古德里奇一针见血地指出了大型制片厂最关心的问题，他认为当前的模式是不可持续的。2009年10月9日的文章中，他指出好莱坞兜售的两个观点：想要在首映当天观看一部好莱坞大片需要花费250美元，而四周之后在视频点播上只需要30～50美元就可以随意观看。这就是大片商的收尾、巩固概念。

数字发行的费用

“在家中制作音乐”后，歌手可以用很少的费用就在网上发行自己的音乐，但对于专业制作公司来说则不同。媒介公司除了要支付员工薪水之外，还要有专业的官方网站、网络服务费用，包括设计、维持网站的费用，这些都是隐蔽成本，尤其还有上传网络电影和音乐的专业系统。

迄今为止，大多数院线和DVD、网络同时上映的电影实验都是小型发行公司的专业电影。有的电影有趣地用Web 2.0来宣传和发行专门的独立电影(见第6章案例分析《愚昧年代》)。现在英国的艺术片多用这种形式，在DVD出版前几周只拷贝一两份电影播放，通过影评和简介来博上位[2007年费斯·阿金(Fatih Akin)的戛纳获奖电影《天堂边缘》(*The Edge of Heaven*，德国/土耳其/意大利)，*Sky Box Office*同时进行PPV放映]。英国独立发行商Metrodome的数据阐明了不同发行模式当前的财务状况：

电影销量	293 000 英镑(296%)；
电视销量	228 000 英镑(274%)；
VOD视频点播	259 000 英镑(46%)；
其他辅助	33 000 英镑(6%)；

DVD 租赁	273 000 英镑(158%);
DVD 销售	3 459 000 英镑(14%);
总共	4 545 000 英镑(30%)

(来自于 2009 年 1 月到 6 月的中期报告,下载地址 http://www.metrodomegroup.com。)

这些数据知识来源于 6 部电影和 6 个主导蓝光电影(30 部中)。括号中的数据是较之前六个月的数据增长。这突出了一个主要问题:对于一个小公司来说,最成功的销售方式会有什么影响,如何保障财务安全?总的来说,在这个市场中,DVD 是领头羊,但这种领先地位也可能改变。即使其中有些销售途径失败了,大公司仍可以自保,但如果整个商业模式都崩溃了,小公司的噩梦也将变成大公司的未来。

研究 7.10

靠故事片盈利

故事片电影的成本和收入如何?你可以从中发现什么?

试着找出(美国或其他国家)在美国发行电影的一家大型制片厂和一家独立电影公司的财务信息。你应该可以找到制作预算,也可能找到市场预算(很多好莱坞电影,市场预算是制作预算的一半),票房统计和 DVD 销量,至少是在北美。要记住,只有 50% 的票房收入能回到发行公司手中。

尝试以下网站:

- imdb.com
- 英国电影委员会统计年鉴(http:www.ukfilmcouncil.com/research 免费下载)
- http://lumiere.obs.coe.int/web/search/(粗略统计欧洲电影票价和入场数量得到票房收入)
- http://www.boxofficeguru.com/
- http://boxofficemojo.com/
- http://www.the-numbers.com/

《国际银幕》或相关行业报刊会有每周统计表,有的时候也会提供市场报告。http://www.screendaily.com 上面的档案也会有帮助。

- 你能否很轻易地找到有用的信息?
- 你能否总结一下当前的商业模式?

对每个人来说,未来都是不确定的,尤其是在长期的经济衰退当中。2009 年的电影市场仍支持大制作电影(但数量减少),小成本独立电影因发行成本低而开始走红。如果发行公司不能在取得版权的花费中获得利益,那么好莱坞和其他电影公司的中档电影将会面临当前发行模式造成的种种问题。未来的可能性就是发行模式更多元化，大型电影公司会更加灵活。但是没有人能够预测未来。

参考书目与扩展阅读

Allen, Katie (2009) 'Back Catalogues Spin a New Generation of Profits for Record Labels', Observer, 20 September.

Laing, Dave (1985) 'Music Video: Industrial Product, Cultural Form', Screen, 26, 2: 78-83.

McLeod, Kembrew (2005) 'MP3s are Killing Home Taping: The Rise of Internet Distribution and its Challenge to the Major Label Music Monopoly', in Popular Music and Society, 28, 4 (October): 521-31, http://www.kembrew.com/documents/Publications-pdfs/McLeod-MP3sAreKilling.pdf.

Mitchell, Wendy (2008) 'Sky, Curzon, Artificial Eye Work Together on The Edge Of Heaven', 3 January, http://www.screendaily.com.

http://www.musictank.co.uk/.

http://www.musiciansunion.org.uk.

http://www.theauteurs.com.

http://microwave.filmlondon.org.uk/get_the_resources/.

http://www.frequencycast.co.uk/ondemand.html.

第二部分

PART TWO

争　　论

第 8 章　“新世界”的“新媒介”?

第 9 章　电视的未来?

第 10 章　当下的管制

第 11 章　广告宣传、品牌推广和名人

第 12 章　新闻及其未来

第 13 章　纪录片与“真实”的讨论

第 14 章　从“受众”到“用户”

网络应用“Wordle”把这几章的关键术语罗列了出来。

问题:你认为缺少了哪个(或哪些)关键术语,哪些术语的大小尺寸不对?

问题:你会把这些术语的尺寸摆到多大?

第8章

CHAPTER 8

“新世界”的“新媒介”?

- “新”和历史
- 学术方法
- 开放、合作和“用户”
- “长尾理论”
- 数字拷贝和信息“围城”
- 新媒介,旧隐喻
- “新媒介”,消失的资源
- 小结
- 参考书目与扩展阅读

大部分读者成长于数字和网络的世界,或者至少在接触媒介产品以服务自我之初就以这种方式体验世界。你们被称作“互联网的一代”或“数字原住民”(digital natives),因为你们被认为前所未有地熟悉这些媒介形式,并且期待着一种“随时随地”的媒介,永远可以使用(无论和现实经历有多远)。一些最新的理论显示,以互动程度命名的 Web 2.0 需要全新的媒介理

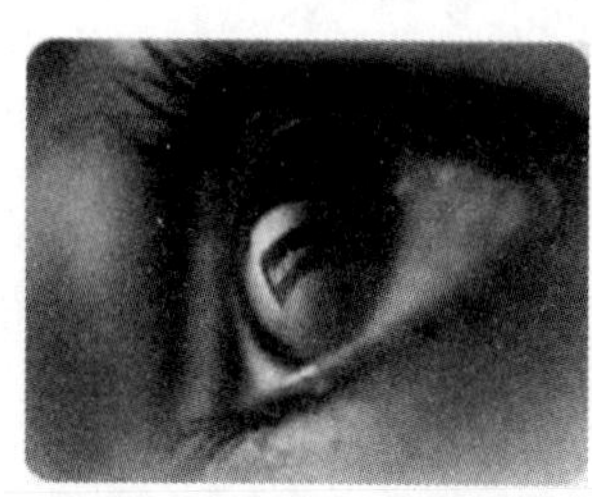

图 8-1 有人说手机通常被用作传统用途——社交联系、约会、闲聊。但是社交网站可以塑造一种全新的隐私感。

后现代主义不论是在意义上还是使用上都容易让人混淆。它指的是当代媒介体验的几种方式，特别是在世界“发达”地区。见 MSB5 网站更新的案例分析——电影《低俗小说》，大致描绘和讨论其主要特征。ONLINE RESOURCES

论。我们并不争论这个，但同样我们也不相信一些媒体恐慌所谓的“新媒介”是已知文明的终结。

我们想探索互动性的新意和激动人心之处，探索哪些现有理论最适合诠释它，并庆祝它的愉悦、潜力和“黑暗面”。

这不得不包含媒介工具以多种形式为我们“服务”的问题——它们充当社交推动者、培训媒介（一些游戏）、时尚配件、内部安排的部分。随着“Web 2.0”或“新媒介”塑造了公共/私人、工作/非工作、家庭/户外空间和活动的关系，这些媒介的多种应用带来了对广泛文化发展的恐惧和希望。

回顾 20 世纪 80 年代源起的“**后现代主义**”（postmodernism），可以看做是把握变革的一种尝试，这种尝试我们现在可以作为资本主义制度下以物质为基础的技术变革。引文为何都围绕着“新媒介”？当我们为互动媒体的功能欢呼时，需要记住媒介研究总是在探索“新的”，在新概念层出不穷的同时，现有媒介的关键理论仍然有用。最后，这一章最清晰地解释了媒介研究的跨学科性质，在这一章你可以学到的不仅是单纯的“媒介”方法。

“新”和历史

20 世纪 90 年代中期本书出版第一版的时候，用户还在迎接那时所谓的“新媒介”——从**模拟**（analogue）向**数字**（digital）媒介进程与产品的变化（见下文）。那时互联网仍然是个别人的专属领域，并非大众媒介。

模拟是 20 世纪 80 年代之前的术语，依靠物理的形式记录声音和图像——图像用化学乳剂记录在赛璐珞胶片上，声音以纹的形式刻录在光盘上或以磁脉冲的形式记录在磁带上。这种物理转换需要技巧和精确度，很容易在重复的使用中损坏。数字数据储存起来更容易、便宜、小巧。它不易损坏，复制起来方便、准确。而且数字数据支持**聚合**（convergence），因为同样的设备（如电脑）可以呈现各种各样的数字媒介。

但仍有一些用户喜欢以前的模拟技术。他们是喜爱老式的浪漫还是形式转变中出现了新的问题？声音和图像还是占据优势的吗？

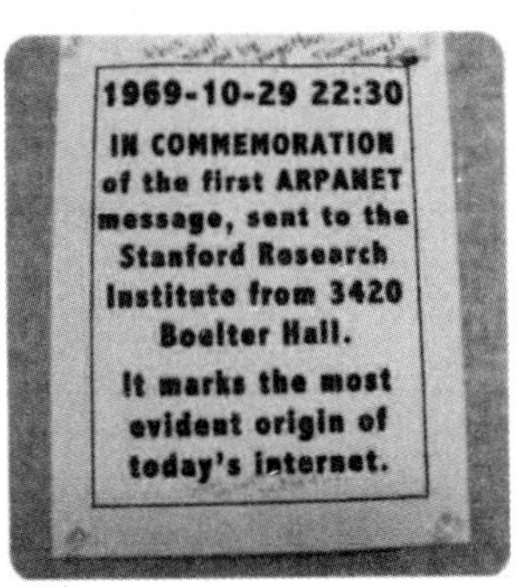

图 8-2　互联网起源于 1969 年美国军用的通信系统阿帕网（ARPANET）。1975 年电子邮件问世，20 世纪 90 年代阿尔·戈尔（Al Gore）发布了“信息高速公路”的万维网（World Wide Web）。在那十年中，互联网成为部分发达国家的日常技术。

见第 1 章关于此领域的讨论，其中提到了“指示性”媒介的概念。这些以碎片形式直接与它们记录的东西相连——如赛璐珞胶卷和其偏离的“轨迹”，与数字形式形成对照。

聚合（convergence）：一个提供者通过多个通信线路多层次服务的结合。见亨利·詹金斯（Henry Jenkins）的博客：http://www.henryjenkins.org。

数字数据有几个缺点：

- 很容易“受感染”或意外删除。有时候一个小错误可以让整个文件报废。
- 有些数字文件并不兼容所有设备。
- 数字资源容易压缩，诱使商家发布低标准的拷贝。

其结果是，整个新行业开始保护文件、备份数据、转换格式等。一卷 35mm 的胶片现在成为古董，但五十年后，它仍可以在那些至今未改变的设备上播放。其他的模拟媒介文本也开始重新使用，如塑胶唱片。很多人认为 Kindle 技术无法替代印刷书籍。

研究 8.1

- 找买卖塑胶唱片的人，询问他为什么对“过时”的技术仍有兴趣。你有没有喜欢哪种“老”媒介，如印刷品、广播、书？
- 在你的日常生活中，它们是怎么和游戏等新的媒介形式结合在一起的？

研究 8.2

在用手机和电脑观看电影时想想这句话：“电影和电视制作人还没有考虑到他们的影片和节目在手持设备的小屏幕上观看是什么样……这种情形呼唤着继电影和电视之后的‘第三类审美’。”（James，2009）

- 和朋友、同学探讨这些观点，与现实经历是否一致？
- 在小屏幕的“新审美观”中，什么是最重要的？
- 如果你使用 Kindle 技术阅读书籍（可能在火车上？），会产生相似的问题吗？那 iPad 呢？

在线上活动的发展中，从模拟到数字有两个重要的阶段。在“dot. com”的繁荣或“泡沫”（1998—2001）中，互联网公司大正如一位评论家评论查理·布鲁克(Charlie Brooker)主持的 Gameswipe(BBC4，2009)时所说：这象征着电视上游戏受到的区隔，当看到一位受欢迎的智者详尽讨论这种话题时人们会感到震惊。

量涌现，随后其中一些"倒闭"。然后出现了 Web 2.0。这包含了很多变化，最重要的是(有些模糊的)互动性概念和用户生成内容(user-generated content)的概念。英国政府的 2009 年数字英国(Digital Britain)报告乐观地称其为"数字参与"(digital participation)。Web 1.0 有电子邮件，但这在早些时候感觉有点像把信息放在一个瓶子里，期待它可以到达。即使是电子公告板(electronic bulletin board)也会有点像用电报机通信。

Web 2.0 让直接交流变得简单、有趣，特别是无线技术和移动(手持)设备让全天在线变成可能，一些人全天都在线。上网很方便也让越来越多的人愿意发布资料、创建在线"内容"。Web 2.0 让用户期待能够做这些，并期待所有的设备可以为我们提供机会。

见第 14 章及 MSB5 网站上 BBC 利用用户生成内容(UGC)的案例分析。

ONLINE @ RESOURCES

电报或电传打印机(teletype)是两台打字机间有线传递信息的形式，在 20 世纪的商业、军事和新闻传播中很常见。

研究 8.3

你的经历呢？当你开始课程的时候，你是否觉得你可以在网上找到你需要的所有东西？你的演讲会被记录成播客、课件或 PDF 的形式，你可以通过它们和你的讲师、同学互动？打印和电邮发送文章可能已经司空见惯了。

问题：互动媒体还如何影响到你的学习？

问题：在你的学校，什么地方会进行"面对面"的学习(例如，研讨小组)？

- 你如何检查和深入研究使用的数据？
- 这对数据收集的价值和显著性有什么影响？

亨利·詹金斯的博客(见第 261 页)，特别是档案部分，为此类研究提供了丰富完备的理论。同见第 14 章。

学术方法

Web 2.0 乌托邦式地宣告了媒介 2.0 的到来——既是媒介经济的新形式也是媒介研究的新形式。评论家认为这种变革非常深远，以至于之前的媒介研究理论显得很过时。他们认为，我们需要的是对"第一代"媒介研究完全修改和升级的"媒介 2.0"，把重点更多地放在"生产消费者"(prosumers，消费者亦是内容的“生产者”）和互动活动上，挑战“呈现”、文本分析、受众等“旧”观念。

我们认为媒介研究需要考虑媒介和其连接用户方式的巨变。大多数媒介活动不能再像往常一样操作，但也不是与过去完全决裂。

人们赞颂过媒介的“新”，我们可以积极参与现在发生的事情，从中发展现有的学术讨论。从20世纪60年代起，马歇尔·麦克卢汉和雷蒙德·威廉姆斯的理论一直存在激烈和有趣的争论。

有人认为，“数字原住民”是指那些伴随互动媒体长大的人（比如你？），一部分让人追溯到麦克卢汉的“地球村”概念。两者都忽略了阶级、性别和民族会导致接触互联网的不平等。

对比麦克卢汉“性感”的宣言和利文斯顿（Livingstone）关于媒介访谈的观点：“按照政策效能来说，学者谨慎的结论——‘这取决于上下文’、‘不同的孩子会有不同的反应’，‘结果虽然具有指示性但不是结论性的’——在快节奏、辩论激烈的政策过程中作用不大（2009:230）。”

早期的两种方法

马歇尔·麦克卢汉（1911—1980），加拿大文学学者，20世纪60年代的理论家和作家，是最受推崇的前互联网时代媒介理论家。他激烈的言辞和早期倾向电视的表现使他成为该领域首批学术“明星”之一（在YouTube上浏览他在电视上的表现）。他认为，不考虑内容和受众使用的特定媒介产品，“承载”它们的技术都改变了人们对世界的认识和实践。对他而言，媒介决定意识。

他最有名的言论——“媒介即讯息”（the medium is the message）、“媒介即按摩”（the medium is the massage）和“地球村”（the global village）引发了人们对电子媒介积极的，甚至是补偿性的观点，在宽带通信的新世界中透视出了原始的“群体”道德。维基百科对他最著名的书籍《理解媒介：论人的延伸》[*Understanding Media*: *The Extensions of Man* (*sic*)，1964]有着不错的注解。

他还把所有媒介定义为人体的延伸，微妙地营造了新“环境”，甚至随着媒介由“耳朵为中心”（听觉）向“眼睛为中心”（视觉）转变而发生身体的变化。他的一段著名论述为：“媒介效果就像水对鱼一样，是难以感知到的新环境，大部分是潜意识的。”（麦克卢汉，1969:22）。他所说的“环境”和气候变化政治没有直接联系，而是指不同媒介间的平衡，如电视和广播，以及人类各种感觉的“中枢”或混合体。

最后简单总结来说，他对再媒介化持质疑态度，“任何媒介的内容都是另一个媒介”。根据定义这是一个旧媒体，因

图 8-3 墨菲斯在《黑客帝国》（美国，1999）中说：“黑客帝国无所不在，包围着我们。”“跟着小白兔。”这部电影受到麦克卢汉媒介技术无孔不入观点的影响。《录音带谋杀案》（*Videodrome*，美国，1983）、《机械战警》（*Robocop*，美国，1987）和《末世纪暴潮》（*Strange Days*，美国，1995）都推测电视和电子媒介直接连通人体和知觉改变的未来。

你可以在电脑屏幕上看到旧形式的翻新，如剪刀指代的“剪切”，或煮蛋计时器指代的任务正在进行中等。

此有理由怀疑完全的“新媒介”[见李斯特(Lister)等人关于麦克卢汉更全面的讨论]。

雷蒙德·威廉姆斯(1921—1988)是文化和媒介理论风格迥异的创始人，赞同“再媒介化”。例如，早期的电影基于现有的戏剧传统，只是逐渐在调整速度、场面和内在潜力的过程中形成了自己的形式。后来，一些电脑游戏可以说是电影的“再媒介化”，“参与感”使玩家更容易沉浸其中。最近非常成功的电影《阿凡达》(*Avatar*，美国，2009)将电脑游戏的沉浸感再媒介化到电影中，特别是3D和IMAX版本。利文斯顿(2009)发展了这一观点：“当代的概念工具都集中在‘再’(re-)的前缀上。”她列举了再混合(remixing)、重构(reconfiguring)、再修复(remediating)、再挪用(reappropriating)、再整合(recombining)等词条，“它们承认既继承又区别于过去的创新……采用授权和约束，而非决定和原因”(p. 25)。

因此，威廉姆斯和其他人反对麦克卢汉的技术决定论(technological determinism)，即技术本身可以决定人的认知和社会变革。威廉姆斯认为这是违反历史和社会的，不能把技术与社会生活分开来研究。技术是广泛社会进程的一部分，从最初的想法——不同社会环境下的各种可行计划(如可资助的)——直到设计、生产、营销、使用到结果。

威廉姆斯的著作涉及戏剧、文学、文化、马克思主义和媒介。他的《电视：技术与文化形式》(*Television: Technology and Cultural Form*，1974)是电视作为特定媒介的里程碑，强调节目“流”的重要性，而不是一系列单个的“文本”，如书、歌曲和戏剧。约翰·埃利斯(John Ellis，2000)进一步阐述了理解电视的三个时期和他们特定的文化形式：

- 稀缺时代，最多一到两个国家频道(英国是BBC和ITV)中，电视扮演了社会整合的角色，因为它们假设大部分人应该都在看某些节目。但是不容易了解他们对节目的感受。
- 可得时代，有多个频道，他认为电视让观众看到创伤事件却又无力改变。节目安排成为收视率驱动体系的关键。
- 海量时代，应有尽有，是互动媒体推动的“在一起却分开着”(being-together-while-apart)文化的开端。

图 8-4　全球数字应用的全球速览（Global Snapshot），请见《诺顿网络生活报告 2009》（*Norton Online Living Report* 2009）。

问题：在这里最令你震惊的数据是什么？

之后，常与电视打交道的作家拓展了只把“技术”当作电线、塑料和电路的方法。新媒介通过设计房间布局和应用、火车旅途的物件、时尚物件、安全联络他人（特别是家长和学生之间）的功能等来实现商业化（见利文斯顿，2009）。

一旦我们把技术定位为由社会形成的，具体如威廉姆斯、埃利斯、利文斯顿等所言的方式，那么我们在一定程度上不得不承认技术也是有影响的。我们不能像饱受压迫的报业一样，简单地将新媒介概括为对“已知文明”最近的威胁，无论是游戏还是 Facebook[就像 20 世纪 80 年代的“恐怖录像片”（video nasties）或某些恐怖电影，以及其他时期的其他媒介]。

有关**社交媒体**（social media）的讨论可以分为两种态度，一种是消极的，另一种是积极的，甚至是乌托邦式的。

1. 围绕着互联网时代主要技术的消极态度包括：

● 建立在社交媒体上的“社交网络”代替了现实的人际关系。它鼓励平庸、琐碎的交流，使人缺乏“真实的”人际接触和理解面对面交流的能力等，并导致不幸福感。

● 在缺乏与他人社交的情况下，社交媒体使人们陷入了自恋、不善言辞、自闭的状态。这伴随着世界范围内不断增长的网络成瘾，特别在中国，网络成瘾已被视为对青年人成长的威胁。

● 公共感和私人感正在遭到损害，Facebook 和其他一些网站充斥着在恰当的“公共”场合不被允许的言语暴力、恐吓和无知的评论。人们还担心在全球范围扩散的色情话语（见第 5 章，第 168 页）和全球监督互动媒体的可能性。

● 电脑游戏因向用户提供了大量的暴力和血腥内容而受到谴责。

2. 积极甚至乌托邦式的立场以英国最畅销的科技杂志——《新科技产品博览》（*Stuff*）网站 2009 年 9 月的一段论述“我们现在在哪”为例：

> 我们生活在一个黄金时代：iPhone 成为多媒体全能平台，所有音乐都没有数字版权管理（digital rights management），电子书快要取代纸质书。你可以在谷歌街景上散步，用不到 10 元买到高清蓝光影碟，用福特福克斯的价格买超低排放的

“社交媒体”被布莱恩·索利斯（Brian Solis）定义为“任何使用互联网促进对话的工具或服务”。登录 MSB5 网站在他的页面上进行深入讨论。ONLINE @ RESOURCES

混合动力汽车。就这样，我们生活在梦想中。

图 8-5 从封面来看，《新科技产品博览》建构的传统性别角色是"乌托邦"的一部分。1）从利用技术进行性别呈现的角度来分析这个杂志封面。与图 8-4 对比。2）调查你朋友在使用和信任互联网方面的性别倾向，是否如经常暗示的那样，互联网没有性别不公平和倾向偏好？

图 8-6 《新政治家》（*New Statesman*）杂志这个惊人的封面设计是关于一篇与互联网最成功的故事——谷歌有关的文章，这篇文章披露了人们日益关注的它如何使用从用户那里收集起来的数据的问题。

● 其中一个乌托邦式的观点是麦克卢汉的论断：我们生活在电子化的"地球村"，它可以治愈印刷媒介和国家边界带来的感官异化。

● 各种全球或本土的抗议、政治活动、艺术作品和慈善活动正利用互动媒介塑造世界的新秩序。奥巴马的总统竞选就是一个极好的例子，请同时关注你们国家的独立媒体资源（如 www.indymedia.org.uk）和 www.zmag.org/znet 对"快闪族"的使用，以及第 12 章。

一些发展产生了感觉结构的明显分裂。

a. 例如，推特社交网络的特点在于即时性，简短让人随时可以跟进。它已孕育了两场惊人的运动。

研究 8.4

搜索 2009 年推特的两场运动：托克（Trafigura）运动和围绕莫尔（Jan Moir）在《每日邮报》上关于斯蒂芬·盖特利（Stephen Gately）去世的文章的运动（参见第 12 章）。

Twitter 听上去像是谦虚的自嘲。但反对者指出 Twitter 的一部分信息过于平庸，并质问：140 个字能交流什么？

b. 以下约翰·兰彻斯特（John Lanchester，2009）论述谷歌的威力，引发了多方关注［和奥威尔（Orwell）的小说《1984》中的"老大哥"类似］：

大概一个月之前我的硬盘……崩溃了，备份……无法恢复我的工作存档。正当我面临着为不一定能修复的硬盘付一大笔修理费时，突然想到了我发出的每封电子邮件可能，也许……果然，都在 Gmail 上。我曾经发布的所有东西和其他发送的邮件都有拷贝。那是"老大哥"才会做的事儿，这种帮助的方式让你既松了口气又愤怒。

研究 8.5

思考这三种形成鲜明对比的立场假设。

● 能否从你的“新媒介”经验中找出指向他们的证据？

● 如何描述你的立场？以哪种媒介形式为基础：游戏、文本、Gmail 邮箱，还是互联网政治运动？

● 有没有方法会让你的立场受到性别、民族和社会阶层的影响？

开放、合作和“用户”

Web 2.0 这种嵌入式、社会化的技术影响了一些理论，继而影响了媒介研究和媒介经济。

正如上下文所说，我们首先来重新考虑互动性的“新”。互联网的发展、在线查找或仅仅是发邮件的机会从很多方面改变了我们的交流和研究。但是，真正发生改变的原因是一直在线上的可能性。在没有宽带之前，使用电脑涉及在线快冲、用电话的“拨号”账户来检索，连接非常耗时、昂贵，然后还要下线。而现在，我们可以使用“一直在线”的宽带连接——如果可以接触到，也负担得起的话。

图 8-7　2009 年肯尼亚海港城市蒙巴萨岛上的工人拖拽一部分光纤线。

1. 宽带并不是普及的,也不是容易得到。图 8.7 显示了在 2009 年夏天的蒙巴萨岛上增加了有线,让能支付费用的东非人可以接触电脑。它提醒人们类似的"魔法"商品(如电脑和手机)中消耗的劳动力和材料。

2.《卫报》的一封信认为媒介应用发展不均衡:

阿兰·拉斯布里杰(Alan Rusbridger)问我们最后一次播放 CD、拥有座机、去图书馆查询信息或买地图是什么时候。答案是大部分普通人仍然在做这些事情。我可以很好地相信媒介人生活在他描述的世界里,但也许他需要多出去走走?

(2009 年 10 月 24 日)

这些连接已经深刻地改变了媒介环境。它们解释了为何我们把 20 世纪 90 年代当作第一个互联网时代("**dot. com** 革命"),而把 2005—2006 年当作这种体验修订版的开端。这不是从"Web 1.0"到"Web 1.1"的转变,而是一个全新修订的"Web 2.0"。

TED(http://www.ted.com)是一个致力于"值得传递的理念"(Ideas Worth Spreading)的小型非营利组织。从 1984 开始,它以会议的形式将科技、娱乐和设计三个领域的人集合到一起。2009 年 9 月 TED 已有 450 个免费演讲(TED Talks)(如视频演讲)可供观看。

新媒介最令人震撼的景观或者说生态环境是一种以网络为基础的"学院"的诞生,基本上是另一种更先进的教育体系,新的"媒介研究"。这个现象最初发生在北美(尽管很多成员可能来自北美以外)。它包括一系列的作者和演讲者,他们可能是学者、媒体顾问、记者、律师或其他从业者。除了为他们的主要机构发表文章,他们也为《连线》(*Wired*)等期刊撰稿或写博客,发布谷歌或 TED 等商业性不强的组织资助的演讲视频。因此大部分是免费的,是贫困学生的福音。我们在这本书里纳入了多个 Web 2.0 思想者的论述。这并不意味着我们接受所有关于 Web 2.0 或媒介 2.0 引发变革的陈述。但它们的确开拓了新的辩论空间。

一些在媒介经营范畴中使用的新词条渗透到受众和互动理论中:网络、用户生成内容(UGC)、"群体智慧"、"集体融资"、"长尾理论"、"生产消费者"、"标签"、"云"。

参见 http://en.wikipedia.org/wiki/The_Cluetrain_Manifesto 在 Web 2.0 环境下新型商业模式的宣言。

克莱·舍基在纽约大学任教，教授课程中有一门叫“社会天气”(Social Weather)。

有趣的是，舍基运用了法国社会学家皮埃尔·布尔迪厄(Pierre Bourdieu，1930—2002)的方法，布尔迪厄首先提出的观点是不平等通过不同的“资本”及其分布得以维持。这不仅仅是“金钱资本”的问题，尽管它们紧密相关。见第3章。

图8-8　2009年三星的卵石设计上网本。它被设计成一款很酷的时尚配件，像多数电脑广告(见苹果)宣传自己的机器很“纯粹”一样，而且肯定不会和灾难性的气候变化联系起来。

让我们从网络和**用户生成内容**(**UGC**)谈起。2009年6月克莱·舍基(Clay Shirky)的TED演讲上提到Web 2.0是传播的第四次大飞跃(继印刷、电报和广播/电视之后)。不仅仅因为它为自己带来新的可能，同时也让获取别的媒介技术变得容易。过去的技术支持“一对一”的即时传播(如电话)或“一对多”的(如广播)，Web 2.0支持“多对多”(有时也被称作“社交媒体”)。

他提到最近一个Web 2.0的例子，来自政治领域。在前两次的严重指控之后，美国公民担心2008年总统选举中可能会有人操纵选票，他们拍摄当地投票站的视频图像和活动镜头，并发布到主要网站上，希望这样可以阻止可能的非法行为。这不是一个新点子(尼日利亚人在2007年有过类似的举动，但只使用了简单的文本信息，而不是手机拍照)。舍基评论道，这是一个从尼尔利亚到美国的“全球技术转移”的范例——这个不同寻常的转移中运用的重要资源是“社会资本”而不是“技术资本”。尼日利亚迫切需要做这个，社会应用随之发展，因为技术就在那儿等着被创新运用。

这是对新技术引进的一个重要观察——只有在足够的“社会用户”(不是技术专家)看到它们的用处时，新技术才能传播。但这很难预测。制造商们从未想到短信的最大用户是青少年。舍基总结媒介已成为“社会化的”，因为技术更多的是无聊，而不是新奇夺目的。我们都能接触到，所以有人认为那时重要的将是我们能用它来做什么。

研究8.6

评价你自己对Web 2.0服务的使用。

- 你曾因为同龄人或家人开通博客或参与在线小组而参加吗？
- 你的使用是否大多会涉及身边的朋友和家人？你曾参与过全球的“用户社区”吗？
- 你是否认同那些让你的生活或工作方式变得不同的活动？这些媒介技术的“新”应用有多重要？
- 你认为时尚配件对男性和女性用户的销售能力是否印证了舍基的建议——那你自己的使用呢？

图 8-9 为什么创建者会选择夏威夷语的"wiki"作为他们在线百科全书的名字？（参见第 15 章）

火狐是一款来自 Mozilla 基金会的产品，使用第一代广泛应用浏览器网景浏览器的开发商——网景公司（Netscape）发布的代码开发新的互联网组件。Mozilla 还生产了雷鸟（Thunderbird）电子邮件客户端。

"生产消费者"有多个意义，都与瓦解"从业人员/生产者"和"消费者"间的界限有关。业界可能会用它代替"消费者"，有点像"半专业人员"。在某些"媒介研究 2.0"中，它可能指的是对生产"出版的"媒介文本有贡献的用户，尽管没有什么在互联网上是完全私人的。

舍基的例子（在之后推特在 2009 年伊朗大选中扮演的角色这一事例中得到发展）引发了民间媒体更广泛的现象出现（如维基百科以及集体筹资的电影《愚昧年代》）。索诺维基（Surowiecki，2004）认为一大群人在同一个问题上做出独立决定，可以聚合也可以平均，这样比一小群专家更容易产生"正确"的决定。"一大群"个人主动进行贡献——如维基百科——而不是简单地回答抽样问卷。这个问题的关键是"这个群体"是由多样的、自主选择的个人组成，不需要尝试"事后揣摩"（second guess）他人的观点。这不同于"群体心理效应"（crowd psychology）（这个概念指出群体中的个人会有意识地去响应其他群体成员），但它确实反映了统计取样的某些方面。

泰普斯科特和威廉姆斯（Tapscott & Williams，2006）支持由无正式组织的个人形成的团体来执行商业活动。维基百科本身就是靠"大众合作"发展起来的（见 http://en.wikimedia.org/wiki/Wikipedia#Editing_model 对维基百科目标和战略的陈述）。基础的概念可以追溯得更远，比如软件开发等活动，由开发者"群体"完成像火狐浏览器这样免费、开源的软件项目。其他软件项目邀请用户测试产品、提交报告、帮助其他用户支持团队，创建新的应用或"插件"。这种产品可能会免费发布或当做共享软件。以这种形式做出贡献的人被称作**生产消费者**，或消费者（他们可能仍要付费）和生产者的混合体。

另一种可能的合作方法来自标签的使用，用户设计或者选择的词条用于对媒介内容进行分类。例如，如果你有一个 Flickr（网络相册）或 Picasa（网络相册）的账号，你可以在你的网站上发布数码照片并给每张图片加标签以进行分类。同样，如果你发表了一篇博客，你可能希望增添几个标签，把这篇博客和其他相似的博客连接起来。而且这个标签不止帮助到你，它们还会帮助其他人在你的网站上找到相关的图片或帖子。有些 Web 2.0 服务也提供"分类"，代替了标签的功能。分类和标签都可以连接到云——词汇标签或分类的视觉呈现，最常用的词可以用更大的字号来显示。你可以用免费的 Wordle 软件制作一个自己的"关键词云"来看看效果（http://www.wordle.net/）。见本书第二部分首页上的图片（第 258 页）。

作为一个应用，如果我们看到“用户”如何描述特定的电影，我们可能会重新思考电影（和其他媒介文本，如流行音乐）的非正式分类。他们会使用哪些标签和分类？参见阿姆斯特丹大学（http://mastersofmedia.hum.uva.nl/）关于Web 2.0应用的博客。在一个叫“视频漩涡”（Video Vortex，2008）的部分，视觉艺术家丹·奥奇（Dan Oki）建议大规模使用“元数据”的电影数据库——全部演员、工作人员、地点等——重新建构电影史。这样可以呈现出电影的发展与革新，并避免精英默认地将变革归因于单一的导演或“编剧导演”的“视野”。

“长尾理论”

各种零售商将规模经济的传统优势和在线数据库提供的新可能结合在一起，凭借 Web 2.0 的出现迅速发展繁荣。最著名的例子就是在线零售商亚马逊（Amazon），它掌管着互联网电影数据库并开展在线租赁业务（后来由欧洲的 Lovefilm 经营）。亚马逊简单的经营模式是基于让人们可以获得任何媒介文本（书、DVD、音乐等，也可以是非媒介产品）的理念，除了尽可能地在仓库中储存完备的货品，还组织较小的零售商参与“虚拟市场”，因此甚至包括二手的、剩余的和海外的库存。这样，亚马逊有能力“证明”**长尾**效应（the long tail effect）这一概念。流行媒介产品的频次分布曲线（frequency distribution curve）通常显示最流行的产品（如前 20 名等）总是占据 80%的市场，而其他所有媒介产品的销量缩减到个位数，甚至是零。因此，DVD 或 CD 等的“长尾”注定是“分众”（niche）市场的。传统的商店不会储存所有低销量的货品，但在大仓库里储存的边际成本（一个货物的额外成本）并不高。

IMDb 是 1989 年由一群网络电影迷用户发起的项目，当它 1993 年在网上发布时设在卡迪夫大学。1998 年，它成为亚马逊的子公司。

支持亚马逊运营的数据库提供了两个便利：

1. 它可以从成千上万的（上百万？）商品中物理定位其中的一件；

2. 它为顾客提供了其他的选项。传统商店的销售代理可

长尾理论尽管多年来为统计学家们所熟悉,却在一本2006年的书里成为焦点:克里斯·安德森(Chris Anderson)的《长尾理论》(*The Long Tail: Why the Future of Business Is Selling Less of More*)。它通常用于商业讨论,也是媒介研究这个阶段中跨学科取向的另一个例证。

能只知道很少的书、电影或音乐,而亚马逊的数据库却能立即告诉你"如果你喜欢这个,你可能还会喜欢……"或"购买这个的人同时购买了……"因为亚马逊是Web 2.0零售商,它也邀请用户提交"愿望列表"(wish list)或建议。通过IMDb的链接和顾客评论,零售商们促使你在购物做选择时考虑"群体智慧"(你的选择是其中一部分)。

图8-10 亚马逊"长尾理论"的其中一个仓库,存储着待配送的"分众"商品。

一些小网站也显示出类似的商业潜力。

一位在学校受欺负的南希尔兹单身母亲劳伦·卢克(Lauren Luke)开始记录化妆技巧并将视频放在YouTube上,她现在正制作自己的化妆系列。

在线零售应该开拓长尾理论,使消费者有更多的选择,理论上,非主流的创造性艺术家应该收到更多版税。但这真的发生了吗?我们怎么能知道长尾真的在那儿,选择真的变多了?很多对Web 2.0的宣言都很积极,甚至部分"自由市场"也强调。他们忽略了可能出现的缺点,更不用说严重经济衰退的影响。

长尾预言的确帮助较大的Web 2.0运营商把小规模的"利基"竞争对手挤走,小商家在涉及营业额的时候总面临着启动资金更高的问题。消费者处在推崇亚马逊或谷歌(所有那些"对比价格"的网站)而放弃"专家"服务的危险中。我们不愿意把钱花费在建议上,而更需要跟随"群体智慧":谁在做总结?谁有能力付诸实践?

在线零售的成功也与社会成本有关:

● 不是每个人都有宽带连接——或有信用卡账户可以在线支付;

● 很难计算商品打包上门递送造成的环境成本和利益(和直接从商店买相比);

沃特金斯（Watkins，2010）认为“数字原住民”的“群体”更像是富有的“封闭式小区”，只对特定收入群体开放，而且按照临近划分。可参见第5章的“堡垒未来”和亨利·詹金斯博客里的沃特金斯采访。

英国“低档”的伍尔沃斯（F. W. Woolworth）连锁店2008年的失败使人们目睹了全国的空铺位和遗弃的公共空间。它还引发了音乐和电影零售商Zavvi的倒闭，因为Zavvi依赖于伍尔沃斯的分销服务。

图 8-11 凯利部分观点的可视化。

- 传统商店的失败可能导致商业街连带小镇和城市里传统商业领域公共空间的瓦解。

研究 8.7

对你来说，“现实”购物和“虚拟”或在线购物的优缺点是什么？

越来越多成功的在线零售意味着长尾经济是有意义的，在众多的产品里销售一两个“部分”就能盈利。但他们卖给谁呢？一个消息灵通的消费者现在或多或少都能找到他们想要的东西，无论是罕见的音乐或晦涩的电影。但平常那些没有时间或意愿去深度寻找的消费者呢？亚马逊仍旧主打它的“畅销榜”或“轰动巨作”，正如谷歌搜索引擎上弹出条目的顺序饱受争议。它保持了良好的商业意识，最大化销售几样商品，消费者的选择也几乎没有改变。或许我们需要保持怀疑的态度？

数字拷贝和信息“围城”

“向数字化转移”最重要的优点就是可以完美“拷贝”媒介产品，更确切地说是“复制原版”（duplicate originals）。拷贝的概念最初是指制作像原版一样的东西，但在某些方面又无法超越原版，它是一种“再生产”。数字文件可以复制，因此复制出来的可以完全一样（但如果拷贝的价格很低的话，质量就会下降）。《连线》（*Wired*）杂志的创始主编凯文·凯利（2008）认为数字拷贝通常是“免费”生产的：

> 在任意电脑上产生的每一位数据都在被拷贝。因此，数字经济在拷贝的河流上前进。与大规模再生产的机器时代不同，这些拷贝不只是廉价，它们是免费的。
>
> （参见 http://www.kk.org/thetechnium/archives/2008/01/better_than_fre.php）

凯利的观点引出了媒介生产者的根本问题。你不可能阻止任何人进行数字拷贝——不同类型的“盗版”行为是不可避免的，媒介生产者必须想其他办法从“原版”材料的所有权中获利。正如凯利简单描述的：

当拷贝非常充足时，它们变得没有价值。

当拷贝非常充足时，那些不能复制的东西变得稀有和珍贵。

当拷贝免费时，你得出售那些不能被复制的东西。

那么，什么是不能被复制的？

（同上）

凯利通过 8 个可能性或“生成的规则”（generatives）来回答自己提出的问题：

即时性　个性化　阐释　真实性
可接触性　具体化　赞助（patronage）　可检索

在线媒介的一个结果就是专家和学者更愿意登录那些过去被称为“极客”和“网虫”的博客和网站，如凯利。在观点发布的一年之内，这些观点就被电影业的评论员看中，作为盗版和收益下降问题可能的解决方案。

研究 8.8

阅读他的文章，找出这些细节：

- 总结记录，并试着应用到你最常用的媒介中。
- 你是否同意大部分人付费会使我们的生活更轻松（即时性、易用性、可检索）或提升了用户体验品质（他提到的其他几个“生成的规则”）？“赞助”可能也涵盖了想要给媒介生产者某种收入。

新媒介，旧隐喻

人们认为，信息从一个人传递到另一个人时是“消耗不完的”，除非你得到信息后不愿意泄露给其他人，这时信息就和其他商品一样，用来交换货币[见巴尔纳（Balnaves）等，2009]。

信息“商品化”的整个过程曾被拿来与 18 世纪英国的“圈地运动”及全球类似的活动进行比较。中世纪的大地主允许农民——“普通民众”——使用当时所谓的公共、共享土地作为基本资源来饲养动物，种植赖以生存的作物。然而，资本主义体系的发展为地主提供了通过投资新技术赚钱、更科学和密集地进行农业生产的机会。地主利用他们的政治权力（当他们掌握着国会投票权、席位的时候），通过法律手段“圈”公共土地，迫使农民离开乡村到发展工业的城镇找工作——“促进了”工业革命。

想研究具体如何运作，你可以登陆 http://creativecommons.org/，以及维基共享资源网站。

数字时代的信息商品化被称为第二次圈地运动，一些大公司如谷歌、考比斯（Corbis）和盖蒂图片社（Getty Images）通过商业运作获取大量数字文档行使权利。其中一个回应就是**创作共享**（Creative Commons）运动，为新媒介领域中的“公共知识”和作者权利问题提供了解决方案。它提出作者应决定在生产的作品中需要保留哪些利益，而哪些愿意免费发布。

“公共领域”（public domain）指的是文本对改编和再版的开放，而不需要向版权所有者付费。

这些本身就有矛盾之处。凯利提到：

a. 数字拷贝基本上是免费的——因此，仅因为拥有原著权就期望回报是没有意义的；

b. 而且，在这个充满合作的新世界中，如何支持原创还是个问题。

很多困扰来自信息的概念本身。巴尔纳等（2009）认为传统形式的版权给予作者有限的时间内对观点的“切实表述”。在此之后，观点进入“公共领域”，随后对大众免费开放。

图 8-12 来自电脑游戏《辐射 3》“厮杀”的抓屏瞬间，它重复使用，但在电影中详细展现了粉碎肉体一瞬间的暴力图像。

这就产生了两个问题：

1. 版权法不是普遍适用的，比如美国的和欧洲的版权法就有所不同。

2. 大多数媒介文本不是这样的（想想那些小说和被称为“娱乐”领域的庞大范围）。从总是很昂贵的创意和“演出”角度来说，这些总被当作“可利用的”。

“新媒介”，消失的资源

媒介研究很少涉及材料，那些先被需求、然后废弃、快速变化的“随时随地”的全球媒介、配件和设备。这引发了麦克卢汉对“环境”的不同理解。

参见第 11 章“内置淘汰”（built-in obsolescence）的概念，与此非常相关。

思考这些观点：

- 传媒公司在全球范围内搜寻矿物和水源，让复杂的设备参与到全球媒介中来，并寻找廉价劳动力进行拼装，然后废弃；

这些劳工通常是女性。这是受到媒介使用的地位驱动，不断变化的时尚促进了从虚拟到数字的转换、“高清竞赛”或蓝光等全球性的技术升级。

● 支撑互联网的电量，特别在 Web 2.0“一直在线”的时代，还有高耗电的游戏、YouTube 和纯平电视。

“连通性”（connectivity）通常指的是进出一个国家的互联网宽带和连接电脑与互联网的基础设施质量（见图 8-14 关于三星和韩国的图片说明，第 277 页）。当然，这蕴含着环境政治的问题。

1.“在这个能源有限的世界，我们不能再继续发展互联网了。”——Subodh Bapat，太阳微系统公司副总裁[约翰逊（Johnson），2009]。

见《卫报》上更多约翰逊的文章。

2.“……服务器运行消耗的每一点能源需要相同的能源再使之冷却。美国政府的统计显示数据中心现在使用的能源和整个汽车制造业消耗的能量一样。”——苏珊·瓦（Susan Watts），“硅谷的两个疯子”（Two Go Mad in Silicon Valley）。

见 BBC 2 的 Newsnight 节目中更多瓦的报告，特别是关于谷歌消耗电量的秘密和其冷却服务器的问题。

然后呢？切断连接吗？

● 光是模拟产品废弃物就足以导致有毒废弃物风暴，但 3D 高清平面屏幕或蓝光播放器的画面里可不会强调这一点。高科技产品的废弃带来严重的环境危害，特别是那些在偏远和贫穷地区生活的孩子，他们冒着生命危险拆除零件，就为了得到一丁点的矿产，通常还是有毒的，但他们以此为生。讽刺的是，这种情况时常发生在那些开采矿产的地区。

研究“纳米技术”（nanotechnology）。见 http://www.care2.com/causes/environment/blog/will-nanotechnology-help-or-hurt-our-environment/。

研究 8.9

● 研究这个领域，首先看完以上的资源。

● 编排一段 30 分钟的影片，记录从开电脑，输入一个链接如 YouTube，到几秒后开始接收视频所使用的能量。或许使用苏珊·瓦的报告。

● 如何在影片中评价以下两者之间的联系？

a. 享用这种网络资源

b. 可能引起的气候变化后果

图 8-13　孩子们靠在巨大的 Steung Meanchy 垃圾堆填区捡拾(有毒的)垃圾来生活,柬埔寨,2009 年。

图 8-14　研究三星,全球收入第一的大型联合企业。关注一系列可以帮助他们资助前沿科技的商业活动(军事、造船等)。高度的连通性(韩国是世界之首)也起到了促进作用。

小　　结

在这里,我们只能大致描述"新媒介"技术的讨论和矛盾,尽管它们是其他章节的部分内容。早期的研究方法和概念在理解和定位这些变化中仍有价值。20 世纪五六十年代麦克卢汉的猜测性概括使大家开始重新思考媒介技术。而威廉姆斯坚持认为我们需要把媒介技术看做其他社会驱动和力量背景的一部分,这是一个关键。近期的作品[杜可斐和肯尼迪(Dovey and Kennedy,2006);利文斯顿,2009;李斯特等,2009]对这个观点进行进一步思考。再媒介化在这里是一个关键术语,不仅理解每个媒介形式如何重新塑造"内容"(把一部分戏剧流融入电影中,电影的一部分也融入游戏中),也了解"新媒介"怎么把旧形式融合进全新的形式中。

"媒介研究 2.0"指出了过去几年巨大变化的教学需要,并且庆祝它们的潜力。但是:

- 尽管它本身吸收了布尔迪厄和麦克卢汉的观点,有时还是对"理论"太具讽刺性;
- 它庆祝"活跃用户力量"的同时,有时会忽略试图影响那些力量的商业结构，这些商业结构主要目的是营利，而不是共享的公共利益；

● 它在潜力惊人的“数字公民权”真正开放使用和其前所未有的合作机会前忽略了现实和文化限制，如不公平的性别权力关系。

研究 8.10

● 基于你自己的“新媒介”经验和研究（如社交网站、各种游戏等），有根据地预测未来三年内的三个发展。

● 记住现在“新媒介”的部分吸引力是商家打造的配件、设备具备时尚“炫酷”的设计和营销，是家居设计的一部分。试着涵盖这些。

● 尝试将日益增加的气候变化影响纳入其中。这些如何与一直升级的媒介形式营销、所需的桅杆、电缆和电力供应联系起来。

● 另外，数字互动会不会带来全球环境政治的扩张？

● 如果可能，请在课堂讨论中证明你的观点。

参考书目与扩展阅读

Balnaves, Mark, Donald, Stephanie Hemelryk, and Shoesmith, Brian(2009) Media Theories and Approaches: A Global Perspective, London and New York: Palgrave MacMillan.

Dalby, Andrew(2009) The World and Wikipedia: How We are Editing Reality, Draycott: Siduri Books.

Dovey, Jon, and Kennedy, Helen W. (2006) Game Cultures, London and New York: Open University Press.

Ellis, John(2000) Seeing Things: Television in the Age of Uncertainty, London: I. B. Tauris.

James, Nick(2009) 'Editorial', Sight and Sound, May: 5.

Johnson, Bobbie(2009) 'Power Failure: How Huge Appetite for Electricity Threatens Internet's Giants', The Guardian, 4 May.

Lanchester, John(2009) 'Short Cuts', London Review of Books, 9 April.

Lister, Martin, Dovey, Jon, Giddings, Seth, Grant, Iain, and Kelly, Kieran(2009) New Media: A Critical Introduction, 2nd edn, London and New York: Routledge.

Livingstone, Sonia(2009) Children and the Internet, Cambridge and New York: Polity Press.

Livingstone, Sonia, and Haddon, Leslie(eds) (2009) Kids Online: Opportunities and Risks for Children, Bristol: Policy Press.

McLuhan, Marshall(1964) Understanding Media: The Extensions of Man, London and New York: Sphere.

McLuhan, Marshall(1969) 'Playboy interview: Marshall McLuhan', Play boy, March.

Orwell, George(1949) 1984, London: Penguin; new edn 1998.

Roddick, Nick(2009) Sight and Sound, March: 14.

Surowiecki, James(2004) The Wisdom of Crowds: Why the Many are Smarter than the Few, New York: Doubleday.

Tapscott, Don, and Williams, Tony(2006) Wikinomics: How Mass Collaboration Changes Everything, New York: Penguin.

Watkins, Craig S. (2010) The Young and the Digital, Boston: Beacon Press (and see his website http://www.theyoungandthedigital.com).

第9章

CHAPTER 9

电视的未来?

- 电视产业的所有权和控制
- 电视付费
- 电视广播的商业模式
- 案例研究:HBO
- 案例研究:第4频道 Channel 4
- 小结
- 参考书目与扩展阅读

2008年迈克尔·韦施(Michael Wesch)在美国国会图书馆的演讲里描述电视网如何“跟不上”互联网。他计算出美国三大电视频道在60年里生产了150万小时的电视节目。YouTube在6个月内生产出相同的数量,并且88%都是原创素材(他怎么知道?)——比今天网络的原创素材比例要高。

研究 9.1

- 你最后一次看电视是什么时候？
- 是直播的吗？
- 你在哪里观看？和谁一起看？
- 你看的是什么素材？

堪萨斯州立大学的迈克尔·韦施是 Web 2.0 最有魅力的传道者之一。他的作品见 YouTube 或者登录 http://mediatedcultures.net/mediatedculture.htm。

20 世纪 70 年代后期，电视已经成为大多数发达国家公民日常生活的一部分，那时约翰·埃利斯(John Ellis，2000)开始称之为“可获得性”的电视时代(见第 14 章)。电视成为新闻和娱乐最重要的来源，而电视机则成为发达国家大多数家庭的聚焦点。

现在，可以连接宽带互联网是不是比拥有一台电视机更重要？2009 年，65％的英国家庭拥有固定的宽带连接，3％使用移动接入(Ofcom，2009)。但是很多人仍然每天会看好几小时的广播电视，当我们和朋友或同事在闲聊时段讨论看了什么节目和为什么看时，仍然会发挥流行电视节目在“饮水机”旁的社交效用。

2009 年，BARB(英国观众研究学会)指出，英国平均每人每星期观看 25 小时的电视(www.barb.co.uk)。

图 9-1 安娜·帕奎因(Anna Paquin)和鲁迪娜·卫斯理(Rutina Wesley)在《真爱如血》(*True Blood*)中的剧照，这是 HBO 一部“高品质的戏剧”，全球多个不同的平台都可以观看。对某些人来说是不是一个“在饮水机旁闲聊的时间”(water cooler moment)的话题呢？

如果要充分利用这里的材料，你需要同时学习第 7 章、第 8 章和第 10 章。

互联网接入和其他媒介活动的变化并未严重削减电视的重要性，但改变了我们观看的方式、我们观看的地方和我们观看的题材。宽带最大的使用是视频材料，无论是直播还是通过数字下载收藏视频。即使我们减少了播放节目的观看量，我们也不会停止用电视机观赏成套的盒装电视剧集。电视一直在变化，即便它仍处在媒介一系列讨论的中心。作为一种独立的媒介或文化，电视是否有它的未来？或者它会成为又一种在线“应用”？

如果不清楚电视是如何发展的以及它为什么现在是这样，我们就不可能真正理解它未来的走向。这一章有三大主要部分：

- 探索广播电视系统的经济基础；
- 电视商业模式的三个案例；
- 对电视和公共文化的简要考虑。

电视产业的所有权和控制

20 世纪 20 年代美国和英国引领大多数国家以私人企业的模式开始广播业务，但在 20 世纪 30 年代的英国和德国，广播的模式成为公有制的一部分。美国的“公共广播”一直只是商业体系的“添加品”。政府介入广播的其中一个原因是“频谱稀缺”，模拟广播信号在有限的带宽里争夺空间。在人口密集的地区，这个问题尤为重要，因为人们对服务的需求更多。值得注意的是，稀缺性的结束（也就是说，当所有广播转换为数字多信道时）在欧洲比在美国复杂得多，美国在 2009 年 6 月完成了整个国家的“转换”，而欧洲需要考虑公共部分的广播问题。英国的**数字转换**（digital switchover）计划需要 3～4 年。

无线电广播的一个比较不同的考虑在于发展宣传的能力。20 世纪 30 年代，纳粹展示了这一功能的强大，之后的战争中几乎所有参战国都广泛使用广播、电影和海报。欧洲在“二战”后，同盟国确保在德国联邦体制下授予地方公共广播新的广播牌照时的复杂法规管制可以到位。基于这个模式的广播服务，德国第一电视台（ARD）在 1950 年成立。在意大利，垄断的意大利国家电台（RAI）在 1954 年成立，在法国是 1945 年。西班牙国家电视台(TVE)1956年在西班牙成立。

> 电视服务起源于1936年的英国，但在战争期间停播。在德国，广播电视始于1935年，直至1944年。http://smashingtelly.com/2008/07/14/television-under-the-swastika/是基于东德档案制作的纪录片。这些广播节目使纳粹分子和武装力量得到了特权，在柏林提供了一个“观察厅”。

20世纪80年代，多数的欧洲大陆国家引进了私营企业的“商业”(即营利)广播，但通常在监管框架下试图保护国家广播的“公共服务”理念。20世纪80年代，私营广播电视和公共广播电视之间的平衡开始转变，其中有两个原因：

- 有线和卫星广播的新技术为引进新频道和新服务提供了机会。
- 向“自由市场”经济和“解除管制”的公共服务、应用的普遍转变导致了不同形式的“私有化”和私营企业“外包”。1987年，法国主要公共广播频道France1的“私有化”催生了现在法国市场的领军者TF1(2009年拥有26%的收视份额)。

新机会吸引了来自其他区域的传媒企业家进入原本稳定的欧洲电视市场，包括新闻集团(News Corporation，美国)、贝塔斯曼/RTL(Bertelsmann/RTL，德国)、梅迪亚塞特(Mediaset，意大利)、威望迪/Canal+(Vivendi/Canal+，法国)等，还有通信公司自由传媒集团(Liberty Media，美国)(美国通信业反托拉斯行动的产物)。这些公司转向地面和卫星/有线电视(包括付费电视)，他们开始跨国运营，并且通常“交叉持股”。

私营广播电视的冲击给公共广播电视和公共服务概念带来了压力。这同样意味着很多欧洲的地面网络屈服于进一步渗透的美国进口产品，因为它们的预算不足以制作具有竞争力的节目。一些电视台在市场中大败。曾风靡一时的英国独立电视台(ITV)在足球直播的数字运营上竞标失败，德国基尔希集团(Kirch Group)的倒闭也是因为其体育节目的广播政策。这两个失败案例都发生在2002年，表明欧洲的小公司很难与新闻集团、贝塔斯曼等大型传媒集团竞争。

这些变化都是真实、显著的，但有时候它们被过分强调了。

图 9-2 中的表格显示,除美国之外,公共电台在全球最大的电视市场依然非常重要。图表也指出收入源头由下降的广告收入转变为上升的订阅收入,这些将在本章后面讨论到。

	英国 英镑/人	美国 英镑/人	日本 英镑/人	德国 英镑/人
公共	43	1	25	39
订阅	71	111	48	37
广告	58	110	67	36
总数	172	222	140	112

来源:Ofcom 2008。

图 9-2　以人均付费的方式表示四大主要市场中电视的收入(以英镑为单位)。

相关的,一些欧洲制作人的独立制作公司成功地发展了国际化运营,主要在游戏节目、真人秀和连续剧方面。两个最成功的案例是恩德莫(Endemol)和弗里曼特尔(Fremantle)。恩德莫最初是一家荷兰公司,在英国和美国开展国际业务,2000年被西班牙电信(Telefònica)收购。2007 年,荷兰的创建者和意大利梅迪亚塞特集团联手将它重新变成“私有制”。它最有名的节目应该就是《老大哥》和《一掷千金》(*Deal or No Deal*)(见 http://www.endemol.com)。弗里曼特尔 90%属于贝塔斯曼的 RTL 集团,但它现在还包括澳大利亚的格伦迪(Grundy) 和英国的泰晤士(Thames),并开发如《X 音素》(*X Factor*) 和《学徒》(*The Apprentice*) 之类的节目(见 http://www.fremantlemedia.com)。

所有电视市场的未来将被几个因素决定着:

- Web 2.0 和新媒体技术之间的关系(手机设备、数字电影放映等);
- 新商业模式的发展;
- 监管框架(包括公共服务广播电视和竞争政策)。

我们将重点关注英国,但是在欧洲媒体的大环境之下。欧洲呈现出集中的各国打破边界凝聚一团的景象,也像一个“单独的地区”,在欧洲的共同政策(有时候不仅是欧盟的 27 个国家,而是“大欧洲”的 36 个国家)下试图维持视听产业和多元媒介文化。

电视付费

在多数欧洲国家，观众至少有 6 种电视付费方式：

- 通过某种税收形式(例如，牌照费作为补贴)；
- 产品提高价格以支持广告费用；
- 订阅有线电视、卫星电视和加密的卫星直播电视(DTH)；
- 按次付费节目(PPV)；
- “互动服务”的直接付费；
- 商品、配套产品或 DVD 等其他形式电视节目的直接付费。

电视产业正被各种缩写淹没：DTH 是“直接连接到家中”(direct to home)，现在通常是数字的。DTT 是“数字地面电视”(digital terrestrial television)。

研究 9.2

- 你使用了几种付费方式?
- 你为何选择这种付费方式，而不是其他的?

英国的牌照费有几个优点：

- 每个人都要付费，但某些团体有优惠(弱视者、75 岁以上的人等)；
- 收取效率高，收入不浪费；
- 2009 年，所有的 BBC 节目全年只需 142.5 英镑，每天不到 40 便士(比大多数日报都要便宜)。

BBC 牌照费付给 8 个电视频道、13 个全国广播网(包括本土)、地方广播和在线服务。

但主要的优点是，这种普遍的收费意味着广播电视继续成为公共物品——这种服务提供我们不会自行购买的物品(或许不会想到要去购买，但发现我们还是需要的)。又或许是个人不会完全“消费”，但是人人可得的东西?

在“解除监管”和“自由化”的背景下，牌照费不断受到自由市场的冲击，因为它是强制的(见第 7 章和第 10 章)。对此指责的最佳辩护就是 BBC 节目的受欢迎程度。只要 BBC 保证在最受欢迎的节目类型中仍能占一席之地，它就仍是“所有人的频道”。如果 BBC 在广播电视市场的份额降到了一定的数值，再想收牌照费就难了。监管机构 Ofcom 的举措非常关键。一项政策以牺牲《伦敦东区》《舞动奇迹》(*Strictly Come Danc-*

ing)和《比赛日》(*Match of the Day*)为代价，鼓励 BBC 集中发展新闻、时事和艺术节目，这项措施的后果可能不堪设想。

荷兰公共服务广播电视系统允许具有相似文化背景的"会员协会"访问为他们专门设计的节目，并在公共频道播出。

在其他欧洲国家，**公共服务广播电视**(PSB)有多种资金来源，斯堪的纳维亚半岛依靠牌照费，国家或联邦体系依靠政府授权或补贴(即一般税收)，或者联合政府拨款和广告收入。

广告作为电视的资金来源之一，正在逐渐失去原有的地位。2007 年全世界的广告收入不到 50%(Ofcom，2008)：

- 因为碎片化，即便像英国独立电视台(ITV)这样完善的电视网也越来越难面向大规模观众播放节目；
- 现在的技术提供了一种避开广告的方法(例如，观看 VOD 或者重播自动跳过广告的节目版本)；
- 在经济衰退期，广告收入几乎都在减少；
- 互联网广告在整个广告市场的份额不断上升，对电视广告施加压力，降低比率。

参见第 11 章。

商业电视频道的节目即使是"免费播放"的，也从来都不是"免费"的。实际上，广告商是在为节目买单(也就是说，为广播电视业提供收入)，同时，这些成本需要依靠推销的产品销量带来的利润去弥补。我们大多数人接受了或者没有真正思考过这个机制，没有将电视节目和我们购买的商品直接联系起来。注意，有些人认为英国独立电视台(ITV)对广告的监管(每小时内广告分钟的限制、明确区分广告和节目等)确实保障了 ITV 的观看质量。

研究 9.3

- 你在电视广告上的经验是怎样的？
- 你会被广告激怒吗？还是能忽视它？
- 同样是观赏节目的干扰物，电视广告和互联网广告如何比较？

监管体系比较宽松，就会有广告铺天盖地的风险，流畅的节目会不断被打断，有些广告甚至和节目本身难以区分。瑞克·因思锐(Rick Insrell，2005)在美国电视台播放一集《老友记》(*Friends*)时计算，在不到 22 分钟的节目里有 3 次总共长达 8 分钟的插播广告。监管能够限制以广告为资金基础的电视过度的行为。当然，直到 20 世纪 90 年代，广告商和节目之间缺乏直接联系，因而英国独立电视台（ITV）和 BBC 变成“制片人导向”，即制作大量有趣的节目，吸引更多观众以满足广告商——而不是为广告商设计吸引特定观众的节目。这个局面随着卫星和有线电视的到来而结束。

PVR 或“个人视频录像”越来越流行。它允许观众录制并创建自己的收视安排，还可以尝试避开广告。

英国独立电视台（ITV）曾尝试抵消“回避”广告带来的影响，其中一个措施是通过节目赞助。这使节目和广告的联系更紧密，品牌成为节目名称的一部分。

订阅电视预示着人们愿意为额外的电视服务付费。在某种意义上，这类似于购买 DVD 播放器这类的消费品。人们愿意购买的不仅是一个特定的节目，还是一种家庭的新技术——的确，很多国家在购买有线或卫星电视服务的时候，会同时购买数字接收的新电视设备。

可能大多数卫星和有线电视订阅者会在基本套餐之外购买“付费频道”。这是英国天空广播公司（BSkyB）业务在英国成长的基础，带来了以下的影响：

- 有小孩的家庭首先成为“多频道电视家庭”；
- 体育和电影成为付费服务销量背后的“驱动力”。

有年幼小孩的家庭更注重“家庭娱乐”，想拥有更多的娱乐频道选择，为无法离开家的成人和孩子提供娱乐。

有人认为，年长或青年单身男人是家庭娱乐其他方面的“早期接受者”，比如附带蓝光和全声道系统的“家庭影院”。

儿童（几个不同的年龄段）对广告商和新的电视服务供应商非常重要。广告商希望能打动作为消费者的家长（一般通过小孩“纠缠”父母买他们在电视上看到的特定商品）（见利文斯顿，2009）。

BBC 的儿童节目没有在新环境里完全屈服，当新的 BBC 数字频道开通时，CBBC 和 CBeebies 的儿童节目成为新节目里最受欢迎的部分。2009 年 10 月，低龄儿童频道 CBeebies 是多频道电视中观看次数最多的频道之一，拥有 1.4 的**市场占有率**（share）和每天接近 2 百万的观看次数，仅次于英国独立电视台（ITV）的娱乐频道（来源：广播听众研究理事会 BARB，

Broadcaster's Audience Research Board）。另外，对于年轻的观众来说，可选的频道多就形成了选择是“自然的”观念，随着他们的成长，他们很可能不会考虑订阅付费。他们会厌恶牌照费吗？

2009 年，英国天空广播公司（BSkyB）平均从每个“用户”或者“订阅者”的身上赚取 469 英镑。就牌照费而言，英国天空广播公司（BSkyB）的订阅者平均每年在电视服务上花费约 600 英镑，也就是每星期约 12 英镑。这与人们在电影票、DVD 或英超足球票的花费相比不算是一笔大的费用——特别是家里每个人都可以看电视。英国天空广播公司（BSkyB）拥有 950 万电视、电信和宽带服务用户，2008—2009 年收益达 53 亿英镑，现已成为最大的英国媒体播放器（数据来自 http://corporate.sky.com）。BBC 同时期的收入是 46 亿英镑。

按次付费节目（PPV，pay-per-view）在英国和欧洲其他地方的发展不如在北美的发展程度。这种节目也关注娱乐（电影或音乐盛会）或体育，关注不常见的高规格盛会，如拳击比赛（美国观众愿意为此花费每场超过 40 美元）。这一章应该注意的一个重点是 PPV 和其他产品一样，提供了最明确的“电视付费”概念。假设你买了或租了必要的设备，“付费观看”和买票去现场看没有区别。这应该给出了电视“自由市场”最清晰的未来预测——至少就体育和音乐盛事而言。

PPV 一个不同的服务形式是通过数字下载的方式实现，如苹果公司 iTunes 服务。这里有一个付费电视与 BBC“免费”的 iPlayer 网络节目及全球类似的广播电视服务的竞争的案例，以及通过共享服务进行传播的盗版节目（见第 7 章音乐和电影案例分析中关于盗版的讨论）。

> 数字下载或流媒体视频一般都集中在“视频点播”（VOD，video on demand）之下——见第 7 章的案例分析。

PPV 同时也促进人们去思考电影和电视长久以来的一个区别。电视第一次威胁到电影的受众群是在 20 世纪 50 年代初期，一些影院看到了在戏院放映电视广播的可能。这个没能发展起来，部分原因是技术尚未成熟。如今电影院有着高清的数码投影和卫星、宽带技术传送，一些 20 世纪 50 年代的想法开始重现，英国电影院开始在“大银幕”上放映主要的足球锦标赛和艺术盛会，如现场戏剧、歌剧和芭蕾舞表演。以下是一个有趣的技术融合的例子，让人们开始思考；有差异却又有联系的传媒产业会怎样发展？

在2009年10月，英国对乌克兰的世界杯比赛在PPV上做了一个直播的实验，比赛只能在线上（或电影院）观看，由于体育频道塞坦（Setanta）倒闭。匆忙组织的线上报道并没有给大多数解说员留下深刻印象，但它的时代终将到来。

> 3D足球赛？当你读到这个的时候，你可能选择和几个朋友在家、一大群人在酒吧里或者在电影院里看到一颗足球（或运动员）虚拟地落到你脚下。

图9-3 在网上看足球比赛直播

为互动付费需要观众在额外的服务上花钱，如为游戏节目的选手投票或参加比赛（其实是赌博，因为很多比赛几乎不需要技巧），或是电话购物。有人认为，这促使电视向赌场或一般的休闲活动发展。

通过投票给BBC频道付费是一个向美国模式的转变，是那些希望“公共广播电视频道”继续办下去的人提供的捐赠支持。我们或许可以称之为募集资金的“慈善模式”——重回税收支持国家福利和公共服务之前的世界。投票也引发了一系列道德问题，2007 年英国所有的电视频道——商业频道和 BBC——都卷入了荧幕比赛的电话、短信丑闻中。这里的风险在于(还有"操纵"比赛的广播行业标准，或许迫于直播压力做出不公平决定的)公有媒介机构在日益商业化环境中的地位。(见本章的 PSB 和第 10 章)

直接购买主要包括盒装 DVD 剧集的销量。奇怪的是，在 DVD 作为影院电影的一种形式开始衰落时，盒装剧集的销量却一直在增加。原因可能是大卖的都是长篇连续剧(通常是美国的，但不全是)，尽管在不同的频道播放，但是很难在时间安排中找到，而且播放时间可能不符合某些观众的要求。对很多人来说，可以多集连看是一件非常具有吸引力的事情。

电视播放的连续剧［如《黑道家族》(*The Sopranos*)或《火线》(*The Wire*)］和其盒装剧集的关系类似于 19 世纪杂志上连载的故事与之后小说或藏书出版物(如大多数狄更斯或夏洛克·福尔摩斯故事)之间的关系。

电视广播的商业模式

我们在第 7 章强调了媒介业务中最重要的是寻求合适的商业模式——将权利内的媒介属性内在价值货币化的方式。在第 7 章和其案例分析中，我们讨论了音乐、电影和报纸出版的危机。电视的处境稍有不同，恰恰是因为它是音乐和电影娱乐的媒介载体，同时自己有独特的媒介形式。但在向 Web 2.0 迈进的同时，它比任何一种媒介都脆弱。电视的商业模式有时太传统，一些电视台可能会觉得无法生存。在这个部分，我们讨论三种模式：

- 公共服务广播电视；
- 商业电视网；
- 订阅电视。

而且，我们可能会提到四家电视台：

- 英国广播公司 BBC；
- 英国独立电视台(ITV)；
- 第 4 频道；
- 家庭影院频道(HBO，Home Box Office)。

公共服务广播电视(PSB)

根据英国监管机构 Ofcom 的调查，尽管有很多电视频道和收看选择，PSB 在英国观众中的评价依然很高。在本书中，PSB 没有直截了当的定义，在本书历经 5 个版本之后，我们可以看到在英国这一定义的改变。自从 Ofcom 负责保证 PSB 继续保持英国广播电视政策的核心，它就按照术语进行定义和重新定义。

BBC

公共广播电视台（http://www.pbs.org/）和国家公共广播电台（http://www.npr.org/）是美国众多公共广播电视机构中的两个机构。见维基百科中“美国的公共广播”（Public broadcasting in the United States）以获取更多信息。

在英国之外，整个欧洲和世界其他地方也存在关于 PSB 的类似想法。维基百科提供了对很多国家 PSB 的简短描述（见 http://en.wikipedia.org/wiki/Public_broadcasting）。BBC 模式不仅影响到因语言和殖民地历史与英国相连的国家，还有日本、斯堪的纳维亚半岛和部分的拉丁美洲国家。在美国，**公共广播电视体制**（Public Broadcasting System）中也有类似的形式，但它在美国电视的整体供应中远没有那么重要，仅局限于教育和文化节目当中。美国的一些地方电视服务也接受公共资助。在很多国家，公众也会资助区域/国家的语言和自治区的服务（如西班牙）。

BBC 在服务提供的广泛性上是独一无二的，不仅有英国本土的内容，还通过 BBC World 进行全球内容的传播，通过 BBC Worldwide 把节目卖给其他电视网，也有主要的在线业务。因此，我们将主要把 PSB 和 BBC 结合起来讨论，也会提到其他案例。

BBC 为 PSB 提供范式，其培训和工作经验还影响着其他地方的服务供应者。如半岛电视台（Al Jazeera）在成立时招聘了几位前 BBC 职员。

PSB 并非硬性规定电视台是公有制，但它的确需要监管，让私营电视台可以践行 PSB 的宗旨。在英国，BBC、第 4 频道和 S4C（威尔士语频道）是公共机构（尽管资金来源不同），而从 20 世纪 90 年代开始，商业地面电视台 ITV、GMTV 和 Five 被指控越来越少兑现 PSB 的承诺。

在 Ofcom 之前，PSB 在英国不是单独定义的，而是体现在 BBC 章程、广播电视立法和与私营运营商约定的特许权中。在本书的第二版和第三版中，我们提到了一个特点的清单，是基于一个独立机构——广播电视研究组（Broadcasting Research Unit）在 20 世纪 80 年代的研究（见 O'Malley&Treharne，1993）。尽管媒介整体的环境从 20 世纪 80 年代以来发生了戏剧性的变化，这个清单仍然有一定的指导性。它认为 PSB 应该：

- 提供全方位的节目以满足受众对教育、娱乐和信息的需求；
- 普遍可得（即全英国）；

- 满足所有的兴趣和口味;
- 满足少数族裔的需求;
- 关注"民族认同"和群体;
- 脱离特权阶级(vested interests)和政府;
- 成为由用户规模直接决定资金的广播电视机构;
- 推动节目质量的竞争而不是观众数量的竞争;
- 指导方针应该解放和不约束节目制作者。

将这个清单和 Ofcom 发布的《2009 PSB 年度报告》(*2009 Annual PSB Report*)作比较,结果很有趣。报告以 2003 年《通信法》(*Communications Act*)中提出的"公共服务目标"开头:

- 涵盖各个方面的主题;
- 在每天不同的时段以不同类型的节目尽可能满足更多的受众;
- 保持高水准的节目制作。

报告接着把这些重新分成 PSB 的"目标和特点"。

PSB 的目标:

- 呈现我们对世界的了解;
- 刺激知识和学习;
- 反映英国的文化认同;
- 表达多样观点。

PSB 的特点:

- 高品质——资金充足,制作精良;
- 原创——新的英国本土内容,而非重复和照搬;
- 创新——打破思路,重新创造令人激动的方式,而非模仿旧东西;
- 挑战——促使观众思考;
- 魅力——随时可得,吸引观众;
- 广泛可得——如果内容是公共资助的,大多数公民应该都有机会观看。

报告也增加了:

- 信任:有必要监测 PSB 频道对电话投票和比赛的处理(见上文)。

***PSB* 政策的变化**

如果对比 Ofcom 和 20 世纪 80 年代的表述,可以明显看出，就"质量"标准、范围、多样性、可得性、文化认同等方面对PSB节目价值的认知几乎没有变化，尽管"广泛可得"（widely available）和"普遍可得"（universally available）不太一样。

2009年，德高望重的独立制片人托尼·加内特（Tony Garnett）在《卫报》的媒体博客上发布了一篇激情洋溢的文章，讨论BBC的委托政策的问题。

发生改变的是提供PSB服务、研究节目如何制作的机构性质。Ofcom没有这种条例，这反映了政策的变化，伴随着很多公共事业设备的私有化。它导致了随后公众持续关注的"国内市场"的应用，还有意识形态上向生产更开放的市场要求靠拢，如英国广播公司委员会独立制作节目，并使用外部资源，而不是坚持内部的服务部门。

在PSB的定义里，Ofcom对现今政治和经济的变化做出了回应。在某种程度上，Ofcom作为"传播"的监管机构，反映了英国电影委员会（UK Film Council）的举措。后者不是监管机构，但负责确保英国电影未来仍是英国重要的收入和就业来源，并推动鲜活、多样的电影文化。Ofcom在监管时拥有类似的"文化职权"。它必须考虑到管理条例会不会影响到英国电视生产的稳定（保持电视节目和服务贸易顺差平衡的持续贡献者）。后文中，可能会看到20世纪80年代人们对保持唯一PSB提供者完整性的关注。例如，任何利用BBC部分牌照费去资助其他机构，以完成PSB目标的提议都很可能会遭到批评。

Ofcom的职权直接和英国政府在2009年6月《数字英国》（*Digital Britain*）报告中提到的"数字化未来"的政策发展相关。当你阅读到这些的时候，英国可能已经有新政府新规划了。

自从1990年《广播电视法》（*Broadcasting Act*）颁布之后，ITV和Five承担的PSB职权、每日邮报集团（Daily Mail and General Trust）提供的图文电视（Teletext）服务逐渐在减少。作为英国独立电视台（ITV）以前的主营部分，PSB职能被写入ITV网各个独立公司的特许经营协议中。职权仍然包括新闻、区域制作、节目质量和多样性，并要求开展党派政治广播和登记的全国性事件。随后对特许权牌照的修订在漫长的"减轻监管"过程中削减了职权。然而，英国所有的电视台依然在PSB体系之下，英国商业电视和其他一些国家的频道仍存在区别。

20世纪90年代之前，ITV各个公司的PSB职权推动了时事类节目如《世界在行动》（*World in Action*，Granada）和《本周看点》（*This Week*，Thames），它们经常在新闻和流行方面超越BBC的节目。

在我们结束 Ofcom 的话题之前，需要记住的是，它的职权不止涉足广播电视，而且适用于在线媒体和电讯。在这个意义上，它拓展了英国电视的角色，英国主要的电视供应商如 BBC、英国天空广播公司（BSkyB）、第 4 频道，还有变化程度稍小的 ITV 和 Five 都开始进军新的媒介。Ofcom 准备好寻找其他的方式实现 PSB 的职能。

英国的 PSB 还要通过欧盟委员会（European Commission）的审查，委员会有权在欧盟对竞争的管理下裁决 PSB 的规定。在 2001 年：

> 一则来自委员会的消息，帮助公共服务广播电视制定国家规定……首先列出管理公共服务广播电视国家拨款的框架……从 2001 年起，20 多个有关公共服务广播电视融资的决议被采纳。
>
> （见 ec. europa. eu/competition/consultations/2009_broadcasting_review/broadcasting_review_en. pdf）

2009 年，欧盟开始审查它在国家拨款上的政策，注意之前 8 年广播电视实践中的变化。主体上，欧盟委员会与 Ofcom 是一致的，但有时候它的决定对个别成员国来说难以实现。另外，欧盟委员会的管制力量是超越国家的，这给予面对跨国传媒企业集团的国家 PSB 电台些许宽慰。

广播电视网

最古老的电视商业模式是广播网（network）的概念。“广播网”是个值得思考的词汇，会让人们很快联想到电脑网络，意味着它很容易融入 Web 2.0 时代。但追溯电视广播网在美国和欧洲电视服务的开端，它们和频谱稀缺紧密相关。电视广播网品牌包装一个电视频道，通过子公司或分支机构、广播网成员在当地播放。主要的节目由单一的品牌商（美国）或较大的电视广播网成员（如合并前英国的区域性 ITV 公司）制作。电视广播网的节目在黄金时段播放流行娱乐、戏剧、体育和全国性新闻、时事，而分支机构制作自己的地方新闻节目和其他非黄金时段的节目。商业网络的经费来自广告，可以说是在整个广播网或当地、区域的广播网上卖广播时间。

当前电视环境下的广播网存在一定不平等。随着广告收入的减少或下降，它们几乎没有机会和多频道电视对抗，而且一旦数字转换完成，频道选择器上“熟悉的”频道的优势将褪去。这也引发了“地方电视”的问题。

UTV 传媒集团在英国和爱尔兰拥有 UTV 和几个地方广播电台。“阿尔斯特(Ulster)”的 UTV 跟相同首字母的印度传媒公司没有关系。

在 2009 年数字转换加快进程之时，英国出现了两个相反的情景。在英格兰，ITV 似乎准备放弃赔钱的“区域性节目”，希望这项 PSB 的任务能转化成其他形式的服务。但在苏格兰和北爱尔兰，苏格兰电视台(STV)和北爱尔兰电视台(UTV)保持独立，并未被英国独立电视有限公司(ITV plc)吞并，两家电视台决定退出例行的广播网节目，包括黄金时段。这是一种“民族认同”，同样在威尔士的英国独立电视台(ITV)实施，尽管一些人很高兴，但另一些人因无法收看他们最爱的节目而感到遗憾。一旦完成了数字转换，消失的节目可能会通过其他频道或回放软件提供，尽管会比直接在遥控器上按 ITV 键找节目要麻烦的多。

图 9-4 《格拉纳达报道》(*Granada Reports*)是 ITV 的地方性新闻节目之一。

苏格兰电视台(STV，Scottish Television)归属于苏格兰传媒集团(Scottish Media Group)，它还包括 Ginger Productions 和电影广告公司 Pearl 和 Dean。STV 不在 ITV 覆盖的南苏格兰地区播放，这个地区曾被 Border TV 覆盖，是英国最先进行数字转换的地方。

在 Freeview 上，Ofcom 把 BBC 和独立数字频道（ITV digital）称为“组合频道”（portfolio channels）。

ITV 公司只持有 15 个区域牌照中的 11 个[其他 4 个，一个给了海峡群岛（Channel Islands），一个给了北爱尔兰，两个在苏格兰]。

美国广播公司（ABC）属于迪士尼，美国国家广播公司（NBC）属于通用电气（General Electric），哥伦比亚广播公司（CBS）属于美国国家娱乐（National Amusements），福克斯（Fox）属于新闻集团（News Corporation）。美国国家娱乐是一家私营企业，同时掌控 CBS 和派拉蒙。

“地方的”（local）和“区域的”（regional）电视，这两个不同概念被用在不同的时间和地点。在北美的情境中，地方性电视的概念似乎一度出现在英国，指通过有线传输的“社区频道”，以及出现在可能包括“城市”电视的全国第五频道的最初讨论中。这两者都没有实现。城市频道于不同时期在伦敦和曼彻斯特出现过，但整个概念从来没有在英国站住脚。与主要的英超联赛（Premier League）足球俱乐部有关的频道可能更受欢迎。

有人认为，当 ITV 失去了区域的特性，就可能会失去一部分对观众的吸引力。区域认同属于 ITV 公司行使 PSB 职权的一部分——也可转化为地方、区域报纸和在线服务。

主要的电视广播网，如 ITV 和其他欧洲电视广播网，尝试过各种方法利用品牌价值获益。在独立数字频道（ITV Digital）失败之后，广播网某种程度上依靠数字地面电视（DTT，Digital Terrestrial Television）平台的免费收视（Freeview）建立的 3 个数字频道恢复元气，免费收视上的节目多是重复的和从别处获取的，但也有一些原创节目。尽管地面频道 ITV 1 落后于 BBC 1，但 ITV 2、ITV 3 和 ITV 4 的受众占有率让 ITV 在英国的总体占有率提升到 24%（包括英国早安电视台 GMTV 的早间服务）。注意，英国天空广播公司（BSkyB）只有 6.5%的市场占有率，然而它的收入却大大超出英国独立电视有限公司（2008：20 亿英镑）。曾经资金充裕，挖走 BBC 人才的商业电视网络如今艰难生存，收入不到英国天空广播公司和 BBC 的一半。

四大北美电视广播网都面临着广告收入下降的问题，但它们的处境并不是那么危险，因为它们都属于大型传媒企业集团，可以从其他部门获益。它们可以将高品质的节目资源集中到一起，即便如此，这种广播网的模式还是过时了。

订阅

有人认为，订阅电视作为一种商业模式，在没有 PSB 职责的要求下可以保障 PSB 广播电视的资金。但现实中，它并没有直接起到作用。

订阅收入的确提供了一些保障，特别是以套餐的方式卖给观众一定时段（如最少订阅一年）。即便如此，每年都有一定比例的老客户离开，而电视台总会纠结于取悦老客户还是吸引新客户。这里成功的标志是低的**流失率**(churn rate)[即留住客户]。

而且，订阅的起始阶段将会很漫长，频道所有者必须财力雄厚。为了吸引客户，频道需要吸引人的节目，最好是其他地方没有的。制作或购买这样的节目要耗费很大财力，但在形成客户基础之前，频道都是不盈利的。这意味着所有者必须准备好在节目中投入大量财力，并承担得起亏损。

英国天空广播公司(BSkyB)送走了一位最初的竞争对手BSB(1990年与Sky合并成BSkyB)。它在英国最终的成功基于体育，如英超足球联赛和橄榄球联赛，还有电影(来源于主要的利益相关者——新闻集团下的20世纪福克斯和其他好莱坞制片厂)。BSkyB承受住了多年的亏损，最终在英国有线电视的客户注册方面位列前茅。然后它送走了独立数字电视台(ITV Digital)和塞坦塔(Setanta)，两者都试图与之竞争，但都因资金不足而以失败告终:它们所获得的足球赛直播权不足以在短时间内吸引大量的客户。

> 20世纪80年代私有化兴起，英国有线电视从地方特许经营权起步，但到了2005年，95%的运营都在维珍传媒(Virgin Media)的控制之下。

BSkyB作为卫星电视台，规避了在英国的PSB责任。它的节目更娱乐化，同时也因为水平相对较低的英国原创节目和不支持英国电影而遭受严厉批评。然而在某些方面，它披着英国PSB供应商的外衣，有着强大的新闻表现，最近还开始发展天空艺术频道(Sky Arts)[2002年起通过艺术世界(Artsworld)逐渐接手，这个频道是第4频道前任领导杰里米·艾萨克斯(Jeremy Isaacs)创立的独立频道]。在其他频道预算缩小、艺术节目削减的环境下，天空艺术频道成为詹姆斯·默多克(James Murdoch)有力的公关工具，也成为吸引更多专业或管理阶层客户的方式。

尽管BSkyB的一些频道有广告，但它主要的收入来自于个人订阅——直接订阅或者通过维珍(Virgin)或其他运营商。当这些运营商拥有了基本的有线电视套餐(即非高级订阅)中的频道时，BSkyB还可以从它们那里获取“批发服务”的收入。天空新闻台(Sky News)就是这样的一个频道。

案例研究：HBO

这不是电视，是 HBO。

——时代华纳（Time Warner）的口号

HBO（家庭影院频道，Home Box Office）和其姊妹企业 Cinemax（美国电影频道）都是基于订阅的电视频道，业务范围涵盖北美，或以其他方式在全球的亚洲、拉丁美洲和中欧运营。1972 年，公司以有线电视起家，随即成为现在时代华纳的子公司。节目同时提供了高清（HD，high definition）和标清两种格式，通过有线电视、卫星电视和宽带服务传送。

图 9-5　2009 年 10 月 HBO 的下个月播出节目亮点。

因为 HBO 只有订阅，所以不依靠广告收入。它在美国有大约三分之一的家庭订阅量（2008 年 9 月将近 4 千万客户），还有两千万的国际订阅量。那些不订阅的观众可以购买 HBO 的"原创"DVD，在一些国家，这些节目会出现在免费播放的广播网中（如英国）。然而，很多大受赞誉的节目不会在美国的广播网中播出，因为他们没有按美国监管机构——美国联邦通信委员会（Federal Communication Commission）的自我审查要求制作节目，这种自我审查是大众观赏所必须的条件。在美国的术语里，这指的是性、暴力和亵渎。

财政实力

HBO 是收入有保障的内容提供商，可以为有限的（即不对所有人播放）受众提供造价昂贵的节目并仍能大量盈利。

时代华纳没有提供每个公司单独的财政报告，HBO 和特纳网络（Turner Networks）同属“广播网”部门。2008 年的数据显示该部门的年度收入超过 110 亿，其中 68 亿来自订阅，33 亿来自广告。

《真爱如血》（*True Blood*）

这部当代的吸血鬼电视剧改编自查琳·哈里斯（Charlaine Harris）的小说，主要由哈里斯和好莱坞著名编剧、《六尺之下》（*Six Feet Under*）的创作者艾伦·鲍尔（Alan Ball）共同编写。2008 年，《真爱如血》在美国首播，很快大获成功。电视剧网站上戏言：“此网站只在美国观看。此网站可能包含成人内容。”

就像在第 10 章所述，我们很难控制对网络内容的访问，所以这实际是向全球的受众发出访问“成人内容”的邀请。这部电视剧中性的场景比其他电视剧都要“火爆”，动作、性和喜剧的结合吸引了很多观众。尽管在全球一些地区，这部剧会被禁止合法播放或下载，但点对点共享网站上肯定有非法下载。很可能是原著改编的魅力让频道赢得了诸多奖项和高层受众的注意，但把 HBO 和更有“价值”的演出放在一起可能是个错误，如《经典剧场》与 BBC 和 ITV 的连续剧和迷你剧——其中一些有教育部门支持。

《经典剧场》（*Masterpiece Theatre*）在美国公共广播系统（PBS, Public Broadcasting System）播放（http://www.pbs.org/wgbh/masterpiece/）。

高品质节目

在不同国家有关电视产业的讨论中常提到 HBO 和其高品质的电视连续剧，最常提到的是到底如何才能赶上这样的制作水准。在英国出现多频道电视之前，这样的制作有三家电视台可以达到，BBC、ITV 和第 4 频道。这是因为在有大量受众的情况下才可能满足具有艺术挑战性电视剧的花费。受众的碎片化和分割减少了每个频道的观众数量，现在只有主流戏剧（多指“警匪剧和医疗剧”）才能吸引到投资。ITV 会在周日晚上两小时的犯罪神秘剧上花费超过 2 百万英镑，而不会在几集文学改编剧上花费 1500 万英镑，如 20 世纪 80 年代颇受赞誉的连续剧《故园风雨后》（*Brideshead*

Revisited,英国,1981)或《皇冠上的宝石》(*the jewel in the crown*,英国,1984)。BBC 和第 4 频道也是如此。"高品质戏剧"通常直接从 HBO 购买,或与 HBO 或美国、加拿大、澳大利亚等国的公共电视台共同制作。

英国监管机构 Ofcom 曾多次建议电视的公共资助(即通过牌照费)可以用于在英国建立一个 HBO 类型的制作室。

案例研究:第 4 频道(Channel 4)

英国的第 4 频道(http://www.channel4.com)是个不同寻常的电视台。它是 1980 年《广播电视法》(*Broadcasting Act*)的产物,1982 年作为公有 PSB 提供商运营,它委托制作(而不是制作)节目,某种程度上,这些节目的正式结构或受众都是比较"另类的",是 BBC 和 ITV 服务照顾不到的。[这个新概念——"发行—电视台"(publisher-broadcaster)被认为是一种创新,直到最近还被认为适用于各种创意]

第 4 频道作为当时的独立广播管理委员会(Independent Broadcasting Authority)的分支机构而成立,它的预算由广告销量(最初由 ITV 的最低保证)决定。开始的方式确实产生了不同的节目安排,在发展非洲—加勒比海地区和南亚的节目内容和创新上大获成功,符合 PSB 的责任范围。

但是从 20 世纪 90 年代早期开始,频道逐渐失去了前沿性,开始变得与传统的英国 PSB 提供商如出一辙。在 1993 年,即 1990 年《广播电视法》之后,它成为公共企业(尽管董事会仍由新监管机构 ITC 指定),通过售卖广告空间掌握自己的收入。在此期间它获得了最高的受众占有率(11%),也开始向更流行的节目转型。接下来的 15 年,在保持其 PSB 职权和委托制作一系列创新、"高品质"节目的同时[包括电视剧如《同志亦凡人》(*Queer as Folk*,1999)],频道开始瞄准特定的受众,主要是年轻的中产阶层群体,特别是通过引进像《老友记》和《欲望都市》(*Sex and the City*)这样的电视剧,有人说第4频道电影“拯救”了20世纪80年代的英国电影，2009年它出品的《贫民窟的百万富翁》赢得8项奥斯卡奖，但在2002年公司因为资金问题而放弃成为发行商和国际经销商的尝试。

还有《老大哥》的形式来抓住年轻女性。

一定程度上，第4频道就像英国产业的某种实验。它的成功有着电影产业的投资，20世纪80年代早期开始的“电视电影”，之后转向影院公映，还有获奖的新闻节目。随着多频道电视的到来，公司开辟了新频道——FilmFour、More4和E4，最初是作为付费频道，随后转成免费收视(Freeview)服务。

《血色侦程》(*Red Riding*)

这是以大卫·皮斯(David Peace)四重奏小说为蓝本的电视电影三部曲，2009年在第4频道播放，之后出售到全球各大影院。许多评论员将该作品看成在一系列戏剧中试图创造“事件电视”(event television)，有意识地与HBO在英国的电视剧影响竞争(2009年后期，第4频道也开始播放《真爱如血》)。

图9-6 1980年《血色侦程》的一张剧照，出自三步曲中的第二部，展现了故事的风格。

在某种程度上来说，这种努力起到了作用：电影(连续几周播放)受到热烈关注，宣传也很顺利。可是，收视数据很混乱，第二部时大幅度下降，第三部时只有一点回转。这可能是电影主题和画面风格的问题。这部关于警察腐败和残暴杀手的故事设定在20世纪70年代晚期或80年代早期时的约克郡连环杀人事件(Yorkshire Ripper killings)，在西约克郡拍摄。影片由英国著名的独立电影公司——革命电影公司(Revolution Films)制作[安德鲁·伊顿(Andrew Eaton)及迈克尔·温特伯顿(Michael Winterbottom)]，三大颇具经验的英国电影导演[朱里安·杰拉德(Julian Jarrold)、詹姆士·马许(James Marsh)和安南德·图克尔(Anand Tucker)]执导。三部电影的预算比 HBO 类似作品要少，但其中两部以宽银幕比例(比宽屏电视还宽)拍摄。影片整体比较灰暗，在电视上影像可能有些变形，不如影院效果。但是，在英国每部电影平均 2 百万的观众肯定比大多数英国电影的票房要高。

但真相是，依靠广告赞助的第 4 频道未来步履艰难。但其 PSB 的地位和创新的历史给予它一定的机会：收取部分牌照费收入，参与其他机构的 PSB(和公共投资的)拓展服务，或与更大的私营企业合并(例如，Five 隶属于 RTL/贝塔斯曼)。

小　结

引自《印刷的力量》(*The Power of Print*，2009)的数据显示读者对谷歌新闻的信心和对美国报纸的信心没什么差别。如果对福克斯新闻(Fox News)和 CNN 做一个公信力投票应该会很有趣。

随着网上视频的访问量增加，我们也质疑着电视的未来。然而这类宽带的某些应用似乎无法避免，例如广告从广播网迁移至互联网，其他的也附带而来——美国以外的法定监管机构是否会以帮助 PSB 建立在线模式的方法来保护 PSB？同样有争议的是跨国保护知识产权的未来。如果媒介用户对拷贝的态度符合凯文·凯利的假设(见第 8 章)，即使是现今成功的订阅电视频道也会危险重重。在第 10 章我们会详细探讨监管的问题，但在这里我们必须强调，电视的未来就是现在所谓的“公共文化”。如果各路政客、商界领袖和工会、宗教和文化机构等都决定主要在 Web 2.0 世界发展，整个社会又怎么可能从其他的口径来讨论呢？或许谷歌新闻(Google News)将成为我们的第一站。

参考书目与扩展阅读

Crisell，Andrew(2006) A Study of Modern Television：Thinking Inside the Box，Basingstoke：Palgrave Macmillan.

Ellis，John(2000) Seeing Things：Television in the Age of Uncertainty，London：I. B. Taurus.

Instrell，Rick(2005) ‘The Economic Shaping of American Television Drama’，Media Education journal, 37 (spring).

Livingstone, Sonia(2009) Children and the Internet, Cambridge and New York: Polity Press.

Ofcom (2008) The International Communications Market 2008, 4: Television, http://www.ofcom.org.uk.

Ofcom(2009) Public Service Broadcasting: Annual Report 2009, http://www.ofcom.org.uk.

O'Malley, Tom, and Treharne, J. (1993) Selling the Beeb, London: Campaign for Press and Broadcasting Freedom.

Digital Britain(2009) Department for Culture, Media and Sport, http://www.culture.gov.uk/images/publications/digitalbritain-finalreport-jun09.pdf.

The Power of Print(2009) WAN-IFRA Strategy Report, Vol. 8 No. 5, www.futureofthenewspaper.com.

第 10 章

CHAPTER 10

当下的管制

- 政治学和经济学
- 管制和“自由”?
- 历史背景
- 经济政策的“正统性”转变和新模式
- 去管制、自由化和媒介制度
- 现今的管制环境
- 分级、审查、色情和暴力的“自由市场”?
- 公众获得了他们应得的媒介吗?
- “选择自由”和“言论自由”?
- 小结
- 参考书目与扩展阅读

每当将“媒介”作为当今社会的一个重要特征进行讨论的时候,就会出现一整套的设想。就像在第 6 章看到的,不同的意识形态促进了媒介机构不同的社会和政治运作方式,以及我们如何理解他们的活动和我们如何与其互动。这一章，我们想探究如下问题：

- 社会应该期望媒介机构只执行某些操作，而停止另一些操作吗？
- 有没有一些媒介使用形式比另一些媒介使用形式更令人满意？
- 谁可以决定这点，谁可以决定媒介活动的调控？

在开始之前，我们或许应该了解媒介制度（media institution）的概念，它利用了社会学、心理学、政治学、经济学和商业研究的一些理念。制度（Institution）被描述为：

> 每个社会的长期管制和组织机构，约束并控制着个体和个性——很多社会和文化实践组织和协调中潜在的原则和价值观——法规、条例和关系的主要社会来源。
>
> ［奥沙利文（O'Sullivan）等，1994：152-154］

一些关键词如"控制"、"价值观"、"组织"、"法规"等在任何媒介制度的讨论中都很重要。定义整体上指向一个有序的、"已知的"世界。新媒体技术和当时的商品和服务是19世纪中期开始兴起的，一开始少数先驱企业家和公务员的发明最终都被工业化和制度化。一方面，媒介生产具备了产业规模，另一方面，媒介生产商和用户的行动逐渐"得到管制"。这个发生精确程度取决于引进的特定媒介活动的社会、经济和政治背景。尽管制度化总沿着相似的轨迹发展，但往往是根据具体国情的，所以全球各个地方对不同观众的电影分级方式不同。

《生人勿进》（*Let the Right One In*）在法国的分级是"12"，在西班牙是"13"，英国是"15"，葡萄牙是"M/18"。

但这个看似"有序的"制度化被两个因素打乱，这两个因素在此书其他章节里经常提到——全球化（以去疆域化的形式）和伴随着互联网应用的新媒体发展。

就像乔纳森·比格纳尔（Jonathan Bignell）指出的，电视不一定需要像在20世纪那样发展：

> 电视本可以成为受欢迎的媒介，因为观众可以自己制作并接收电视，制作的过程本可以融入人们的个人生活。但相反，电视成为了巨大的行业，政府协助建立技术标准，控制电视设

去疆域化指的是移除媒介生产和消费的国界障碍——以及“官方”对媒介文本权利的限制。“第三区DVDs（Region 3 DVDs）”一般只能在东亚观看，但网上可以买到它们，世界上任何地方的任何人都可通过多区域播放器观看。

备的大量生产。由训练有素的技术人员和制作人员组成的专家团队掌管电视节目的制作。

（比格纳尔，2008：45）

由于数字视频设备价格低廉，人们使用现有的任何一种Web 2.0服务（见第8章）都可以回归到“个人”使用“电视”（即远距离传播声音和图像）的情景。数字技术至少提供了个人进行未被管制的媒介生产的可能性，互联网的确很难制度化。但这并不意味着制度问题消失了或不需要管制。请思考近几年的媒介活动：

- 报纸会被允许刊登冒犯到某些宗教团体的照片或漫画么？
- 主要的零售链（如美国的沃尔玛）有时会拒绝采购含有它们认为是“攻击性内容”的杂志、CD和DVD——如果它们在某个地区垄断了供应，这样的做法是不是“控制权”过度了？
- 在民主国家，在某些媒介服务（如电视或宽带）面前，是不是应该人人平等？不论他们住哪儿，是否能负担的起，每个人都有权利接触这些服务？
- 即便只有几个人反对，是否就应该撤走广告？

图10-1 法国的广告由广告自律审查局ARPP（Autorité de régulation professionnelle de la publicité，http://www.arpp-pub.org/l-ARPP.html）管制。

这些例子每个都指向媒介制作人或发行商的权力,他们可以做其他人反对的事情,也可以不做其他人希望他们做的事情。这些例子也涉及我们作为用户的活动。你们是想生活在一个有钱能使鬼推磨的社会,还是商品和服务对人人开放,但不一定能以我们选择的方式来提供的社会?

研究 10.1

● 如果由你来管制媒介活动的形式,你会限制什么,又会推动什么?

● 或许你不认为媒介应该受到约束或鼓励?

制度化过程的一个主要功能就是"限制"媒介机构的权力和用户使用它们的方式。同时,当代资本主义的意识形态强调"经济发展"和"为用户提供更多选择"。我们可不可以,或者说应不应该去约束、引导媒介制度的发展,鼓励他们强劲持续地制作、宣传和收紧,从而变得更有力量?我们将看到,这个基本的矛盾是很多媒介争论的基础。

政治学和经济学

一些媒介讨论涉及政治问题,如媒介制度和政府的关系,或者越来越多地涉及公共辩论。其他的基本上是经济问题,如怎么能最有效地利用"稀缺"资源(劳动力和资本)来制造商品和服务。例如:

● 政府要求互联网服务提供商断开宽带用户或者报告他们的行为(即他们访问的站点),这个讨论是涉及人身自由的政治问题。

● 电影动画工作室应该把时间紧迫的后期制作交给美国完成,还是外包给欧洲或亚洲的其他公司,这是一个经济问题。

但什么是"政治的",什么是"经济的",两者之间的界限并不明显——实际上这都是意识形态的作用。如果我们认为一个行为是"纯粹的经济问题",很可能就考虑不到政治因素。所以,在上面的例子中,动画工作室的决定可能意味着在自己的工作室工作减少，在其他地方工作增加——考虑到社会成本和对不同群体的效益。

亚当·斯密（Adam Smith，1723—1790）吸收了“自由贸易”的观点。他像马克思一样，经常被各种政治团体歪曲。

“……政治经济学和经济学的不同在于，在经济学中，战争只是价格波动的临时变更，一个老笑话是‘第三次世界大战如果真来了，在《华尔街日报》只会有两句话，里面的文章会谈到战争对大豆的影响’。”（来自维基百科的“政治经济学”词条）

18世纪西欧工业革命开始之后，研究这些重大变革的学者（**亚当·斯密、卡尔·马克思**等）被称为政治经济学家。他们将生产增长和资本主义制度中的新民族国家的发展直接联系起来。直到19世纪末，“经济学”才成为一门单独的学科，用更“科学的”、“数学的”方法研究投入和产出价格的变化，不考虑政治因素的阻碍。这类经济学[通常称作“新古典主义”（neoclassical）]一直占主导地位，但一些媒介研究理论家回归到最初的构想，在作品中采纳**政治经济学**的方法。

这不是一本经济学教材，但我们的确要清楚20世纪经济学理论是如何发展和变化的。尽管假设政治学和经济学是分开的，但政府政策方针的变化和采用的经济模型都是依照专家学者和顾问的经济共识中的主流意识形态。

在社会学中，**模型**（model）是一种理论构建，促使政策制定者预测未来可能发生的事情——人口怎么增长，油价是否会上涨，或在媒介产业术语中，当模拟服务被“关闭”或宽带足以让每个人观看高清的流媒体视频时，各个国家的电视产业会怎样。我们将主要关注两个这样的模型及相关讨论。但首先，我们需要清楚知道在控制和“解放”媒体活动方面，什么才是成败关键。我们的讨论将集中在**管制**（regulation）和人身自由上。

“无益”指的是经济举措带来的社会成本。这些可能无法用金钱衡量，但会对社会结构造成损害。他们形成了成本效益分析的部分，在自由市场的计算中经常察觉不到。

管制和“自由”？

媒介活动从三方面影响社会：

1. 作为社会活动，它可以带来更好的资讯、视角和理解，当然还有与媒介产品、其他用户互动的愉悦。同时，媒介活动也可能带来一些危害，如逐渐增加的无知、鼓励暴力和反社会行为，或以某种方式干预其他社会活动。

2. 作为文化活动，它可以被当作是艺术实践。它可以为社群的文化传承作贡献，促使我们用新的方式探索问题，丰富我们的生活经验。将媒介文本视作艺术品给予它们不同的身份，与有更工具化的社会用途并以娱乐作为基本功能的文本产生对比。

2009 年 10 月，英国工业部长彼得·曼德尔森（Peter Mandelson）提到英国的“创意”产业赚取了 160 亿英镑。

3. 作为经济活动，它可以提供就业，回收资本，为个人、企业、地区、国家创造财富。在以风险为基础的资本主义制度中，它也可以造成商业失败，对社会**无益**（disbenefit）。所谓的“文化”或“创意”产业在后工业社会非常重要，多数重工业和重型制造业转为劳动力成本较低的经济体系。政府开始感谢媒介产业对这一行业的贡献——但这似乎还没有得到全社会的普遍认可？

对英国媒介研究的攻击很少提到媒介产业的经济贡献及对具有传媒技能、传媒知识的毕业生的需求。

和“经济”明确相关的一种管制就是维持媒介市场的竞争。这可能意味着 PSB 供应商之间的竞争、商业媒介生产者之间的竞争、公共和私营生产者之间的竞争。在 PSB 的背景下，一定的垄断是允许的，但多元化常是口头禅。

竞争是自由市场的根本，但它只“自然地”出现在完善的市场中，因此经常需要调控市场以制造竞争力（见下面对自由市场模式的评论）。一些国家的管制者希望限制跨媒介的所有权；欧盟委员会也希望在欧盟整体上掌控尽可能多的竞争优势（如针对微软媒体播放器采取的长期措施）。

第一位在《社会契约论》（*The Social Contract*）中提出人身自由概念的现代思想家是让·雅克·卢梭（Jean-Jacques Rousseau，1712—1768）。他认为个人只有服从民主国家体现出的社会“共同意志”（General Will）时才可获得自由。但国家必须依道德行事，保护其公民的自由。

我们如何能最大化社会和物质的利益，同时最小化媒介活动的不利影响？其解决方案取决于我们对于管制和制度化所采取的方法。还有一个问题，我们作为个体，究竟预备让其他人在我们“生产”或“使用”的媒介活动上有多大的发言权？我们如何解决媒介使用的公共和私人领域的冲突？最好的管制形式是由谁组织的：

- 政府？
- 媒介制度本身？
- 市场运作？
- 其他形式？

在我们探讨这些问题之前，需要理清媒介产业管制的历史背景，以及它是如何与经济模型结合的，不然难以完全理解当前的讨论。

第一个重要的“媒介产品”要算1455年由约翰·古登堡(Johann Gutenberg)印刷的《圣经》。1962年，马歇尔·麦克卢汉在《古登堡群英》(*The Gutenberg Galaxy*)的扉页上曾提到。那本《圣经》是拉丁文，但1525年威廉·廷代尔(William Tyndale)用新印刷术印出“普通英文”版，1536年被当作异教徒烧死。

在英国某些法律文件里仍征收印花税，但19世纪早期，它被用来压制激进的报纸。1819年的《报纸印花税法》抬高报纸价格，普通老百姓买不起报纸，从而达到有效的“管制”。报纸和广告税在1855年撤销后，大众报刊才得以发展。

见第9章对PSB的详细讨论。

历史背景

从古至今一个不变的真理是，知识就是力量。统治者和权力阶层总是试图让大众远离“危险的知识”。在中世纪的欧洲，这意味着基督教会试图维持“牧师语言”拉丁文的地位，它是阅读神学和学术文章的基础。教会掌控着教育，仅限于可以学习拉丁文的人。印刷术的发明带来了第一个“大众媒介”，传播的观点可以让任何人用自己的方言阅读出来。于是，各级政府很快开始重视对印刷施加某种形式的控制。有时他们禁止标题，有时进行修改，有时征税——增加收入，同时通过人为加价，限制其可获得性。

从19世纪末期起，“大众传媒”作为产业活动发展。直到1945年，政治事件和相关的经济政策产生了动荡不安的社会和商业世界：革命、世界大战、经济繁荣（特别是20世纪20年代早期的美国）和随后的世界范围内的经济大萧条。在这个背景下，美国和欧洲的媒介制度观点开始出现分歧。欧洲倾向于政府介入新的广播电视产业，主要是出于政治原因。**公共服务广播电视**(PSB)在其他发达国家也是很显著的，如加拿大、澳大利亚和日本，基本上由创始宪章或许可的一系列条例管理，其表现也被监测。但在一些其意识形态支持集体或合作的、“社会的”所有权的国家，也关系到其他形式的公共资助行为。相比之下，美国对新产业的观点强调形成“无约束”的资本主义企业，国家干预的权力非常有限。

美国的政治事件确实引发了某些公共领域的媒介活动，如剧院节目被设计成一种为作家、艺术家和演员提供工作的方式，用受限制的艺术门槛来娱乐和教育大众，这是20世纪30年代经济大萧条时期罗斯福新政的一部分。这个举措推动了很多作家和导演的职业生涯，包括奥逊·威尔斯(Orson Welles)，但受到一些好莱坞高管的猛烈抨击。在20世纪40年代末至50年代初的“反共”活动中，当时参与过这些节目的人在“政治迫害”下被批判为危险的激进分子。

在美国，公共资助的媒介活动始终是边缘化的：媒介活动实质上是商业行为或是慈善家（从商业活动中获取大量利益的人)捐助的产品。从20世纪20年代的广播发展开始,美国的广播电视就受到网络售卖广告的控制。欧洲的公共服务广播电视受到限制。这意味着美国的联邦机构广播管制关注更多的是维持竞争,而不是为节目制定要求。

非广播媒体如电影、报刊和广告发展出行业自律体系,作为它们在20世纪制度化的一部分。自律意味着行业邀请业内的委员会或个人(有时候是"独立的"外来者)负责执行行为准则。

给电影颁发影院放映许可的传统可以追溯到1912年的英国。好莱坞在1930年引进了有约束力的《电影制作守则》(*Production Code*),以阻止宗教团体的批判和潜在的抵制。报业和广告业也制定了行为"准则"以抵御批评,像电影,常遭受某种形式的审查。然而,它们都没有遇到广播电视所面对的管制环境。(见以下的自律制度清单和他们的准则)

由蒂姆·罗宾斯(Tim Robbins)执导的《大厦将倾》(*Cradle Will Rock*,美国,1999)是20世纪30年代纽约"左派"音乐剧的制作和试图阻止其上演的真实故事。

"非美活动调查委员会"1947年开始调查好莱坞,9位编剧和一位导演最终因为"藐视"——拒绝"提供姓名"或拒绝回答是不是共产党员而入狱。见YouTube上的"The Hollywood 10"。

"20世纪60年代之前的美国电影中,《电影制作守则》规定中枪后不可流血,吵架不可以谩骂,生孩子不可以有性交镜头"(Linda Williams,转引自Nowell Smith,1996:490)。

广播电视的中心地位

广播电视通常需要法律管制。乔斯坦·格瑞普思若(Jostein Gripsrud,2002:260)提出为什么广电常被看作最重要媒介并因此引起政府最大关注(也适用于20世纪30年代到50年代的广播,但现在更多是针对电视)的原因:

- "范围"巨大——几乎到达每一个人;
- 人们在广播和电视上花的时间比其他任何一种媒介都长(但现在互联网可能已经超越广播电视);
- 电视处于每个国家的中心(虽然有地方服务,但电视的确主要呈现了国家重大事件);
- 电视主导了公共议程;
- 电视从"生活方式"和艺术的意义上来说,都是文化的最重要媒体——我们从电视上获得了我们是谁和我们如何生活的意义。

就这些原因来说,电视(也可包括广播)非常重要,不能"交给市场",因此政府决定对其进行管制。我们也应该关注广播频段控制的公共安全问题(干预关键的服务)。

但在第7、8、9章我们探究了电视的传统模式受到在线视频服务的挑战。

法律管制意味着管制的权力来自国会的法案,因此通过法律强制执行。BBC 的案例中,《皇家宪章》(Royal Charter)授予它自我管制的传统地位。

约翰·梅纳德·凯恩斯(John Maynard Keyne,1883—1946)是非常有影响力的人物,因建立宏观经济学而广受赞誉,这是一门研究整体经济运行的学科,而非研究单独的生产者、消费者等(微观经济学)。2008 年金融危机使人们考虑回归凯恩斯主义。

公共领域——尤尔根·哈贝马斯用这个术语来指代每个人都可以交流关于国家和经济思想的社会空间。事实上,这样的机会非常受限。在第 12 章,我们将梳理公共领域的概念和对其的批判。

经济政策的“正统性”转变和新模式

从“二战”结束(1945 年)到 20 世纪 80 年代早期,在发达国家盛行的经济意识形态是“凯恩斯主义”(Keynesianism,以英国经济学家**约翰·梅纳德·凯恩斯**命名)。这套思想体系认为政府干预是主要资本主义经济体控制通货膨胀和失业的基本工具。凯恩斯主义政策赞成政府管制自己的花费,一旦有经济萧条的威胁,在公共商品和服务上的花费就能增加。政府的政策旨在维持经济繁荣和社会各方面普遍的经济福利(即“充分就业”和低通货膨胀)。

这些政策提供了相对的经济稳定,并为英国及其他各国的政党所接受。在欧洲,这促使政府给予公共服务电视充足的拨款,因此节目可以是“制片人导向”。制片人充足的预算可以支持多种节目的拍摄。英国在欧洲较为突出的是电视领域的“混合经济”,英国独立电视台(ITV)有强大的商业部门,但和 BBC 一同受管制,都有一定的公共服务广播电视的义务。

在美国,广播电视市场一直到 20 世纪 70 年代都相对稳定,由国内两大到后来的三大电视网相互竞争,还有在每个主要城市的一系列地方频道。在这一时期,美国不同的管制方式没有直接影响欧洲。在媒介全球化的时代到来之前,欧洲主要的问题是进口好莱坞的电影和电视剧(西部片、警察片等)。在不同时期,为了保护本地市场,进口片都受到限制。

20 世纪 70 年代后期,经济正统性开始转变,原因有几个方面:

- 1973—1974 年,石油危机使石油价格大幅上涨,引发西方的能源短缺;
- 国内的社会动荡,越南军事灾难打击着美国的信心;
- 一些国家疲惫不堪的产业正遭受着长期的投资不足和“新兴经济体”低生产成本的竞争压力;
- 战后整个国际贸易体系和货币交换体系正在崩塌。

政府开始抛弃凯恩斯主义,部分原因是因为之前以为“不可能”的——失业和通货膨胀同时出现——现在都发生了。他们逐娜奥米·克莱恩的书和基于此书的纪录片《休克教条》(*The Shock Doctrine*)(美国,2009)阐述了米尔顿·弗里德曼的观点,结合了20世纪70年代早期在智利和其他国家未加抑制的政治暴力。

渐转向"货币主义"(monetarists),之后推行所谓的"自由市场资本主义"。在其极端的形式下,就像美国经济学家米尔顿·弗里德曼(Milton Friedman)系统性阐述的,货币主义意味着政府仅干预了经济中货币的流通:货币才是一切的关键,投资的决定只涉及流行的货币市场环境("利率")和投资潜在利润(而不是投资是否会产生社会效益)。需要强调的是,不是所有的政府都以同样的热情拥抱新的正统性,他们的举措总体上承袭了之前欧洲和美国的区别。法国和德国最不愿意改变,美国最急切改变,而英国在两者之间。

"自由市场"经济

在我们深入之前,需要想清楚一个经济模式是如何运行的。简单来说,经济学家研究买方和卖方的市场行为,生产要素成本如劳动力、资本、原材料等,以期预测未来。为此,他们使用假设结构。其中一个是"完全市场"(perfect market),市场里每个人都有"完全知识"(perfect knowledge),买方和卖方能做出合理的决定。这些决定是遵照价格机制的杠杆,以"无形的手"进行控制。当供应下降的时候,价格就会上涨,更多的供应商参与到市场当中,直到价格回落,等等。

但这是理论上的市场。在"现实世界",市场不是"完全的",知识对所有的买方和卖方也不是平衡可得的。出于社会和政治的考虑,政府、企业、其他机构和个人组成的群体通常出于好意而故意"扭曲"市场。在我们关于管制的讨论中,我们一方面关注"市场"和"竞争"的重要性,另一方面强调"干预"和价格控制。一方面是自由的市场商人可能相信自由市场是存在的,等同于个人自由。另一方面的社会人士觉得只有在其他社会优先(普遍可得、产品的"质量"等)的基本框架下管制的市场才是可以接受的。如果我们承认全球化(见第5章)创造了全球市场,我们很可能会看到各个政府对市场采取不同措施产生的一系列纷争。我们接下来讨论20世纪80年代发生的事情,以及它如何影响我们现在所生存的媒介环境(特别是广播电视环境)。

研究 10.2

研究市场

街边市场是我们在现实世界中最接近理想的“完全市场”的。试着把在线购物（包括数字下载）当作街边市场的扩展形式。

- 查看各个互联网零售商、当地商业街和超市供应的电影、DVD 和音乐专辑的价格都是一样的吗？
- 它们实际上是一样的商品吗？还是来自不同货源的不同版本？
- 在美国和欧洲，相同物品的价格一样吗？用街边市场作为电影和音乐市场的模式适用吗？

图 10-2　意大利典型的街边市场——对媒介产业而言，这是一个好“模式”吗？

新技术在其他媒介领域中也很重要，如报纸和杂志。由鲁伯特·默多克（Rupert Murdoch）领导的报业大亨利用新的劳动法打破工会力量以利用他们的新技术。它们不受公共服务要求的限制。

去管制、自由化和媒介制度

从 20 世纪 80 年代开始：

- 新经济的正统性见证了政府资助公共机构转向支持更“开放”、“竞争”的市场；这意味着取缔“限制竞争协议”（restrictive practice），将国有企业卖给股东（“私有化”），公共服务外包给私营公司，鼓励新市场的形成；
- 新技术——有线电视、卫星电视和更便宜的广播电视技术为广播电视频道激增提供了可能性，选择变得更多，但也使市场碎片化；

- 全球媒体播放器出现，一些是公共事业私有化的结果，能够跨越国界；有时候国家政府非常欢迎它们，有时候则勉强接受。

这些变化瓦解了已有的广播电视环境，公共服务电视不得不回应美国公司或欧洲新私营企业的美国运作模式。

公用设备包括煤气、电、水和通信——最后一个包括一些主要的媒体公司，如维旺迪(Vivendi)和西班牙电信(Telefònica)。

就经济学角度而言，新频道和新服务的引入意味着电视不再是政府眼中的公共物品，是每个人都享有的特殊形式的媒介活动；相反，它成为了一种“私有商品”，就像报纸或杂志等媒介产品(见 Küng-Shankleman，2000：29)。全世界的媒介市场已经进入评论家所称的“**去管制**(deregulation)和自由化”的阶段。

很多国家政府的政策中：

- 过去公共领域垄断的广播电视和通信出现私有化——公共事业当前的私有化；这些新兴的私营企业可以自由吸引新媒介生产和服务的投资；
- 管制的“放松”，特别是对广播电视，过去被严管的电视台可以减少一些公共服务的义务；
- 媒介市场“开放”，带来广播电视服务的新牌照，特别是广播、卫星电视和有线电视。“跨媒介所有权”的限制逐渐解除。这是自由化的市场。

1984 年的“自由市场”中，英国政府决定对所谓的“视频垃圾”进行法律审查——有些市场显然比另一些更“自由”。2009 年，英国电影分级委员会(British Board of Film Classification)宣布 1984 年的法案不符合欧盟的指令，任何条例都暂时失效(http://www.spiked-online.com/index.php/site/article/7320/)。

研究 10.3

市场的语言

你有没有注意到用来描述市场的语言总是肯定的？市场是“自由的”，它们已经“自由化”。管制则总是否定性的描述词语，如“限制”。甚至潜在肯定的词汇也会以否定的意义呈现，例如英国的“保姆政府”。通常为孩子聘请保姆的人会认为保姆很有帮助，但这个词成了批评点之一。

- 如果你来起草一份新管制形式的推广版本，你会用什么肯定的词汇？

管制到底意味着什么？

对大部分人来说，管制不是我们思考的问题，除非它突然产生影响。在2008年金融危机之初，如果你足够幸运将钱存在银行里或投入社会建设，你很可能会非常高兴政府决定涉足并挽救金融业的坍塌，保障你的存款。但你也可能会疑惑管制系统为何如此脆弱，以致发生危机。

媒介管制从来没有发生过这么大的事件，但我们不应该自满。以下的例子是一个没有管制的媒介世界。

坐落于南美洲加勒比海岸的圭亚那（Guyana）直到1988年还未发展国家电视服务——而不像加勒比的其他几个英国主要的前英国殖民地国家，这些国家在20世纪60年代独立后大部分就发展了电视服务。在圭亚那，20世纪60年代的专制政权决定了最简单的电视审查就是"滞碍"发展——没有电视，就没有不同的声音。圭亚那的殖民地历史让国家产生了两支不同的民族：非洲奴隶的后代和乘船参与制糖工业的印第安契约劳工。20世纪60年的政权试图排除亚裔社群。当新政府20世纪80年代后期撤销对电视的禁令时，电视台如雨后春笋般飞速增长。由于没有管制到位，一些新电视台采取了"来者不拒"的政策，播放没有购买版权的电影和其他节目。

在其他国家，这些肯定是"盗版电台"，但它们在圭亚那公开地繁荣发展。任何对这种现状的批判都会被反驳为至少有些观众接受了服务和曾被否认的"文化内涵"。但这就是后果。这里有一篇2001年圭亚那一大著名报纸的报道：

> 通过视频俱乐部和录像带的电视盗版在这个国家已具有某种合法性，而且制度化，因此很难看到电影的利益。圭亚那的信息部曾建立过一个摄影局（Cinematographic Authority）用来管制电影产业。电影业现在看起来的确需要保护。为了挽救电影业，很可能要恢复这个机构。

到2009年，仅有一家电影院仍以兼营的形式开放。20世纪60年代圭亚那有52家电影院。

更多背景资料参见霍尔斯特德（Halstead，1999）和纳拉因（Narain，2005）。

现今的管制环境

从20世纪90年代起，很多国家经历了政府的变革，因此维持公共媒介活动的方式也发生了变革。同时，媒介生产者发现他们又将面临三个问题：

● 随着中国、印度和其他重要“参与者”如富裕的阿拉伯国家资助的半岛电视台、伊朗的英语电视服务的兴起，全球经济结构发生变化；

● 国家政府发现他们被束缚在贸易条约的媒介政策里，特别在扩大化的欧盟和《关税与贸易总协定》(GATT)的大背景下；管制制度开始按照欧盟规模的基础组织起来(见下文)；

● 互联网服务的增长，特别是点对点的分享，让国内的发行分售难以监测。

我们可以确认6种现在媒介可能使用的管制方式，以管制权力来源为区分依据。

1. 直接由政府控制

一些国家受到威权体制(authoritarian regime)影响，直接控制和干预媒介产业的活动(缅甸、朝鲜等)。但这样的干预在民主国家也并非没有。英国有很长一段时间试图由政府阻止某些新闻报道的发布。这是对“国家利益”的诉求，包括“DA Notice”制度和因《国家机密法》(*Official Secret Act*)施加在个人身上的限制。就这方面，英国与“开放”的美国制度相比，其政府显得相对“封闭”。通信活动一直受英国政府部门管制，直到2003年Ofcom的诞生。

> “DA Notice制度为英国媒体提供了一套指导的自律守则，发布和广播国家安全信息”(来自http://www.dnotice.org.uk)。2009年4月发布的一个DA Notice禁止刊登用长焦镜头拍摄的新闻照片，这组镜头泄露了一位高级警官携带机密的反情报材料进入唐宁街10号。

2. 由政府委任的独立法定管制机构

多数欧洲国家都有某些形式的广播电视或通信的独立管制机构，政府将权力委任给指定机构。这类管制机构一般负责发牌照、收集数据、监测输出、进行研究为政策提供参考。

欧洲音像管制机构

欧洲管制机关平台(EPRA,European Platform of Regulatory Authority)运作了一个网站,收录了所有欧洲管制机构的简介(http://www.epra.org)。网站还列出全球的管制机构,以及其他管制机构的网络、广播电视国家法规和相关网站链接。

美国的管制机构是联邦通信委员会(FCC,Federal Communications Commission),是美国政府资助的独立机构,“为了保证国家通信系统无缝、竞争性运转,为您提供利益最大化条件”(http://www.fcc.gov)。尽管依照欧洲标准,FCC似乎是一个“轻触式管制机构”,但有几个案例显示,FCC的裁定因为触犯到美国宪法第一修正案所倡导的“言论自由”权,而受到非议。对网络运行的管制也会面临类似的反对。

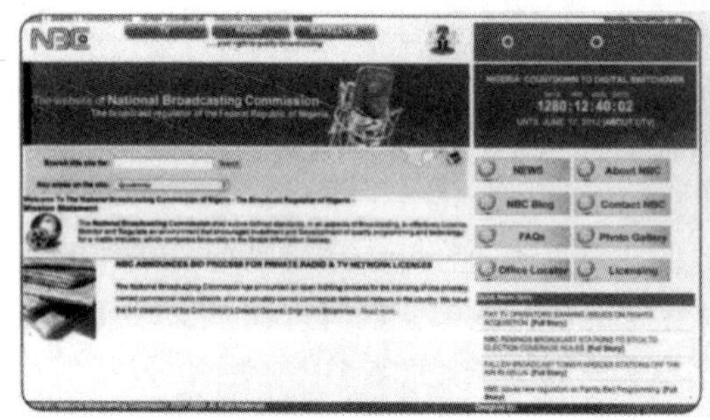

图 10-3　尼日利亚的广播电视管制机构(http://www.nbc.gov.ng/)和牙买加广电管制机构(http://www.broadcastingcommission.org)网站。两个网站都标志着数字转换。

3. 媒介生产者的自我管制

这有两层意思。从正式意义上来说,是指媒介机构本身派专门的小组来监测管制。但在“非正式”的意义上,它又指通过个体生产者的自我约束,以避免之后被要求删改。较古老的媒介产业如报纸和电影倾向于创建自己的管制机构。稍新兴的产业一般由法定机构管制。

研究 10.4

报业评议会(Press Councils)

● 访问欧洲独立报业评议会联盟(AIPCE, Alliance of Independent Press Councils of Europe)的网站 http://www.aipce.net/。

● 查看"AIPCE 简介"的页面和该组织的目标。目标如何反映我们在本章对管制的讨论?

4. 一般法律框架的限制

在很多国家,污秽的言辞和亵渎的言语使国家对媒介生产者采取措施提供了合法框架。如果对媒介生产者提起法律控告,结果通常是两方都不满意。关于亵渎神明言语的法律在世俗社会中也问题重重,就像无神论者问的"谁来保护我们不受言语侵犯?"基于隐私法规的法律措施也可能激起人权问题的辩护和超国家法律机构的干预,如欧洲人权法院(European Court of Human Rights)[例如,麦克斯·莫斯利(Max Mosley)与新闻集团报业有限公司(News Group Newspapers Limited)之间的案子,2008 年]。

5."市场力量"的管制

受众的购买判断力通过价格机制影响着产业活动的未来。这是自由市场模式的观点,前提是假设市场的"自我管理"是可能的和令人向往的。在第 9 章,我们讨论价格机制与电视服务的关系。最近的两个发展让市场力量遭受质疑。第一,互联网零售的**长尾**效应意味着即使是一个不起眼的商品在长时间内也可以找到足够的买家证明自己。第二,如果媒介产品对很多消费者免费开放,就不会存在这样的价格机制。这和无成本轻松访问色情内容有关,它给"保护政策"带来了压力,特别是针对儿童的。

如果你想了解最直言不讳的"自由市场论者"如何讨论案例,登录技术中间站(TCS, Tech Central Station)的网站 http://www.techcentralstation.com,"自由市场遇见技术的地方"。

6. 受众压力管制

长久以来,一直有各类群体为媒介活动的改革进行积极倡导。有时是抵制那些冒犯性的、"道德危险性"的题材,电影、摇滚音乐、电视、电子游戏都以这种方式被攻击。其他活动聚焦于产品的整体质量和多样性,这些游说来自关注媒介产品表现

> 在名人效应的文化中，有魅力的活动家有时能产生巨大影响。1985年，四位"华盛顿妻子"(Washington wives)和政界、商界的伴侣创立了家长音乐资源中心(PMRC，Parents Music Resource Center)，最终说服美国唱片业协会(RIAA，Recording Industry Association America)在CD上附带对"不雅歌词"的警告。现在仍执行这项决定，但效用却备受争议。

形式和媒介制作参与者的特定团体。这类团体有效的方式是要求制作方进行自我审查(或更包罗万象)，要求政府规定法定管制机构去调查不尽如人意的情况。

抗议团体通常不是它们所攻击产品的消费者，在此意义上，这些抗议者不构成"市场压力"。可是，媒介生产者会像对待市场压力一样对待这个事情，担心和有争议的媒介产品扯上关系会影响销量。但常言道，没有什么比"坏的宣传"和臭名昭著更能提升销量了。

分级、审查、色情和暴力的"自由市场"?

如我们所讨论的，价格机制和自由市场关系着"价值无涉"的经济学——换句话说，这是一种仅处理价格变化对供求影响的经济学，不考虑经济政策或价格是是否"对社会有利"的问题。当我们考虑分级和审查的问题时，这个区分显得十分重要。

如果人们期望购买的话，在"自由市场"我们可能预料看到色情题材的繁荣，比如在很多欧洲国家和美国。确实，色情产业几乎总是第一时间采纳媒介技术(视频、DVD、互联网等)——因为它是受到的管制最少，而市场驱动最大的媒介产业。但是，自由市场的积极倡导者通常期望控制某些产品的市场准入。结果就"性和暴力"而言，我们期望看到所有媒介都能发展某种形式的自我审查，该媒介的发行商因此同意为产品接受程度设定标准。这在电影、杂志和最近的电子游戏领域已经实现。

对广播电视(或印刷品、电影)中出现的性与暴力的讨论而言，诡异的是这个问题很少投入市场检验。我们不知道如果"棘手的"题材免费提供会发生什么——大批观众是不是会再接受它，或许当它不卖的时候，"市场"将放弃普遍发行?有很多施压团体主张进行审查制度，但很少有运动会积极地反对。一个论点是现在自我审查采取了对受众居高临下的态度。如果一个人能决定一个媒介产品是否表现"现金价格"，为什么他们不能决定这个产品是否有冒犯性和"腐败倾向"?如果他们不能决定，那什么让节目制作者更有资格决定?这是自由主义权利者提出的论点，完全反驳了公共服务广播电视，并否定了其社会市场定位的资格。

从某些方面来看，自由主义定位是可接受的（前提是假设儿童受到保护，不会接触“不良”内容，尽管这也引发了一些问题）。可是，“选择自由”也是遭受激烈市场攻击的自由。接着是可能接受更露骨的性和暴力，导致更多的此类节目和题材的整体多样性减少。

公众获得了他们应得的媒介吗？

大量对电视（及广播，可能还有报纸）的讨论都是关于节目和安排的“水平”和“严肃性”。直到20世纪80年代，公共服务广播电视很大程度上都能保证某些节目在各频道黄金时间播放。时事、新闻、艺术和教育类节目都规定在白天或其他时间播放。这些要求的放松使ITV、Five频道以及卫星和有线电视公司在时间安排上针对BBC的节目，上映了“收视率高”的节目。BBC在其职权范围内艰难地竞争，到20世纪90年代末，新闻界和管制者广泛讨论各种“测试案例”：

- 时事和艺术类节目从黄金时段消失；
- ITV新闻节目减少，BBC将主要晚间新闻移至晚上10点。

在“自由市场”，这些类型的变化是不可避免吗？市场反映在收视率方面，反过来用收视率和广告商谈判。时间安排是一项策略性活动，编排者“有根据地猜测”一个节目在特定时段的表现。因为收视率中即时响应非常重要，编排者很可能会：

- 只用模式化（曾经效果好）的节目冒险；
- 很快移除那些无法达到收视率目标的节目。

在一个大力支持公共电视的管制市场，安排者通常允许节目“培养”受众——特别是新节目形式。这是“制片导向”而非“收视率导向”的安排。我们第9章讨论了电视的未来，通过个人视频录像（PVRs）和视频点播（VOD）转向在线和时移电视。这是不是意味着争论时间安排的结束和自由市场的胜利？广播电视自由市场的倡导者很可能有以下观察：

- 观众想看流行节目：他们为什么不能看他们想要的？（这个争论经常被冠以阶级色彩，公共服务的支持者们多表现

为中产阶级精英，脱离了大众的口味）

● 市场意识到“特定观众”对节目的不同需求。这些受众通常对广告主非常有吸引力。如此一来他们就成为编排者（和在线零售商）的目标。

● 市场使制作方更专注、更有效率（这个观点经常用来阐释进口美国节目的成功）。

● 大部分节目在旧体制下会更好吗？是的，的确有一些非常棒的电视剧和经典的情景喜剧，但其他的呢？

“选择自由”和“言论自由”？

自由市场倡导者把“选择自由”当作制胜口号。但这是什么意思？游客在一千年前，沿着巴格达小巷游荡可能会基于对所有价格和商品的了解，从某个商贩那里买张地毯或一堆枣子。你的购买决定甚至能导致另一个买主降低价格。在今天的全球媒介市场，走到任何一个地方的“媒介展销会”，你的选择都不会如此单调。利用最大的营销预算，你很可能了解最多的产品。较小的独立厂商如果不能支付摊位租金，就可能无法“销售”产品。现在正在提供什么样的选择呢？

现代分销方式增加了接触书籍、DVD、CD 等的可能。尽管你在当地多厅影院没有什么机会看到各种各样的电影（即在大部分多厅影院放映同样的 9～10 部影片），但你有机会从数千张 DVD 中网购（只要你家里有网络和信用卡），任何一张都可以送到你家门口或下载为电子文件。这就是“市场”的力量。当然，你也促使当地的音像店、书店和唱片店关门大吉。这也是“市场”的力量。有唱片店经理可以聊天，可以出售音乐会门票或你乐队的 CD 拷贝，这些有社会效益吗？如果你认为有，要想留住他们，可能需要“干预”“市场”。

欧洲的管制

正如我们在本章中多次提到的，指令型和干预型的管制（区别于美国模式）在欧洲非常强大，它成为欧盟委员会（EC）主要政策领域的一部分。最新的欧盟委员会指令在

2010年开始实行。以下是来自欧盟委员会一段在线政策推广的摘录：

欧盟委员会视听和媒介政策

(http://ec.europa.eu/avpolicy/index_en.htm)

视听部门在欧盟(EU)直接雇佣了100多万人。它同时扮演着关键的社会文化角色——在欧洲，电视依然是最重要的信息和娱乐来源，大部分家庭都有电视，平均每位欧洲人每天看4个小时电视。按需服务的视听内容也在不断增长。

欧盟视听和媒介政策以4种方式实施：

- 管制框架——主要是2007年《视听媒体服务指令》(Audiovisual Media Services Directive)，旨在创建视听媒介有效的欧洲市场，改进了《电视无国界指令》(Television Without Frontiers Directive)，还有欧盟建议保护儿童、少数群体的在线使用和欧洲的电影遗产。
- 资金计划——例如MEDIA计划，作为国家体系的补充。
- 其他措施——例如促进内容的在线发布(在线内容和媒介素养)和媒介多元化。
- 欧盟之外的举措——特别是在WTO世贸组织中捍卫欧洲的文化利益。

委员会还参与了欧洲视听观察组织(European Audiovisual Observatory)。

以及“视听无国界”(Audiovisual without Frontiers)的指令，正如其新闻发布中所说：

新指令重申了欧洲视听模式的几大支撑，即文化多样性、少数群体保护、消费者保护、媒介多元化以及反种族仇恨和宗教仇恨。委员会还建议确保国家媒介管制机构的独立性。

这套整体方案是经过深思熟虑的，但它们帮助建立的管制决策和制度框架可能导致艰难的处境。

处理种族仇恨和极端政策

2009年，英国国家党（British National Party）支持种族排斥，因此可以受到起诉，但该党在欧洲议会赢得了两个席位。在普遍受管制的（即 Ofcom）PSB 环境下，自律的 PSB 运营商 BBC 决定邀请国家党的领导人尼克·格里芬（Nick Griffin）参与《质询时间》（*Question Time*）的嘉宾小组。《质询时间》是 BBC 1 流行的谈话节目，演播室的观众向政客小组提问，而其他人都来自不同背景。问题包括 BBC 是否有义务邀请格里芬，作为 BBC 章程中"无偏私"条款的部分。当然国家党不得不被给予一个"党政宣传"的时段，这是英国电视台之间的协议。BBC 在网站上辩护道：

BBC 不可能因为不同政党的特定政策而定不同的标准。那将会违反我们的章程，在法庭上引发挑战。

图 10-4　国家党领导人尼克·格里芬在《质询时间》节目上。

《质询时间》是由独立公司 Mentorn 为 BBC 制作的节目。

引述斯图亚特·霍尔（Stuart Hall）（《卫报》网站称其为"文化理论家"）的评论：

当他卷入某个特别的新闻事件时，应该采访他……例如，如果有人在国家党会议上扔砖头，那他不应被禁止上媒体。但《质询时间》不同，他受邀上节目暗示着我们对他的全盘观点感兴趣，但其实我们并不感兴趣。他的出现应该与新闻有联系，而不是一般的评论。

在这档涵盖了多个主题的节目中，大部分问题指向格里芬和他的政策。尽管很多BBC受众认为格里芬在回答问题时的糟糕表现损害了其立场,但更多人指出BBC让这变成一个有效"重击格里芬"的节目,其作为可信PSB供应商的形象遭受损害。

研究 10.5

- 你认为BBC邀请尼克·格里芬上节目并改变节目安排形式的做法是对的吗?
- 关于管制的影响力,这个例子告诉了我们什么?

小　　结

我们认为管制是所有媒介市场的一项功能。

即便是去管制的市场,仍在产生一些新的管制形式而非放弃了管制。但不同的意识形态立场偏向于不同程度和形式的管制。美国的传统是有限制地干预媒介市场,当然其公共资助和受管制的节目输出水平相对低下。同时,便于人们接触的媒介在某些方面受到社会元素的控制。相比之下,欧洲普遍奉行社会民主主义、至少属于"混合经济",在国家和全欧洲层面的管制机构及规定的大量干预下,公共资助的节目输出仍然非常常见。这两种情况都受到Web 2.0和管制在线媒介困难的挑战。最后,在所有的管制模式中,我们认识到管制守则需要随着媒介环境的变化——还有用户期望使用的方式——而不断调整。

参考书目与扩展阅读

Bignell, Jonathan(2008) An Introduction to Television Studies, 2nd edn, London: Routledge.

Gripsrud, Jostein(2002) Understanding Media Culture, London: Arnold.

Halstead, Narmala(1999) 'Television in Guyana: A Regulatory Nightmare', in (eds), Lees, Tim, Ralph, Sue, and Brown, Jo Langham, Is Regulation Still an Option in a Digital Universe?, Luton: Luton University Press.

Küng-Shankleman, Lucy (2000) Inside the BBC and CNN, London: Routledge.

Narain, Atticus(2005) 'Remote Control Nationalism: Media Politics in Guyana', Journal of the

Moving Image, 4 (November), http://www.jmionline.org/jmi4.htm.

Nowell-Smith, Geoffrey(ed.) (1996) The Oxford History of World Cinema, Oxford: Oxford University Press.

O'Sullivan, Tim, Hartley, John, Saunders, Danny, Montgomery, Martin, and Fisk, John (1994) Key Concepts in Cultural and Communications Studies, 2nd edn, London: Routledge.

第 11 章

CHAPTER 11

广告宣传、品牌推广和名人

- 广告宣传、市场营销和品牌推广
- 讨论
- 历史
- 好莱坞和品牌推广
- 好莱坞：品牌
- 案例分析：布拉吉丽娜
- 公民身份和消费
- “造势”
- 小结
- 参考书目与扩展阅读

“做广告”最初的意义是“引起大家对某件事情的注意”，常用的手段是口碑宣传。现在我们最经常遇到的是其媒介形式，常作为**品牌推广**(branding)的一部分。品牌推广直接或间接地为大多数媒介提供了资金。新闻来源常使用产品的新闻稿，因为这样既合法又是已经写好的。这种当代的活动现在不仅仅是用来引起大家对产品的“注意”，而已扩展到公共关系和活动，被称为**“造势”**（spin）。最后，他们有时会试图让产品在公众视野中消失，或者在过程中生造产品的意义，比如**“漂绿”**（greenwashing）。

现在常用焦点小组访谈法对广告进行深入研究（见第15章）。最近，人们尝试“病毒式”或“点对点”的广告。有人称，这种广告像是病毒（在社区或电脑里）——“传染”一个消费者，然后再由他（她）传给更多的人。这使用了积累的“引爆点”的原理，实现了良好的“口碑”传播。你可能注意到这与“群体智慧”（在第8章也有探讨）有异曲同工之妙。这与20世纪50年代简单的心理学或“效应”模型相隔甚远，当时这些模型曾应用于单一的广告或潜意识广告。

“引爆点”探究的是社会变革力量逐渐建立的方式，直到到达一个“引爆点”，力量就突然无法遏制。这个术语出自迈克尔·格拉德威尔（Michael Gladwell）的《引爆点：小事情如何引起大改变》（*Tipping Point: How Little Thing Can Make a Big Difference*，2001）一书。其他关键的术语包括：“联系者”（connector）（有广泛社会联系的人）、“内行”（maven）（向“我们”传播新信息的专家），“附着力法则”（stickiness factor），你在一些关于网站或博客的回访率讨论中将听到这些术语。

劳森（Lawson，2009：43）引用著名建筑师密斯·凡德罗（Mies van der Rohe）的名言：“少即是多”（less is more），以及弗兰克·劳埃德·赖特（Frank Lloyd Wright）的回答：“只有‘多’不好时，‘少即是多’这句话才成立（Less is only more where more is no good）。”

本书的大部分章节都讨论过广告的一个或另一个社会角色（见第7—10章广告在媒介经济中的角色）。有些人会说现在它耗费的不仅仅是金钱，还包括人们的身心健康，以及未来人类在地球上的生活。人们用“消费者至上的旋涡”（turbo-consumerism）一词（见劳森，2009）来描述近几十年，在广告特别是品牌推广的刺激下，人类的需求如何迅速增长。有人说，广告是世界历史上最有力、最无孔不入的宣传。尝试着一天之内不要接触任何形式的广告。你会发现想要做到这点很难。

图 11-1 广告有时用一种反乌托邦式虚拟故事形式呈现。小说家菲利浦·迪克(Pilip K. Dick)的一个构想是扫描顾客的眼睛——对一些超市条形码信息的扩展使用。这个构想在电影《少数派报告》(美国,2002)中的商场里实现了。

研究 11.1

● 这周内你接触了多少种形式的广告(包括品牌——在地铁上、牛仔裤上、购物袋上可以看见的商标标志)?

● 你在哪里接触到这些广告的?

● 你曾经做过广告吗?在哪里?

在“免费的”学生报纸或其他当地的报纸上?在 e-Bay 上?以网络垃圾邮件的形式?在一个征友网站推销自己,或上传一张自己的照片?(见第 15 章)

广告已经吸引了几代学者的注意,促使人们开始研究媒介图像——尽管过去广告商声称这里面的含义是广告自己对观众产生直接的“影响”。“潜意识广告”(subliminal ads)有力地证明了广告这种媒介形式本身纯粹的力量。然而有人认为,不过是对“愚蠢的受众”模型的又一个例证。

潜意识(subliminal)是“感觉不到但是强有力的”(来源于拉丁文“在临界值以下”)。广告以及其他的媒介形式嵌入一些隐秘的信息,会“绕过”我们的“意识”对我们的行为产生重大影响。

这个理论现在受到怀疑,但仍然广为流传。摇滚乐的“背景信息”,或是广告和政治宣传的框架也坚持了这一理论。详情请看维基百科上的解释。

广告宣传、市场营销和品牌推广

南非公司戴比尔斯在 1947 年试图重新定义钻石,声称“要让钻石成为女人生活的文化必需品”。他们现在的广告要如何重新定义这些闪闪发光的小石头?

广告在市场营销、公共关系(PR)以及现在品牌推广的大背景下运作,尝试定位、联络或“创建”产品市场。这不仅仅包括单个的广告设计,还包括一系列在特定市场定位产品的方式(如定价、安置在分销点、与名人建立联系等)。

广告或市场营销代理商协调各种不同的活动,有时也相互竞争。公共关系是一系列的活动,包括公关人员或公司,使用的技巧有些和广告相同——竞赛、赠品——但也会故意安排一

市场是某种产品所有潜在卖家和买家的总和（产品的数量可能成问题）。这个词有吸引人的内涵——当地的、熙熙攘攘的、社交的——和现在的市场非常不同。详见第10章。

些“自然发生的”事件，如开办网上粉丝俱乐部、微博（设计Twitter身份等），甚至是有意排演的关系，令媒体加以报道［见马克斯·克里夫德（Max Clifford）的公关事业］。所有这些宣传活动都可以与广告商的广告、宣传活动，在特定媒介上“植入”或购买广告版面的行为重叠。

尼尔森媒介研究（Nielsen Media Research）是美国主要的电视数据的供应商和“广告竞争情报”（competitive advertising intelligence）的供应商，跟踪记录了美国最热门网站产品的植入，包括广告放在显眼的位置还是隐蔽的位置，屏幕上的时间，融入故事情节等。这是在TiVo DVR录像机等产品允许观众完全跳过商业广告的背景之下的结果。登录http://www.nielsenmedia.com，了解这项（价格昂贵的）研究的详细内容。

品牌推广致力于通过各种想象和图像的联系（常常是名人或深入人心的文化神话），赋予产品和服务能够引起共鸣的文化意义。但是这些意义立足于：

- 经销：商业销售和定价；
- 强有力的法律保护（你敢将米老鼠的耳朵用于商业广告吗？）；
- 对原材料和产品供应商施压的能力，这是出于品牌企业承诺正常供应的纯粹规模代需求（你可以在每个大品牌中看到这种现象）；
- 全球化的过程（见第5章）。

人们认为，在拥挤的“市场”中，对“竞争差异”（competitive distinction）的需求推动着品牌推广的发展。品牌的具体形式（如瓶子的形状、包装的颜色、商标等）代表了控股公司的形象，是建立“市场”、形成公司之间竞争关系的关键手段，也是建立很多消费者自我认知的重要方式。

图11-2　国际品牌报告封面（美国2009）。

研究11.2

登录主要的“品牌顾问”网站http://www.interbrand.com，该网站发布了年度全球品牌价值的排行榜，排名基于品牌带来的收入占其总收入的百分比。上榜品牌须价值10亿英镑以上，境外收入须占总收入的三分之一以上。

这个报告的封面吸引眼球的地方在于你可以从小条状的商标中轻易地辨认出它们代表的品牌。

独特销售主张（USP）：广告商试图将产品的特性传达给潜在的消费者。当前很多大品牌都面临很多替代产品，因此出现这种尝试（如，大量功效相似的洗涤剂、厕纸、运动鞋等）。

品牌推广常常寻求建立**独特销售主张**（USP，unique selling proposition）。用最简单的话来说，就是试图通过USP，依靠生产公司的声望和形象，在顾客购买或体验之前说服顾客相信产品的质量。有人认为，现代资本主义的多功能性意味着某种产品（如一块巧克力）不会一直保持独特：产品特性很容易被竞争对手在短短几天里剽窃，而且产品之间的差距往往很小。会有多少种洗发水是完全不同的？然而，品牌会有一系列产品（如吉百利、麦当劳），往往也能够保证产品的"质量"。它们有法律团队全力保护品牌的配方或设计，一旦出现质量问题，它们就会用公关策略和其他方式尽力弥补损失——见吉百利公司的例子。

见巴尔内夫斯（Balnaves，2009）等第7章和第9章的详细介绍，以及最近中国和印度重塑国家形象的策略。

研究 11.3

选择五种洗发水或其他日常用品。从一个"理性消费者"的角度来评估一下它们的广告（包括标签）。

- 这需要花多长时间？
- 你当地的超市有多少种洗发水的品牌？
- 估计一下，一个"理性消费者"做一个全面调查需要多长时间？

http://ww.royal.gov.uk上有庞大的多媒体公关运作，把女王呈现为"阴郁却稳定地领导着国家……"[《新政治家》（New Statesman）社论，2009年7月13日，p. 4]。

君主、城市和国家，以及产品的形象是被不断打造、再打造出来的。这种"形象工程"也成了英国文化委员会和德国歌德学院的工作内容之一。英国皇室专门雇用了品牌推广专家来打造他们的公众形象，唯恐在威尔士王妃戴安娜死后会出现政变。

相反，"9·11"事件的一个结果，或者说美国布什政府采取的大规模军事反击的一个结果是引起了原产国效应（COE，country of origin effect）。这意味着消费者们需要知道产品的制造地点或者一些品牌的拥有者，以便于选择购买或者抵制相应产品。例如，一些国家供应商工厂的条件很差，简直像是奴隶制时期，激起了很多抵制运动，如抵制“耐克”的运动。

见 http://urbanlegends.about.com/library/weekly/aa022101a.htm 上关于耐克运动鞋的邮件往来。这件事是“文化干扰”的一个例证。乔丹（Jordan，2002：102）把它定义为“一种颠倒和违反文化代码意义的尝试，而其主要目的是为了说服我们购买某些东西或成为某种人。”见 http://www.adbusters.org。

现在，品牌推广不仅仅是一个关键的商业活动，它在大多数文化中也是一个隐喻。有文章会提出“现在是时候重塑女权主义、格拉斯哥（英国城市）、游戏产业的形象吗？”等。个人有时也把自己作为品牌，受到鼓动而采取“声誉管理”（reputation management）或“印象管理”（impression management），在简历或征友机构中突出自己的特色等。

讨　论

关于广告宣传和品牌推广的主要讨论集中在以下几点，它们是针对不同的假设提出的。

- 商家用诱人的承诺来吸引消费者，为消费者洗脑，有意助长了消费者唯物主义、浪费、享乐主义以及攀比的思想。
- 如果我们理性地“评估”任何一种产品各种类型的宣传，正如其拥护者所说的“广告帮助理性的消费者选择”，会花费绝大多数人更多的时间。
- 广告还是一部分的内置动力，推动了“**计划性报废或内置淘汰**（built-in obsolescence）”，以及成为过度生产的现代资本主义部分依靠的高消耗。

计划性报废或内置淘汰：在一段时期或多少次使用后让一些产品“过时”的过程。这个过程与其说是“磨损的”，不如说是商家有意为之。见帕卡德（Packard，1960）。

- 广告是一笔不必要的商业开销，但它大幅提高了商品的成本。大的垄断公司如宝洁公司（Procter Gamble）往往要花费数百万来为自己的产品（如肥皂粉）做广告，与它们自己的子公司竞争。
- 对于所有的“自由市场”呼吁来说，品牌推广形成了竞争壁垒。新公司无力支付“推广品牌”的高昂费用，很难通过品牌推广的方式将自己的产品打入市场。大的公司能够发出“更大的声音”，确保自己的产品在拥挤的市场中处于有利的经销位置。

"为什么啤酒广告从来不出现人们的啤酒肚呢?"第一电台的艾嫩(Anon)提出怀疑。这是人们普遍怀疑广告画面的一个例子,也部分导致了启发观众自觉意识的广告出现,这种广告显然已不再谋划如何支配我们的收入了。

研究 11.4

关于"内置淘汰":问一下你的朋友和亲人是否有过这样的经历:当他们的手机、DVD播放器等坏了的时候,有人建议他们再买一个新的,理由是修理的费用差不多能买一个新的。

我们来看看最近的例子,来研究一些改变。广告商们现在通常支持这种观点:观众可以自由理解、忽略广告,或者讽刺地指出植入性广告。他们现在充分了解一些观众掌握了他们的早期策略。广告商们已经不再热衷于讨论定价、资源供应线、他们专注于"安置"和"经销"广告和商品的能力。广告现在开始在自己的语境下玩自我反省的游戏,这有着有趣的、绝妙的效果,也取悦了观众。

2010年,"打架子鼓的猩猩"是吉百利员工活动的一部分,确保美国卡夫食品公司(Kraft Foods)在收购吉百利后,能够兑现其工作保障的承诺。

图 11-3　吉百利公司牛奶巧克力广告获得了英国2007年电影电视广告大奖。

广告中一个大猩猩用架子鼓演奏菲尔·科林斯(Phil Collin)的《今晚星光灿烂》,吉百利的广告(如图11-3所示)试图制造搞笑的效果,引起病毒式营销的口碑相传,而不再与《加冕街》相关联,公司2006年停止赞助该片。

除了紫色、短片最后的标语("一品脱半的快乐")和歌词,这个广告几乎和产品没有直接的联系。人们对这个含糊的画面很感兴趣——这是只真的猩猩吗? 为什么选择这样的画面? 为什么是这首音乐? 很多人乐于加上自己的音乐。

在维基百科上了解这个宣传的制作和原因,包括2006年吉百利产品的沙门氏菌丑闻,以及当时公关和公司品牌的其他问题、2010年卡夫公司收购吉百利后对品牌形象的维护等背景。

登录 http://www.lrb.co.uk/v32/n01/john-lanchester/shortcuts,见约翰·罗切斯特(John Lanchester)关于巧克力制作艺术的文章,以及卡夫竞标吉百利引发的问题。

虽然这很有意思，但是只研究个别的广告并不能解释广告在品牌时代的重要作用。我们来研究一些历史。

历　史

广告可以追溯到古希腊、古罗马时代的街头叫卖者，他们喊出当地商人的商品信息。但是，现代形式则出现在19世纪工业革命后，当时新的生产技术使得西方国家生产过剩，因此，西方国家需要在别的国家开拓市场，成为西方建立全球帝国的一部分。19世纪50年代，英国当时的财政大臣威廉姆·格莱斯顿（William Gladstone）取消了对广告的管制和税收。很快，生产商就可以使用新兴的媒介产业，越过零售商直接吸引顾客。而且，从美国开始，商家开始引导潜在消费者（非正式地、通过广告）、消费的可能性和吸引力。

多年来（现在也一样），人们把广告描述成完全不理性的运作方式，尽管这正是为什么它们会产生"洗脑"的作用——在女人身上。人们往往认为"女性"是不理性的，往往和消费（购物、时尚以及家庭）联系在一起，而不是生产或家庭之外"严肃的"、即有薪酬的工作。然而，这些年来，广告对女性明显的影响无法在别的背景下理解。值得注意的是，这些情况在世界上很多地区仍然存在。

> 1916年，人们发明了第一台自动洗衣机……第一家杂货经销店（在孟菲斯市）营业。该超市不再用专门的店员管理货架，而是让顾客自由地在货架前选购商品。于是，人们构建了一幅理想的蓝图：人们从单调乏味的家务中解脱出来，有了更多的个人选择。家庭关注的焦点不再是入不敷出，而是自我表现和社会呈现。建构新生活方式的乐趣将会取代维护基本生活水平的劳动。
>
> （默多克，2004）

要想明白这种广告的吸引力，我们必须理解很多新产品给女人们带来的真实利益和自由。这些新产品减轻了很多重复、繁重的家务劳动。它们提供了新的商店社交的乐趣——为女人提供了安全、愉快的公共空间，改变了她们从前被限制在家里的处境。在城市，大的百货商店整齐有序地把商品陈列在安全的商业区，并且明码标价。

这种吸引力就好像早期的电影院，提供丰富的视觉享受、舒适干净的休息室、餐馆以及彬彬有礼的服务——这些是工人阶级在别处很难享受到的。广告和营销还会和其他的一些消费乐趣联系在一起，如购物中心和商店的布局——以及很多城镇和城市日渐消失的安全有趣的公共空间和活动。

图 11-4　当代百货商店的化妆品区。

请登录 http://contexts.org/socimages 去看关于最近美国广告和图像的激烈讨论。

研究 11.5

这种商店有时被描述成“消费的殿堂”。

● 下次你再逛这种商店时，请留意一下你是如何被邀请入各个区域的，商店整体的音乐、灯光和色彩等是如何吸引你的。

● 如果有使你不愉快的地方，具体准确来说是什么地方？

另一种商店策略：斯图尔特(Stuart，2009)认为，超市货架源源不断地填充新货是一种消费刺激，也导致了现代“发展”文化中惊人的食品浪费。

在讨论“广告”或“品牌推广”的力量时，我们不能忽略相关的市场营销和经销活动，以及很多产品的用途及乐趣。尽管像手机潮流等的“内置淘汰”是无法证实的，但是手机自身还是有很多重要的功能，在全球满足很多用户的需要。对于其他的“效果”理论，用户们绝不是受骗者，文本也从不能闭门造车。

研究 11.6

● 你觉得购物商场对你来说是一个“安全的”公共空间吗？它们为什么吸引你？

● 现在很多电影院都开设在大商场里而不是“独立存在”。这如何影响你看电影的经历？

● 电影是不是（或设计成）“乌托邦式”的空间——色彩、灯光、舒适度，甜品、大桶的爆米花、棉花糖、饮料，以及清洁、周到的服务？

● 格兰奇（Grainge，2007）研究了华纳等好莱坞品牌如何发展成“华纳威秀”，既扩大了品牌的知名度（在这里指其作为“优质的多厅影城”）又在本土深深扎根（pp. 169，171）。

“有时，传统是坏习惯的代名词。”一些环境政治最关键的困境包括如何平衡这种态度，以及令修理、保存、循环利用等行为变得更“酷”。见《愚昧年代》案例分析中的讨论，以及电影的DVD盒装剧集。

见派克德（Packard，1957）。2002年，亚当·柯蒂斯（Adam Curtis）的BBC系列纪录片《探求自我的世纪》（*The Century of the Self*）研究了弗洛伊德学说的继承者和合作者在美国广告中强调的自我满足（类似的美国语境在某种程度上也解释了法兰克福学派的批判立场）。

20世纪20年代的广告中，改变被赋予了新奇和活力的积极意义，改变了支持“节俭、自足、自己做饭、家庭娱乐、手工制造以及穿哥哥姐姐穿过的旧衣服”的传统观念[帕姆弗瑞（Pumphrey，1984）]。值得一提的是，这些观念常常束缚了普通的女性，总体来说她们才是实际“制作”和“传下去”的人，因此活动范围经常局限于家中。节省劳力的产品和现成食品的大量消费，对于那些支付得起的人来说，是一种真正的解放。这在世界的很多地区仍然保留着——也成为“绿色政治”的真正问题。

但是早期的广告，甚至是那些煽动人们恐惧的家中“细菌”和“脏”的广告在很多方面没有更好地对待它们的主要受众。“家庭主妇”被建构的形象需要承担沉重的家庭责任（保持家庭整洁、安全），同时还显得民主地加入那些所谓从这个或那个产品中受益的“成千上万的美国妇女”。女性得到鼓励，把自己想成私人和公共两种角色——一个有机会利用现代设备的公共角色——换句话说，她已经与科技和社会进步“联系”起来了。

20世纪20年代末，美国的广告商开始加速培养购物者或消费者的购买习惯（大多数是女人）。美国政府在第一次世界大战期间的成功宣传经验使得广告商们确信，他们也可以利用社会心理学和**行为主义**（behaviourism）理论，行为主义是研究人们的动机和表现的。关于生活方式的广告多了起来，超越了简单的产品使用，开始鼓励潜在购买者把产品与一整套理想的生活方式联系起来，让消费者们感觉如果没有这些产品就意味着“个人失败”、不受欢迎等。

对这些广告的女权主义研究视角指出了这些图像的差距：

美国电视剧《广告狂人》建构了企业结构、无处不在的性别歧视、种族歧视和20世纪60年代麦迪逊大道的工作状况。同时,它研究了20世纪50年代家庭妇女的窘况,她们成为丈夫制作广告的目标人群。

参见两个版本的《复制娇妻》(*The Stepford Wives*)(美国,1975;2004),以及《绝望主妇》(美国,2004—2012)思考对仍然存在影响并且有所复苏的20世纪50年代"完美主妇"的形象所进行的当代"讽刺"解读。

回顾第6章关于"否认"的讨论。

- 为什么所谓的"节省劳力"的设备实际上却增加了很多女性的工作量?因为人们对清洁标准有了更高的期待?
- 如果女人在家里的劳动如此重要,为什么不把这些劳动算作是工作,或付薪水给她们?
- 为什么男人,或大一点的孩子不能为女性分担一些家务?

广告商为家庭主妇和她们的对立面——职业女性——建构了一种自我监察意识,并持续发挥作用。这种意识不断促使女性考虑自己家里的浴室、厨房、餐具有多干净、多安全,或自己的发型、身材、香味有多迷人等。近年来,这种自我监察可以说越来越深入人心。

一项关于厌食症的研究表明,崇尚时尚潮流的年轻女性(可以理解)会不满意自己的身材,只喜欢纤瘦或至少是看起来青春的身体。这似乎也成为年轻男人的问题。罗斯·吉尔(Ros Gill,2007)认为,"身体"已经成为一个新的(认同)问题,充满困难,特别是对年轻男人和女人来说。让男人"进退两难"的问题在于他们一方面要锻炼身体,另一方面又要否认一切(不恰当、"不阳刚的")对自己外表的关注。

研究 11.7

请仔细观察节目间那些似乎专门为女性设计(如上午或下午的电视节目)的广告。

- 你认为现在还会鼓励人们进行自我监察吗?证据呢?
- 有没有男性广告是鼓励自我监察的呢?
- 在哪个领域——外表?还是某些方面的能力?
- 这些男性广告和女性广告有什么异同点呢?
- 广告表现男人做家务的风格是否有所不同——比如显得很有趣,仿佛不用严肃对待?
- 化妆品、服装、家用清洁器、健康器械等广告中的女性表现出什么问题?
- 看看相关的"变装"秀如何强化女性的自我监察意识?
- 它们要表现外表、生活方式等的哪种"变装"呢?

这些行业的一个最终历史阶段就是品牌推广的到来。娜奥米·克莱恩(Naomi Klein，1999/2009)认为，品牌现在的重要性可以追溯到20世纪80年代中期。管理理论家开始提出，成功的企业(而不是早期广告的单个公司)需要主要推广品牌，随之推出一系列产品，而不是分别给具体的各式产品单独做广告。那十年，伴随着美国经济的局部衰退出现了十分成功的新型企业，如微软、耐克，还有后来的汤米·希尔费格(Tommy Hilfiger)以及英特尔(Intel)。

这些……大胆宣称生产商品是公司经营的附带行为。多亏了近期的贸易“自由化”和劳动法改革，很多公司可以委托承包商生产商品，很多承包商在海外。他们说，这些母公司生产的主要不是商品，而是商品的形象。

……创造一个品牌所需要的方法和材料完全不同于(制作产品和初级的广告)。它需要永无休止的品牌扩展、市场营销持续更新的形象，最重要的是，要有全新的空间来宣传品牌的理念。

(克莱恩，2009：4-5)

英国的监管机构是英国广告标准局(ASA，Advertising Standards Authority)，见 http://www.asa.org.uk/asa。英国食品标准局的网站是 http://www.food.gov.uk/，上面有很多有用的信息。

此外，市场营销和推广品牌还需要充分考虑制作、规则、销售和其他商业实践及历史，通常其他背景不容忽略，因为经常关系重大。举个例子，20世纪50年代，人们把“二战”以后英国消费需求的增长归功于广告。尽管“福利国家”在这场变革中起到了关键的作用，如第一次给数以百万计的普通民众提供恰当的医疗保险、养老金和中等教育等。

虽然人们坚持认为文本分析是很有诱惑性的，但是单靠诱人的信息是不会让广告和品牌在我们身上发挥魔力的。

好莱坞和品牌推广

在品牌推广领域，你会碰到一个概念叫作**协同效应**(synergy)。

这指的是：

- 联合的市场营销

● “产品”或商品[包括人,如谢丽尔·科尔(Cheryl Cole)]

● 不同的媒介和其他产品(音乐、玩具、互联网或电视节目,T恤、主题公园的飞车等)

● 它们常常属于同一家企业(如,时代华纳或迪士尼等)

● 因此,企业总体影响力要大于不同部分影响力的总和。

协同效应已经存在了一段时间了,与大型娱乐产业密不可分,尤其是好莱坞。这和“交叉推广”以及植入式广告有关,如沃尔沃公司最近利用《暮光之城》的经销权来推销它的XC60,在《暮光之城》系列电影中放入一些沃尔沃产品的植入广告(http://www.brandchannel.com上还有类似的品牌推广)。

植入式广告(product placement):这种形式的广告把产品和服务清晰地植入一些不以广告为主的媒介中,如电影,在这种媒介中也不会受到批判性的对待。商家过去往往不承认自己做了植入性广告,但这种商业搭售的程度仍然让人惊讶。现在人们对植入广告已经有一些了解、批评和滑稽的模仿。见《荧屏背后的含义:好莱坞超越商业》(*Behind the Screens: Hollywood Goes Hypercommercial*)(媒介素养基地,马萨诸塞大学阿莫斯特分校,2000)进行的一场过时但激烈的辩论:好莱坞超级制作中的此类操作。

研究 11.8

研究著名的《搏击俱乐部》(*Fight Club*,美国,2000)中表现的“反消费主义”的本质和局限。

你是否同意这部异类电影:

● 技术上很成熟,以雄辩、有趣的方式提出对社团工作生活、品牌推广和消费主义生活方式的不满。

● 但是,意识形态上通过“再男性化”解决这些问题,即怀念消费前、“穴居”时代和恶作剧,含义中不出现女人。因为她们常常和购物、消费联系在一起(即使是玛勒的形象也不行)[见罗宾孙(Robinson,2000)]。

● 在布拉德·皮特“卖座”的形象和他的角色之间构成了巨大差距?这导致了这样的时刻:泰勒/皮特看到古奇

(Gucci)完美塑形内裤的广告，说：“这就是他们眼中真正的男人形象？”而电影的宣传集中在他改造后的身体上，如胸大肌等——是很多现实男性梦寐以求的身材。

好莱坞“脱离现实”的娱乐产业中包含了大量知名的产品。好莱坞引领了交叉推广的应用，并在近几十年里被大幅强化(见布兰斯顿，2000；格兰奇，2007)。早在1912年，英国和德国就开始警惕美国电影成为其输出商品和开拓市场的武器。时尚品、最新的厨房高科技用品和家具都规律地出现在“女性电影”和电视中，与制造商、商店、广告商建立了全球的搭售网络。烟草行业总是说服演员在荧幕中抽烟(结果很多明星死于癌症)。虚构电影，如邦德电影总是通过明显的植入式广告和搭售高档车、名表、服饰、香槟、旅游景点、电脑、配件等来美化炫耀性消费。

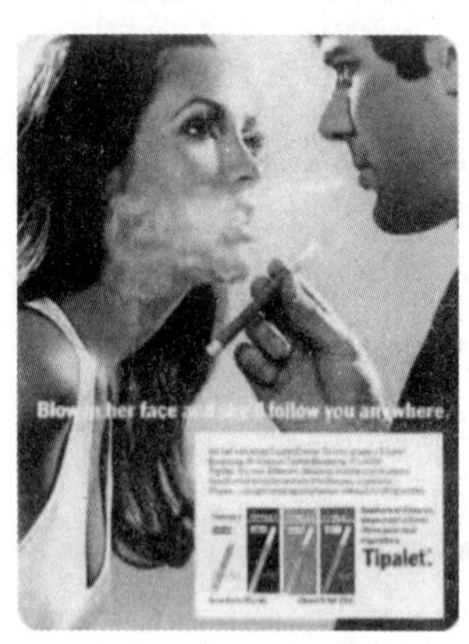

图 11-5　一个典型的烟草赞助广告，直到1969年还在使用。

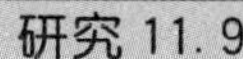
研究 11.9

● 你看下一部电影或电视节目的时候，请注意一下植入式广告。出于“现实主义”考虑，人们常常认为我们生活在产品的世界，而电影只是“简单地反映了”这一点。

● 人们研究发现，商品不是简单的“呈现”，而是显眼地陈列出来。这些商品都打着灯光，清晰可见，而且商标都冲着镜头。有时会由角色心怀感激地使用产品并给出评价。

在一些有特许经营权的电影如《哈利·波特》《星球大战》中，电影中的角色本身就是“商品”，通过玩具、复制品等，这些商品常常在电影上映前几个月就能在一些商店买到，如麦当劳。这些角色被叫作“仿电影流行玩具”(toyetic)。越来越多的设置和情节也是“产品”，如一些游戏可以让青少年或成人沉浸在电影的世界中。近期电影产品链接的网站值得研究：http://www.brandchannel.com/brandcameo_films.asp。

好莱坞:品牌

尽管好莱坞的商标仍然在那座山上,"好莱坞"已经从最初的制作基地转变为品牌的集中地(或称制片厂),通过好莱坞这个"平台"塑造了全球"内容"潮流。格兰奇(2007: 71-105)研究了派拉蒙、华纳兄弟等如何把最初电影片头自己公司的静态签名商标演变成商标融入电影《黑客帝国》(美国,1999)和《蜘蛛侠》(美国,2000)等电影体验中。这些商标既代表了作为荣誉品牌的神话般的过去,又代表了现在提供的身临其境的快乐体验。

研究 11. 10

- 注意最近看的下一部制片厂电影,然后记录下商标是以这些方式运作的吗?
- 作为影院体验的一部分,再观察一下杜比立数字音响(Dolby Digital sound)的听觉效果的品牌推广。

格兰奇还记录了华纳兄弟在《蝙蝠侠》(美国,1989)特许经营成功后(这是企业制片厂品牌推广的关键时刻),用制片厂商店、主题公园、"兔八哥"动画形象的交叉特许经营,特别是(和迈克·乔丹)在《空中大灌篮》(*Space Jam*,美国,1996)中的交叉品牌推广,巩固了其20世纪90年代的全球主题地位。华纳公司后来艰难地用高价买到了《哈利·波特》(美国,2001)和指环王(2001—2003)的特许经营权,这两部电影由华纳子公司新线(New Line)独立制作,里程碑式记录了互联网和游戏形式如何通过影院身临其境的世界到达多元化观众。这两部电影的市场营销包括:

- 从各个意义上说,人们认为它们是巨制的竞争对手,包括所有权(见格兰奇,2007:第6章);
- 这种奇幻大片植入式广告的不同方式等(对比当前的巨制大片)。

在 **MSB5** 网站上见演员和名人更新的案例分析。ONLINE @ RESOURCES

上面广告的历史说明常常作为家庭预算的挥霍者的女人对很多广告商的重要性。我们已经讨论过,这种情况有所改变,现在也鼓励男性成为有识别力的消费者。名人作为另一个全球的广告形式,开始影响女性和越来越多男性的观念,特别是外表,以及相关产品的销量。

见第12章,有些人也认为官方政治不再由群众政党形成,是由竞选者的"生活方式"或名人形象的成功与否形成的。

现在,名人融入新闻和时事以及他们自己的杂志形式中,包括:OK!、Hello、Heat、Grazia、Closer等杂志,但是宝莱坞和其他一些国家电影产业用相似的方式制造自己的明星、名人。在英国和美国,有大量的新闻报道明显向他们倾斜。的确,有人说一些新闻形式和新闻频道很依赖名人形式,造成了对更全面新闻报道的商业歧视。

名人报道通过"人们的兴趣"和魅力提高关注度,公关公司、巨制电影、粉丝网站提供他们的链接。对品牌推广来说,他们利用各种机会来举办活动,包括生日、婚礼、葬礼、节假日、运动会、饮食、体育锻炼和美容产品、汽车、房子等。大众媒介(运动、音乐、电影、电视)上他们的表演和相关的搭售产品在理论上形成了完美的协同效应。

研究11.11

- 尝试做一个简单的内容分析(参考第1章和第15章),观察一周之内多少新闻是关于明星和名人的。包括高调的电影大事件如电影首映式、电影节等。
- 尝试研究

a. 不同媒体的新闻报道的突出特点;

b. 你认为那一周有什么事情应该突出报道的。

演员的电影形式和分析有助于我们理解"名人";的确,现在很难区分两者。有人认为,明星和名人使人着迷的部分原因是他们建构出来的生活是类似的故事,除了这样或那样的表演以外。下面是一个简单的案例研究。

案例分析:"布拉吉丽娜"(Brangelina)

关于詹妮弗·安妮斯顿、安吉丽娜·朱莉和布拉德·皮特三位名人的浪漫三角恋新闻是人们最容易看到的故事,他们的故事可能会一直被人们流传,甚至直到他们死后。这段"三角关系"已经进入第六年了,名人杂志还在不断追踪报道，最近(2010年1月)盛传朱莉和皮特打算分手。这类杂志会在头版新闻和八卦猜测的基础上售卖赚钱的广告。他们依靠每周的“独家新闻”从竞争对手中脱颖而出。

这些夫妻关系或三角关系的市场性成分在于：

1. 名人们常常基于某种媒介形式拥有一定才能(如唱歌、演电影等)，有利于建立和连接他们的名人形象和荧屏后的故事。所以对于“布拉吉丽娜”后期的宣传规模在很多人看来，意味着人们在观看《史密斯夫妇》(*Mr and Mrs Smith*，美国，2005)的时候一定会猜测荧屏上的形象是不是“揭露”了朱莉和皮特荧屏下的浪漫，但两人都予以否认。

类似的，安妮斯顿的电影和人际关系仍旧和“失去”皮特以及安妮斯顿没能找到一个长期的伴侣、有孩子等联系在一起。这可能继续成为这些演员电影市场的一部分，尽管这件事聚焦在两个女人身上。

2.“安妮斯顿”和“朱莉”不同的女性气质贯穿了整个开放式结局的故事：“安妮斯顿”凭借《老友记》中的喜剧形象一炮走红，成为了纽约东海岸的“邻家女孩”。而竞争对手“朱莉”出身好莱坞，没怎么演过喜剧，表现杰出，拥有几近夸张的美貌和与皮特在一起之前适度的“绯闻”。而皮特的定位是型男和父亲。

3. 在某种程度上来说，朱莉、皮特明星夫妇不算非常典型，但他们证明了名人品牌推广无可避免的逻辑。他们两人参与了一些高调的慈善工程(在品牌推广界中，可以看成是一种“略有不同的品牌”)。他们也不止步满足传统的期望(如举行婚礼)——这些迅速引起了公众的猜测和兴趣，也给媒体带来了商机。他们似乎也在有意回避一些明显与商品相关的活动。

“是的，她的《移魂女郎》(*Girl, Interrupted*)获得了奥斯卡，她很优秀也很恐怖，即使是在那个华丽的庇护所，她每天也要在化妆上花2小时。”大卫·汤姆森(David Thomson)评论道，他对名人呈现的评论值得一看，见 http://www.guardian.co.uk/film/filmblog/2008/jun/13/biographicaldictionaryoffil 16。

乔治·克鲁尼(George Clooney)为海地的募捐活动(2010年1月)中，有报道称皮特和安妮斯顿在后台聊天。“海地会不会让他们复合?”八卦报纸提问。其他人则批评名人报道盖过了“海地的故事”。

研究 11.12

上网查找一些关于“布拉吉丽娜”的参考资料及其与品牌推广之间的联系。

- 有没有给你惊喜的或者与上述观点相关的信息？

例 1：公关公司 5W 公司推销一个客户的婴儿服装，方式是把这些衣服送到非洲，让公司商标出现在第一个 100 万美元朱莉-皮特宝宝的照片上。当数以百万计的民众买的杂志上出现了宝宝夏伊洛(Shiloh)的照片时，也会出现长达四页、昂贵的道奇酷博(Dodge Caliber)广告。

例 2：不同媒介怎么评价宣传人道主义和政治行动的名人，如博诺(Bono)、盖尔多夫(Geldof)、朱莉、麦当娜(Madonna)、皮特？

- 这种评价和性别、种族或名人最初是否搞音乐的还是搞电影的有没有关系？

4. 现在这种明星、名人的新闻都采用狗仔队拍的照片。这些照片远远不止在抓拍明星不雅或私人的时间。一些杂志如 *Heat*、*Closer* 展示的明星照片在早些时候都会被拒绝使用。很多明星的报道涉及酗酒、暴力，或者明星从车里走出时来露出很多肥肉(当然是女明星，镜头里人会被放大)，或者他们看起来比较累、普通或者生孩子后没有恢复过来的时候。这种读者产生的感觉结构通常被认为是虐待狂倾向，甚至包含着一种羞耻心理(见罗斯 1998 年有意思的辩论)。尤其不正常的是，这些丑照曝光的同时，其他的照片则会把明星化身成完美身材的模特，吸引人们羡慕并通过消费恰当的产品来模仿他们。

狗仔队（paparazzi）：一些专门“偷拍”名人照片的摄影师。他们常常尾随明星们到公众场合甚至是私人活动中。技术的发展（如长焦镜头和高速摄影）让狗仔队们的拍摄距离变远，而数码相机和笔记本电脑的照片处理功能会瞬间美化照片，尤其是在奥斯卡颁奖典礼上的照片，经处理后迅速发送出去。

图 11-8　摄影师和示威者在布兰妮·斯皮尔斯（Britney Spears）的周围“一团混乱”。布兰妮过去往往会试探阶层和性别焦虑的底线，这些底线包括得体的衣服、育儿技能以及其他形式的女性行为。

图 11-6 和图 11-7　两张杂志封面，出版日期相差不远（2009 年 6 月和 4 月），显示出捕风捉影的名人绯闻炒作无休无止。“酷酷的”单调的表情（如果能够透过遮脸的太阳镜看到的话）会让任何新闻标题看起来可信，不管与其他报道之间有多矛盾。杂志中的谨慎用语（“好像”、“某某的好友爆料”……）不仅仅避免了法律纠纷，也给了读者推测与炒作的乐趣。能够“复制”的照相技术也会制造一些短期有利可图的谣传。

研究 11.13

随意搜集一些照片，可以从你自己的或新闻中挑选。

- 在明星报道的照片中，有没有照片标题不符合他们脸上的表情[如“布兰妮就是车祸”，“谢丽尔（Cheryl）的绝望”等]。

布克曼（Burkeman）认为：“故事可能只是从一组照片开始：安妮斯顿看起来高兴或悲伤——或一会儿高兴接下来悲伤，因为如果你快速按快门连拍一个人，你就能抓拍到一组不同的表情。”（2009）

公民身份和消费

"一家酿酒公司……打出'理性饮酒'的牌子……有点像一辆路虎(Land Rover)在大雪的景区追赶一个间谍最后说:'请转快一点。'"[若伊·威廉姆(Zoe Williams),"道德走向市场",卫报,2005年10月25日]。

去网站 http://www.alcoholconcern.org.uk 看英国的活动数据。

去网站 http://www.who.int/tobacco/statistics/tobacco_atlas/en/上看世界卫生组织(WHO)致命烟草的数据、地图和历史。《惊爆内幕》(*The Insider*,美国,1999)是一部有力揭露该行业内幕的虚构电影。

我们尝试找出了现在品牌推广、广告宣传以及消费相关的各种活动。在这里历史很重要,指出了在某些消费产品中广告与性别、阶级和现代化的重要吸引力之间的关系。但是早期的历史并不是简单地被普遍的进步赶上。陈旧、不可信的广告还坚持与一些溜须拍马的诙谐广告为伍。尽管有自我反讽,世界部分地区也有一些形式的管理,很多危险的广告,价格和市场营销的诱惑仍然在"发展中国家"和东欧(以及"第一世界"的贫困国家)使用。例如,烟酒公司急于保证它们的品牌在设立严格的健康规则之前就已经了解。但烟草的销售继续危害烟民及其周围人的健康,类似的还有目标群体不正规的酒水消费。

"发展中"国家的新妈妈在医院里常常被鼓励给孩子买昂贵的袋状婴儿奶粉,然后用水调和,这些奶粉常常脱销。她们不像富裕国家的女性,这些女性部分受到明星妈妈哺育的影响,认为母乳喂养孩子是更经济健康的方法,当然前提是妈妈可以很好地喂养孩子。

无论广告在哪里流通,它们大多把我们称为购物者、消费者,而不是市民或类似称呼,似乎人们除了购物和购买没有其他的考虑[见李维斯(Lewis)等,2005]。在这个过程中,很多矛盾就显现出来了。女性杂志常常刊登一些有争议的文章甚至发起一些活动,主题包括所谓的不合格母亲、妻子、家庭主妇的愧疚,广告图像中小孩子有性特征的危险,厌食症等。这样市民性的时事把自己的杂志和空间卖给了广告商。然而广告信息往往把人引入相反的方向——或是轻松或是诙谐地交易对外表的焦虑、家务标准,人际关系,或是高度消费化甚至有时性感的童装——这些都是为了销售商品,而这些商品承诺可以解决这些问题。

然而,尽管广告帮助人们构建了压迫的身份认同和毁灭环境的行为,购物和交换礼物也可以成为表达善意和社会联系的一种主要形式[见米勒(Miller),2008及劳森(Lawson)与纳瓦(Nava)之间的争论]。我们想要通过一些更矛盾或者有前景的问题来结束这一话题。

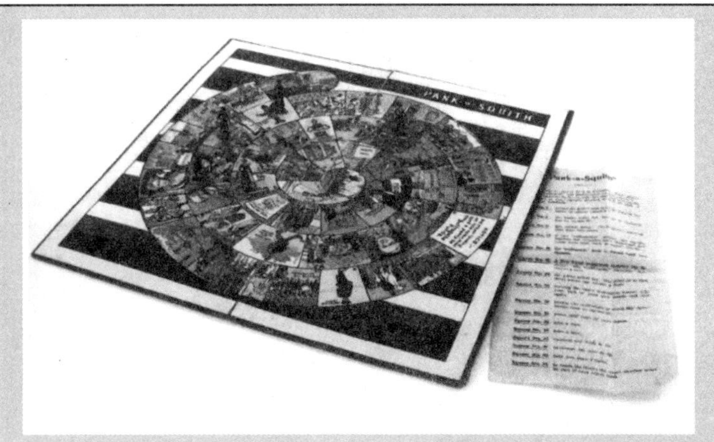

图 11-9 妇女参政权的桌游。

运动政治也要在"消费"之内实现，不仅仅是杯葛，更要抵制(against)，如 20 世纪 80 年代抵制种族隔离运动，或者"道德购物"(ethical shopping)，即避免购买血汗工厂生产的商品或者在长途飞行旅途中销售的商品。

选举权运动(为女性争取投票权)生产出这个"搭售"的桌游(目标是得到普遍的选举权)。她们也给自己的盘子、杯子染上合适的颜色(绿色、紫色和白色)或口号。塞尔福里奇(Selfridges)公司有段时间把自己的橱窗也装饰成这些颜色。

反奴隶运动也组织过消费者抗议活动。约西亚·伍德(Josiah Wedgwood)1787 年引进的形象——一个跪着的奴隶，旁边的座右铭是："我不是一个男人和兄弟吗？"这句话常被很多陶器和印刷品制作商使用。

可查阅劳森(2009)对反消费主义、后物质主义以及米卡·纳娃的讨论。还可以看看 http://www.labourbehindthelabel.org，www.freecycle.org 以及 www.tescopoly.org。

DVD 盘《愚昧年代》是"产品"的另一个例子，既有政治争议，又有所不同地使用免费植入广告。如印着"愚昧"的贴画并建议："非法张贴这些——就像便宜的机票广告或四格漫画——会显得十分调皮。想都不要想。"

"造势"

"造势"(Spin)有几个意思，但经常是负面的。这些含义包括从公共关系、交流技巧，到故意对人或事件有偏见或不诚实。

参见BBC剧集《幕后危机》(*The Thick of It*,2005—),该剧对议会中“造势专家”的困境极尽黑暗讽刺之能事(希望是夸大其实的)——与美剧《白宫风云》(*The West Wing*,1999—2006)倒是相映成趣,后者从不同角度展示了现代政府运行中的内部公关工作和其他努力。

“造势专家”(spin doctor)而不是“新闻发言人”(press officer)必然会被看成“巫医”(witch doctor)和“黑魔法”(the dark arts)。这些与阿利斯泰尔·坎贝尔(Alistair Campbell)、皮特·曼德尔森(Peter Mandelson)联系起来,尽管有人称提姆·贝尔勋爵(Tim Bell)开始了现代的“造势专家”活动,为英国首相玛格丽特·撒切尔(Margaret Thatcher)及其他全球知名人物效劳(见维基百科上关于他的事业和网络的历史)。

“造势”经常包括商业形式的“意义”(见第1章),但也可以包括其他的意义。它常常被轻蔑地使用,如“宣传”(propaganda),这种宣传可包括从“黑色”或“灰色”的形式(使用谎言)到精确但却有偏见或“有害的”形式。

研究 11.14

值得思考的几点:

1. 什么被“造势”了?或许是一个“公关噱头”?

- 是否有一些人放弃了首创精神只是为了富有想象力的噱头或精心设计的新闻发布?
- 或者这种噱头是不是一种“漂绿”的方式?

图 11-10 这个雕塑的设立:

a. 为了警告国会议员气候变化的危险性。

b. 宣传伊甸园(Eden),一个新的自然史电视频道。

问题:这是一种“卖点”吗?因为有人称它是一个商业形象?或者标志着一些商业行为和竞选活动交织在一起?

2.“造势”仅仅意味着谎言吗？或者它反对任何越过想象性地理解意义？

3. 对“造势”的攻击是不是假设“我们”可以得到永恒的真理或“事实”，只要不去预示或制作意义？

4. 这符合人们对“真实”和“公开”的狂热吗？这似乎是怀念单纯、给出意义更有权威的时代？约翰·塔洛克(John Tulloch，2005)提出“造势”的几个有意思的解释和它的使用方法。

“洗白”(whitewash)的比喻自从19世纪开始就用于掩饰丑闻和犯罪，也用指控不恰当或者不正规的调查。

相关的问题是，名声和品质认知对品牌来说至关重要。很多公司有专门的“声誉管理”部门，也有越来越多的员工负责“企业社会责任”(CSR)，他们当中一些人确保公司年度报表中关于环境的修辞做得比“**漂绿**”还过分。“漂绿”是指很多公司打着“绿色环保”的旗号破坏环境。举个臭名昭著的例子，英国石油公司BP在2000年举行了一个活动，口号是“超越石油”，并用一个绿色和黄色相间的太阳做商标，但是它们的核心产业石油是最污染环境的行业之一。在维珍(Virgin)、埃克森(Exxon)、壳牌(Shell)、凌志(Lexus)以及大多数的大公司都能找到“漂绿”的活动。在电影《食品公司》(*Food, Inc.*，美国，2009)、《审判麦当劳》(*McLibel*，英国，2005)、《超码的我》(*Supersize me*，美国，2004)和书籍《快餐国家》(*Fast Food Nation*，2001)中，抗议者有时把目标集中在一些品牌的承诺上，如麦当劳。

ExxtremeFloods

Global Warming fueled by ExxonMobil

www.dontbuyexxonmobil.com

图11-11 绿色和平组织的“漂绿”图像，在http://www.adbusters.org官网，作为一种运动其自身值得进行研究(无购物日，11月28日)、“文化干扰”的海报和讨论等问题。

现在人们无法避免地关心灾难性的气候变迁，而这种气候变迁与企业和高消耗的活动有关。这意味着环保积极分子以及公司外的抗议活动需要同时以其他方式督促相关团体“付诸实践”。这引出了一些真正困难的问题：企业社会责任真正需要包含什么，如何检查、激励和规范？

你需要认真考虑，在这些结合的层次中，什么是可行的，尤其是你也面临需要找工作(也许是一个公关公司或企业社会责任部门)和保存良心的两难境地。一件早期的政治逸事很有影响力，杰出的反企业运动者娜奥米·克莱恩经常使用它。美国总统富兰克林·罗斯福(1882—1945)在市政厅会议上听到他的支持者要求变革的呼声,他会说:"好的,现在出去,让我来做。"

因此绿色演说很有力量,因此它可以成为一些企业社会责任员工绝佳的口号,其他人则成为我们大多数人参与的消费世界的一部分。

小　结

本章由"广告"教学中有趣的单个广告讨论,引入更经济地讨论相关的全球品牌推广实践。我们研究了一些广告形式的历史。结果表明,仅仅因为广告本身不够理性或影响太大而不接受广告是不合适的。消费主义的力量不仅仅在于品牌推广,更在于一些产品带给人们的便利和快乐,以及全球供应网络、法律效力,销售和宣传、游说现在品牌具有的各种力量。

我们试图表明,品牌推广和广告宣传(不仅仅是"信息"形式)是如何与全球电影和娱乐力量结合在一起的,特别是"好莱坞"——电影、宣传和"名人"中提供与品牌相关的空间。

最后,我们认为把这一阶段"消费"资本主义的不幸、不公平和灾难性后果仅仅归咎为"公共关系"、"造势"、"品牌推广"和传播实践是具有误导性的。它的能力远远不是单纯的非理性或实际上的和平。如果你想让世界更加公平,你需要尽力全面理解它,以便充分地融入其中。

参考书目与扩展阅读

Acland, Charles(2003) Screen Traffic: Movies, Multiplexes, and Global Culture, Durham, NC, Duke University Press.

Balnaves, Mark, Donald, Stephanie Hemelryk, and Shoesmith, Brian(2009) Media Theories and Approaches: A Global Perspective, London and New York: Palgrave MacMillan.

Branston, Gill(2000) Cinema and Cultural Modernity, Buckingham: Open University Press, Chapters 1-3.

Burkeman, Oliver(2009) 'What's a Little Truth between Friends?' The Guardian, 24 June: 6-10.

Gill, Ros(2007) Gender and the Media, Cambridge: Polity Press.

Gladwell, Michael(2001) The Tipping Point: How Little Things Can Make a Big Difference, London: Bantam.

Goffman, Erving(1976) Gender Advertisements, London: Macmillan.

Grainge, Paul(2007) Brand Hollywood: Selling Entertainment in a Global Media Age, London and New York: Routledge.

Jenkins, Henry(2006) Convergence Culture, New York: New York University Press.

Jordan, Tim(2002) Activism! Direct Action, Hacktivism and the Future of Society, London: Reaktion Books.

Klein, N. (1999/2009) No Logo, revised anniversary edition, London and New York: Fourth Estate.

Lang, Time and Heasman, Michael(eds) (2001) Food Wars: The Global Battle for Mouths, Minds and Markets, London: Earthscan.

Lawson, Neal(2009) All Consuming, London: Penguin.

Lewis, Justin, Inthorn, Sanna, and Wahl-Jorgensen, Karin(2005) Citizens or Consumers: What the Media Tell Us about Political Participation, London and New York: Open University Press.

Littler, Jo(2008) Radical Consumption: Shopping for Change in Contemporary Culture, London and New York: Open University Press.

Meek, James(2001) 'We Do Ron Ron Ron, We Do Ron Ron', review of Schlosser (2001), London Review of Books, 24 May.

Miller, Daniel(2008) A Theory of Shopping: The Comfort of Things, Cambridge: Polity Press.

Murdock, Graham(2004) 'Building the Digital Commons; Public Broadcasting in the Age of the Internet', https://pantherfile. uwm. edu/type/www/116/Theory _ OtherTexts/Theory/Murdock _ BuildingDigitalCommons. pdf.

Orbach, Susie(2009) Bodies, London: Profile.

Packard, Vance(1957) The Hidden Persuaders, London: Penguin.

Packard, Vance(1960) The Waste Makers, New York: D. McKay.

Pumphrey, Martin(1984) 'The Flapper, the Housewife and the Making of Modernity', Cultural Studies, 1, 2: 179-194.

Robinson, Sally(2000) 'Putting the Stud Back into Gender Studies', Times Higher Educational Supplement, 15 December.

Rose, Jacqueline(1998) 'The Cult of Celebrity', London Review of Books, 20, 16, (20 August).

Schlosser, Eric(2001) Fast-Food Nation, London, Allen Lane.

Stuart, Tristram(2009) Waste: Uncovering the Global Food Scandal, London: Penguin.

Tulloch, John(2005) 'The Persistence of Spin', Media Education Journal, 34.

Wasko, Janet(2003) How Hollywood Works, London: Sage.

Williamson, Judith(1978) Decoding Advertisements: Ideology and Meaning in Advertising, London: Marion Boyars.

Wilson, Elizabeth(2003) Adorned in Dreams: Fashion and Modernity, London: I. B. Tauris.

第 12 章

CHAPTER 12

新闻及其未来

- 新闻的重要性与"公众"观点
- "新闻"的建构
- "公正"和准确
- "新闻价值"
- 针对新闻影响的讨论
- 未来:"新型"新闻
- 小结
- 参考书目与扩展阅读

"新闻"看起来是个很容易定义的概念,但人们却很难严格、快捷地定义这一概念。新闻的含义真的是最近刚发生的有趣的事情吗?大多数定义引用了这种说法,但有些人补充:新闻是由新闻媒介呈现(传播)的最近刚发生的有趣的事情。由此就产生了两个问题:这些信息对谁来说是有趣而且可得的,为什么,会持续多久?其次是如何传播,为什么?

见第7、8和9章，了解更多新闻资助、制作以及传播方法上日新月异的变化。

当你读到这本书的时候，新闻会在现在讨论的内容基础上发生很多（甚至更多）重要的变化。从当前来看，电视新闻和印刷新闻（及其网络版）并不会马上消失。但这些可能会成为一个非常不同的新闻市场：形成新的商业模式和雇佣模式、濒临灭绝并具有具体的地域形式、Web 2.0资源与传统的纸质媒体和电视媒体形成新的关系。

互联网带来了新闻的变革：收集和报道信息的新方法；"新新闻主义"（new journalism）对世界各地的用户开放，使用更多新的写作技巧，观众网络分散，以公开、讨论的新方式高速传递[见戈德史密斯莱弗休姆媒介研究中心（Goldsmiths Leverhulme Media Research Center）的项目"新闻的空间"，2010]。

在这里，我们提出这些变化，以及一些关键概念和讨论：

- 制作和传播可信的新闻形式，作为开明的民主主义运作方式一部分的重要性；
- "新闻"作为一个种类是如何建构的，而它又会如何改变；
- 与Web 2.0相关的"新新闻形式"的影响，以及现在如何轻松地在传统新闻内容上做评论。

你需要发现哪种方法能够更好地帮助你理解这一现象，或者参与到新兴的新闻文化中，其中包括如何传播新闻这一关键问题。

新闻的重要性与"公众"观点

多媒体信息服务（Multimedia Messaging Service或MMS）是一种发送消息的通信方式，包括多媒体的一些元素，如图片、声音、视频等。

新闻是全球性的重要媒介形式，每时每刻都在以不可思议的速度发展，通过网络、电视、印刷品、广播——任何新闻可以接触的地方。新闻及周边的流言可以通过卫星、宽频、博客、微博、多媒体消息服务（MMS）跨越地区直到国际，跨越正式与非正式的界限。

复杂的现代社会秩序致力于建立民主形式的管理，依靠可以接触的新闻形式提供可信而且准确的信息和分析。你将会接触尤尔根·哈贝马斯（b. 1929；见第14章）提出的"公共领域"（public sphere）的概念。它提供了一个安全、有保障的理想社会生活，在这里，人们可以自由地参与、讨论、帮助塑造公共和社会事务。哈贝马斯提出，18世纪伦敦的咖啡屋通过这种讨论培养公共理性，这会制约国家（对这个时代来说我们可以加上“公司”）权力。他说现代商业化的媒介“再封建化”了公共讨论，名人、公关形象，及以奇观为中心的新闻文化取代了理性的讨论。

他的理论遭到批评，因为：

● “公共领域”的界限比较模糊。它包括议会或集会吗？它可以包括娱乐形式吗？

● 暗示“私人”和“公共”之间有明显的区分，而不是把两者看成是彼此决定对方。例如，“家庭”不是私人世界的中心。家庭有许多不同的存在方式，并且由公共法律、各种劳动力剥削和家内外的暴力因素塑造。

见杰出的全球媒介监测项目（Global Media Monitoring Project），“全球新闻媒介最长最大的纵向性别倡导”。网站是http://www.who-makesthenews.org。

● 并未指定女性或其他少数群体为公共讨论的一部分，事实上，在他举的例子中他暗示，这是男性不产生冲突的领域。

● 就像法兰克福学派（见第14章和第6章）一样，常常缺少机构制度的具体解释、不同种类的景观、他们的性别等考虑。举个例子，其他人现在认为，想象中的“灾难的奇观”可以成为全球团结的助推器。

哈贝马斯已经意识到了这其中的一些弱点（见汤普森，1995：73），而且他的理论各方面表明他不欣赏现代媒介的深远影响，更不用说“新媒介”了。这可以理解，因为他主要著作中提出的“公共领域”是1962年的德语版，直到1989年才被翻译成英语。

尽管有这些问题，许多人还是认为像“客观”、“准确”的报道那样，理想的“公共领域”应该是新闻和报道所追求的，特别是当他们在所谓的民主社会中活跃的时候。把我们认为自己是“公众”成员的一个后果（一种集体的身份认同）是在想到我们的这部分生活时，“公民”（citizen）成为一个恰当的术语。讨论会强调“公共领域”（the public realm）或“公共话语”（public discourse），一些人会用“协商民主”（deliberative democracy）［见科尔特（Cottle），2009］一词更恰当地表述有价值的观念“公民权”（citizenship）。我们的“公民身份”（citizen identities）包括共同的忧虑和快乐，有时与我们作为“消费者”更熟悉的高度个人主义和以自我中心的特点产生对比（见路易斯等，

2005)。

最后,“公众”在新闻节目中是怎么表现自己的,特别是通过他们建构“公众舆论”(public opinion)的方法(见路易斯,2001;路易斯等,2005)? 一些新闻用语如“中美洲”(middle America)或“英国中产阶级”(middle England)往往会让你联想到什么? 地方和全国“给编辑的信”是如何运作的,与博客等新的反馈形式相比呢? 新闻节目是怎么建构**“民众心声”**(vox pop)的访谈的?

研究 12.1

- 什么空间正在或可能加入到理性讨论中的现代“公共领域”?
- Web 2.0 与交互形式的报道、博客和讨论怎么促成一个现代的“协商民主”?
- 他们会怎样改变呈现“公共观点”的新闻? (见第 14 章的更多信息)
- 这些怎么应用到当地的新闻形式和当地管理上? (见 http://www.amarc.org/wccd/,该网站关注国际社区媒介,特别是广播,以及民主和可持续发展的潜力。同时,请关注一些地方调查性新闻网站,包括颇有赞誉的 www.voiceofsandiego.org 和 http://www.londoncitizens.org.uk/)

“新闻”的建构

该领域的传统研究集中于“新闻价值”或“新闻标准”,即日常新闻中媒介分析家所谓的构建原则。

约翰·高尔顿(Johann Galtung)和玛丽·鲁格(Mari Ruge)在 1965 年(常把日期注为 1981 年,第一次以英文出版)开创了一个“新闻价值”的列表,现在非常著名。你将看到他们的名字和观点——新闻是根据潜在价值建构的,而不是“发现的”——仍然是个关键问题。但此观点出现在 24 小时新闻报道和互动媒体出现之前，现在已经过去五十年了。因此，我们会概述和更新一些（虽然不可能全部）关键术语以及介绍这种“结构”的方法。

新闻从业人员总是希望通过提供公平和准确的信息，成为真正民主进程的一部分，为民主进程中的市民提供服务。在媒介研究中常提到关于“新闻”范畴的两个关键点：

- 它不是透明的，不是没有偏见的，不是简单“展示”“外面”花花世界的“世界之窗”（window on the world），正如常常暗示的那样。

- 它建构了事件的不同版本（我们现在先不讨论假新闻），这些建构常常服务于主流利益，无论是企业还是政府。

2006 年 Twitter 诞生，成为全球流行的免费“微博”社交网站。用户可以在页面上给“粉丝”发送 140 字以内的“微博”，当然也可以开放页面。

这些权利的关系仍然被应用，但是对 Web 2.0 的新闻资源和实践不同。所有权的压力有所区别，比如有些国家可以禁止网络进入。但是很难看到哪种新闻可以避免不被建构。即使是“微博”等微新闻也通过特定的方式措词和传播（建构）——以下托克（Trafigura）的例子让人印象深刻。

“公正”和准确

不管实际情况怎么样，英国法律要求广播媒介保持政治公平公正，做到“平衡报道”（balanced report）。然而，英国报纸的传统是插入报纸的意见——“社论”。

见《解密福克斯》（*Outfoxed*）的 DVD 和 YouTube 上的视频，以及其对福克斯新闻的生日祝福。

但是，随着争夺观众眼球的需求和互联网评论的混乱，“新闻”、“评论”、“娱乐”和“观点”的界限逐渐变得模糊不清。好，那可能是一种有价值的发展。但它以另一种方式发挥作用，如以美国为基础但在世界范围内传播的主要媒介**福克斯新闻**（Fox News）有时会报道自己的观点意见，就像报道新闻一样，常常会演变成很有偏见、反民主党的言论，甚至是活动。

研究 12.2

- 研究 YouTube 网上乔恩·斯图尔特对福克斯新闻的评论，包括控告（2009；2010）：福克斯完全模糊了新闻、观点和娱乐的界限。

● 研究他对福克斯主持人的评论，如比尔·奥雷利(Bill O'Reilly)蛮横地说："闭嘴！"格伦·贝克(Glenn Beck)和他极端的"逗熊游戏"观点。见网站 http://www.huffingtonpost.com/2009/10/30/jon-stewart-takes-on-war_n_339788.html。

● 如果你能看到福克斯新闻，你觉得斯图尔特的控告准不准确？如果不准确，看它们能否帮助你在自己喜欢的新闻资源中区分新闻、观点和娱乐几种不同的形式。

图 12-1　电影的 DVD 封面。图 12-2　乔恩·斯图尔特(Jon Stewart)。

《总统班底》(*All the President's Men*，美国，1976)启发了很多的记者。这个戏剧化而又真实的"水门事件"是共和党"最高指挥部"窃听对手的办公室，这件丑闻当时是由两个《华盛顿邮报》的记者发现的。这直接导致了 1974 年美国共和党总统理查德·尼克松辞职。

这个电影吸收并重塑了男性英雄调查记者的形象，字面上来说就是深入虎穴找到"内线"(Deep Throat)，获取从白宫泄露的消息来源，他们的身份直到最近还是保密的。

问题：对于你来说，现在有什么可以代替它成为一种激励？

一些学生提到了奥普拉·温弗瑞(Oprah Winfrey)、汉特·汤普森(Hunter Thompson)、约翰·皮尔格(John Pilger)、

安德森·库伯(Anderson Cooper),但乔恩·斯图尔特的《每日秀》(http://www.thedailyshow.com/)才是美国和其他地区大量观众关注的焦点。

问题:你怎么比较斯图尔特和其他"主持人"新闻英雄(除了皮尔格)以及在《总统班底》中表现的早期记者英雄?

我们认为公正或平衡的新闻报道值得一再支持,虽然类似于"准确"的术语可能更加有用。

这是根据以下现状得出的:

● 越来越多的盲目、有偏见的和遍布全球的电视新闻频道及其他广播电台,其中福克斯新闻是最显著的;

● 小报(或英国的"低俗报纸")严重依赖名人和公关形式,因此新闻报道具有商业偏见,而不是全面的新闻报道;

● 降低新闻业成本的整体驱动,就像尼克·戴维斯(Nick Davies)和其他人引用的那样,现在比媒介所有者干扰"公正"(尽管这种现象的确存在)的问题还要严重。

鲁伯特·默多克常常用(有时直接使用)权力指挥他的新闻集团的编辑,通过公开声明给BBC压力。这样的行为意味着即便他不是直接介入,他的新闻工作者也明白他支配一切的存在和政治观点。

两个例子:

● 1998年,默多克阻止出版前香港总督彭定康(Chris Patten)的回忆录,被批评为屈于中国政权的压力。他把BBC全球服务(World Service)电视从他的星形网络中去掉,因此,中国政府允许他们建立一个有线电视台。

● 2007年默多克承认影响了他的英国报纸(《太阳报》《泰晤士报》《星期日泰晤士报》)以及天空电视新闻频道中反欧洲运动的立场。这似乎是因为欧洲抵制默多克接管欧洲媒介的企图(见http://www.cpbf.org.uk和http://www.guardian.co.uk/media/2009/jul/27/newspaper-owners-editorial-control 2009)。

同时请见 http://www.guardian.co.uk/media/2009/jul/13/news-of-the-world-phone-hacking，感受一下他的一家英国报纸——《世界新闻》(News of the World)内部和周围的权势网络。

"平衡"或公正的问题总是有一定难度。在英国（对于电视）不能再通过时间来测量每个主要政党所占用的媒体时间。政治光谱（political spectrum）的泛滥已非跷跷板的"平衡"隐喻可以涵盖，就像有些新闻资源一样。虽然对于新闻来说"造势"和公关资源非常重要，但所有把责任归咎于此的观点都暗示着，在某些地方存在着完全客观的报道。这种客观或公正对于任何陈述或故事来说都是不可能实现的目标，因为：

- 决定一个新闻报道的主题，就意味着由于时间和空间的限制，不能选择其他的主题。这种故事已经有一些价值判断在里面。
- 讲一个故事常常有几个立场。完全站在"外部"的立场来进行报道是不可能的，因为选择立场是不可避免的。
- 说完全客观是可能的，这就是在暗示对一个事件无可争辩的诠释要重于报道或故事本身。很少有人会再争论这个。

见第 13 章与这些问题非常相关的讨论，因为它们影响了纪录片的形式。

从全国记者协会（National Union of Journalists）的网站 http://www.NUJ.org.ukkan 上可以找到更多的行为准则等内容。

然而，我们可以合理地认为新闻可以也应该尽量的恰当、准确，有尽可能多的信息量。

所以"新闻"不会自由地存在，而是等待新闻编辑室之外的世界去"发现"。像"不要迁怒信使"之类的话，常常被坏消息的捍卫者拿出来炫耀，他们认为信息和信使可以分开。而我们认为，"好的新闻故事"的组成是系统性的建构而不是简单地伴随着"信息采集"。

"新闻"是一系列复杂的预算、分配资源、评估事件和公关散发材料、建构所选事件（或"造势"）过程的最终产品（见第 11 章，了解更多关于"造势"的内容）。所谓"有新闻价值"是根据专业化的新闻价值发展而来，并吸收了一些培训形式——正式的和非正式的，以及后来的新闻社交，八卦，某个特定城市新闻频道的基础等。这些还包括观众对那些新闻频道或新闻报纸一种特殊的(常常非常有限的)感觉——它们有多少教育成分?有多少背景是想当然的?其假设的政治利益是什么?所以新闻在任何特定日子在所有的频道或头版都不会完全相同。

一个全球新闻的供应者

图 12-3 半岛电视台英文版最近的主页

半岛电视台(意味着"岛"或半岛——阿拉伯半岛——也有一种独立的意思)位于因石油致富的君主国卡塔尔(Qatar)。这家电台创建于1996年,由卡塔尔酋长(Emir of Qatar)及其他阿拉伯温和派资助,他们相信中东需要未经审查的新闻。

其成员中的记者受过BBC世界频道(BBC World)追求公正的原则训练,当时因为沙特阿拉伯政府的审查要求,BBC阿拉伯服务就被关闭了,这些人就是当时被解雇的BBC记者。他们的座右铭是"我们要知道故事的两面",虽然有批评者称卡塔尔的腐败问题明显没有被报道出来。

它让原先被边缘化的阿拉伯观点发出声音,特别是当英美主导攻击了阿富汗(2001)之后,半岛电视台是那个国家在此期间唯一直播新闻的电台。它从奥萨玛·本·拉登(Osama bin Laden)以及一些自杀式爆炸者获得消息来源,播放(持续播放)战争对平民百姓生活破坏性的影响,这些是西方新闻来源想要避免的镜头。

美国总统布什和英国首相布莱尔试图阻止这样的电视台。

这种新闻资源的形象(例如,福克斯新闻的攻击)需要仔细的考虑。例如,2005年一个广泛重复的故事是半岛新闻电台播出西方人质被砍头的事件不是真的,不得不撤回。

2001年，半岛电视台在喀布尔的建筑“无意中”被美国导弹轰炸。2003年，巴格达办公室也同样遇袭，一位记者遇难。2009年，对以色列军队在加沙轰炸事件的有限制的国际新闻报道产生激烈的争议，半岛电视台在知识共享许可协议(Creative Commons licence)下播放了一些从加沙拍摄的具备广播质量的镜头（见第8章，http://blip.tv和半岛电视台网站）。

这可能是中东最受关注的卫星频道，即使在20世纪90年代，那里卫星频道的数量依然有巨大的增长。半岛电视台也提供免费的新闻网站，虽然2008年BBC免费的阿拉伯语频道播映产生了激烈的竞争，因为从2009年开始该频道开始提供24小时服务。

但是，见网站http://www.guardian.co.uk/media/2008/jan/30/tvnews.television上英语频道成本高昂、存在文化差异等问题，以及无独有偶的所谓缩减开支的体制调整问题。

研究12.3

- 浏览半岛电视台的网站，听一小时左右的BBC国际广播。
- 列出任何与你常用的新闻资源不同的地方，特别是：
  - 顶级、最有新闻价值的“头条”故事的构成；
  - 跟踪报道的故事；
  - 它们的故事和新闻实践怎么与性别联系起来；
  - 它们使用的令人震惊的图像通常受到英国和美国新闻报道的审查，有时候在“分水岭”调度策略之下。
- 去网站http://www.aljazeera.com/focus/climate-sos/2009/10/2009101011512667509.html阅读一篇关于2009年班加罗尔(Bangalore)洪水的报道，该报道把波拉岛(Bhola Island)称为在“9·11”的震撼中“气候变迁”的经过“9·11”事件后的“世贸遗址”(ground zero)。

“独家新闻”、“新闻快报”、“号外新闻”过去往往歌颂“新闻”的速度。现在人们担心这种未经核查的报道会影响新闻的准确性和可信性。社交媒体报道是其中一部分原因，还有的是新自由主义“释放”了审查和规范（见第10章）。

“新闻价值”

1. 在新闻中过分重视速度。新闻和“新”已经变成了同义词。随着几乎即时的卫星和网络通信的到来，现在非常重视

图 12-4 在网络上仿造东西很容易，甚至是图片，像这个美国龙模型公司的玩具人。大网站如《赫芬顿邮报》(*The Huffington Post*)声称自己有数以百万计的核查员(2009 年 8 月他们有 230 万的点击量)，但是一些小网站甚至不能这样说。

图 12-5 路透社是交易新闻的全球新闻通讯社之一，其他还包括美联社(Associated Press)、法新社(Agence France Presse)、美国有线新闻网(Cable News Network)、中国新华社、真理报(Pravda)等。

看戴维斯的书和兰彻斯特的回顾(2008)，找到研究发现的细节数字。

"快"甚至是"首"发新闻。

新闻的时间尺度现在引发了几个问题：

a. 如图 12-4 所示的著名例子(一个玩具被当作一个战士)表明，假的东西也可以充做真的。员工减少了对报道的检查，无休止地抢着"最先报道"，不管报道是不是不够准确。

b. 在推动及时性并考虑到法律后果的同时，新闻工作者越来越多地依赖企业和政府的新闻发布和其他公关信息。

c. 相关的一个问题，尽管不尽相同：原油溢出是一个新闻点；但漫长的法律或抗议会让它更不可能发生(或更可能发生)，这就不是新闻点。有人说，"时事新闻"(Current Affairs)是这类事件现在所显示的状态，但是时事新闻至少和新闻一样有压力，多是按照其议程进行的。

尼克·戴维斯(2008)认为新闻业(journalism)[或他取的绰号叫：**"伪新闻业"**(churnalism)]越来越多地依赖削减成本，过于频繁地使用未经确认的公关和官方新闻代理机构的资源[在英国最常用的是英国报业协会(Press Association)]。有一部分原因是，再次检查这些资源的专业人员越来越少。有人认为，这无疑造成了一种新闻内部的沉默，并导致了受众之间的沉默、知识鸿沟。因此，这些受众被剥夺了在公共事件上充分参与民主讨论的知识。

研究 12.4

- 关注一个主要的新闻公告板，看看它有多大的比例可以与戴维斯引用的资源相关？和别人讨论一下你打算怎么研究这个。
- 从以下的一些资源和相关网站上追踪这样一个故事。如果有不同的话，标注出它们处理方式的不同：

http://www.huffingtonpost.com; www.indymedia.org; www.medialens.org; www.opendemocracy.net; www.reportingtheworld.org.uk; www.zcommunications.org/znet; www.gfmd.info/。

美国著名的《哥伦比亚新闻评论》(*Columbia Journalism Review*)(口号是"强媒体强民主")最近报道了一个故事(http://www.cjr.org/regret_the_error/speed_demons.php),《整蛊集团》(*The Yes Men*)伪造了一个公司声明。研究提出的问题及网站余下的部分:http://www.cjr.org。

2. 门槛(Threshold)。加尔东和鲁格(Galtung and Ruge,1965/1981)写出了用来衡量一个事件是否有"新闻价值"的"尺度"(他们的术语是"门槛")。一般发生在个人身上的事件不大会被报道,除非事件牵扯到某位名人,或者是不同寻常的暴力,或者是轰动性事件。在这当中,有人批评作者忽视了地方的新闻。

研究 12.5

- 与别人讨论,地方性新闻报道什么时候惹恼了你?电视、广播、印刷品还是网络?是不是因为感觉"地方"(local)很乏味?这一切怎么改变呢?研究尼克·戴维斯对"伪新闻业"(Churnalism)这一观念的研究。
- 试着从可信的当地精英网络[体育,教育,共济会(Masonic lodges)等]通过新闻的所有权、广告水平、自我审查说明地方性新闻的本质。
- 再一次,如果你所在的区域有 ZNet(http://www.ZNet.org)或独立媒体(http://www.indymedia.org.uk),研究它的故事。这次感受地方性新闻建构是否有所不同。

"地方性新闻"报道的另一个作用

1999 年科隆比纳(Columbine)校园枪击案发生后,给新闻记者造成了巨大的问题。所有的广告被暂停了 21 个小时,对电台造成了财政负担,但是这个事件成为了媒介观察者"罕见的"事件。新闻报道扩大了文化主题或流言,如"暴力美国","年轻人失控了"或者"暴力媒体催生暴力学生",在全球范围内宣传这种事件。一个颇具争议的精神病学家帕克·戴尔特博士(Dr Park Dietz)建议出台新闻指导方针来避免对这类事件无意间的"过分"报道:

1. 不要以敲响警报的方式开始新闻报道;
2. 不要使用杀手的照片;
3. 不要 7 天 24 小时连续报道此事;

4. 尽全力避免把统计死亡人数作为报道的主要内容；

5. 不要把杀手描述某种反英雄形象（“穿着黑衣服”等）；

6. 详细描述当地受影响的社区，尽量让它对其他社区来说枯燥无味。

研究 12.6

http://www.journalism.org 网站上提供了更多信息，包括给实习记者的问题（在此改编）：

- 在什么环境下你需要保留你得到的信息或图片？在做决定的时候会考虑什么因素？
- 电视或手机上的新闻节目在采访现场目击者，特别是“青少年”——当他们无意间说出一些不准确的事情，或可能把别人甚至自己置于危险的境地时，这些新闻节目会怎么处理？

3. 接近。一个事物接近某个新闻机构总部所在地观众的感知价值。现在由于新闻材料在国际的流动变得更加复杂。但即便如此，主要的新闻交易商把新闻像商品一样交易，如美国有线电视网（CNN）、英国报业协会、路透社，它们对事物的选择和建构“倾向于”不同卖出国家或“领土”的市场的认知。这越来越多地包括带有演员和明星的娱乐项目。

在全球论坛（Global Forum）上了解媒介发展的内容（Media Development，http://www.gfmd.info/）。“西方”新闻为大家所熟知的趋势是，需要一个巨大的“国外”灾难来“制造新闻”，而“国内”的事件相比之下就比较小。

4. 消极性。“如果它是新闻，它就会是负面新闻”——长期、建设性的事件相比较于大灾难和暴力形象来说，更难以成为新闻。新闻的确会使用“积极的”新闻报道（如医学上的重大突破），常常是一些新闻公告的“美满结局”。但是总体上，它倾向于把人们认为的正常和日常的事情当作理所当然。因此，它会把一些不常见的事件选出来做成大篇幅报道，如犯罪、不同政见、灾难。加尔顿和鲁格被指出在这个构想里忽略了地方性新闻（虽然他们的文章关注外国新闻报道）。

图 12-6　科恩颇具争议又具有影响力著作的最新版。

一个产生较早，但仍具影响力的术语是“道德恐慌”（moral panic），由斯坦·科恩（Stan Cohen），乔克·杨（Jock Young），和20世纪70年代斯图亚特·霍尔（Stuart Hall）和他所在的英国伯明翰当代文化研究中心（Centre For Contemporary Cultural Studies）的同事共同研究，围绕“摩登派和摇滚派”、“行凶抢劫”以及其他（男性）不正常群体的新闻建构而提出来。因此，道德恐慌可能点燃公众支持“监督危机”的需要。它包括“异常放大螺旋”——新闻媒体对行为的某一方面反应过度（这可以看成是对现存社会规范的一种挑战）。媒介对于这种行为的回应和呈现实际上帮助人们定义它、传播它，并把它当成一个模型来描述，让局外人能够观察和采纳。因此，有人认为媒介恐慌实际上助长了更多社会不能接受的行为，这些又显著地反映在媒介之上。

研究 12.7

● 研究对于墨西哥猪流感和H1N1流感等恐慌的报道和建构，在选定“猪流感”（swine flu）之前（去M5B5网站上看来自新西兰观点的案例研究）。它是否仍然符合科恩的“螺旋”的观点？

● 搜索《卫报》科学通讯员本·戈尔达内尔（Ben Goldacre），看记者如何邀请他像“炒作”（hype）一样不予理会，并概括其中风险计算的复杂性。也请关注西蒙·提斯多尔（Simon Tisdall），关注类似报道如何为不同政府提供机会“埋葬不好的新闻”。

● 评估他们的观点。你以及那些和你亲近的人怎么经历恐慌的第一个部分？你在遇到新闻或网络形式的时候还有哪些态度？

“……它很有趣……不仅使公众丧失了对媒体的信任，也不仅仅是现在很多人认为自己被误导了，更重要的是媒体本身都已经没有自信能给我们事实了。”——戈尔达内尔。

5. 可预测性。新闻是假定，根据常识来组成“外面”不寻常的、偶然发生的事件。然而已经花费了很多时间（在编辑会议上等)试图预料到哪些是被认定为"有新闻价值的",并且决定去哪里雇用昂贵的,多是高危的海外员工和设备。或者,如果期待事情的重要转折(比方说"暴力"),这种动力会使得记者根据这些期待来进行报道,并因此放大事件。

相关的,被划分为"新闻"的事件常常在几个星期或几个月前就已经知道——或者提前几年知道某个会议、周年纪念、年度报告、体育盛事、书或电影的发布等。有人曾提出,"新闻应该被叫作旧闻"。一些新闻报纸甚至预告下周的"日志"。

研究 12.8

- 研究一天的新闻当中,或对博客和短信发出邀请的周年纪念占了多少空间。
- 研究本来还可以报道哪些其他的纪念日。被选择的周年纪念日有什么或确定了什么样的价值观或意识形态?

其他种类的事件和风险,如饥荒或长期的农药后果也能预测。但是它们常常不是日志的一部分,因为这些事情不能"定日期",或者就像一个记者说的那样,"当照片已经足够震慑到民众的时候已经太晚了"。当"国内"有大而稳定出现的事件时,如失业问题、强奸数据或流浪人员问题,有一个感觉是虽然这些事情持续发生,但记者不能继续写同样的故事。她或他寻求一种"转变",可能是一种个性化甚至是耸人听闻的方式,或只是不把它当成是新闻。

6. 连续性。如果强大的新闻公司认为一件事足够大,资源就会在这段时间集中在上面。往往不是事件的事,都会因为似乎是故事的一部分而被报道:"在气候变化抗议中受伤的旁观者开始恢复意识。"

7. 组成。加尔东和鲁格(1981)认为主编会根据对整个新闻简报或一页新闻的平衡感来选择和安排"新闻报道"。如果这一次有很多国内的报道,一个无关轻重的"国外"报道也可能包括在内。这种"新闻价值"有些时候遭遇24小时新闻、Web 2.0博客以及非西方国家之外其他新闻资源的挑战。

8. 个性化。无论在什么地方,事件都可以看作人们的个这种术语（硬新闻、软新闻）被认为是依照性别而分的，而且可以作为假设的意识形态的一部分，直到近期，主要的新闻位置也是女性难以接触的。见钱伯斯(Chambers 等，2004)和全球媒介检测项目，引自上文。

见第 2 章对这些过程更多的讨论和例子。

图 12-7　一个网络摄像头放在了 BBC 第 4 电台 2009 年早间新闻招牌节目《今日》中。你觉得为什么会制造这种视觉效果？

人行为，更多的是，新闻常常以精英为中心。从无穷无尽的政客们上车下车的镜头（值得尊敬的“个人化”），到“名人的小道消息和丑闻”，到类似“Baby P”这样虐待儿童的事件会被放入议程，作为典型的、戏剧性的，虽然是匿名的案例。

9. 娱乐化。尽管新闻的认知是“硬新闻”和“事实”，它常常包含了一种娱乐的成分，从“滑稽”或八卦的语调，或奇特的故事，到娱乐界、明星和名人的文字报道。这种新闻和“严肃新闻”的比例在不同的新闻媒介中有所不同。进一步来说，像饥荒之类的“严肃新闻”只要有明星的慈善活动，都可以保证得到报道，虽然引起了许多争论（见科特，2009 及第 11 章）。

新闻建构的三个其他领域值得一提：叙述化过程（narrativisation）（加尔东和鲁格列出），可能的后果和视觉需求。

- 叙述化过程：事情从一开始就称为“故事”，如果是长期的，就会塑造成叙事形式，我们期待得到幸福或至少“干净的”结局。战争期间以及现在常提到的“恐怖主义”报道利用了第二次世界大战后存在的保留节目，被看成是最后一个“有道德的”现代战争。
- 可能的后果（probable consequence）指的是新闻报道的选择，因为它们很可能影响到很多人（税收增加、价格上涨、战争等）。值得一提的是，“可能的”概念在最近“恐怖主义”和犯罪的新闻报道中尤为延伸；而对全球饥荒、强制离散的犹太人的报道仍显不足；在影响市民方面也会采取“首都为中心”、“官方政治”为中心的观点。

视觉需求（visual imperatives）在电视新闻中尤为重要，昭示公民新闻的重要性。新闻的驱动力来自“震撼的”照片，或者是明星的，或者是“像《圣经》里说的”饥荒或类似某部电影大片的场景，就像人们 2001 年从世界贸易中心的爆炸中四散而逃，或者是 2004 年海啸发生时人们流离失所。如果战争被严格地审查，或无法使用照片技术，人们越来越多地使用电脑图片技术制作出可能产生的场景。这部分是使用其他媒介对故事再媒介化，但是视觉需求这一概念需要更多关注。例如：

- 广播的议程和电视很像，虽然它不能操作“视觉需求”。

如果可视性对于新闻来说非常重要，为什么有如此类似的议程？

● 缺少照片的重大电视或新闻报道使用电脑图片技术来增加可视性。照片不总是“主导”。

● “没什么新闻价值”的故事，或者是过程复杂耗时的新闻不适用于这种方式，尽管它们可以，有时候也会产生高质量的新闻。另外，所谓的“视觉需求”倾向于去跟随而不是引领已有的新闻优先顺序。

本词在这里有另一个意思——对从政治家演讲中选择出的短小文章进行直接引用。美国对此的学术研究表明在过去的四十年中，长度已经下降到四十秒。总统要想要交流很多复杂信息会很难。见索尼娅·利文斯顿(Sonia Livingstone)提出学者试图为新闻业“摘录”文化中的新闻讨论做贡献的挑战(见第8章263页)。

1.“摘录”(soundbites)或生动的短语在一些报道中反复使用(“反恐战争”、“信贷危机”、“支离破碎的英国”、“社会排斥”、“气候变化”、“市场决定”)，有人认为至少与塑造新闻感知的“可视性”是一样重要的。

2. 不管公民记者或公民摄像师用手机等拍摄的照片多有影响力，他们还是要依靠语言和政治斗争去发现他们的背景，为什么他们记录的事件会发生，以及如何把照片放在争执和法律的背景中。

3. 新闻学习的一个重要部分是它的语言。举个例子，费尔克拉夫(1995)的批评话语分析方法让我们可以探索更广泛的事件以及日常的点点滴滴，在其中，语言和新闻脚本定位我们的方式塑造和巩固了新闻的框架和解释(见第6章和第15章)。

例如：

● 在新闻语言中，“我们”(we，主格)、“我们”(us，宾格)和“他们”(them，宾格)的用法；“这里”(here)和“外国的一些地方”的感觉。

● 为什么一些军事长官在“第三世界”被称为“军阀”(warlords)(包括最近的波斯尼亚的历史)，但是在西方却成为“参谋长”(chiefs of staff)？

● 为什么“国防预算”这个术语没有被质疑过？举个例子，美国军队的支出(2009年6510万亿美元)，远远超过了它最接近的“竞争者”。而且很难预测谁会入侵或用常规武器威胁美国(见路易斯，2011)。

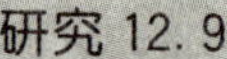

研究 12.9

● 尽可能地研究当下新闻媒体的“新闻价值”，不管是在线上还是线下。从不同新闻资源的角度，你怎么将它们按照重要程度来排序？

● 网络记者、公民记者和视频记者是怎么形成影响的？

赫尔曼和乔姆斯基（Herman & Chomsky, 1998）也提到（美国）新闻是“有倾向的”。他们使用的是政治经济学方法，认为新闻界用“五个过滤”建构已处于支配地位的话语：所有权；资金；依靠政府或商业资源；“挡箭牌”（flak）；新闻专业人员的共同规范。

针对新闻影响的讨论

从20世纪70年代开始，英国新闻研究在格拉斯哥大学传媒研究小组（Glasgow University Media Group）的带领下领先于世。他们认为，新闻是按照意识形态路线建构的，往往倾向于当前的权势者。格拉斯哥大学传媒小组调查了罢工的报道（如1978年、1979年所谓的“不满的冬天”，之后只要有公共领域的工人扬言要罢工，这个图像就会不停地重演）和战争报道（福克兰群岛）。自从20世纪70年代以来，新闻景观发生了巨大改变，英国仅有的两家广播公司BBC和ITN通过自己的招牌新闻节目宣示了极大的权威。格拉斯哥大学传媒研究小组通过更加二元化（仅仅分为两个方面）的观点来解释故事。现在人们更多地注意到性别、种族划分、宗教、性是如何塑造新闻的——甚至是战争和罢工。同时，有人指出，阶级已经变成一个复杂但往往不言而喻，甚至是隐藏的领域（见第6章）。

现在较为温和的言论更加关注具体新闻公告的影响力，而不是更广泛的影响力，考虑到：

● 官方或专业的新闻形式现在加入了“非官方”或“业余”的形式，如公民记者和用户原创内容。

● “7天24小时新闻”是通过一系列的“平台”、语言和文化运作的。

所有这些都让人们更难证明某些报道的巨大影响，尽管

a. 大型的新闻发布者和代理商（BBC、CNN、美联社、路透社）仍旧强大；

b. 它们大多是博客观点和新闻机构网站中“用户原创内容”部分的起源。

用户原创内容（UGC）指的是用户通过网站或手机技术与新闻组织交流的报道、观点、图片和其他种类的“内容”。见克莱尔·沃尔德（Claire Wardle）的案例分析，在**MSB5网站**。ONLINE @ RESOURCES

想知道类似的所有权网络，请见第7章和第9章以及MSB5网站，以及 http://www.motherjones.com，www.cjr.org.resources 和 Nordicom 的研究。ONLINE @ RESOURCES

“是不是很神奇，每天在全球各地发生的新闻数量往往正好符合新闻报纸的容量？”(《卫报》,2001)。

c.“新闻”多由同样强大的联合集团(如新闻集团)建构和传播。它们建构、拥有并分配全球文化很多其他意义建构的资源,包括小说。

虽然新闻节目可能不会直接影响受众的价值观,但许多人认为新闻节目会大大地影响受众和政治家,只要通过他们对“新闻”的选择,或他们设置问题的方式和鼓励他们“建构”、讨论和理解的方式就可做到。在新闻形式中提到一个事件常会给时事和调查记录组开“绿灯”。新闻似乎仍然能够安排事件议程,我们可能会发现自己正在考虑这一点。

对“新闻价值”的一种传统感觉也可能塑造专业记者过滤和处理用户在博客和微博等地方的评论方式。他们(恰当地)承受了巨大的压力,不传播关于种族、性或非法的虐待等。但是他们也知道“可以接受的”新闻报道和评论中,什么样的会大卖或传播,什么“应该”被忽略。

议程(agenda):在会议上需要讨论的项目清单,常常是由会议主持者起草的,按照自己认为的重要程度来安排顺序。对于新闻来说,像“议程设置”和“隐秘的议程”之类的术语引起人们注意这种力量的重要性,它们建构、引导观众的注意力、讨论和担忧。

把关控制(gatekeeping):一个相关的术语,想象新闻是流动的,要穿过一扇门,这个门对遭到拒绝的新闻是关闭的,对挑选出来的新闻是开放的。但有人批评这个理念对当代更流畅的新闻流程不够开放。

架构(framing):塑造和设置限制观众怎么应邀去感知某些群体、问题或故事。举一个恰当的例子,当然不限于新闻,这个例子是说强调一个国家的“财政赤字”,往往意味着必须要大幅度削减政府开支。

这可以通过非常不同的方式建构。包括诺贝尔经济学奖获得者在内的一些人认为,国家经济不像是家庭预算那样需要尽快付账单。大英帝国大多数年度财政赤字都比2009年高。通过开支走出经济衰退更加紧迫。

新闻仍然有强大的影响力，虽然有时是以出乎意料的方式。伊丽莎白·诺埃尔-诺依曼（Elizabeth Noelle-Neumann，1993）在民意测验的影响一文中提出一些事件的新闻报道具有促使人们沉默的能力。那些已经有信心分享多数人意见的人表达他们的观点，而不顺从大多数的人则保持沉默。她称这种现象为“沉默的螺旋”（spiral of silence）。这可以联系到新闻中充分报道的民意，常常能够通过暗示他们假定的压倒性“多数人意见”来统一事件更可取的意义（见路易斯等，2005）。名人突然死亡的报道，如威尔士王妃戴安娜（1997）或迈克尔·杰克逊（2009）的报道，常常排除了那些说自己没有特别感动甚至因为报道规模而烦躁的声音。博客等提供了这样的机会——但是他们在主流新闻中是怎么呈现的呢？

这个理论在20世纪90年代被严重批评，部分是由于诺埃尔-诺依曼的政治观点，让他的研究受到影响。维基百科上有这个讨论。

研究 12.10

● 记录一天内主要的新闻头条。如果你对新闻有兴趣，这会影响到你和你朋友的谈话内容吗，即这会为你的谈话“设置议程”吗？

● 两周后再记录新闻头条。你会想知道之前议程中看起来很重要的事情是怎么发展的吗？

● 现在有没有一些引起恐慌的新闻头条和以前的相矛盾？

（例如，2009年英国媒体关于“Baby P”的恐慌，以及接下来的几个月后，因陌生成人参与儿童相关工作的记录被查出，一场惊人的传单抗议活动再次发起，以抗议社会服务的疏忽大意）

● 这些早期的报道是怎么退化到“次要”地位的？

● 把主流电视新闻频道和谷歌新闻作比较。它们有什么共同特色？主要的不同是什么？它们的议程相同吗？

一个讨论是互联网新闻形式对新闻议程的控制影响有多深。“新闻汇集软件（news aggregator）”使用网站或搜索引擎从网络中选择、检索以及链接新闻。

研究 12.11

● 你能想起来最近你经历的某个新闻现象，某些观点遇到了“沉默的螺旋”吗？

● 谷迪(Jade Goody)之死？迈克尔·杰克逊之死？上战场打仗的决定？或可能是调动当地的一个军团？

未来：“新的”新闻？

有人认为“新闻价值”是“专业化的”，所以你必须按顺序得到它：

● 成为一个记者

● 作为一个记者并有效地发挥作用(可能包括较为不正式的学习背景，如工作后依照性别划分的社交机会，或学习你的报纸或广播站的“印刷风格”)。

但是“业余”的新闻形式(博客、照片、评论)现在影响着主流的新闻供应者，确实得到记者的积极响应。新闻是一种多孔的形式，并且“业余”和“专业”的分界线和其他职业相比总是不那么明显。

这种新闻“内容”可以表现出处于困境中的专业记者的问题：

a. 如何监督信息洪流中的法律责任、种族主义者或其他的攻击性内容、可靠性或准确性，还有素养？新闻业应该具有事实核查的特点，但是匿名意味着网上的讨论倾向于两极化，而且会被高度滥用。

b. 此外，除了信息洪流，内容常常是重复的，导致了“回音室”的效果。

c. 这个“监督”工作(常常包括重写)怎么付费呢？如果考虑到增加失业数量，削减规模和行业中心所有权的进一步集中呢？

d. 记者们面临着用户原创内容的冲击(还有常规的公关和其他宣传材料)，但仍然被指望着制造越来越多的“新闻”。但有人认为，这种方式依靠“试验过和可信任的”官方资源，不

政治整蛊如《整蛊集团》就像迈克尔·摩尔(Michael Moore)一样富有创造性，来调侃公司简报的可信度。见第13章的更多信息。

会有诽谤的危险，也常常是已经写好的。

e. 疯狂的发行量和收视率战争以及新技术的可能性，让新的形式更加注重速度而非可信性。2009 年伊朗大选抗议活动让新闻工作者再一次意识到高速的流言、不可信或没有信息的报道的“西部荒野”中“信任指南”的作用。但是在其他新闻机构报道大新闻的时候，需要真正的勇气去抑制冲动（第一个把新闻带回来！），这种新闻往往缺少核查和可靠性。

f. 有迹象表明记者正在发展专业价值观来应付这些情况，他们略带轻蔑地把用户内容看作“谷糠”，试图从中寻找几颗“麦粒”（目击证人描述与照片、泄密，以及新闻编辑部一样致力于案例研究的内容）。

见 http://reportr.net/2009/09/09/how-the-bbc-views-ugc-as-newsgathering/上卡迪夫大学研究 BBC 对此类内容的使用及态度。

研究 12.12

- 见 http://www.bbc.co.uk/guidelines/futuremedia/interactivity/communities.shtml 上 BBC 如何尝试塑造、设计和规范这一领域。面临什么问题？
- 你认为这些指导方针会有多成功？

和用户原创内容（尽管它的名字实际上常常是响应而不是提出“内容”）略有不同的是“公民记者”的贡献和组织。他们从偶尔拍摄的示威图像（往往甚至不是示威者拍的）到政治竞选和地方报道皆有。例如独立媒体（http://www.indymedia.org）是一个全球的“个人网络，独立和非主流的媒介倡导者和组织者，提供基础的、非团体的、非商业性质的重要社会和政治报道”。这里有鼓舞人心的另类媒介形式的例子，有时候吸引了新闻报道，内容是在联合占领巴格达后的日常生活描述，以及由美国军队和他们家人开设的 http://www.bringthemhomenow.org。

有人认为示威应该作为公共观点的一部分。但是路易斯等（2005：25）引用最近的证据表明它们是电视新闻公共观点中最少引用的形式—英国只有不到 3%，美国 2%。研究你自己的新闻形式？

“反监视”（sousveillance）（由加拿大学者史蒂夫·曼（Steve Mann）提出的）戏剧性描述“自上而下”和“自下而上”的监视。它意味着：

a. 颠倒的监视，也就是说自下而上的观察；

b. 一个事件(如一个集会)是由一个参与者进行记录，而不是预期的“外来”或官方的摄制组——有时真的是在集会“上方”，或在警察后面或甚至军队线后。

见《缅甸起义：看不到的真相》(*Burma VJ*：*Reporting from a Closed Country*，丹麦，2008)，在第5章提到。这段颇具影响力的影片秘密记录了2007年僧侣企图革命的事件，是由业余的视频记者以一种公民记者的形式制作的，并偷运出一个严格控制网络接入的高压国家。

这种新型的新闻形式提出很多要求，他们与一些用户原创内容是不同种类的新闻或民主形式的丰富资源。

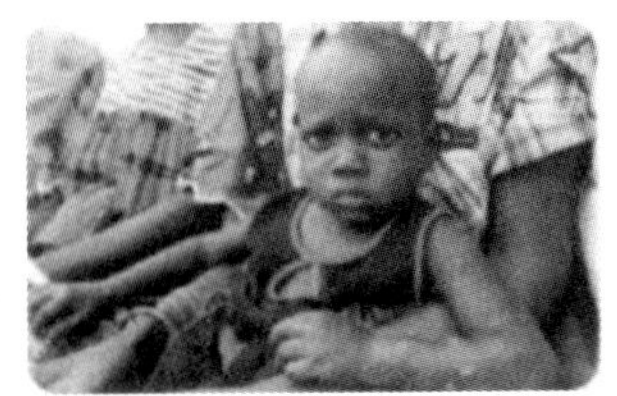

图12-8 一个身体发生病变的孩子。据孩子的父母讲，此病是有毒废料造成的。托克(Trafigura)就自己在其中的作用发生争执。

2009年10月，《卫报》的编辑阿兰·罗斯布里奇(Alan Rusbridger)报道一个总部在伦敦的贸易公司托克被指控在非洲最穷的国家之一——科特迪瓦(Ivory Coast)倾倒有毒的油泥。公司的律师卡特-鲁克(Carter-Ruck)向新闻机构发送了很多威胁信，发起了一个反BBC的行动，说服一位法官压下了一个机密但是尴尬的文件。“超级禁令”(super injunction)的术语标志着诉讼程序和法院命令本身就是保密的。罗斯布里奇写道：

国会议员保罗·法雷利(Paul Farrelly)在议会中已经搁置了一个关于禁令的问题和尴尬的文件……同时无视了300余年前就已批准的新闻界报道国会议员行为举止的权利。

现在有了微博……9点过5分之后，我轻敲键盘写道：“现在《卫报》由于不能报道的原因被禁止报道议会。约翰·威尔克斯(John Wilkes)是白活了么?”……已经104个字符了……当我回家的时候……Twitter已经崩溃了。用户研究了法雷利的问题，发布了相关链接，开始认真研究案例。周二中午，“托克”成了欧洲搜索量最多的术语，得益于斯蒂芬·弗雷(Stephen Fry)和他83万余名追随者的转发。

很多Twitter用户表示支持或愤怒，其他人搜寻受压制的信息和模糊的法律。常见的“#”标签(hashtag)很快发展起来，让材料明显易找。到午饭时间——《卫报》上法庭前一小时——托克集团已经认输了。

这些“#”标签用通过微博或Facebook词条来识别潜在的分众市场或用户。参考www.techforluddites.com上的解释。

当一个投票者说他宁愿投票给魔鬼，威尔克斯“自然地”回应和补充：“如果你的朋友决定不站出来，我能指望你的投票吗？”

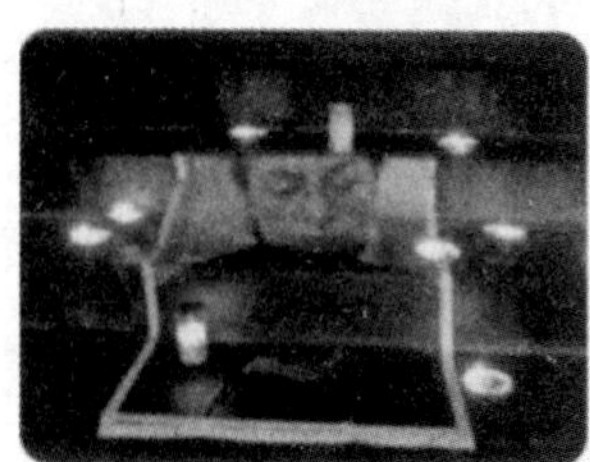

图 12-9 记者常常遭遇国家暴力。参见人们对 2007 年俄罗斯记者安娜·波利特科夫斯卡娅（Anna Politkovskaya）谋杀案的反应。（照片来自于安娜谋杀案的沉默示威游行，同时见 http://www.indexoncensorship.org/）

广播也参与其中，有人认为地方新闻正在慢慢增加受众。见听众收听调查组织 RAJAR(http://www.rajar.co.uk)官方的广播听众测量网站，及以前的 http://www.amarc.org/wccd/index.php 上全球媒介社区方案，尤其是广播的部分。

研究 12.13

● 研究这个故事，看其中有多少混合的资源和多少类活动家。

● “集体智慧”(crowd sourcing)？有可能，尽管这些集体可能有很多博学的“指导”，以及非同寻常“速度”感和紧迫感。这个故事的一部分可以追溯到约翰·威克斯(John Wilkes)，罗斯布里奇写道：“向约翰·威克斯的回忆致敬，这个议员冒着生命危险赢得了报道议会的权利。一个 18 世纪版本的集体智慧也在其中起到了作用。”

小　结

我们已经总结了新闻（和“公众”）感知的建构方式，甚至是部分制造的方式，通过新闻架构、“采集”和分配的假设。

整个领域现在面临一些危机：

● 报纸发行量下降，新闻工作者和记者遭遇裁员；

● 广告收益下降，很多资源现在可以在网上免费获得。而广告从前为所有新闻活动提供资金，除了部分私人资助的新闻机构[像半岛电视台或《赫芬顿邮报》(The Huffington Post)]或公共服务新闻（像 BBC）。

这些和更广泛的受众文化变化（如在人们努力度过经济衰退的时候，要求关注无孔不入的媒介）一起提出了一个关键问题：谁会为严肃的新闻报道埋单，谁会需要严肃的新闻报道？其中涉及各种“新”、“旧”新闻资源利用和评论的基础，也是很多民主制度和其中我们作为真正的公民进行的活动所依靠的。

新闻似乎遭遇了权威危机或信任危机，而且是在更广泛的权威形式上，而不局限于“小报”形式。特别是更高水平的新闻，常常卷入其他形式的力量。最近有一些令人震惊的事件，很多记者没能成功挑战事件的官方版本，如侵略阿富汗和伊拉克的决定，或质疑银行家口中的美国房地产市场“泡沫”可以持续多久（见 http://www.cjr.org）。同样地，在全球各地都涌现出伟大的新闻记者。最近，英国记者通过调查与支票簿，在2009年力破一个巨大的英国议会开支丑闻。一些网络新闻网站则用一种有创意的方式来报道巴拉克·奥巴马的竞选。

我们已经尝试通过“新闻价值”的最新解释来解构过去新闻人有时候提出的更重要的“客观”或“成为历史上的第一次”等问题。但是我们不想破坏这种理想。准确性以及对社会和政治世界的可靠描述对新闻业和新民主形式的发展至关重要，需要为了我们的未来进行高质量的讨论和调查。

参考书目与扩展阅读

Allan, Stuart(2010) News Culture, third edition, Buckingham: Open University Press.

Chambers, Deborah, Steiner, Linda and Fleming, Carole(2004) Women and Journalism, London: Routledge.

Cottle, Simon(2009) Global Crisis Reporting: Journalism in the Global Age, London and New York: Open University Press.

Davies, Nick(2008) Flat Earth News, London: Chatto and Windus.

Fairclough, Norman(1995) Media Discourse, London: Arnold.

Fenton, Natalie(ed.) (2009) New Media, Old News: Journalism and Democracy in the Digital Age, London: Sage.

Galtung, J., and Ruge, M. (1981) 'The Structure of Foreign News: The Presentation of the Congo, Cuba and Cyprus Crises in Four Foreign Newspapers', in Cohen, Stan and Young, Jock (eds) The Manufacture of News, London: Constable; first published in 1965.

Gitlin, Tod(2009), 'Journalism's Many Crises', http://www.opendemocracy.net.

Habermas, Jürgen(1989) The Structural Transformation of the Public Sphere: An Inquiry into a Category of Bourgeois Society, Cambridge, MA: The MIT Press. First published in German in 1962.

Hall, Stuart(2001) 'Out of a Clear Blue Sky', Soundings, no. 19 (winter).

Herman, Edward S., and Chomsky, Noam(1988) Manufacturing Consent: The Political Economy of the Mass Media, New York: Pantheon.

Jack, Ian(2009) 'The Unstoppable Rise of the Citizen Cameraman', The Guardian, 11 April.

Lanchester, John(2008) 'Riots, Terrorism, etc.', London Review of Books, 6 March.

Lewis, Justin(2001) Constructing Public Opinion: How Political Elites Do What They Like and Why We Seem to Go Along with It, New York: Columbia University Press.

Lewis, Justin, Inthorn, Sanna, and Wahl-Jorgensen, Karin(2005) Citizens or Consumers: What the Media Tell Us about Political Participation, London and New York: Open University Press.

Noelle-Neumann, Elizabeth (1993) The Spiral of Silence, Chicago: University of Chicago Press.

Philo, Greg, andBerry, Mike (2004) bad News from Israel, London: Pluto Press.

Rusbridger, Alan(2009)'Trafigura fiasco Tears up Textbook', The Guardian, 14 October.
Schlesinger, Philip(1987) Putting "Reality" Together, London: Methuen.
Scraton, Phil(1999) Hillsborough: The Truth, Edinburgh: Mainstream.
Sebba, Ann (1994) Battling for News, London: Sceptre.
Thompson, John B. (1995) The Media and Modernity, London: Polity Press.

第 13 章

CHAPTER 13

纪录片与“真实”的讨论

- 当前关于纪录片的话题
- 纪录片与关于“现实主义”和真相的假说
- 逼真与“表演”
- 纪录片里的“表演”
- 伦理道德与纪录片
- 当前的混合体 1:“恶搞电影”
- 当前的混合体 2:“真实电视”
- 当前的混合体 3:“戏剧式纪录片”的形式
- 小结
- 参考书目与扩展阅读

本章探讨如下内容:

1. 纪录片的建构,及如何与其“现实主义”(realism)的强烈认知联系起来

2. 最近的争论包括“表演”(performance)、混合体与“恶作剧者”形式的概念

3.“真实电视”(reality TV)的形式

4. 戏剧式纪录片最近的一些不同的例子

当前关于纪录片的话题

查看《触及巅峰》(*Touching the Void*，英国，2003)、《走钢丝的人》(*Man on Wire*，英国，2008)的营销手段，尤其是它们的DVD封面和网络宣传。

查看摩尔的网站可以了解他最新电影《资本主义：一个爱情故事》(*Capitalism: A love story*，2010)的细节。他的作品结合电视、电影、书和网络呈现，是他产生影响力的一个关键。

查看BBC电视每年一度的《春日观察》(*Springwatch*)节目(BBC 2005—)的巨大观众群——该节目同时通过电视和网络的媒介平台播放。

从传统意义上讲，许多电视节目都可以看作是纪录片(对历史事件和人物、当前争议、调查的叙述等)。但近些年来也涌现出一批(在电影院放映的)“剧场版纪录片”。这批纪录片以纪录片体裁和惊悚、犯罪等虚构类型的结合来制造卖点。

就像这本书中提到的其他内容一样，纪录片以及它与其他真实事物的联系都在近期发生了诸多变化，尤其是因为新的全球性的技术。纪录片的这些具体变化包括：

● 迈克尔·摩尔(Michael Moore)近期的政治纪录片《科伦拜恩的保龄》(*Bowling for Columbine*，美国，2002)，《华氏9/11》(*Fahrenheit* 9/11，美国，2004)票房大卖，促成了奥巴马总统的竞选胜利，《精神病人》(*Sicko*，美国，2007)引发了美国关于医疗制度的激烈争论。这些纪录片是有史以来纪录片票房的前六名，在很大程度上反映出纪录片在电视和电影院具备的巨大商业和政治潜力；

● 人们对“真实电视”的兴趣被认为与纪录片有关，有时被指责是纪录片商业化的不相关的事物；很多人认为“真人秀”是纪录片的堕落，另一些人则认为这是纪录片在21世纪的再创新；

● 吉尔贝(Gilbey，2009)所说的“恶搞电影”(prankster cinema)是最近“纪录片、表演艺术、闹剧、讽刺剧”聚合发展的例子。

● 还有一类较少被提到，可能因为受众群体是老年人与儿童——“自然”和“野生动物”类纪录片的成功，以及场面壮观的“行星调查”等巨制自然节目，如BBC的《蓝色星球》(*Blue Planet*)取得了成功。

● 最后，混合形式如戏剧式纪录片，已经展示出将纪录片与戏剧表演艺术结合的新型复杂方式。

纪录片与关于"现实主义"和真相的假说

迈克尔·摩尔在2003年获得奥斯卡纪录片奖的时候利用了这种二分法，以呼吁真相："我们生活在虚构的时代……虚构的选举产生虚构的总统……一个以虚构的理由送我们上战场的人。我们反对这场战争，布什先生。"

见第3章对"逼真"的讨论。这个概念表明即便是最"不实际的"电影与(人们认为的)"真实"也有一些关联。

"情感现实主义"(*emotional realism*)：对特定情感的某种真实，由莱恩·昂格(Len Ang,1985)及其继承者使用的词汇，她指出这种情感甚至能在一些浮夸的、以财富为中心的小说中找到，如《达拉斯》(*Dallas*)。

"纪录片"常被看作是与"小说"相对的概念，人们常以如下二分法进行传播、标记和查阅：

虚构的＝谎言	基于事实的＝真相
娱乐电影	纪录片和"现实主义"电影

这或许就是为何"**戏剧式纪录片**"(drama-documentary)使某些观众感到困惑的原因：它混淆了上面这些简洁、有力的界限。

事实上，如此鲜明的对比并没有对等式两边的内容进行恰当处理。虚构小说被认为呈现的全都是想象中的人物、地点和事件。但事实上，虚构小说并不一定和真实事物没有联系，包括"好莱坞"形式的电影。好莱坞通常回避对工作环境、避孕方式等的呈现，主要是为了给他们的中心焦点提供一个令人信服的环境：个人化的故事，高度戏剧化。但我们需要去回顾一些情节剧所体现的"情感真实"。而且，虚构电影的设置接近事实或历史，比如"传记片"或《卢旺达饭店》(*Hotel Rwanda*，英国/美国/意大利/南非 2004)和《格莫拉》(*Gomorrah*，意大利 2008)在表现某种真实方面拥有与纪录片同样的责任。另一方面，人们也低估了纪录片的建构，认为简单地把摄像机对准"真实"就好。

"纪录片"(documentary)这个概念在大多数的体裁分类描述中都找不到[比如，尼尔(Neale)2000,2002]。但它能够以类似体裁的方面来识别，像所有分类一样会发生变化。波德威尔和汤普森(Bordwell & Thompson,2004：128)把纪录片定义成一种"旨在呈现影片以外世界的真实信息"的形式。人们以这种含义来标记、分类、塑造和传播纪录片。像新闻一样，人们普遍认为纪录片表现具体的现实，是对真实的跟踪记录，以尽可能"真实"或"非人为的"方式来处理素材。

图 13-1 《偷自行车的人》(*The Bicycle Thieve*，意大利，1948)的剧照，经典的新现实主义电影：预算成本很低、实景拍摄、非专业演员，讲述一个失业的父亲自行车被偷的“现实”“小”故事(由相同情节的小说改编)。

《雪》(*Snow*，英国，1963)的故事很再简单不过了，是一部引人入胜的短片，讲述了1963年冬天一辆火车穿越暴雪的旅程。但即便如此，它也是经过塑造、选取了特定的角度和用设定的形式制作的。这是怎么回事？

纪录片与剧情片有一些关键区别。剧情片一般会策划事件，并事先编好故事脚本；通常使用演员，即使不是由经过专业训练的演员出演，如一些战后意大利新现实主义电影。但是纪录片和所有的艺术形式一样，都是构建出来的。制作者不是拿着一台摄像机对着“真实”拍，然后立即就变出一部纪录片。他们需要从一堆素材中挑出一部分来塑造影片——采访、事件记录、音响材料(包括音乐和音效)、文件或证据如图表、地图、漫画和档案胶片。他们也可能会策划或重构一些事件，用故事来塑造电影，包括决定如何做一些必要的删减或强调。在整个影片的制作中，都贯穿着事件是如何建构、如何“策划”、如何编辑的——使用了“角度”的双重意义。

即使在一部纪录片开机之前，仍要斟酌选择什么样的内容去拍摄，影响因素有：

a. 纪录片要拍摄的对象是否同意进行拍摄；

b. 在现有技术条件和资源下，采用什么方式来表现。可以使用高品质的移动摄像机，像监控录像一样地拍摄吗？电影是不是在音响技术还不如现在这么发达的时候拍摄的？看起来使用了多少个摄影师？

下面的历史案例研究了技术与接触纪录片形式之间的关系。“直接电影”是看似自发的手持电影制作风格的起源，最经常被称作“现实主义者”。我们希望让读者看到，即使是最“现实主义”的纪录片，虽然力求呈现普通人的声音，亲密、不间断地拍摄他们的生活，但到头来还是需要建构的。

“直接电影”(direct cinema)

20世纪60年代早期，美国出现了一种新的纪录片形式，就是**直接电影**。有时人们认为它类似于写实电影(Cinéma vérité)(法文意思是“实况纪录式的电影”，是同时期发展起来的纪录片形式)，虽然有人认为直接电影更具观察力。直接电影的现代说法是“贴在墙上的苍蝇”(fly on the wall)，以描述现在相当标准化的电视纪录片技术。现在使用数码和移动手机技术可以很轻松地窃听或者记录“现实事件”(也就是说，不是专门为了摄像机而表现的人——如讲座)。在此,它与监控形式相关,比如在城镇、市里和高速公路上的闭路电视摄像头(CCTV cameras)——事实上,有些低预算电视节目是用这些镜头制作的。

研究 13.1

你在什么地方愿意变成"贴在墙上的苍蝇"?选择一个你认为可以吸引观众的主题,并且可以使用小型摄像机拍摄。

- 你会把自己放在什么地方来有效地获取声音和图像?
- 你可否获取你需要的所有材料来完美表现你的主题?
- 为保证你的拍摄对象不是对着摄像机"表演",你会采取哪些策略?
- 你觉得你的对象会"自动"制作出一个故事吗?还是你需要编辑重构它?

"直接电影"制作者,包括罗伯特·德鲁(Robert Drew)、理查德·里柯克(Richard Leacock)、梅索斯兄弟(the Maysles)、D. A. 彭尼贝克(D. A. Pennebaker)和弗雷德里克·怀斯曼(Frederick Wiseman)。这些电影的核心对象或导演很少有女性。现在,有很多杰出的女性纪录片制作者,如金·隆吉诺托(Kim Longinotto)。

然而,在20世纪60年代,这种电影制作方法的标语就是要用新的技术来"像真实情况一样讲述"(tell it like it is)难以接近的机构与制度。这些技术是:

- 摄像机和麦克风应该尽可能地靠近事件现场,胶卷或磁带不间断拍摄;
- 所有发生的事情都记录下来,不要事前排练或写好脚本;不使用画外音叙述或音乐——所有这些是为了让纪录片的拍摄对象能够发出自己的声音。

一些技术进步让这种电影制作方法成为可能。20世纪60年代早期见证了首个:

- 轻量16毫米胶片摄像机,与录音机连接获取同步录音;
- 胶片敏感度好,在大多数光照条件下,包括小型手持灯光下,能够提供合格的黑白图像质量。

现在的拍摄设备不再大而沉重,纪录片摄制组几乎可以去任何地方——而他们也这么做了,报道摇滚音乐会、高看看你可以从互联网上找到哪些怀斯曼电影的片段，包括《提提卡失序记事》。你碰到了哪些困难？

中、总统预选，甚至是弗雷德里克·怀斯曼（Frederick Wiseman）的电影《提提卡失序记事》（*Titicut Follies*，美国，1967）中的马萨诸塞州避难所，不过由于这部影片提出的个人隐私道德问题，以及它描绘的收容者遭受的惊人待遇，这部电影一直到1992年之前都是禁片。

这种类型影片的先驱主要会遇到三个问题：

- 设备不引人注意，得到进入想要研究的机构（学校、医院等）的许可；
- 避免导致拍摄对象"在镜头面前表现"或表演；
- 决定如何为观众将片长减少到恰当长度，同时避免主观的编辑。

拍摄对象"在镜头面前表现"从而导致行为"不自然"，这个问题可以通过选取拍摄对象来避免，选取的对象"在观众面前表现"只是他们日常行为的一部分。政治家（肯尼迪家族）被各种各样的表演者[鲍勃·迪伦（Bob Dylan）和滚石乐队（The Rolling Stones）]所追随。表演的问题越来越成为纪录片的重要问题——见下文。

尤其对于机构内部拍摄的怀斯曼纪录片来说，一个主要问题是摄制组需要花费足够长的时间与拍摄对象在一起并持续拍摄，使他们开始感觉到摄制组是"家具的一部分"（一个影响"表演"的因素）。尽管到了编辑阶段，就会有数英里长的胶片需要筛选。如何剪辑这些素材，如何塑造已经拍摄的素材，这些问题至关重要。人们常说这些纪录片不是传统意义上的脚本，是在影像编辑软件上撰写的脚本。

"片比"（shooting ratio）这个概念在这里很有用，指的是影片拍摄的长度与最终编辑完成的影片长度之间的比例。所以，一个片比为30∶1（在这类影片中并不少见）的影片意味着一个1小时长度的影片实际拍摄时长为30小时，说明其剪辑的比例很高。

逼真与“表演”

如果需要，可以查阅第3章关于逼真的讨论。

这些都与“现实主义”的假说有关，我们也称之为“逼真”(verisimilitude)。当媒介被描述为“现实主义的”时，人们总会感到很有趣。“逼真”这个词常用于像电影《格莫拉》(意大利，2008)或《联航 93》(*United 93*，美国，2006)或肯·洛奇(Ken Loach)的作品。常涉及下面两个领域中的一或两个：

对于其他媒介形式也是如此。“朋克”音乐常被称赞为“现实主义”，有人说它既包含主题，同时使用了基本的和弦与乐器、简单的歌词、吼叫、呻吟、“不加润色的”声音等。

- 存在的争议：如《格莫拉》中的意大利南部黑手党、洛奇作品中的工会和其他英国工人阶级的经历。这些鲜见的呈现主题不管在电影表现中有多风格化，都会把自己定义为“现实主义”。
- 有一种拍摄风格通常模仿推搡、手持设备在颤抖的风格，在拍摄中用来保证新闻或纪录片的真实性——摄像机操作者不得不“抓拍”，有时面对武装官员的敌视。洛奇出名的一点在于，他不告诉演员在一些关键场景中将会发生什么，从而在现场让演员看上去很惊讶。当有人在摄像镜头以外讲话，摄像头转向他们的手法需要明显而又笨拙，好像是在放松警惕的时候抓取的，这也是产生“现场直播”真实感的一种方法。

研究 13.2

回想你最近一次觉得一个电视节目或电影“非常真实”：

- 记下影片文本中那些让你觉得真实的地方——主题？拍摄的方法、灯光效果还是表演方式？“画面粗糙”？睫毛膏有没有消褪？
- 结局是否是不太令人开心的，原本在这种类型的影片中不期待这种结局？

记下朋友或评论员如何使用这个词汇，为什么？

这种借用的一个例子是兼具情景喜剧、戏剧、纪录片风格的电视剧《办公室》(*The Office*，BBC，2001—2003)——95%是撰写好的脚本，但是使人不安地使用笨拙、真实的电视风格摄像，保留暂停和沉默，以及“偷偷摸摸、意味深长的、没有对视的一瞥，横跨开放式布局的办公室的情感鸿沟”（见 Amazon. co. uk）。

图 13-2　在 YouTube 上观看泽普鲁德的片子。同时见美剧《广告狂人》（2010）第三季中一集显示不同的观众会对这个事件有什么样的体验。

一部剧情片或电视看上去修饰越少，看上去就越可信或“真实”。现在这种“现实主义”准则会模仿包括手机或监控录像的拍摄。对“真相”的“粗糙”处理，一个早期的经典例子是一个片段，碰巧记录了美国总统 J. F. 肯尼迪被暗杀，由一位旁观者于 1963 年拍摄，并以他的名字命名：泽普鲁德（Zapruder）短片。斯泰拉 · 布鲁兹（Stella Bruzzi，2005）用它来强调能从这些画面中找到暗杀的“真相”的强烈感觉。她将其与电影中事实的准确性进行对比——二者不是一回事，因为真相常常力图超越“事实”进行解释。泽普鲁德的片子的确给我们提供了对历史事件的真实“追踪材料”，你也可以用事实。但是要假设影片的粗糙或偶然性是“真相”的保证，这个论断就太过分了——也就是说，它会告诉你谁杀死了肯尼迪和为什么杀死他。

毫无疑问，它的原始、制作日期与保存、“业余者”的身份都强烈的表明它没有经过建构——在后期制作室，用特殊灯光、专业摄像等数字形式。它是世人瞩目的历史证据。但要想向我们展示关于这次暗杀的更多关键真相，一台摄像机必须要指向另一个方向，对着那个射击者或多个射击者。就像布鲁兹所写，使用事实和“真相”的对比，“泽普鲁德片段在事实上很准确，它不是伪造的，但是无法反映出它所呈现的行动背后的动机或原因”（2005：430）。

见 YouTube 上这部影片的预告片，感受一下这部电影。

最近的一部电影《缅甸起义：看不到的真相》（*Burma VJ*：*Reporting from a Closed Country*，2009）由业余的视频记者秘密拍摄，记录极权主义下的缅甸生活，尤其是 2007 年由僧侣发起的“番红花革命”（Saffron Revolution）。“把他们全部拍摄下来，这么多，这么多！”一位游行者喊道，同时摄像头垂直上移到阳台和屋顶，那里挤满了欢呼的示威者——这是一个感人的画面，尤其是考虑到对起义的残酷镇压。我们看惯了太多"假的"或建构好的影片,该片粗糙的摄像工作和不连贯的编辑都为影片的真实性提供了"证据"。但是这种艰难的胜利"看起来"真实,除了使用的流通网络、导演和视频记者的名声,还有与缅甸政治新闻报道和其他分析的视频产生的对比。伪造这些场景的画面是可能的,但是它们"看起来如何"不是真实性的唯一保证。

法国电影评论家**安德烈·巴赞**(André Bazin, 1918—1958)认为,电影在摄影中"自发的"起始就像死人的面具,是对真实的背离。但在文章的结尾,他又说道:"当然,从另一方面来说,电影也是一种语言(巴赞,1967)",这句话是什么意思?

所以,尽管粗糙和真实的片段仍有很大的魅力,看上去像是在追踪某个事件,但我们不应该错以为它是打开"全部真相"之门的钥匙。事实上,现在越来越多的人质疑,任何一件复杂的事件不能仅凭一个真相或解释就获得充分的认识。如果泽普鲁德的电影都无法完成从"看上去是真的"到"这表明了真相"的飞跃,那么我们对于其他片段是否要更加谨慎?它们有可能是故意编辑得看上去粗糙和真实。

纪录片里的"表演"

布鲁兹(Bruzzi)总结了表演的问题:

> [我们需要]简单地接受纪录片永远不可能是真实的世界,摄像机如果不干扰生活,就不会捕捉到阐释出来的生活,设备与对象之间的冲突就形成了纪录片……纪录片是表演艺术,只有在拍摄的时候才能形成真相。
>
> (布鲁兹,2000:6,7)

在第15章寻找可以将此应用到采访中的方法。受访者有时候会遇到从来想不到的问题,但他们有时候会在自己的答案中发现自己。

布鲁兹对"表述式"(performative)和"表演"(performance)这两个词的使用引人注目,因为这些词汇出现在很多媒介领域,在生活中就更常见了。让我们把这些词放到上下文中。比尔·尼科尔斯(Bill Nichols)在20世纪八九十年代关于纪录片的作品颇具影响力,其中提出了他所谓的"纪录片模式(documentary modes)"的分类(尼科尔斯,1991):

- 说明式(expository)——其特点是,纪录片的配音是"权威的声音",一般努力呈现在纪录片中展现的"真实"所固有的在这里的“虚拟”(fiction)和“表演”(performance)一样，都有一点负面含义。如果孩子“调皮”，家长会告诉孩子不要“演戏”。

含义[一些野生动物节目如《蓝色行星》(Blue Planet)和时事纪录片如《全景》(Panorama)中依然采用]；

- 观察式(observational)——“墙上的苍蝇”的方法，如直接电影；
- 互动式(interactive)——纪录片制作人在影片中出现，材料“选择”置于最突出地位；
- 反身式(reflexive)——电影制作的过程不仅呈现出来，而且是“质问的”，因此反身式纪录片不仅注重“制作纪录片”，也注重表面的主题材料[见埃罗尔·莫里斯(Errol Morris)的作品，如《标准操作程序》(*S. O. P.*，*Standard Operating Procedure*，美国，2008)关于阿布·格莱布(Abu Ghraib)的虐待折磨]。

布鲁兹(2000：2)认为，这表明纪录片实践是简单的直线式发展，从20世纪30年代“原始的”说明式纪录片到所谓更现代化的“反身式”模式。布鲁兹通过对比，认为“反身式”纪录片可以追溯到20世纪20年代吉加·维尔托夫(Dziga Vertov)的电影。另外，她指出画外音和其他形式对叙述的控制直到今日仍在使用。这些都说明纪录片并不是简单地从一个阶段发展到另一个阶段。

同时，她指出，人们对纪录片的争论开始变得极端化。有人相信技术的进步总有一天可以呈现“完美”现实；有的人则认为现实永远得不到客观的描绘(因而，所有的纪录片都是“失败的”)。布鲁兹认为，“旁观者并不需要指示牌和引号，就能理解纪录片是现实与图像、阐释和偏见之间的妥协”(2000：4)。

尼科尔斯在其1994年版的书中引入第五种“模式”：“反身式”的一部分——“表述式”(performative)。布鲁兹认为尼科尔斯对“表述式”持消极态度，如直接电影，因为这种模式减少了客观性。布鲁兹则以更积极的眼光看待表演，纪录片制作者成了自己电影的主角[如尼克·布鲁姆菲尔德(Nick Broomfield)，迈克尔·摩尔(Michael Moore)]。布鲁兹认为，纪录片制作者是在表演自己的角色，并没有掩饰从现实中选取素材的过程，相反，他们是面对镜头“表演”这个过程。这就好像电影制作者对观众说：“看，我想尽力进行客观的陈述，但这就是我这样做的时候产生的事情。"而不是假装电影可以"窃听"(eavesdrop)现实,现实可以完全不受"纪实性记录"的过程影响。她指出,即便早期的纪录片没有反映出建构的过程,也不意味着观众一定认为该片没有经过建构。

与表演相关的是更专业的概念:"表演性"(performativity),强调"表演"本身是如何让人惊奇的,因而纪录片不是简单地记录"现实",而同时"现实"又能在记录时保持不变。它们是"真实性只有在拍摄时才能呈现出来的表述行为"(布鲁兹,2000:6)。

剧院和电影的"表演"涉及"表演出来的"而不是写下来的文本。但是支撑表演的东西(戏装、化妆)能够在日常生活中改变我们对身份的体验。

研究 13.3

- 你有没有过这样的经历,由于某种原因,你不得不表演一个角色——或许是为了工作?这有没有让你惊讶,还是意味着你做了你无法想象的事情?
- 你是否曾经因为要表演一个角色,而穿如制服("戏装")或发出不同的声音(如电话工作)?这是否仅仅是一个角色,还是你通过这些支撑,一部分"融入了"那个角色?人们对待你的方式呢?

最近出现了一种不好的"表演性"现象是"暴力拍客"(happy slapping)(对路人无缘无故进行攻击,并用手机记录下来,尤其是记录受害者惊恐或惊讶的反应)。2008 年 3 月,一个 15 岁的女孩用手机拍摄了一个男人被拳打脚踢致死的镜头,后来被成功起诉为协助和教唆谋杀。她不是简单地"记录"那个事件:她的拍摄帮助实现了那个事件——一个"表述式"艺术。

最后,亚当·柯蒂斯(Adam Curtis)的作品粗略归为介于"纪录片"和"艺术电影"之间,将通常少见的电影和新闻片段、见《恍如你的吻》（*It Felt Like a Kiss*，2009）作品来源于BBC，现在其网站上展示该短片。

问题：你怎么给它分类？纪录片？艺术片？一种外来类型的修辞性论点？

乔治·梅里爱（Georges Méliès，1861—1938）是通过训练的戏法师，早期的制片人。他认为自己通过停顿的技巧、多重曝光等偶然发现了"特技效果"。见YouTube上他的短片。

图13-3 汤姆·汉克斯（Tom Hanks）在《阿甘正传》（*Forrest Gump*，美国，1994）里明显见到了肯尼迪总统（死于1963年），该电影使用数字特技效果制作这一场景。

音乐和偶尔的评论放在一起创造出吸引眼球的混合电影。这里看不见的导演是"表演者"或"作者"，让人产生了对"可靠性"和"证据"极大的疑问。

伦理道德与纪录片

伦理道德与纪录片的问题（在对《提提卡失序记事》的反响中提到过）存在于整个纪录片的历史。伦理道德（ethics）是"好"或"正确"的道德或行为的研究与实践。你从事任何一项研究都会在规则中遇到伦理道德的问题，并且你需要按照伦理道德的要求去从事学术活动，比如采访、承认来源等。

纪录片则要负担起这种类型的责任，人们认为纪录片应该准确地呈现"事实"，尽可能真实，尽管在复杂的情况下，对于真实的定义颇有争议。用另一种方式来看这个问题，也就是说纪录片有义务为"公共领域"做贡献，追求安全和稳健的争论，采用合乎理性与道德责任的方式，并尽可能保持客观（参见第5、10、12章和第14章关于"公共领域"理论的更多讨论）。

纪录片的实践主要存在两个伦理道德的问题：

1. 电影从19世纪90年代产生之初，就拥有"伪造"材料从而误导观众的能力。一个早期著名的"纪录片"例子：罗伯特·弗拉哈迪（Robert Flaherty）的电影《北方的纳努克》（*Nanook of the North*，1992）包含猎海象的镜头，但是爱斯基摩人在当时已经停止狩猎海象很久了。电影还建造了特殊的圆顶冰屋，一边的墙拆除了，因此可以拍摄这个爱斯基摩人家庭在白昼假装睡觉，等等。当前的数字技术让伪造材料变得更容易，不管是静止的还是移动的。这产生了伦理道德问题，因为到目前为止，纪录片的主要目标仍然是尽力获取真实。

2. 其他更广泛的伦理问题也处于紧要关头，最重要的问题是：纪录片中的人物对象是如何再现的？

- 该纪录片对于其拍摄对象或论点能否做到公正和准确？被拍摄对象有什么样的回应权利？比如通过纪录片的网站？
- 电影与拍摄对象的接近程度如何？人们会不言而喻地小心不要冒犯那些有影响力的人——比如名人。或者会更加接近拍摄对象（可能通过变焦镜头或隐秘的监督机制），或者会不管是纪录片还是电影，都非常重视"最终编辑权"或决定最终编辑版本中应该采用哪些内容、剪掉哪些内容的权力。这种权力一般都掌握在制片厂或公司手上。

提出更棘手的问题，而不是同意参与时就知道的相对缺乏影响力的主题。

- 纪录片中的人物对象是否享有匿名权？
- 纪录片中的人物对象是否在影片最后的编辑中有话语权？

还有相当多的争论存在于"知情同意"(informed consent)包括什么，以及谁有能力给予知情同意(见上文的《提提卡失序记事》，也见第15章)。

当前的混合体 1："恶搞电影"

原文全文请见 www.guardian.co.uk/film/2009/jul/17/prank-moviesbruno-sacha-baron-cohen。

该片成为美国历史上最成功的纪录片电影(尽管被后来摩尔的纪录片超越)，广受赞誉和争议。作为反击，通用汽车威胁道，哪个电视节目采访摩尔，他们就从那里撤回广告。

瑞恩·吉尔比(Ryan Gilbey)提出一种新的纪录片混合体是"恶搞电影"(prankster cinema)，结合了纪录片、表演艺术、低俗闹剧和讽刺剧。吉尔比将其追溯到1989年迈克尔·摩尔的电影《罗杰和我》(*Roger and Me*)，在那部影片中，摩尔反复试图与通用汽车董事长罗杰·史密斯(Roger Smith)举行一场会议。摩尔不断指控史密斯破坏了他的家乡弗林特市(Flint)。摩尔使用假身份、恶作剧、计谋、勇敢的对抗——并采访当地的一些群众，这些群众或许并不知道他们所参与的情境有多么古怪，也不知道摩尔的编辑让他们看上去多么怪异。这种以"恶搞"为基础的娱乐节目根源于一些美国电视剧，比如《偷拍》(*Candid Camera*，1948—)，《谁敢来挑战》(*Fear Factor*)和MTV的《蠢蛋搞怪秀》(*Jackass*)，虽然这些节目都不像摩尔一般具有政治动机。

潘尼明确地询问黛米·摩尔(Demi Moore)："如果不是免费的，你会考虑以后在电影里穿上衣服吗？"

英国有争议的电视剧《铜眼》(*Brass Eye*，第4频道 1997)由克里斯·莫里斯(Chris Morris)撰写和出演，上演了一出对道德恐慌一本正经的讽刺，最引人注目的是"毒品"和"幼态持续"(Paedogeddon)。在荧幕上名人和政治家会经常被愚弄来支持一些被虚构出来的活动，通常是荒诞的慈善活动和事业。另一个英国电视恶作剧是名人采访者丹尼·潘尼(Dennis Pennis)[保罗·凯耶(Paul Kaye)]，潘尼是个"在红地毯上满嘴跑火车，惹了祸就跑"的人，持续时间也在意料之中，很少超过10秒。

吉尔比认为，电影业没有看到电影在公共场合上演预先计

图 13-4　迈克尔·摩尔最新电影（2009），紧盯银行业崩溃和奖金丑闻（bonuses scandals）。

划好的恶作剧的潜力。但是就像纪录片在 20 世纪 80 年代变得更混合化，摩尔的《罗杰与我》的成功意味着一种与肤浅的（“现实”）电视结合的拍摄风格开始被运用到政治领域。萨莎·拜伦·科恩（Sacha Baron Cohen）[“阿里·G”（Ali G）、“波拉特”（Borat）、“布鲁诺”（Brüno）]开拓了这个空间，混合了很多“恶搞”的习俗：有一些丹尼·潘尼快活的朋克精神；有一些迈克尔·摩尔的讽刺冲动；有一些《蠢蛋搞怪秀》风格令人作呕的场景，常常会带给自己真正的危险。

他很有争议地采用假采访（起初采访受人尊敬的公众人物，但非一直如此），并过度使用老套的角色，比如阿里·G（一个虚拟城市的准“粗鲁男孩”）、波拉特·萨格耶夫[Borat Sagdiyev，一个反犹太教、厌恶女性、无知的哈萨克（Kazakh）记者，执性恋迷于与帕米拉·安德森（Pamela Anderson）结婚]和布鲁诺（一个妖艳的奥地利男同性恋时尚记者）。

约翰·康纳（John Corner，2001）在电视纪录片的复杂情况下加入了一个讨论：“电影中的纪录片……仍然与占据统治地位的故事片有着强烈的对比，它可以简单地定义为‘非虚拟’（nonfiction）”。

尼尔·史特劳斯（Neil Strauss）2006 年 11 月 14 日的全文见 http://www.rollingstone.com/news/coverstory/sacha_baron_cohen_the_real_borat_finally_speaks。

文字性能和其用期待的方式表演在这里是重要的。根据《滚石》（Rolling Stone）杂志的说法，当表演阿里·G 时，拜伦·科恩总会穿着角色服进入采访区，带着装备，显得好像一个不起眼的工作人员。他会与一位西装革履的人一同到达，受访者会把那个人当成采访者。然后拜伦·科恩扮演的阿里·G 就会坐下，通过问受访者一些基本的问题来展开采访。受访者一般会一直误以为西装革履者才是采访人，直到摄像机开始拍摄。这会让受访者大吃一惊，但是不大可能会在采访开始前选择离开阿里·G 的采访。

涉及的伦理问题包括受访者是否遭到欺骗或受到煽动表达极端的态度和偏见，尤其当受访者是“普通”群众的时候，采访的安排是否允许观众看到“通过常规的调查性新闻看到你平常看不到的美国”，如同《整蛊集团》的迈克·波南诺（Mike Bonanno）所提出的。

拜伦·科恩似乎在《布鲁诺》（2009）中更进一步。那时科恩的大名已经家喻户晓，很难找到一名不认识他的受访者。一次采访提出了伪装的问题，以及虐待弱势的受访者的伦理问题。在那场采访中，巴勒斯坦非暴力的基督法塔赫（Fatah）倡导者阿布·伊塔（Abu Aita），被描述成一个武装恐怖组织的成员(法塔赫也有武装力量)。对他的采访持续了两个多小时,他被告知采访的目的是为了反映巴勒斯坦领土内年轻人的生活。在电影中有一个片段,布鲁诺要求被绑架,暗指巴勒斯坦恐怖主义者是"绑匪的最佳人选",因为"基地组织(al-Qaida)2001年是这么做的"。阿布·伊塔的实际回应在这个短片中被删除了。这对他自己的生活产生了严重的后果,于是他考虑采取法律手段控诉拜伦·科恩(参见Shabi,2009)。

图 13-5 拜伦·科恩的"布鲁诺"形象。

研究 13.4

- 讨论纪录片"表演"的理论如何应用到拜伦·科恩的电影中。
- 编辑是否是喜剧的关键?大概要使用多大的片比?有人认为布鲁诺在视觉上已经无计可施了。通过这部电影的证据,你如何支持或反对这一观点?

《整蛊集团》更像是摩尔的风格,说明了要获得进入最高水平的通道就必须使用假证明,包括虚假网站。他们通过对不负责任的跨国公司的行为进行别具一格的宣讲,使它们感到窘迫;并且把他们的工作看作是"采取行动"而非"恶搞"。

某种程度上说,杰米·奥利弗(Jamie Oliver)的第4频道剧《校餐》(*School Dinner*,2005)是恶搞性质的。剧中虽然没有伪装身份,但是,他给学生一桶他们日常油炸食物的令人作呕的原料和一百多句脏话录成的DVD,此DVD用于学校使用,其间,脏话不断被"哔"掉。

当前的混合体 2:"真实电视"

"真实电视"(Reality TV)用来形容几种形式的真实电视节目。大概从1989年开始,真实电视在英国增长迅猛,一般在黄金时段前后播出。对于“这种形式”的担忧不仅是它的格式，而是在一个收视率至上、成本缩减的电视生态环境里，这些节目居然能够挤掉成本高昂的纪录片、新闻和戏剧。

虽然很多“真实电视”制作成本低（由于其制作团队规模小、准备少、使用观众参与、不需要在舞台和场地上支出等），这并不意味着有些创意是无价值的。

阶级和“真实电视”

1. 伍德和司格思（Wood &Skeggs）研究了对这种节目的评价中令人厌恶的阶级话语，尤其是“改造”（make-over）类的：

- 贬损的描述（“垃圾电视”）；
- 颠倒公私的感知，错误地把“普通群体”（工人阶级的代码，尤其是女性工人阶级）放在中心；

他们也指出：

- 工人阶级在“真实电视”中的比例过高，这是由于他们的经济状况使得（廉价的）演出费用很有诱惑；
- 当社会不公平还很严酷而且社会流动率停滞不前的时候，节目强化了“自我管理”和社会流动的神话；
- 围绕人物对象的“令人羞耻的场面”，常常在“揭露”的时刻使用“审判的拍摄”。

当你听到对此类节目更简单的描述时，可以考虑这种复杂的评估方法。

2. 与此声名相对的是，可以把 BBC 的年度系列《春日》（*Springwatch*，2005—）看作是一种“真实电视”。

它通过隐藏的、通常是程序控制的摄像机来记录野生动物，比如英国春天的鸟类。每一个片段大多都是向全国进行现场直播。节目使用了 100 多名员工，50 多台摄像机，让这部剧成为 BBC 迄今最大的英国户外广播事件，受到广泛关注。（参见 BBC 网站）

问题：你认为这是“真实电视”吗？为你的回答给出理由。

如同我们通常对“戏剧真人秀”（dramatic reality show）这

在旧的茅草屋里，“eavesdrip 或 eavesdrop”是屋檐上的水滴下来的地方。站在那里的人用耳朵贴着门窗，努力听清私人的对话，这些人就成了偷听者(eaves-dropper)。

个说法的理解，第一个“戏剧真人秀”是 MTV 的《真实世界》(*Real World*，1992)。该节目是以“墙上的苍蝇”的纪录片为基础，比如《美国家庭》(*American Family*，PBS 1973)，对一个不幸福的美国家庭进行了 12 个小时的偷听(eavesdrop)。但是它除了削减了一些节目预算外，还吸取了欧洲《老大哥》和之后的《幸存者》(*Survivors*)的成功，因而成为主流形式。在英国，这个说法首先应用于杂志版式的节目，以犯罪、意外事故和健康故事或“创伤电视”(以《英国犯罪观察》(*Crimewatch UK*)、《生命拯救者》(*ifesavers*)、《美国头号通缉犯》(*America's most wanted*)……)为基础，常常将“明显”、“原始”、真实的材料与一个新闻杂志的庄严混合在一起，结合了小报内容的商业成功与演讲的公共服务模式[杜可斐(Dovey)，2000：135]。慈善业常受访讨论到这种节目，以确保这类问题的准确性和妥善性。一个最近的例子：拯救 2009 年真人秀《另一半人如何生活》(*How the Other Half Lives*)中的孩子(《卫报》，8 月 12 日)。你能发现更多的例子吗？

研究 13.5

研究经常作为“最低级的节目”或“怪诞秀”或“八卦电视”引用的(有时甚至是没有真正看过)节目《换妻生活》(*Wife Swap*)或《窘迫疾病》(*Embarrassing Illnesses*)。

- 列举你碰到的有价值的，甚至是和公共服务广播原则相关的元素。
- 列举你认为“没有价值”或“怪诞表演”的节目。你在哪里以及如何来界定这些区别呢？

很多预算不同的各类节目都归为这一标题的名下，这是很让人惊奇的。比如有一种“改造”节目(重新装修家庭、约会能力、花园、身体、性生活……)；肥皂剧[《换妻生活》或《飞机场》(*Airport*)]；《英国犯罪观察》以及价格低廉的“警察”节目等。

研究 13.6

看看你最喜欢的改造节目或其他类型的“真实电视”。

● 他们使用了什么代码、惯例或对观众说话的方式？

● 你有没有曾经因为喜欢这样的节目而羞于说出口？或者只是讽刺性地说说？

在搜索引擎上输入“Burmese Big Brother”，你可能想起这个术语来源于奥威尔的小说《一九八四》，或者是当代隔离于“全球化”的极权政体，包括自由使用互联网和《老大哥》之类的节目。

重新阅读第 3 章的“模式”(format)部分，了解《老大哥》的商业根源。

《老大哥》喜欢将自己定位成纪录片。它在有些方式上像“直接电影”，不是用手持摄像机（许多摄像机是固定和隐蔽的），而是用“窃听”的监视风格。然而它比起传统的纪录片来说“编剧”成分偏多。它倾向于在观众部分的叙述参与（因此而有用的投票），通过：

● 选择演员的过程（45 000 个人申请英国第一季）。越来越多的申请人期待也欢迎这种异常的曝光，或能经历一些奇怪的情形。他们中的许多人说他们希望能因此成为明星。（后来的版本安排名人参加，都已经有自己的“背后故事”）

● 编辑决定。第一季录了 9 000 小时。编辑常常通过选择性使用一些片段来塑造“角色”，因此建构的故事通常种类特别，并通常关注选手的性行为。

● 场景选择。一半是高科技的牢狱，一半是时尚设计师“平台”，它保证并帮助确保每一季有不同的可能性。

● 扩展节目的能力，参与不寻常的政治领域的网络讨论（“身份政治”?）见克莱恩和沃尔德（Klein& Wardle，2008）由两个竞争对手在 2007 年使用威尔士语而引发的讨论。英国《老大哥》定期受到攻击，使观看人数降低[见劳森（Lawson，2009）]确保 2010 年是最后一季。

该剧在英国成功的历史一定程度上揭示了电视制度，它们的“多平台”传播（帮助开拓）和公司媒介的联系或“融合”（convergence）也得到揭示。

1. 把它安排成一个夏季事件（那时周边的节目成本要低很多），在俱乐部里展出，然后成为“年轻”受众晚会的压轴，这些都是关键元素。

对于这么大规模的事件，它一旦上了"议程"，就成了人们交谈的开始，要不对话开始会很尴尬。人们可以通过此事讨论其他事，甚至提供游戏素材。

2."甚至是那些不观看它的人也能够了解它，在各个地方都有它的新闻报道"(劳森，2009)。一旦建立了，它可以灵活地安排时间，伴随着铺天盖地的新闻、互联网和手机报道。但是2009年夏天的重磅新闻("猪流感"、议会开支丑闻和经济衰退)让它没法成为头版头条。

3. 观众能够通过手机来投票决定谁应该离开房间(以及一些其他问题)让它成为互动性节目，让所有者有利可图。手机收费的丑闻和一些淘汰选手不具代表性的决定都成为它们逐渐不受欢迎的一部分原因。

约翰·埃利斯(John Ellis)推测这个节目和广泛的工作价值和结构有关：

> 大家因环境而困在一起互相依靠，但是为了生存，他们不得不在背后中伤彼此，提名淘汰别人。这种经历类似于现在的工作场所——暂时的项目式工作、评估过程和通常无情的公司管理。
>
> (埃利斯，2001)

安德烈·巴赞曾写道："艺术中的真实只能通过一种方法实现——伪饰。"(见《现实主义美学：新现实义务》(1948))。问题：你认为他是什么意思？

当前的混合体3："戏剧式纪录片"的形式

上面很多的争论考虑到事实和虚构，或者戏剧和纪录片之间可感知到的距离。因此有些在两者之间混淆的形式引起了人们的焦虑和争论。让我们研究一下最近"戏剧式纪录片"的两个不同的例子。

1.《联航93》常常让人当作一部"非常真实"的电影来引用。它是一部精心打造的高成本电影，根据美国"9·11"事件中劫机事件发生的真实故事进行重构。导演保罗·格林格拉斯(Paul Greengrass)像类似传统的众多导演和作者一样，出身于英国电视纪录片和戏剧式纪录片。他把早期这种电视的"真实效果"带到《谍影重重》(Bourne)等"好莱坞"的动作冒险片中，特别是《斯蒂芬·劳伦斯的谋杀》(*The Murder of Stephen*

Lawrence，1999）和《血色星期日》（*Bloody Sunday*，2002）。

“现实主义者”考虑到形式和主题的问题，尽管一些批评者质疑在一部细致的、类似惊悚小说的重构中，我们究竟可以了解到“9·11”事件的什么真相，尤其是机上的劫匪的政治动机还没有研究。

2.《天堂五分钟》（*5 Minutes of Heaven*，BBC/百代电影公司 2009）是基于 1975 年发生在北爱尔兰一个令人震惊的，现实生活中的谋杀案。这部电影获得了圣丹斯电影节（Sundance World Cinema）的最佳导演奖和编剧奖。它对过程漫长的解释会带给你高质量电视“戏剧式纪录片”中“延伸”和创新的感觉。

这个电影的资金渠道（BBC4 开了绿灯，一部分是因为作者的名气）现在对于 BBC 来说很不寻常，更不要说其他电视公司。见托尼·加内特（Tony Garnett）的内容 http://www.guardian.co.uk/media/organgrinder/2009/jul/15/tony-garnett-bbc-drama。

1975 年，17 岁的新教阿尔斯特志愿队（Protestant Ulster Volunteer Force）成员亚利斯塔尔·利特（Alistair Little）谋杀了他身边的第一个也是唯一一个天主教徒。19 岁的吉姆·格里芬（Jim Griffin），当时格里芬正在看电视。格里芬 11 岁的弟弟乔伊（Joe）目睹了谋杀的过程。片子锁定了他们的眼睛，利特承认如果他知道乔伊是格里芬的弟弟，自己也会杀了他。

这部电影仔细地重新创造了谋杀的过程，然后故意引入“假如”的领域：33 年后，如果两个男人现在相遇，会发生什么事情？现实生活中的利特由［利亚姆·尼逊（Liam Neeson）扮演］因他的罪行在监狱里待了 12 年，现在致力于“化解分歧”（conflict transformation），为爱尔兰、以色列、巴尔干以及南非心灵受创的人开办了一个工作室。或者像成年的乔伊·格里芬［由詹姆斯·内斯比特（James Nesbitt）扮演］悲痛地说：“他游历全球告诉人们杀人的感觉如何。”格里芬遭到他妈妈无理的指责，说他没有试着阻止他哥哥被杀，长大的过程饱受折磨。电影标题的意义出现在长镜头里，利特和格里芬为了一个电视纪录片准备相见，尽管现实生活中两个男人从来没有见过面，而且也可能永不再见面。这里会有“真相与和解”或更加黑暗、更不稳定的东西吗？制片人说，“这个电影讲述了存在于犯罪者和受害者之间复杂的心理关系。它不是简单地找到答案。”

图 13-6　该电影的海报。

很明显，即使是第一个仔细研究的谋杀也是以“虚构”的方式“重构”出来的——选择专业演员或明星、创作台词、核对历史细节。但是那之后，电影使用了戏剧式纪录片的新型方式。

在现实生活中，利特和格里芬被邀请到电视秀上，大主教图图(Archbishop Tutu)想把冲突双方的幸存者请到一起来调解。编剧盖伊·希伯特(Guy Hibbert)说，格里芬谢绝了，说："如果我和那个男人在一个房间我会杀了他。"希伯特为了创造一个戏剧性场景，开始了一段漫长、艰苦的过程去了解两个男人，即两人可能会见面，研究如果他们二人见面了，会发生什么。

"我会首先问他们两人：'如果你们双方接受了那次邀请，会怎么样……？'亚利斯塔尔说，'如果乔伊想让我去，我就会去'……乔伊说：'我会拿一把刀在天堂待五分钟。'我会说，'看，乔伊。如果你会这么做，那下一个场景是什么？'然后乔伊说，'你是作者，当然是你告诉我。'我告诉他，'你的妻子和两个女儿会看电视，然后有一阵敲门声……一个警察和女人出现，然后……我们会切入你两个女儿的哭声。'我告诉乔伊，'我不想写那个场景……'"

电影戏剧化了事件和脚本的对话，同时，一个主要的问题在于使两个核心"人物"参与了贝尔法斯特仍然危机四伏的政治局势(与上文巴勒斯坦的拜伦·科恩形成对比)。盖伊·希伯特将其描述为戏剧疗法——"和他们分别工作三年，在伦敦和贝尔法斯特之间穿梭，因此他们就不可能在走廊上相遇……真的……因为我们处理了他们生命中最戏剧性最创伤性的时刻。"他确定所有的事情对他们来说都是可以的，即使尼逊想改动对话中的一个词，他都要打电话去询问两人的意见。

"很有可能最紧张的部分……是当我平静地离开他们6个月来写剧本，然后给他们看。那是他们第一次'面对面'地遇见彼此，如果你愿意这么说。亚利斯塔尔才第一次发现乔伊是怎么想他的。"

由于他的参与，乔伊·格里芬现在开始接受第一次心灵创伤咨询。上网站 http://www.independent.co.uk/arts-entertainment/tv/features/five-minutes-of-heaven-a-fair-share-of-troubles-1660787.html 的案例分析来看材料。

总体上来说，销售和发行对于我们讨论过的所有电影来说都是非常重要的。问及这部电影倾向的销售方案——希伯特在英国和爱尔兰把影片放在 BBC 2 上播放，从国际来说是“戏剧化”（也就是电影院）发行，他答复：

> 你有 350 万电视观众，这是一个艺术片，所以如果够幸运，在电影院里你可能会有 3 万名观众。特别是在爱尔兰，这部电影有很多观众。该片广受新闻关注，因为它有两个大腕儿级演员。你在电影院永远不会有那种感受，爱尔兰人能看到这点是关键……尽管电视的麻烦在于两年的工作在一个晚上就结束了。而且如果你与一场英格兰比赛或《爱默戴尔农场》（*Emmerdale*）特辑冲突了，这两年可能一无所获。所以，从这个方面讲，这两个领域我们都占了优势，因为我们有全球发行的普通版本和电影节展映……

研究 13.7

思考有没有什么事件、新闻故事或一段历史可以制成一部好的戏剧式纪录片。

- 给 BBC 写一个计划，建议你为什么以及如何去计划将其打造成戏剧式纪录片？
- 在做戏剧式纪录片的计划时，你要考虑什么？见上文托尼·加内特的内容，上网站 http://www.bbc.co.uk/writersroom/找 BBC 的作家之屋（WritersRoom）。

小　结

纪录片常常是建构出来的，尽管强大的话语让我们觉得这是透明地、单纯地讲述事实的方式。但是电影人常常融合各种形式，包括各种形式的“表演”甚至是恶作剧。融合的类型已经不新鲜了。

我们试图去研究这些问题，以及一些伦理道德问题、虚假镜头和“再现”真人真事……这些都是纪录片讨论的中心。这些问题都需要远大的新闻理想，通过共同的努力创造出具有活力的、负责任的“公共领域”，而不是仅仅是唯利是图的单纯的商业驱动力。

尽管有一些极端的"后现代"立场，我们还是居住在一个真实的世界，可以呈现一些社会问题。但是需要观众能够辨识出，这样的呈现是

- 电影制作者的协商
- 不是"真相"直接的"反射镜"，而更像是(往往比较复杂的)情况的折射。

这些问题在数字时代尤为显著，影像可以通过电脑修改，因而让基于摄影的影像中的"痕迹"问题更加复杂。

然而，尽管现实和纪录片也常常是互相质疑的、建构的，但人们不能完全不相信我们可以"了解"某件事或者找到可信的证据，这种态度是消极的。我们希望，在本章的结尾你不会感觉，纪录片难免会从"纪录片和虚构电影一样，都是建构的"变成"没有必要计较是不是存在不实的地方"。人们会期待新闻和纪录片在某种程度上努力构建真实，这种态度是对的，但是这种对真实的追求往往是有目的的——可能是气急败坏的曝光或科学调查。这也与"真实"、"娱乐"或"恶搞"形式的纪录片相关，问题也同样复杂。

参考书目与扩展阅读

Ang, Ien (1985) Watching Dallas: Soap Operas and the Melodramatic Imagination, New York: Methuen.

Bazin, André (1967/71) 'The Ontology of the Photographic Image', in What is Cinema?, 2 vols, London: University of California Press; revised edn, 2004.

Bordwell, David, and Thompson, Kirsten (2004) Film Art: An Introduction, 7th edn, New York: McGraw Hill.

Bruzzi, Stella (2000) New Documentary: A Critical Introduction, London: Routledge.

Bruzzi, Stella (2005) 'The Event: Archive and Imagination', in Rosenthal, Alan, and Corner, John (eds) New Challenges for Documentary, Manchester: Manchester University Press, pp. 419-431.

Corner, John (2001) 'Form and Content in Documentary Study' and 'Documentary Realism (Documentary Fakes)', in Creeber, Glen (ed.) The Television Genre Book, London: British Film Institute.

Dovey, Jon (2000) Freakshow: First Person Media and Factual Television, London: Pluto Press.

Ellis, John (2001) 'Mirror, Mirror', Sight and Sound, August.

Gilbey, Ryan (2009) 'Jokers to the Left, Jokers to the Right', The Guardian, G2, 17 July: 3.

Klein, Bethany, and Wardle, Claire (2008) 'These Two Are Speaking Welsh on Channel 4!', Television and New Media, 20, 10.

Lawson, Mark (2009) 'Oh Brother', The Guardian, G2, 24 July: 5-8.

Neale, Steve (2000) Genre and Hollywood, London: Routledge.

Neale, Steve (ed.) (2002) Genre and Contemporary Hollywood, London: British Film Institute.

Nichols, Bill (1991) Representing Reality: Issues and Concepts of Documentary, Bloomington and

Indianapolis：Indiana University Press.

Shabi，Rachel (2009) 'The Non-profit Worker from Bethlehem who was Branded a Terrorist by Brüno'，The Guardian，1 August：3.

Wood，Helen，and Skeggs，Bev (2008) 'Spectacular Morality'，in Hesmondhalgh，David and Toynbee，Jason (eds) The Media and Social Theory，London and New York：Routledge.

第 14 章

CHAPTER 14

从“受众”到“用户”

- 受众的学术呈现
- 效应模型
- 使用与满足模式
- 从“效果”到“影响”：事实模式
- “文化”研究
- 再媒介化受众
- 讨论：混合模式与《妈妈咪呀！》
- 小结
- 参考书目与扩展阅读

在人类回应和使用现代媒介的媒介研究方法中，“受众”一直是一个关键术语。这个术语以另一种方式宣称，仅仅进行文本研究是不够的。人们认为文本研究方法近似于早期的方法(从 19 世纪，然后明显的 20 世纪 20 年代)，蔑视性假设单纯依赖文本就能解读大众传媒“受众”的反应。

思考受众的有效途径之一就是“作为群体和个体，部分被媒介产业‘建构’”。

问题：为了包含互动性“用户”，你如何进行改写？

从14世纪开始，“audience”被赋予多重含义，从一种正式的听力行为（被上级“准予的听众”）到一群人在同一场所聆听（如演讲），再到当代媒介化的受众（见Bennett等，2009）。

“受众”（audience）一词来源于听力（hearing），多指的是“参与”某些有影响力的“文本”——如布道、演讲、剧院表演——的“沉默”群众。从那时起，对这些“大众”加以区分、分析他们不同的反应和分类就成为媒介研究的内容之一。其中一个重大进展就是停止使用“听众”（audience），转而使用“受众”（audiences）来表示伴随一种广泛传播的文本（如一部电影大片）产生的多种参与方式。

然而，部分媒介经常倒退到更古老的被摒弃的用户理念，仿佛他们仍然是掺杂的、容易上当的“大众”。

研究 14.1

记录一周关于媒介受众问题的新闻、时事或“电视真人秀”报道。

- 它们的建构是否旨在鼓励受众、用户的特定观点？这可能包含“儿童”与媒介——经常被夸大或者妖魔化的担忧的一个常规来源（恋童癖、网络成瘾——尽管很少是广告的影响）。
- 如果最近报道了某项有关儿童网络使用的研究成果，查看“低俗小报”和大报的相关新闻报道。在建构如“网络成瘾”或者“儿童”差异等问题时有没有很注意？报道的引用是否得当？

“跃动青春”(Jump In)是X-Box 360在2009年的广告语，请观看X Box 360被禁的广告，描述这条广告如何强调和想象它的“用户”。

很明显，“听众”并不能涵盖人们参与互动性媒体的所有方式。例如，游戏有受众吗？玩家非常专心，但可能并非以“受众”甚至早期的“文本”方式。如果不是真正的“追随者”，我们需要讨论这些广泛传播的“文本”（如广告）可能产生的影响，尤其要结合市场营销等其他因素进行研究。这就意味着在市场巨大的推动力下，单独一条广告就值得作为一个“文本”来研究，而这条广告的影响力很可能会比一条反对它的微博要强大的多。（见 Ruddock，2008，关于酗酒、学生、同侪压力与市场营销）

哪些概念有助于分析这个包含了“我们”的领域？

研究 14.2

本章的各个概念包含与他人活动的讨论及文化价值：

大众文化(mass culture)；听众；受众；读者；二级传播(two-step flow)；用户；用户原创内容(UGC)；消费者；生产消费者(prosumer)；协同创作者(co-creators)；潜水者(lurkers)。

● 学习完本章，检测自己是否能够简要定义这些术语，并能使用不同方法定位这些概念。

受众的学术呈现

首先，我们先来更新一下凯辛格(Kitzinger，2004a：168-169)有用的建议。她将受众研究划分为四个主要领域：

● "市场"驱动：起源于美国，并将受众作为消费者。该理论在检测此类问题时，将其作为注意力流动或产品所能吸引的"眼球"量。目前，企业都相当具有前瞻性地研究它们能够感知到的有用的受众反应或信息。

● 关注道德和"性与暴力"：脱离社会形成和广泛影响，用一种简单的方式孤立地关注假定的媒介权力腐败[见休斯曼和泰勒(Huesmann & Taylor)，2006 及围绕他们的争论]。该理论通常围绕实验室的证据展开。目前，该方法包括社交网络媒体及其往往可能对青少年用户产生的不良影响(见下文)。

> 请观看 BBFC 网站上当前有关此类争论的有趣资料——http://www.bbfc.co.uk。

● 对技术进步的回应：历史上新媒介的出现，从 20 世纪 20 年代的影院、20 世纪 50 年代的电视，到儿童和其他群体使用今日的互动媒介。

● 文化、政治和身份的问题：关注媒介在形成大众认知中的角色，人们使用媒介文本的方式，以及有关身份、乐趣和幻想的主题。

研究 14.3

"你在电脑上的身份是你分布式存在的总和。"(Turkle，1995：13，引自利文斯顿，2009：100)。

"拥有一个滑稽的名字很有趣，同时它又是隐私。我不喜欢父母阅读我发送的所有电子邮件。"(Candy，网名"Kissmequick"，引自利文斯顿，2009：101)。

- 当你选择电邮地址时你是，或想作为一个什么样的人？学生？你喜欢的社交网站的贡献者？一个粉丝？还是求职者？
- 你是否曾经在网络中"扮演"过某种身份？

我们认为这些方法由不同的利益主体提出和资助，产生了不同的"受众"和"用户"形象，对整个社会和用户产生影响。诸多形象在此类"循环"中运作。

但关键问题依然是：如何在万能的"信息"和万能的"用户"这两个极端之间重新定位我们的理解。

效应模型

在学术研究领域内，研究假设都会试图集中于这两个极端的其中之一：**效应模型**(effects model)和**使用与满足模式**(uses and gratifications model)。

效应模型[又称为**皮下注射模式**(hypodermic model)]指的是强调媒介对受众影响的方式。人们假设力量只取决于"信息"[message(s)]。媒介也被称为"大众传媒"(mass media)或"大众传播"(mass communications)。这恰好强调了其运作的范围和规模，但也让我们其他人在某种程度上变得被动——"上瘾"和"受骗"。这种模式的语言通常指的是意义通过强大的像"注射器"一样的媒介"注射到"单一的媒介大众，因此是"皮下注射"。下一步就是描述媒介像是毒品，并暗示受众被下药、上瘾和受欺骗。

但是如果的确开始上瘾(有人认为在某些群体和网络中的确已经发生，见第 8 章，第 265 页)，

"……没有'大众',只有把人们大众的方式"[雷蒙德·威廉姆斯(Raymond Williams),1958]。关于这位重要的文化理论家,请见第8章。

法兰克福学派是一个由新马克思主义文化理论家建立的小组,是一个群体而非机构。主要成员有西**奥多·阿多诺**(Theodor Adorno,1903—1969)、**尤尔根·哈贝马斯**(1929—)、**马克斯·霍克海默**(Max Horkheimer,1895—1973)、**赫伯特·马尔库塞**(Herbert Marcuse,1898—1979)等,他们在20世纪30年代逃离纳粹德国,流亡到美国。

想了解更多有关"公共领域"的概念及围绕其用途展开的讨论,见第5、10、12章相关内容。

a. 像物理上瘾(如酒瘾、烟瘾)一样能满足多种需要;

b. 成为广泛的文化塑造和商业激励的一部分(可能缺乏安全的公共空间或机会以其他方式去花费时间,或者使用潮流装备或知识的同侪压力被商业化)。

"大众文化"通常与**法兰克福学派**紧密相关。这些也塑造了19世纪和20世纪两位英国文学家马修·阿诺德(Matthew Arnold)和F. R. 李维斯(F. R. Leavis)之间的争论。他们认为"文化"(意指"高雅"文化如"经典名著")是"最好的思想和语言"。这经常被拿来与大众媒介产生的"流行文化"作对比,尽管这里有一种早期"民间文化"和"文学"的怀旧情结。但是,这些文学评论家并不探究"大众"的反应。

从20世纪20年代起,法兰克福学派建立了当时的现代媒介影响的理论,以回应德国法西斯利用广播和电影达到宣传目的。在被驱逐出纳粹德国之后,这些"法兰克福"理论家又对美国的媒介力量进行研究,包括广告和一些娱乐形式。它的成员发展了一种马克思主义的变体——批判理论(critical theory),该理论横跨马克思主义、弗洛伊德主义、哲学和经济学领域研究,强调公司资本主义拥有和控制媒介,进而以前所未有的方式限制和控制文化生活的强大力量,创造出让人目瞪口呆的一致的所谓"大众文化",而没有任何创新或原创的空间。

具有讽刺意义的是,尽管法兰克福学派根植于马克思主义,但该学派并没有积极的理论,也没有包含那些想要反抗这种控制的工人阶级和受众,20世纪50年代该学派摒弃了阶级斗争是历史助推器的理论模型。尽管如此,随着媒介的最终经济控制权越来越集中,即便是在互动媒介的潜力面前,法兰克福学派的著作也值得人们重温。哈贝马斯的"公共领域"理论依然具有影响力。

具有欧洲法西斯影响的法兰克福学派等人在广泛的文化术语下基于"大众受众"建立流行媒介的"影响"理论,是20世纪50年代美国不同的研究方式。暴力行为(不包括战争)的增加震撼了所有的研究者,有人认为,这是电视呈现的暴力(当时的一种新媒介)导致的后果。与法兰克福学派不同的是,其他研究者并不关注如何把这些与晚期资本主义社会的批判分析联系起来。他们关注的是电视对人们(或者说其他人)的影响。

研究 14.4

这种形式依然盛行，尤其是在“媒介观察”（Media Watch）* 及美国等地的一些家长和宗教运动中，常要求基于这一效果模型进一步审查电视和“新媒介”，至少是进行分级。

- 访问“媒介观察”的网站（http://www.mediawatchchuk.org.uk/）通过谈话、语气和证据的选择，寻找有关受众的猜想。
- 留意
  - 对“他们”的使用而非使用“我们”；
  - 允许研究者或活动推动者参与有害性观察（毕竟，要成为可信的审查者，他们必须经验丰富）；
  - 暗示以前“情况不严重”，这里的“以前”常常指三十多年之前；
  - 视觉和语言的刻板印象或“其他”恐慌的群体或个人。

*“媒介观察”的前身是全国观众和听众协会（National Viewers' and Listeners' Association），该协会在英国审查游说方面拥有引人注目的历史。不要与听众和观众之声（Voice of the Listener and Viewer）相混淆，见 http://www.vlv.org.uk。

伯尔赫斯·弗雷德里克·斯金纳（1904—1990）是美国行为主义学家。他认为行为只能通过遗传和“强化”来解释，或者奖励和惩罚。因此，行为的“强化”相较于其社会塑造来说，更为重要。

图 14-1　见亚当·柯蒂斯（Adam Curtis）的短片《恍如你的吻（*It Felt Like a Kiss*）》（BBC 网站，2009），该短片对美国 20 世纪 50 年代广告的初创时期进行了“法兰克福”式的描述，融合了心理分析和电击疗法。将这种描述与虚构的《广告狂人》（美国，2007—）进行比较。

目前的问题在于对新媒介的不熟悉所导致的代际恐惧感和不安全感。这类模式中，媒介被看作是导致“暴力”、欺凌、成瘾等，以及“品味和礼仪”标准降低的最主要原因。

本书中还会涉及一个概念——行为主义（behaviourism）。受行为主义的启发，一些研究者开始研究媒介对“儿童”的影响。行为科学家试图通过改造动物的实验行为，来理解人类的社会化行为。伯尔赫斯·弗雷德里克·斯金纳（Burrhus Frederic Skinner）是杰出代表之一。你也可能听说过巴甫洛夫（Pavlov）的狗，他的实验在这些动物每次进食时都给予铃声刺激，以致后来不管有没有食物，只要一听到铃声，它们就会分泌唾液。很明显，他们的实验行为遭遇极端篡改。此类实验的科学家希望通过强化可以控制人类的行为——尽管是以不同方式。美国的广告商对此很感兴趣，其中有些人认为可以在电视广告中使用"重复信息"或"强化"的手段。

"当她进入实验室,一个四岁的小女孩说:'妈妈,快看!这是我们要打的娃娃!'"(J. Root, 1986)

最臭名昭著的研究当数"波波玩偶实验"(Bobo doll experiment)[班杜拉和阿尔波特(Bandura and Walters),1963]。这个试验让儿童观看了一些成人电影中暴力对待"波波玩偶"的画面,然后当室内只剩下孩子和玩偶时,拍摄到孩子也采取了类似的行为。这种含义(儿童模仿暴力行为)之后扩展到了暴力媒介内容,并断言有类似的影响。这种研究方法忽略了几个基本问题:

"道德恐慌"这个概念最著名的是斯坦·科恩(Stan Cohen, 1972)的使用,他认为这是"在某种条件、某个片段、某个人或者某个群体……兴起,逐渐被界定为对社会价值和利益的威胁"的过程。值得研究的例子有,青年亚文化[如"行凶抢劫者"(muggers)、"帽衫小混混"(hoodies)、"教育程度低的反社会青年"(chavs)]的媒介替罪羊,媒介与它们相关。

- 研究结果未必要从实验动物转移到包括媒介的社会情境中的人类身上。
- 如果将人类等同于实验室动物,就是假设他们只是一副躯壳,只能被动接受信息。相反,认知心理学家(cognitive psychologist)认为儿童能够从媒介中主动建构意义,这些诠释受到先前知识和经验的影响。
- 人类(包括儿童)往往乐于满足那些行为实验,精明地感知到实验期待什么样的反应。他们也知道如何把实验搞砸。
- 在实验室之外,人们可测量的外在行为可能显示不出媒介的"影响",例如选举、购物或暴力行为,广泛的文化影响(在态度和暴力亚文化中)更加难以测量。

通常,效应模型认为媒介,特别是电视具有负面影响,从未有过正面影响。如果仔细审视那些推崇审查的人,就会发现他们往往陷入两个相悖的立场之一,有时会引发道德恐慌:

- "媒介使人懒散,学生因此考试挂科,不努力找工作,成了整天窝在沙发里看电视的'电视迷'(couch potatoes)。"
- "媒介使人行动,但却是消极的行动,如盲目地模仿暴力行为,或者因为广告而盲目购物。"

一则著名故事

你可能听说过这个故事,年轻的奥森·威尔斯(Orson Welles)因1938年科幻广播剧《世界大战》(*War of the Worlds*)火星人入侵地球的故事而声名鹊起。这个60分钟的节目刚开始的2/3部分是以新闻播报式呈现的,而且不寻

"1976年,洛杉矶一群年轻人常常聚在一起……不分昼夜地沉迷于看电视,他们称自己是'电视迷'(couch potatoes)。挖苦性质的出版物如《官方电视迷手册》(*The Official Couch Potato Handbook*)……他们开始了一场故作严肃的草根观众运动。"(I Ang, 1991)

2010年3月13日,格鲁吉亚(位于高加索)发生了一场恐慌。在一个恶作剧的电视节目报道俄罗斯的坦克已经进攻首都、国家总统已经去世后,手机网络全线崩溃。此事与威尔斯的恶作剧讨论类似,尤其是俄罗斯曾于2008年入侵过格鲁吉亚以作为该地区石油政治的一部分。

常的没有广告,播报内容在听众中引起极大恐慌。这个事件常用于:

- 赞美广播的"现实主义"力量的一种方式,或
- 展现受众有多么无知的一个例子。

实际上,正如一些研究者所说的:

- 一些听众只收听了"新闻播报式"的节目部分;
- 这样的"恶作剧"以前从未在新媒介或广播中收听过;
- 在纳粹主义阴云下,在第二次世界大战(1939—1945)前夕,听众对入侵性报道的震惊反应合情合理。

这个案例也让很多报纸担心广播会取代报纸:他们似乎过分修饰和渲染了这个故事。

图14-2 新泽西州纪念碑,1998年11月,纪念1938年威尔斯的火星人"着陆"。

媒介信息确实具有快速的"影响":天气预报可能会让你多穿一件外衣;闪光灯的亮光可能威胁到癫痫病人;长期近距离接触屏幕的工作会损害你的视力和姿势。

但通常,媒介会产生更广泛的意识形态影响,这个结论作为一种假设尚属合理,但也经常贬低"受众"。在效应模型中的"大众受众"通常是由社会中的"弱势"群体所组成,特别是"下

"儿童"之所以使用引号,是因为它是一个广义的概念,包含许多不同的年轻人群体。这些不同不仅仅是指发育上的,还包括对媒介形式不同级别的使用能力和熟悉度。

层社会"。19世纪,人们认为小说对工人阶级妇女存在危害。近年来,人们开始担心言情小说、肥皂剧、电视以及最近兴起的网络使得人们(特别是女性)消极、无助、沉溺于琐事。在"儿童"身上也表现出了同样的担忧:20世纪50年代美国喜剧可能造成的危害,以及从20世纪80年到现在的恐怖电影、电脑游戏、黑帮说唱、手机、社交媒体和短信。

在这些恐慌中表现出(高度折射的)重要的关注点。但是这些争论往往脱离了影响儿童媒介使用的其他因素,例如:

- 儿童保育、学校和休闲活动方面缺乏资金或刺激;
- 意识到获得的计算机技能(如通过玩游戏)可以扮演成人或刺激的身份;
- 意识到计算机技能是有市场的,特别是游戏,并且能够使人从封闭的、无聊的生活中"解脱"出来,获得快乐,其中还包括社交网站中的"社区"、游戏、手机信息等(见利文斯顿,2009:Ch. 2)。

这幅生动的画面附在一则集中看电视会对儿童产生影响的文章旁边,图中"睁大的"引人注目的眼睛,几乎代表着恐惧,方形就像屏幕,以及擦过口红张开的双唇。这幅图画将公众广泛的担忧以图像的方式呈现出来——一种不了解但又近乎沉迷的关注("惊愕的"?),以及媒介中的儿童"性征化"。这些担忧常常来自于愧疚的家长因为方便而把电视当作"保姆"的做法以及越来越不安全的外界环境,但是这些担忧却始终没有在媒介形象中得到有效解决。见巴克姆(Barkham,2009)。

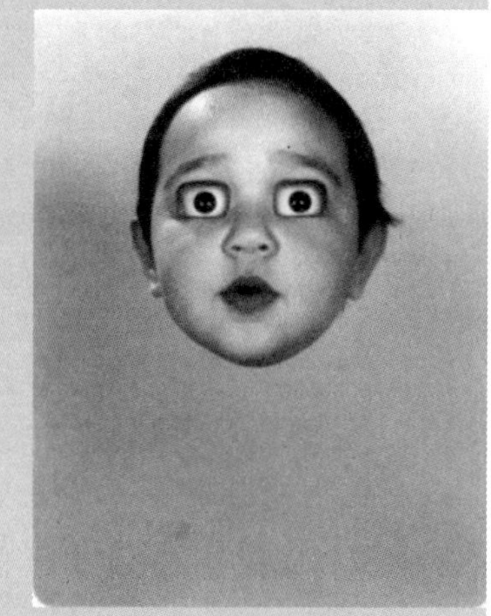

图 14-3 《卫报》模拟孩子脸上的"方眼"。

使用与满足模式

图 14-4 利用媒介（这里指电影院）满足特定需求。

在受众的学术形象中的“用户权力”极端中，“使用与满足”模式强调了媒介产品消费者的处理方式。有人认为，权力掌握在媒介的个体消费者手中，他们通过使用电视、网络等有意识地满足特定的需要与兴趣[布卢姆勒与卡茨(Blumler & Katz, 1974)]。这里的“受众”不仅不是指被媒介愚弄的人，而是指那些自由地拒绝、使用与消遣媒介的人。其得到满足的需求包括转移注意力、逃避现实、获取信息、对比别人与自己的人际关系和生活方式、性刺激等。20 世纪 40 年代，美国首先系统地阐述这一方法，并且与电视和媒介的社会心理学研究联系起来。

20 世纪 50 年代，这一方法就像是一股新鲜空气，与强调悲观和不完善的行为主义的效应模型相抗衡。研究者(通常资金充足，有时与广告商合作)调查人们看电视的原因，得出了这样的结论：不同“性格类型”的受众会有“某种需求，其中一些需求需要大众媒介来满足”[莫利(Morley)，1992]。这些需求可以分为认知(学习)；情感(情感满足)；释放压力(消遣)；个人整合(有助于实现个人身份)；社会整合(有助于实现社会身份)。

这个模式不关注于批判资本主义大众文化。实际上，该理论的一些极端拥护者几乎否认媒介的任何影响，也从未批判性地探究例如“社会整合”等概念。正如毒品、成瘾和被动等隐喻是“效果”的传统特征一样，“用户”方法也充斥着“选择”、“消费”、“自由”与“用户”等词汇。

这些概念有这样一种吸引力：人们更希望把自己界定为积极、强大的电视或计算机用户，而非被动地被某些传媒机构愚弄。一般意义上，这里与“自由市场”的话语存在联系和对比。例如，在很多国家，高呼“个人网络使用力量”是向公共服务(如医保等)削减开支政策迈进的核心。

从“效果”到“影响”：事实模式

对媒介广泛影响更为成熟的研究或“新的”效应模型(凯辛格，2004b)则强调媒介微妙、非直接地影响感知、架构等。这些起源于新闻和"事实"模式的研究,尤其是拉查斯斐等人(Lazarsfeld,1944)进行的经典美国战时研究,探究了在美国总统竞选时期媒介对选民的影响力。研究表明选民抵抗媒介的影响,因为个人倾向或政治偏见影响了他们咨询的媒介。二级传播的概念用来说明重要的影响来源于当地网络和意见领袖,而非"媒介",这些人的意见通常媒介化了媒介提供的内容。通过这样的中介变量(intervening variables),媒介的"影响力"开始作为一种强化手段而起作用——实际上更接近"影响"而非"洗脑"。

格伯纳和格罗斯(Gerbner & Gross, 1976)提出,看的电视越多,就会对外面的世界感到越来越恐惧,这是一种不同的影响力,更靠近文化方法。迈克尔·摩尔、娜奥米·克莱恩及亚当·柯蒂斯的《噩梦的威力》(*The Power of Nightmares*, BBC,2004)让这种问题重新得到重视,认为我们现在生活在政客故意宣扬的恐惧文化中,这些政客甚至公然夸大人们对"恐怖分子"合理的担忧。一些媒介似乎很希望拥有这样"耸动"的标题,因为可以刺激销量和收视率。

近些年来,格雷格·斐洛(Greg Philo)与格拉斯哥大学媒介小组GUMP的各个成员代表优势群体,推出了广泛影响或效果的另一种形式。下面是两个例子:

1984—1985年煤矿工人大罢工结束之时,全国公民自由议会(National Council for Civil Liberties)宣称"与媒介造成的印象相反,大罢工期间绝大多数纠察都井然有序、规模适度"。

1. 在1984—1985年英国煤矿工人大罢工结束很长一段时间后,该研究小组发现尽管观众忽略了新闻报道的重要细节,但却记住了关键主题和短语,例如"警戒线暴力"(picket line violence)。这些概念通过重复,会转变为大众意识的一部分,进而记住这场罢工,即使当时的报道带有神秘或过度夸大的成分。

2. 2004年的研究强烈显示,巴以冲突的认知被曲解,部分原因是由于新闻机构没有充分解释核心概念,或没有对暴力冲突和感知到的棘手进行历史背景阐述。例如,

> 很明显,一条相对直接的信息会大大影响一个(焦点小组)参与者如何理解……冲突,如以色列人控制了水资源供应,以及这对巴勒斯坦的农业产生了怎样的影响。
>
> (斐洛和贝里,2004:241-242)

"每次报道(巴以冲突),新闻从未对其进行解释,所以我觉得看它没有意义……就像科索沃冲突。我不想看,也不理解——我就关掉它"("格拉斯哥大学媒介小组"焦点小组两个成员的评论,来自斐洛和贝里,2004:240)。

进一步讲,"小组大多数人都表明,如果他们了解更多的信息,兴趣就会增加……在新闻中,理解与兴趣的关系非常明显。"

研究 14.5

下次,当新闻中出现这样的冲突时:

- 迅速记下你不确定的术语[如"移民"(settler)、"贝尔福宣言"(Balfour Declaration)],你怎样表示这些术语?
- 对它们进行研究。新闻可以以什么样的方式介绍包含的历史信息?哪种媒介形式以不同的方式介绍了这种历史信息?

举例:新闻受众与"同情疲劳"

"同情疲劳"(compassion fatigue)通常用于受众对可怕的危机、疾苦、灾难的媒介画面可能产生的反应。这个词用在这里很有趣,因为它介于媒介新闻"信息"和受众对触动情感的画面的反应之间,试图对这个更具假想性的领域进行理论化。

与所有的受众形象一样,它也会产生后果。这个概念会让人想起那些已经厌倦了可怕画面的受众(假设为西方人)。在这样一个时代,电视,尤其是新闻节目博客和相关的互动媒体,提高了人们与"远方的其他人"实现团结一致的可能性。但是,这种强大的"同情疲劳"概念可能会成为新闻编辑的先决限制条件,因此,他们可能就会分配记者去报道全球危机报道。然后,他们支持其他耸人听闻的新闻报道,暗中鼓励媒体"保持"这种风格,同时担心"受众"会感到厌烦,从而陷入一种恶性循环。

在一项以受众为基础的研究中,贝尔基塔·霍伊格尔(Birgitta Hoijer, 2004;见 Cottle, 2009 的综述与探讨)发现,"同情"感通常基于视觉感受,并且在"理想的受害者"范

最近经常被人们讨论的:"这则报道含有使某些受众觉得不安的画面",这种警告应该这样表达:"所有受众都应该发现这则报道让人不安。"也有人认为"如果想让和平运动盛行,'西方观众'需要观看更多战争对人的身体(和精神)伤害的新闻"。

围之内(特别是女性、儿童和老人),"同情"感还基于在西方友好国家发生的危机。她通过受众样本的不同反应来研究"同情疲劳"。

- 慈悲同情:关注受害者承受的痛苦,观众自己产生怜悯的感受;
- 谴责同情:代表一种愤怒感,有可能指向那些应该负责任的人;
- 羞愧同情:因为没有在这种事件上采取行动而产生一种愧疚感;
- 无能为力同情:意识到不可能影响这种痛苦的场面。

研究 14.6

采访朋友或同学对最近播放的一则"危机"镜头或其他场景的反应(可以是广播)。

- 他们的回答中有没有任何词语符合霍伊格尔对受众反应的分类?
- 在她的分类中,你自己的反应属于哪一类?

斯图亚特·霍尔(1932—2014):英国文化理论家,尤其关注种族问题,精通多种研究方法(马克思主义、话语理论、历史学、社会学)。

这个事例以及其他很多事例利用了部分 20 世纪 70 年代伯明翰大学当代文化研究中心(Centre for Contemporary Cultural Studies)斯图亚特·霍尔(Stuart Hall)的研究成果。尽管不是严格意义上的受众研究,但该成果促使"受众"的文本研究找到了有价值的新方向。该研究反对类似内容分析的研究方法[该方法简单地认为文本元素("暴力行为")和受众"反应"之间是可以测量的关系],而且抛开了文本中所呈现的单一、占有统治地位的意识形态,不管是否呈现了出来。相反,他发展了葛兰西(Gramsci)更为复杂的霸权斗争模型(见第 6 章)。

但是,霍尔的研究并非简单地陷入当时(现在依旧流行)的"使用与满足"研究。相反,他坚持认为,受众远非自发或完全个人的,而是共享某些阐释框架,并在这些框架之内对媒介文本进行**解码**(decoding),而非以一种消极的方式"被影响"。

之后的研究，包括大卫·莫利（David Morley, 1980）对《举国上下》（*Nationwide*）（英国傍晚时段播出一个电视杂志节目）所做的小规模研究，都发展了霍尔的研究，并集中关注以下问题：

- 文本之外的权力结构，经常会影响受众的反应：阶级、性别、种族、年龄等；
- 文本之内的权力结构，部分是媒介制度——包括法律制约和收视率压力。这就意味着节目会尽力推广“偏好解读”(Preferred Reading)。尽管有人认为这符合主流价值观，与文本中其他可能的含义作斗争。

这种广为人知的葛兰西式霸权媒介权力（也就是需要不断努力获得认同的力量，而不是从上级强加的）与霍尔的三种受众解读类型相关联：

- **主导解读**（Dominant），或者主导—霸权解读，读者认识到节目的“偏好”或本来的意图，并接受它（最近的事例：挥舞旗帜的爱国主义者热烈回应乔治·布什总统的演讲）。
- **对抗解读**（Oppositional），受众理解主导的含义，却基于文化或意识形态的原因予以抵制对抗（和平主义者理解了演讲的内容，却表示反对）。
- **协商解读**（Negotiated），根据之前的观点，受众接受、反对或改善节目元素（观众同意对 2001 年 9 月 11 日的袭击事件做出一些回应，但反对布什采取的武力手段）。

研究 14.7

- 最近有没有什么节目使你的朋友或家人做出类似不同反应吗？你能把他们的反应归类到上述分组中吗？如果不能，那么你认为他们的反应应该属于哪一组？
- 这些意识形态分类适用于虚拟或者幻想类型吗？

对于这一著作的一个问题会把我们带入下一部分。我们可以在学校的环境里就某期录制的节目访问。但是，要想把它扩大到更普遍的“受众”，我们需要了解在这种环境之外，他们看这些类型的节目可能性有多大。因此，我们要引入更为广义的文化研究，包括媒介欣赏与消遣的家庭环境。

“文化”研究

人种志：直接观察某个特定社会群体成员的活动，并对这种活动进行描述与分析。该方法最初应用于其他文化（如南太平洋诸岛），并强调长时间深入这个群体。见第15章。

回忆第1章：“实证”意思是在讨论中将观察得来的经验作为自己立场的证据。

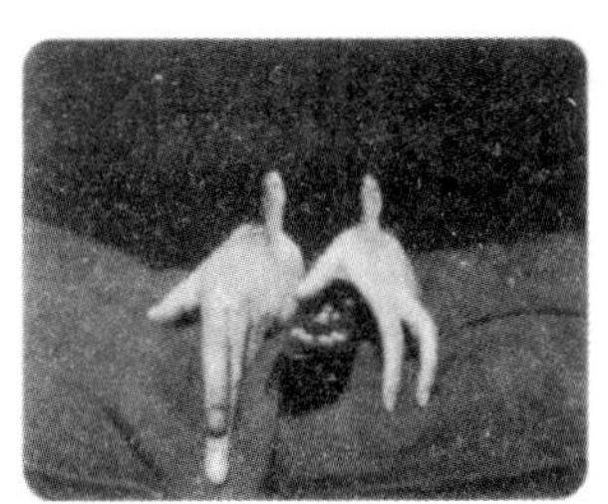

图14-5 无聊的观众简化成了换台的手指？

在过去的几十年，受众**人种志**（ethnographies）或田野调查（fieldwork）研究越来越受到重视，很大程度上来自于人类学（anthropology）。一个研究者试图深入某个特殊群体的文化之中，“从内部”阐释其意义与活动。他/她多通过参与式观察的方法，在被研究的群体中生活较长的一段时间，对他们进行提问并观察所发生的事情。当研究完成的时候，为了表达对该群体的尊敬，研究者经常会向他们提供生活史、个案研究和对他们原话的引用。尽管这样的研究还存在问题，但确实是对受众自身经验的尊重。通过细心的、小规模的人种志描述，以及对理论、文本阅读或其他实证工作（empirical work）如调查问卷等同样谨慎的对待，似乎我们可以学习到很多知识。

媒介人种志研究的核心领域包括：

- 媒介接受的家庭背景；
- 类型与文化能力；
- 媒介技术与消费（已经延伸到交互媒介使用的研究）。

莫利（1986）和其他研究者（利文斯顿，2009）研究家庭——大多数观看发生的“家庭环境”——构造电视观看和网络使用的方式。家庭并非只是“私人领域”、“逃离世界的港湾”，而是和其他场所一样，成为各种社会力量的交汇点。特别是媒介使用通常受到性别和年龄关系的影响。在家庭观看群体中，电视遥控以及由谁来控制一直是权力的关键象征，电脑和游戏控制台的使用也有这种地位和等级的意义。有时候，家长在通过软件来监视孩子的使用情况，也会表现出担心和愧疚。

所有这些研究都表明观众与单一文本之间有很强关联。但是不管是电视还是网络观看，人们在很多时候并没有这种感觉，部分是由于雷蒙德·威廉姆斯（1974）等人所提出的循环模式，特别是在商业资助体系下，电视的特色经验是人们渴望把手离开频道按钮，而双眼注视电视频道。事实上，不管是学者还是广告商，都认为电视的作用是“把受众卖给广告商”——用“售卖受众的注意力”似乎更精确。在当代“多平台”、移动电

BBC和ITV的主要受众评估由广播听众研究理事会(BARB,http://www.barb.co.uk)负责。该机构成立于1981年,初衷是为了澄清BBC和ITV都声称自己拥有最大的受众群的争论。BBC需要这些来证明牌照费的合理性,ITV则以此来争取广告商。

视、节目回放的数字世界中,为健忘的受众创造可靠的形象已经越来越难。家庭成员没有必要按照顺序或者时间表规定的时间收看电视节目,更别说一起收看了。而且,电视、电脑游戏、网络和手机共同创造一种“独立地生活在一起”的新家庭——至少有宽带的家庭是这样。

再媒介化受众

很明显,媒介使用的新时代已经来临。用户原创内容(UGC)这个概念常用来描述受众创造的新媒介内容,通常通过大媒介公司大量的互动性能力,比如BBC。但是再媒介化(re-mediation)的概念可以帮助我们研究已经成为广播和其他媒介内容的一部分的“受众材料”(有人认为这个词比UGC更好),并且有几种含义。

几乎没有受众会只是等着媒介“送上门”。的确,很少有电视节目来源于电视以外的世界,有时候专业人员制作节目是为了彼此之间的认可,在英国具有“以伦敦为中心”的偏见和“受众”观。受众之前出现在媒介,尤其是电视上,尽管空间不大。他们提出对节目的担心或满意,或提出对新闻报道等广泛问题的看法,尤其在诸如接触节目制作等领域[例如,20纪80年代和90年代BBC2的《开放空间》(*Open Space*)和《开放门户》(*Open Door*)]。在这里,包括编辑控制权在内的权力移交给了广播机构之外的一个群体或者个体。尽管目前在广播领域,人们通常会认为听众会通过网络与节目制作人直接交流,但是BBC的《反馈》(*Feedback*)栏目依旧为听众评价BBC的节目提供了交流机会。

BBC广播4台的《反馈》栏目是由独立公司制作的。该栏目被描述为通过信件、传真、电子邮件,对BBC节目的“评论、质疑、批评和赞美”的平台(见BBC网站)。

民意测验:受众的“声音”?

公共民意测验是获取传播受众的样本推测的“快照”(snapshot)的另一种途径(见路易斯,2001)。以下这些是高度建构的:

- 民意测验专家建构问题;

● 使用关键词组来组织讨论的方向和限制，以便产生某种反应(如“非法寻求庇护者”实际上是无效概念，因为申请庇护是一种合法行为)；

● 问询工作(在街边或挨家挨户)报酬低，且难以检查；

● 有人认为，民意测验不能注意到“沉默的螺旋”(见第12章)，“因为人们正在回应他们对大众想法的认知”(巴尔内夫斯等，2009：68)；

● 匿名、甚至重复投票也可能是一些在线测验的可信度会遇到的特殊问题；

● 一些年轻人面临很大的同侪压力：认为政治是“落伍”的。

研究 14.8

● 参与政治行动是“落伍”的，你有过这样的压力吗？(见第6章对该概念的讨论，及其对政治行动边缘化的影响。)例如，抗议入侵伊拉克的学校罢课被建构为“只不过是因为学生想要逃课”。一些学生也开始这样看自己。

无论结果怎样，测验可以作为一种形式，并且结果会部分被强调、扩大或者是忽视。不管是英国还是美国都不止一次地出现这样的情况：接受测验的群众要求得到更好的医疗、教育和公共服务，甚至可以考虑缴纳更高的税来支付这些。但是，在选举中这种报道要少于“赛马”的报道：谁最领先？鉴于他们对于结果的潜在影响，在英国大选中，有人建议禁止这种“赌马”式民意测验。

研究 14.9

研究最近的或即将进行的大选报道：

● 选取一个大量报道的民意测验。尽量找出它的资金来源、样本容量、测验时间、媒介报道和全部结果。

● 批判性检查测验提出的问题，为了鼓励不同的结果，将其中一到两个短语进行重新措辞。在不同的媒介中，这些结果是如何实现再媒介化的？

尽管很多人会说，网络博客、短信等强大的可能性已经超过了这种受众存在。当然，规模较大的媒介机构渴望收到受众的来信，尤其是新闻部门，这些部门尤其希望受众可以寄来有用的“原始”资料——照片、评论、视频片段等。这些机构也对自己产品的自由市场研究很感兴趣，正如利文斯顿所说，“市场密切关注并从中学习”(2009：231)。

参见第12章的用户原创内容，和MSB5网站上新的案例研究。ONLINE @ RESOURCES

研究 14.10

- 针对个人“用户”“随时”发送评论、照片等给广播公司的这种互动能力(UGC)，你认为有什么优势和弊端？
- 鉴于合法、反滥用等要求，大公司需要过滤这种材料，并在传播这些资料之前把关，你如何看待这个问题？
- 被倾听与发出“声音”是同样重要的，你同意这种观点吗？

但是受众“资料”并非只是通过网络形式起作用，电视娱乐节目，如真人秀，不仅把(精心挑选的)“受众”请到舞台上，现场面试以及表演中，节目制作者还允许观看者或粉丝为选手的表演投票，并为他们设置讨论区，而参与公司的成本相对较低。这种也会出现电话诈骗和投票欺诈，这也提醒人们关注发起机构的权力。

这种内容是结合新旧媒介，长期再媒介化的另一个例子。另一种是由受众或用户和机构共同制作，在全国性电视台播出，比如BBC的《全国视频》(*Video Nation*)短片(尽管第四频道在晚上7点每日新闻节目之后有3分钟的节目)。目前，BBC掌握的视频日记资料被发展成为数字故事，大约只持续2分钟。

《鱼缸》(*Fish Tank*，英国，2009)可以说是改编自肯·洛奇(Ken Loach)的电影，片中15岁女主角把嘻哈乐的舞蹈、电视化妆技巧和当地的“才艺选秀”看作逃离她无情、危险的生活的一种方式。在美国和英国，选秀节目(如《英国偶像》)的数量越来越多，表明这部电影的反响之大。

丹尼尔·梅多斯(Daniel Meadows)讲述了一种有趣的新形式，由BBC威尔士制作，并且可以通过http://www.bbc.co.uk/digitalstorytelling观看。这种形式确实值得详细引用。

数字故事通常都是短小的、个人的多媒体电视片段，可以叫作“微电影”，人们可以自己制作，只要拥有一台台式电脑，并装上可以合成口头叙述和扫描的个人照片的视频编辑软件即可。

1997年，简·福尔（Jane Feuer）发现，对于情景喜剧《埃伦》（*Ellen*）的女同性恋粉丝而言，尽管政治允许，但是主角的"出柜"让她们不能再享受自己秘密解读某些词语，而其他观众却"看不见"的乐趣。

这个项目要求学习技术、脚本写作、图片编辑和表演技巧，需要长期锻炼。这就是为什么大多数数字故事由讲习班的人创作，在讲习班里，这些人可以得到指导者的帮助和建议。

图 14-6 BBC 威尔士数字故事项目。

不同年龄段、能力的人都制作《数字故事》（*Digital Stories*），并且很多人已经了解这种经历的益处，把故事分享给朋友、家人或发到网上，他们发现自己发现了一种新声音。

《数字故事》的建构也有很严格的要求：250字、12张左右的图片、时长最好2分钟。就像诗歌，这些限制条件决定了它的形式……正是这种形式的观察赋予它的典雅。

生产消费者（Prosumer）：这个概念由被维基百科称为"未来学家"的**阿尔文·托夫勒**（Alvin Toffler）（1928— ）提出。它有多种含义，这些含义模糊了"专业人士"/"生产者"与"消费者"的区别。在社交媒介使用和一些"媒介2.0研究"中，这个概念指的是"生产"媒介内容的用户（消费者）。

媒介研究的主要方法是对受众影响力的研究，尤其是在交互媒介的使用中。这与强大的政府、企业、教育话语联系在一起。这种研究部分来自于亨利·詹金斯（Henry Jenkins）、麦特·希尔斯（Matt Hills）、丽萨·刘易斯（Lisa Lewis）、马丁·巴克（Martin Barker）等学者对粉丝和"狂热"观众行为的研究，他们强调在某些情境（通常是虚构）下，粉丝的兴趣可能与制作者的本意大相径庭，也可能与大多数其他观众产生的意义不一样（有关该领域现在的研究成果，见 http://www.participations.org）。粉丝进入高等教育阶段，如大学生和一些学者，通过随机的作品可以凸显受众的创造性。在某种程度上，这项研究再次证明了粉丝是潜在的"孤独的强迫症患者"、"极客"、"网虫"。这些粉丝在某种程度上可能会成为他们所喜欢剧集（"抨击"形式）的"制作者"、消费者活动家，甚至游说电视公司并因此有时候改变剧集的发展。学术研究上则更进一步：像"用户"这样的术语已经被"协同创造者"或"生产消费者"代替。

另一种“消费者”或“粉丝”力量的事例：联合抵制

图 14-7　2009 年纪念 1989 年希斯堡（Hillsborough）惨剧 20 周年的大幅标语，在当年的灾难中，有 96 名球迷丧生。

- 在默西赛德郡（Merseyside），因为在希斯堡惨剧后诽谤利物浦球迷，《太阳报》遭到了大量球迷 20 年的联合抵制，成为相对弱小力量（“受众”或消费者）对抗媒介巨头力量的有力证明。对于印刷和（比较不容易的）互联网媒介，联合抵制（boycott）依旧是一种潜在的“用户”力量。在 2009 年的劳工党会议上又上演了这样一场闹剧，当时一位发言人因为《太阳报》当天头版转而支持参与 2010 年大选的保守党而撕碎了当天的报纸[BBC **第四电台制作了一期关于希斯堡惨剧的移动播客节目《重逢》（*The Reunion*）于 2009 年 4 月 12 日播出**]。
- 另一个事例发生在 2009 年，当福克斯新闻频道（Fox News）经常语出惊人的主持人格伦·贝克（Glenn Beck）声称奥巴马总统是一个反白人的种族主义者时，维特罗斯（Waitrose）撤销了该企业在福克斯新闻频道的广告。维特罗斯表示这是对顾客抗议所作出的回应。

讨论：混合模式与《妈妈咪呀！》

《妈妈咪呀！》（*Mamma Mia*！美国，2008）在 2008 年电影中获得了惊人成功，到目前为止是仍然是票房最高的音乐电影，一度成为英国最卖座的电影，甚至超过了詹姆斯·卡梅隆的惊世之作《泰坦尼克号》(美国，1997)。据统计，至少1/4的英国家庭拥有《妈妈咪呀!》的DVD。这部电影有趣的接近层次相对较低的受众的想法(在这里主要是指女性)以及这种形式(音乐剧)，使这部电影能够获得"惊人"成功。但除此之外，这次成功以及这部电影本身也可以看做是"粉丝"或"业余爱好者"(普通人和名人)与美国制片厂巨头——环球公司(Universal)合作的产物——一种混合产物。

通过重复放映、DVD售卖，包括跟唱或卡拉OK版，该电影的观众数量持续增长。有很多观众是阿巴乐队(ABBA)的粉丝，该乐团在欧洲歌唱大赛(Eurovision Song Contest)中一炮走红，这部电影正是基于他们的歌曲制作的。该电影由菲利达·劳(Phyllida Law)执导，尽管她是一位有经验的戏剧导演，但还是第一次执导电影。

图 14-8 阿巴乐队(ABBA)的制作和成员班底，2008年斯德哥尔摩(Stockholm)音乐剧《妈妈咪呀!》电影版首映式。

该电影团队全部为女性，制片人、编剧、导演都是女性（相对于好莱坞女性较低的地位而言，这并不常见）。

该电影的明星梅丽尔·斯特里普（Meryl Streep）说自己曾是舞台剧的粉丝，并且接到这个角色时十分高兴，尽管她不以音乐剧著称。尽管并非严格意义上的业余爱好者，但是她以对音乐剧的狂热而曝光率很高。有人说皮尔斯·布鲁斯南（Pierce Brosnan）的演唱堪称"糟糕"，但是依旧受粉丝欢迎，既是"试试看"（典型业余爱好者的兴趣），也像电影其他部分一样，像是明星的卡拉OK。

研究 14.11

● 如果你看过《妈妈咪呀！》，你是怎么听说这部电影的？你的"观看经验"是什么——家里还是电影院？卡拉OK用户或是"直接"观看？尽管演员是业余爱好者，你享受他们的（唱歌和舞蹈）表演吗？

● 粉丝与其他"内容受众"存在联系，你同意这种说法吗？

网络中的封闭式社区？

沃特金斯（Watkins，2009）的网站和书籍（2010）提出了与其他现实的联系，在詹金斯的博客总结中提到，他认为种族和阶级不平等会影响网络近用，这种影响就像他们对一些美国邻居的做法一样，包括：

> 一种"白人人迁移"（white flight），即通过在网络中寻找志同道合的人来逃离现实世界的"危险"……我们的社交网络也通过这种方式在网络上复制——不管是好是坏——我们线下的朋友网络，网络……通过持续的隔离形成。

沃特金斯指出人们用以描述和区分 Facebook 和 MySpace 的语言与我们对种族和等级的理解有着很悠久的历史关联…… MySpace 被认为是"拥挤的、声名狼藉的、无知的、幼稚的、掠夺性的"，而 Facebook 则被称赞为"选择性的、干净的、可信的、有学识的、真实的、有教养的、私人的"。也就是说,MySpace 的价值观是与城市中的贫民窟联系起来的,而 Facebook 的价值观则是与封闭式社区联系起来的。

研究 14.12

- 讨论上面这些说法。这些说法符合你对社交网站的理解吗?还是你有其他的理解?对"垃圾"电视和其他类型呢?[见伍德和思凯格(Wood & Skeggs),2008]
- 如果你生活在美国以外的其他国家,这些说法能够在多大程度上契合你的经验?

小　结

想想"交互式的"这个词的负荷和松弛。这能否最好地描述现在可能仍然存在的现象——与远方的其他人的"双向"沟通?见下文对于"倾听"的讨论。

大众以及"(单一)受众"的形象由于无意间吸收了一些有害、腐败的"信息",已经与学术研究渐行渐远——尽管不总是来自某种媒介形象和讨论。多年前,单一"受众"的概念已经转向一种分化的"受众"和"阅读"概念。在 Web 2.0 时代之前,这早已展开了交互式媒介的讨论。在最新科技革命出现的同时,学术和商业上开始使用"用户"、"协同创造者"和"生产消费者"等概念。这些表明(一些宽带)用户参与媒介的积极性越来越高,不管是参与政治活动、迫使媒介公司改变他们所喜爱的节目,还是通过小创意获得的商业成功,比如劳伦·卢克(Lauren Luke)在 YouTube 网站上开设的化妆课程。

在另一个极端方面,"积极受众理论"把"受众如何对待媒介"的强调程度推到了极限,常常对"授权的"受众能够做什么或者他们如何不加批判地细分(通过性别、阶级、年龄、种族等)这些问题不加指责。该理论仍然很有意义:

a. 试图在两个极端中开辟一条路径;

b. 对一些受众理论重新思考,并且试图通过更新的研究方法将这些理论进行整合、改进或再媒介化(见利文斯顿,2009;拉多克,2008)。

尤其是：

- 文本研究不是完全多余：很多博客评论是文字形式的，来源于别处并广泛传播，可以作为“文本”进行细致或粗略研究；
- 对于足够的媒介使用中不同类型的“资本”，重新思考布迪厄的研究是非常有用的。但方法在思考宽带活动接触的细分时，就需要考虑性别、阶级、种族和其他家庭不平等因素；
- 一些理论家[见克拉里(Crary，1999)；克劳福德(Crawford，2009)]重新使用“受众”这个词中“倾听”的含义。公司有很长的“听取”消费者评论的历史。尽管“潜水者”在网上(或在研讨会或其他讨论中?)的这种称呼有轻视的意思，但他们也会“聆听”并从其他人的“发言”中学到一些东西。媒介研究一直推动“发出声音”，这通常是与新自由主义话语联系的方式；但是有一个问题让人耳目一新：谁在聆听？我们如今“聆听”不同媒介的方式有多少种？“恰当地聆听”(特别是在一流媒介形式中)与“发出声音”的需求能否达到同样重要的地位？

能言善辩的福克兰抗议者和撒切尔夫人之间的著名会谈，请见 YouTube 上“贝尔格莱诺：重新评价撒切尔的官腔”(Belgrano：A Reappraisal of Thatcher's Waffle)。这是电视早期“交互性”的例子，强迫“权力”去聆听。

当你阅读有关“受众”或“用户”的材料时，需要把上面这些问题熟记于心，并且要知道，谁正在以特殊的方式呈现他们或你们，以及为什么会这样。

参考书目与扩展阅读

Ang，Ien(1991) Desperately Seeking the Audience，London：Routledge.

Balnaves，Mark，Donald，Stephanie Hemelryk，and Shoesmith，Brian(2009) Media Theories and Approaches：A Global Perspective，London：Palgrave Macmillan.

Bandura，Albert，and Walters，R. (1963) Social Learning and Personality Development，New York：Holt，Rinehart & Winston.

Barker，Martin，and Petley，Julian(eds.) (2001) Ill Effects：The Media/Violence Debate，2nd edn，London and New York：Routledge.

Barkham，Patrick(2009) 'Not in Front of the Children?'，The Guardian，G2，14 October：6-8.

Bennett，Tony，Savage，Mike，Silva，Elizabeth Bortolaia，Warde，Alan，Gayo-Cal，Modesto，and Wright，David(2009) Class，Culture，Distinction，London and New York：Routledge.

Blumler，Jay，and Katz，Elihu(1974) The Uses of Mass Communication，California：Sage.

Bourdieu，Pierre (1984) Distinction：A Social Critique of the Judgement of Taste，London：Routledge.

Bratich, Jack(2005) 'Amassing the Multitude: Revisiting Early Audience Studies', Communication Theory, 15: 242-265.

Brunsdon,Charlotte (1981) 'Crossroads: Notes on Soap Opera', Screen, 22, 4: 52-57.

Cohen, Stan(1972) Folk Devils and Moral Panics, Oxford: Martin Robertson.

Cottle, Simon(2009) Global Crisis Reporting: Journalism in the Global Age, London and New York: Open University Press.

Crary, Jonathan(1999) Suspensions of Perception: Attention, Spectacle, and Modern Culture Cambridge, MA: MIT Press.

Crawford, Kate(2009) 'Following You: Disciplines of Listening in Social Media', Continuum, 23, 4 (August): 525-535.

Gerbner, G. , and Gross, L. (1976) 'Living with Television: The Violence Profile', Journal of Communication, 28: 172-199.

Hall, Stuart(1974) 'The Television Discourse-Encoding and Decoding', Education and Culture, 25 (UNESCO); reprinted in Gray, Ann, and McGuigan, Jim (eds) (1997) Studying Culture, London: Arnold.

Hills, Matt(2002) Fan Cultures, London and New York: Routledge.

Hoijer, Brigitte(2004) 'The Discourse of Global Compassion: The Audience and Media Reporting of Human Suffering', Media, Culture and Society, 26, 4: 513-531.

Huesmann, Rowell, andTaylor, Laramie D. (2006) 'The Role of Media Violence in Violent Behaviour', Annual Review of Public Health, 27 (April): 393-415.

Kitzinger, Jenny(2004a) 'Audience and Readership Research', in Downing, John D. , McQuail, Denis, Schlesinger, Philip, and Wartellia, Ella (eds) The Sage Handbook of Media Studies, London: Sage, pp. 167-181.

Kitzinger, Jenny(2004b) Framing Abuse: Media Influence and Public Understandings of Sexual Violence against Children, London: Pluto.

Lazarsfeld, P. , Berelson, B. , and Gaudet, H. (1944) The People's Choice, New York: Duell, Sloan and Pearce.

Lewis, Justin(2001) Constructing Public Opinion: How Political Elites Do What They Like and Why We Seem to Go Along With It, New York: Columbia University Press.

Lewis, Lisa(ed.) (1992) The Adoring Audience: Fan Culture and Popular Media, London: Routledge.

Livingstone, Sonia(2009) Children and the Internet, Cambridge and New York: Polity Press.

Morley, David(1980) The Nationwide Audience, London: BFI.

Morley, David(1986) Family Television: Cultural Power and Domestic Leisure, London: Comedia.

Morley, David(1992) Television, Audience and Cultural Studies, London: Routledge.

Philo, Greg(1990) Seeing and Believing: The Influence of Television, London and New York: Routledge.

Philo, Greg, and Berry, Mike, with Gilmour, Alison, Gilmour, Maureen, Rust, Suzanna, and West, Lucy (2004) Bad News from Israel, London: Pluto.

Root, Jane(1986) Open the Box, London: Comedia.

Ruddock, Andy(2008) 'Binge Drinking and Why Audiences Still Matter', Sociology Compass, 2, 1: 1-15.

Turkle, Sherry(1995) Life on the Screen: Identity in the Age of the Internet, New York: Simon & Schuster.

Watkins, S. Craig(2010) The Young and the Digital: What the Migration to Social-Network Sites, Games, and Anytime, Anywhere Media Means for our future, Boston: Beacon (and see his website, http://www.theyoungandthedigital.com).

Williams, Raymond [1958](1988) 'Culture is Ordinary', in Resources of Hope: Culture, Democracy, Socialism, London and New York: Verso, pp. 3-19.

Williams, Raymond(1974) Television: Technology and Cultural Form, London: Fontana; 2nd edn 1990.

Wood, Helen, and Skeggs, Bev(2008) 'Spectacular Morality', in Hesmondhalgh, David, and Toynbee, Jason (eds.) The Media and Social Theory, London and New York: Routledge, pp. 177-189.

第三部分

PART Three

研究方法及参考书目

卡迪夫大学学生在做互联网图书研究

第 15 章

CHAPTER 15

研究:技巧与方法

- 基础知识
- 互联网及出版物的使用
- “理论”恐慌
- 方法
- 定性与定量
- 文本方法
- 样本
- 焦点小组
- “人种志”方法
- 脚注:维基百科
- 参考书目与扩展阅读

本章将探讨你如何更好地研究媒介及媒介理论。你已具备开展“基础”学术研究的能力,如写作论文,本章仅对此进行扼要重述和扩展。本章的部分内容也将有助于你准备一些实际项目——如小电影、广播节目甚至是“实践类的”学术研究。

见 MSB5 网站制作的更新资料。

绝大多数人都认为自己有资格评论媒介的很多方面，但你需要更加系统地学习和研究它们。这包括：

● 学会搜索、利用学校提供的资源[在此，我们将“学院或大学”(college or university)简称为学校]。我们只能给予一般性指导，而 Web 2.0 将很多资源转换成有效资源。任何有价值的课程都会向你提供使用图书馆和相关资源的具体帮助(如书籍、杂志、在线数据库、DVD 等)。本章也会推荐一些优秀的、细致的研究指导。

● 基础知识，如怎样正确地引用？这为何重要？如何不惧怕“理论”这个词？为什么系统阐述“问题”并认真设计研究很重要？等等。

● 媒介研究的关键方法，多涉及定性与定量方法的区别，这些内容我们在第 1 章也有所涉及。

看看列在参考文献中最近的文章，在某种意义上获得写作的方向。我们希望本书余下的部分帮助你了解了你需要的一些技巧和方法。

基础知识

对于实践工作而言，你需要认真思考如何向观众发表演说。对于学术作品也是如此。有些人会发现这很难：读者、评判者拥有多少相关知识呢？对于你的论点，他们需要多少“论据”(引用等)？如果你无法确定这些，可以跟导师进行探讨，他们会希望你能做得更好。

最好的学术作品，如一篇好论文，往往始于一个问题。听起来容易，做起来难：不要怕把时间都花在确定问题或主题的范围和角度上。你必须找到自己感兴趣，而且可行的研究，这样才能得到设计精良、有趣的研究。

一些学生一开始会选择非常广泛的领域，如“青年在英国电视中的呈现”，以为收集资料会既轻松又有趣，而不用再浪费时间去确定一个研究主题。但这样宽泛描述的难点就在于，它不能像一个问题那样帮你搜寻整个领域(毕竟这是研究)。问题也应该产生有价值的结论，要求你进行仔细思考。事情如何按照你的期望来实现？它会给该领域的未来研究者留下什么议题？你会警告他们什么？

你会发现，一个有建设性的问题必须确定主题的适当范围是什么。例如，有些人关注“青年在英国电视中的呈现”，他们就会把研究聚焦于一种电视类型，找一个易于掌控的具体时段，并提出更清晰的研究问题，可以包括一些广告或流行节目的可能影响，也可以包括一个青年男子的某一具体方面（如对电视中汽车的态度）。你将了解写论文的基础：花时间去阐述问题或根据个人兴趣选择一个最好的题目；花尽可能多的时间去收集点子；围绕主题进行阅读。这样不仅有趣，也可以节约时间：随着你的理解力增强，你会发现组织、发表你的观点会变得更简单。准备一个详细的计划，使用拼写检查，调整你的“时间管理”技能，给“初稿”和提交之间留出一段时间，以旁观者的角度将你的论文再检查一遍，条理是否清晰，有何优点和不足。请仔细品读这句话：“写作就是重写的过程”(writing is rewriting)。

“时间管理”(time management)，一个听起来很烦人的术语，实际上是一种非常有用的技巧，不仅仅对于学术工作而言。请记住这句话“工作有技巧可以省时省力”(work smart not long)，尤其是当你要进行大量的网络研究时（见下文）。

请增加页码，重新检查准确度（有时候是合法性）和技术问题，如遵守所谓的“印刷风格”(house style)（虽然你的课程可能指定了一种格式，但大多数论文一般采用哈佛体系）。不管你使用哪种格式，请保持前后的一致和统一。例如，我们喜欢给出作者的全名，但其他人经常只用首字母表示。你应该给出你所引用网页的完整 URL（如下），给出你浏览该网页的日期也很有用，因为它很可能会消失或改变。在检查阶段你会无意中发现很多小错误。

最后：记得进行备份。

互联网及出版物的使用

现在，利用互联网开展大部分研究是十分诱人的，部分是源于它的速度。但要想找到有用的网络材料，你需要学会有效搜索。请确认好学校的网络已设置成你的研究类型（也就是说，不要只使用默认的搜索引擎）。

图 15-1 一个研究者戴着手套，正在布拉德福德的国家媒介博物馆研究原始文献。

研究 15.1

- 一些人在谈话中提到了以下有用的网站：Ofcom、英国国家图书馆、英国电影分级委员会、BBC、布拉福德媒体博物馆(Bradford Media Museum)、英国大学影视协会(BUFVC)(“尤其是 HERMES 链接以及那些区域和地方的电影资料馆的链接”)、科林达(Colindale)图书馆馆藏（在英国国家图书馆内）、《卫报》、英国电影委员会(UKFC)、NFT 档案[经由英国电影协会(BFI)]。

URL 表示唯一资源定位符,或网址(如 http://www.nationalmediamuseum.org.uk)。在 URL 的最后部分经常能够看出网站的属性——见正文。

● 我们故意没将网址放在上面的列表中,也没拼写出首字母所代表的缩写词,尽管你有其他的一些线索可以找到它们。

● 研究并列出它们的URL,它们都是很有价值的资源,全部都是门户网站,提供其他网站材料的大量链接。美国一个非学术性的门户网站 www.findarticles.com 提供免费的论文,这些论文来自大众杂志、学术期刊以及出版物——都是有一定声誉的可靠来源。

你仍需把你查阅的 URL 列一个清单,在电脑上以"书签"或"收藏夹"的形式储存,尽管使用大学网络更便捷的方式是保持纸质记录。快捷的方法是在地址或 URL 里设置关键词,这样你便可以通过搜索引擎中输入关键词,快速地找到你所需的网页。

回顾一下我们前言中引用的 Mayer-Schönberger(2009)的评论:互联网"记录了"一切,这将使别人在将来很长一段时间内拥有你的信息。

任何人都能建立一个网站,所以你要检验你所查验网站的负责人(在首页上)。在 URL 地址的后半部分能够找到一些线索:"edu"和"ac"标志着一个教育机构(虽然可能是一个学生页面);"org"是"非营利性"组织;"gov"是政府网站;"com"或"co"是商业网站;"net"是网络提供商;"mil"则与军事相关。检查你所参考的页面的更新情况。"死页"可能会保持很长时间,造成严重的误导。

在网上找资料常常令人兴奋:感觉很快;在长时间搜索后找到了一些会让你非常满足。网站旁侧的超链接提示你进行点击,就像你在一个以印刷为主体的图书馆里浏览。两种活动可能既愉快又消磨时光。虽然网络浏览感觉很快,但你可能要自问:如果你必须核实你找到的资料,这要耗时多少?会不会看书上的东西更容易些?为此你需要掌握杜威十进制分类系统,并了解如何使用目录索引。

麦尔威·杜威(Melvil Dewey,1851—1931)创建了图书馆分类系统并多次更新。该系统将图书馆资料分成 10 大类。本书可能会被归为社会科学 300 组——"301 大众媒介"。

然而……书籍难免有差错,而且它们的校稿和生产流程往往要耗费几个月的时间,经常就"过期了"。课本也如此,要花费更长的时间来制作,而且常常是一种混合形式,不会像其他学术资源那样用很多引用做清晰的解释、借助大量脚注来让文章通畅等。而且课本使用的称呼没有标准的学术研究正式。

期刊文章制作时间略短,而且也会被更多地上传到网络上。不管是线上的还是印刷的,他们中的一些都会得到"同行评议",这意味着每篇文章都会被"同行"等进行评估。由于字数限制,会有指定人员对脚注和其他不太"正式"的地方进行初步设想和讨论。这些路线能够扩展成博客的一部分。我们之前已经列举过这方面的例子,它们能对媒体事件进行快速反应,尽管需要充分查阅引用。确实,不管来源是什么,一个有质量的索引总是值得寻找的。

你需要同时具有使用网络和某些印刷资源的经验,最好是在专家的帮助下进行精确检索,以便作出所选主题最好的研究成果。

"理论"是一个时常"会引起嘘声的词",尤其是在英国。它与那些"高呼万岁"的词正好相反,如"实践"、"经验"、"常识"、"现实"。它也被称为"幻想的"、"崇高的"、"不切实际的"、"宏伟的"、"抽象的"——所有的词都在暗示"理论"鄙视人们的日常感受,目空一切。参见布兰斯顿(Branston,2000)。

"理论"恐慌

你会收集资料去证明假设(能引发有效讨论的问题)通常是可以通过主要的理论与论辩来"证明"的。理论这个词要么令人惧怕,要么惹人嘲笑,但它又是如此平常:大多数人都想要得到一个解释,他们的经验在哪儿、怎样符合更大的框架,这些"目前"都还只是推测性的、临时的,需要加以讨论。一些"时尚"杂志和政治话语常常暗示"理性研究"是不必要的,但讽刺的是,在反对理论的过程中,他们自己也运用了一套文化理论。理论可以说是"普通的"(想要把我们的经验形成更广泛的解释),但在学术讨论中又是"特别的"、"专业的",对于你所感兴趣的研究领域而言,它们就是解释框架。

"我喜欢你谈论后结构主义的样子":这是对"理论"的诱惑和不信任的调侃?或者看起来像是一种时尚?

有时,学生们会认为理论只是他们研究领域的广泛解释,但任何一种理论想要在争辩中立住脚,都必须要创建一套自己的"模式":目标、关键问题及什么可以算做论据。这就须要略去那些不能、不想或不需要包含以及看起来无关的大领域。那些探索过去十年登山电影"概貌"的人并不需要创制一套观众对这些电影反应的理论,尽管他们可以顺带提及。

研究 15.2

● 记录下来你所支持的任意理论的粗略大纲——它可能是关于一个游戏制作者或者你生活中的其他部分——比如学校教育或 Facebook 的功能。

● 你的理论依据是什么？你是怎么感觉到你"了解"你所选择的目标？

"深描"的这个意义是由哲学家**吉尔伯特·莱尔**（Gilbert Ryle 1900—1976）提出的，但因**克利弗德·吉尔兹**（Clifford Geertz 1926—2006）在人类学中的应用而名声大噪。见吉尔兹（1973）在 http://www.sociosite.net/topics/texts/Geertz_Thick_Description.phd 的长篇摘要。

这并不意味着你在你的研究中会受限于一种理论方法。理论家们现在更可能在他们的选题中展现他们对于其他理论的了解，尽管他们承认那些理论可能并不是他们会采用的研究路径。在研究中，**"深描"**（Thick Description）是你可能会碰到的一个专业术语，这里的"深"并不是平常的用法，而是表示综合了不同方法的研究，特别是在社会科学中，用来解释人类的行为方式和他们的生活环境及历史。

媒介研究中所采用的理论和方法常常是跨学科的，它们来源于社会科学、文学、经济学、心理学等，接近文化研究。例如，本书就采用了马克思的经济学理论、语言学中的符号学理论（theories of signification）等。参见下面的**三角测量法**（triangularation），你会了解到为什么你需要将理论、方法、路径综合起来。

方　　法

如果一种理论用于研究，它一定利用了**方法论**（methodology），或者一套为研究提供方法的、与研究目标相关的哲学信念。你需要认真思考这项研究工作所需的技能或你已经拥有的技能。你的论文可能还要包括文献综述的章节。

文献综述显示出你为了这项研究阅读了哪些资料，但它不只是相关文献和网络资源的简单罗列，而是要写出你对相关领域的理论、研究的认知，以及针对具体的调查研究如何有侧重地进行阅读的。

因此，你可以引用那些对你的研究有用的或让你感兴趣的作者，此领域内其他种类的研究仅作为相关材料。一旦做完这些，你就已经为论文完成了大部分艰难的基础工作。在这一章，你还必须对你的选题、研究路径的特别之处及方法进行认真思考。

当科林达图书馆的报纸收藏于2009年在凯瑟琳大会堂被数字化时，社会历史学家评论道，当一切都可以经由关键词轻松检索到的时候，你也许会想念陈列起来的书籍所带来的问题，以及你在研究其他事情时的意外发现（像她遇到的情况一样）（广播4台，《今日》节目，2009年6月18日）。

“耳击证人”(ear witness)是一个法律术语，用来形容那些为他们亲耳听到的事情作证的人。在一些媒介研究中，我们把它作为一个小标志引入我们感兴趣的新领域，如媒介话语中“倾听”的暗喻和假定授权的“声音”。这是不是一个可能的研究主题？

紧接着（有时文献综述已包含了）是关于方法论的描述，它显然又囊括了那些让人恐惧的术语，涉及你所选研究路径的基础知识。其中包括：**认识论**（epistemology）即研究认知方式，研究知识体系是怎样创造出来的。它甚至还包含了一个更抽象的术语——**本体论**（ontology），“本体论”属于哲学领域，常涉及：什么是真实的？什么是可知的？《黑客帝国》（美国，1999）似乎对这个领域有一定的兴趣，尤其是数位文化这方面。因此，它可能没有看起来那么遥远。你不用花太多时间来探讨本体论，但对这些术语的所指有个初步的了解是很有用的。

那么，你的方法论应该与你用来搜集研究论据的技术或方法联系起来。研究可能会包含一手资料或二手资料。“一手资料研究”意味着研究者或被使用的资料是搜集整理材料的第一中介。对于历史事件来说，可以是那些直接参与到历史事件中的当事人、“目击者”，无论规模大小，通过事件发生后接着记下的日记、报告、采访等，都是“一手资料”。这些材料时常会被汇编进档案中，但是很久之后出的自传、回忆录和访谈中也可能会用到。在现代这个数字和交互时代，用手机拍下的照片或视频也可以作为相关事件的资料。

那些不在事件现场的人提供的是二手资料。而且从长远说来，一个具有较高水准的理论性研究也可能包含其他人的理论，尽管研究者们都希望能形成自己的原创性问题、论据，成为开山鼻祖。“二手”这个词隐含了不够真实的意思，因为材料已经经过了某种方式的中转，但别忘了，每一种“记录”都是一种转述。研究事件目击者记录的“角度”是很重要的。有见地的理由、对关键细节的敏感与“没有偏见”并不是一回事，“没有偏见”本身就是一种角度——在很多号称中立的新闻报道中。

要小心“采用”那些高思辨性的理论。“思辨”(speculation)被雷蒙德·威廉姆斯(Raymond Williams)定义为“一种感觉不需证明与实践之间关系的观点”(1983:316-318,引自布兰斯顿,2000)。确保你不会试图为证实或证伪这样一种思辨性理论而到处寻找论据,这是不恰当的。

图 15-2 法国国家图书馆(BNF)是全世界最奢华、古老的建筑之一,包括大学。像各地的小图书馆一样,它们也藏有报纸杂志、档案等其他资源。在 Web 2.0 时代,人们很容易忽略它们,但它们多包括数字搜索的设备,在此可以看到。

图 15-3 使用“三角测量法”的海岛勘测图解,由 18 世纪的中国数学家刘徽绘制。

“三角测量法”是一种用于解决报道中可能存在的遗漏、不可靠或矛盾等问题的方法。这是来源于几何学的一种比喻说法,它从航海中发展而来,现用于卫星定位(Satnavs)中。它定位一个点的方式是测量其他已知点与该点之间的角度,而不是直接测量距离。对于研究而言,它描述的是研究方法的结合,及目击描述的结合,不管是“一手的”还是“二手的”。整合不同的媒介形式越来越重要,以及某种“孔隙率”(porousness)或模糊性(如:新闻甚至是小说与其中特定“使用者”材料之间的领域)。

定性与定量

在第 1 章里我们介绍了两种分析媒介的方法:**定性**与**定量**。我们现在将进一步探讨这两种方法。正如它们的名称暗示的,它们分别关注以下内容:

- 研究个体“文本”的特性,从广泛意义上解释,在访谈、焦点小组及单个电影、游戏设置等中收集观众的反应为主;

记住："文本"可以是你研究的任何东西。因此，人们在焦点小组讨论中的声音、手势和发言，都可以像照片或电脑游戏一样进行细致研究。

● 统计各文本小组（或数量）中元素重复类型的发现。量化研究经得起检验、具有统计分析特性，而定性研究总体上来说不具有这些特性[虽然有些电脑程序承诺能够做到，参见狄肯（Deacon）等（2007：343-356）的讨论]。

这两种方法经常被当作对立面提及，好像它们相互排斥一样。它们是有不同，但它们在学术、贸易或政府研究中可以一起使用，也经常一起使用。更重要的是，它们中的任何一个，只有在意识到另一种方法的时候，取长补短，才能达到最佳的效果。单个文本的著名分析，如使用符号学方法分析广告（见巴斯或威廉姆森的论文）暗示：这些"文本"确实具有某种典型性，或与其他同类广告、海报的代表性数量有关系。否则，如果它们仅仅是随机样品，分析它们还有什么学术价值？但是研究这种"典型性"更具有可能性。

文本方法

复习第1章及案例分析，见来自摄像、海报、电视、广播和其他素材系统中的特定实例。

浏览BBFC网站：http://www.bbfc.co.uk/，讨论它们近年来对恐怖电影分级方法的细微差别，特别是假定那些能够容忍极端特效的专家观众而导致的差别。

ONLINE @ RESOURCES

无论你的"文本"是什么，在广义上——新闻报道、焦点小组的讨论记录、电影、游戏场景设计——文本定性分析方法有助于你把注意力放在它的某些特性上。这些"文本"作为特定形式的一部分存在——如言语、结合音效的动态图片、3D特效等。这种形式会有自己的传统（尤其是类型），元素的组合更能引起读者和用户的共鸣。显然，顺带进行的观众参与研究（三角测量你的方法）会确保你不会只是胡乱猜测这个或那个颜色、文字等的意义——尽管可能很有趣。在这里也可以尝试**可复制性**（replicability）（见第444页）。如在某些特定文化中，"红色"有某些象征意义；又如，某种类型（如恐怖片）以某种方式构建某种暴力死亡事件时，人们可能会理解为滑稽的；或者至少利用观众对血腥场景中特效的熟悉。

我们没有足够的空间给出全部的文本分析实例（但可以查阅其他章节和**MSB5网站**的实例和链接）。动态图片分析的良好资源包括蒂姆·科里甘（Tim Corrigan）的简要指导和大卫·波德威尔的博客 http://www.davidbordwell.net，其方法能够应用到电视、电影等"动态声音-图片"形式中。结合和再媒介化（比如，从电影制作到一些故事性游戏）当然意味着你需要对变化的情景保持足够的敏感度。但是，对许多研究项目而言，忽视周密的文本分析也实在是一个损失。

言语分析方面，媒介研究有时也开展了周密的言语艺术，即修辞学，或者用来说服的语言研究方面。这早就成了众多精英教育的一部分。

修辞学在"古"希腊和古罗马被视作一门艺术，当时公共政策等相关议题由"公众"辩论决定（公众加引号是因为，通常情况下公众不包括女人和奴隶）。它的策略（观点在三段论中形成，重复关键词，通过争论得出"重要"结论等）在今天的政治演讲和辩论中还能看到。

媒介研究有时以这种分析为基础，通过符号学研究视觉形式。后来，语言学理论家如诺曼·费尔克拉夫（Norman Fairclough）也整合了进来。费尔克拉夫发展了批评话语分析（critical discourse analysis，CDA），也叫批判媒介语言学（critical media linguistics）。它寻求在社会权力结构中，集中分析媒介语言形式，探究它们与意识形态的关系，尤其是最不显著的地方（见第 6 章和第 12 章）。语言也进行了分析，尤其是新的形式中，着眼于词汇选择——可以替换成其他词汇吗？（见第 12 章）有的令我们感到同情，有些新闻人物让我们熟悉和感动，而其他则不会，这种情绪的影响是什么？是不是有些术语与其他的相融合，比方说有些话语中的"激进分子"和"恐怖分子"？某些新形式是怎样引导我们想象"公众"在某种程度上并不包括"罢工者"和"抗议者"，这些群体是怎样被巧妙地隔离了？语言学中有一个相近的词汇——名词化（nominalization），指的是过程转换为客体（通常是动动变名词）的方式，以弱化责任感或者谁在做这件事的感觉。狄肯等（2007）在此领域给出参考，提到"在第二个矿井塌陷后，顶板锚杆的愤怒"的例子，句中的名词"愤怒"隐藏了谁在愤怒、为何愤怒。

相关的例子：2009 年 11 月美国政客阿尔·戈尔（Al Gore）提到，关于气候变化，"国内抗议历史悠久，当这种迫切性……到达一定界限，我想这也是可以理解的"（转引自布克曼，2009）。从公民权利和甘地政治中，这激活了一个关键术语。

类似地，"被动化"（passivisation）则将谁做了这件事转变为一种被动形式，如"航空公司员工被预期在明天回来工作"，这里我们也不知道是谁有这种"预期"，但它制造了不回来工作就"令人失望"的效果。

"We leave 'will not be swayed by polls' in the speech. The faus group loved it."

图 15-4 来自 http://www.CartoonStock.com。

这种策略可以导致所谓的**"谈吐"**(mode of address)。"你们"和"我们"在与演讲者的定位方式中嵌入了什么设想("大多数观众会愤慨……"之类的表述)。它是不是假设你是跟凌迟暴民在一起,还是与一群崇拜者在一起,或与事件或人有一定的距离?虽然费尔克拉夫和其他人专注于语言学的定位,但在一些新闻媒介研究中,人们对视觉和手势的位置也产生疑问:摄像机放在什么位置?咨询了哪些来源的意见,会跟进或信任哪些意见,不管是在语言上还是在恭敬的手势上?等等。很多"我们"的词汇难以剔除,如作为民族的"我们",或"义愤填膺"的"我们"。很多受访者在新闻中通过台词、手势、语调、皱眉、微笑等,清楚地呈现自己对某件事的感受,或者暗示他们设想我们会如何感受、或应该感受。

统计方法和所用软件的质量也很重要,虽然领域略有不同。参见狄肯等(2007)在第14章"使用电脑"中统计方法在这些方面的详细讨论。

回到定量分析和定性分析的重叠部分:定量分析方法,如文本的内容分析或观众调查,问题的质量和得出的结论是关键。事实上,你的研究成果取决于你提出的问题。研究常结合简短的"封闭性"问题:对或错,或者选择某个数字作为唯一答案;同时还包含很多开放性("定性")问题。封闭性问题可产生数据,很容易输入电子表格进行分析。"开放性"问题会得到质量更高或定性的回答,但它们不易计算或采用统计形式。

样　　本

"卡尔·马克思是现代调研的第一人……向工人发放了超过2万份问卷来调查他们同自己老板的关系……很明显,马克思未收到任何回复"(巴尔内夫斯,2009:281)。可能是方法出问题了吧?

取样也很"常见"——浏览有线频道或杂志就是一个日常的取样活动。研究某个领域意味着,不管你采用什么方法,总会涉及多个例子。即使你聚焦于某部电影,你也需要在类型的框架里对它进行定位,或与其他电影比较,分析它的行业或制作史等。样本的选择及规模,是决定你所选论据质量的关键环节。

本书中"群体"(population)在这里以专业的方式使用。正如狄肯(2007)所指出的:"从'群体'中抽出的样本不一定是由人组成;他们可以是文本的集合、组织机构的集合,或者任何调查对象的集合……他们由特定的研究目标决定,并随之改变"(2007:43)。他们随后给出的日常生活中的例子是:检测一瓶牛奶是否发酸,还是整个国家的牛奶供应是否有传染物,这两个是不同的——问题不同，样本规模不同，方法不同。

很多研究阶段和研究方法彼此关联。例如，为你的项目定义“群体”，不仅能够帮你确定你的样本是否合适，即是否能够代表你想研究的领域，还能帮你完善你的初始问题。样本可以是随机的或者不随机的。顾名思义，随机取样（random sampling）[有时也叫作概率取样（probability sampling）]表示机遇选择——可能是大街上的路人，也可能是学校的学生。但它同时也意味着每个单元被选中的几率是公平的。样品数量少的时候常需要使用随机取样，但同样需要明确这点。

有时“快照”(snapshot)用来比喻在大领域中确定自己渺小的样本——可能因为他们是学生调研。然而他们通常寻求某种代表性。

非随机取样包括有意的选择过程——可能是想保持年龄均衡或其他种类的代表性（尽管代表性不一定总是研究的兴趣点）。样本量越大，可能就越令人信服，尤其是做定量研究。定性方法对文本或听众来说倾向于使用小样本，研究精力放在其他方面的论述：

a. 他们的特性；

b. 他们与更广阔的社会和文化过程的联系（法兰克福学院和其他高度理论化的著作在引用时有时候被称为“定性分析”方法）。

样本的组成很重要，还有你使用的“计算”方法。这包括两个方法中，你能接触到的不同电脑程序之间的讨论。

道德问题也应该纳入你的取样过程和其他方法。首先，你需要征得参与者的同意，即使在互联网上，确保他们已经得到做出同意需要了解的信息，然后他们通常以书面方式表示同意。他们必须知道参与的内容、随时可以退出的权利、不需要回答所有问题的权利，以及你对数据使用保密的保证，知道他们没有被误导，不会遭遇不幸等。你的机构制度应该有研究道德的政策，甚至可以作为一个环节，需要你完成和签字。

这与第 13 章 390～391 页关于纪录片的道德问题有很强的关联。在某些课上，你也可以提交一份学术研究论文作为记录。

不用说英国学科协会了，即使英国媒介、传播与文化研究协会（Media Communications and Cultural Studies Association，MeCCSA）也还没有想要为这个综合性跨学科领域撰写一部专门的道德规范。

如果你觉得你们机构的指导方针还不够，可以尝试以下链接，它们与你的研究项目关系密切。

- 英国社会学学会（British Sociological Association）：http://www.britsoc.co.uk/about/equality/statement-of-ethical-practice.aspx
- 英国心理学学会（British Psychological Society）：http://www.bps.org.uk/
- 社会研究协会（Social Research Association）——法规和相关讨论文件：http://www.the-sra.org.uk/wp-content/uploads/respect_code.pdf
- 另一个有价值的综述开拓了"社会经济研究"的法则，见 http://www.respectproject.org/ethics/412 ethics.pdf
- 市场研究，参考 http://www.mrs.org.uk/standards/codeconduct.htm
- 同样，见黑格和琼斯（Haigh & Jones，2007）

不管是在实际讨论中，还是在写作方式中，另一个道德问题是在语言的使用方面，需要避免使用那些忽略特定群体的语言——它们可能在别处被标记为种族主义者、性别歧视者、歧视老人者、歧视残疾人者等的印记。参考上面英国社会学学会的指导方针。

> 一些剽窃形式相对来说更加严重。2003年，当时的英国内政大臣大卫·布朗奇（David Blunkett）和首相托尼·布莱尔为使用所谓的"靠不住的情报"（dodgy dossier），发动对伊拉克的入侵进而造成血腥后果而道歉。这句话被一个学生在互联网上的博士论文中逐字逐句地大量提起。

剽窃也应被视为道德问题，是你经常会碰到的词汇。它描述了一种欺骗的形式，有时也被列为"学术诚信度"的问题。记住，剽窃并不仅是欺骗了同班同学，获得不公正优势。合理使用参考文献体现了有价值的目标：这不仅仅是使讨论显得重要的方式，它也是独一无二的——这在学术之外并不常见（新闻记者很少在他们的作品中提到参考文献，一些人甚至不提故事中的素材出自何处）。学术写作通常比其他写作要花费更多精力以做到严谨：清楚标明参考文献、避免剽窃、明晰自己定义的概念、确保研究采访对象的身份保密等。

准确列出你研究中所参考的引语或文献（互联网和印刷品）的出处，这是对其他人工作的答谢。如果读者感兴趣，还可以查询参考文献的全部内容。另外，很多检查员现在使用像

TurnItIn.com 等服务，在互联网上即时检索你的作品，或者使用谷歌搜索你论文中的某个短语，在线检索该短语出现的其他例子。

焦点小组

学术和商务研究中流行的一个方法（如广告商和公关组织）是：将一小部分人聚到一起编成所谓的**焦点小组**（focus group）。这是 20 世纪 80 年代开始定性研究重点的一部分，以研究观众对媒介输出的“解读”，见凯辛格和巴伯尔（Kitzinger & Barbour，1998）。认真分析讨论会的记录，通常包括肢体语言、犹豫、团体动态等记录，得到丰富的定性资料。选择也很重要，你需要解释你怎样选择，以及构建小组的其他部分。

- 你怎样联系他们？
- 你决定在哪举办讨论会，为什么选这个地方？在你家？教室？还是其他地方？
- 你是否决定打破拘谨？如提供茶水、饼干和舒服的座椅？
- 你是如何不以参与者的身份解读沉默或倾听的模式？
- 你与看似过分主导讨论的人如何协调？
- 你准备如何记录讨论，为什么？这是你论据的主要部分，对你结论的可复制性至关重要。

图 15-5　正如讨厌的统计学一样（见第 1 章，28 页），这幅漫画表明人们“清理”访谈或焦点小组资料时常有的混乱、含糊、犹豫的冲动。

> 可复制性是一个重要的方法论典范。它努力使研究方法清晰明了，因此“不同的研究人员在不同时间使用同样的方法，都能得到同样的材料分析”（Rose，2001：62）。虽然不可能绝对保证，但不管你使用什么方法，它都是一个有价值的理想方法（我们在第 1 章也提到了这一点，它很重要！）。

> 有意思的是，它与纪录片讨论（见第 13 章）中的“表演性”理论，以及认识论和本体论的概念相关，见上文。

尽管焦点小组很有用，但你仍需进行三角测量（见第 438 页）或综合运用其他方法，丰富研究成果。一个焦点小组配上一份问卷可能会很有用，问卷本身可能就有多选题（可能的反应)以及一部分"开放性"问题。像其他所有研究一样,你需要努力弄清你所设的问题、甚至表现对小组"在观察下"的影响程度。

- 你的问题和你认为你听到的答案有没有经过"重重筛选"以求符合一个既定议程或理论?
- 你是怎样处理研究者和被研究者之间必然存在着的权力失衡?这对你的结论有何影响?

这些问题没有完美的答案,它们使研究变得有魅力。但是你的导师期望看到你已经考虑到这些问题并且努力去应对它们,在你研究的最后仔细考虑它们的优缺点。

"人种志"方法

你可能觉得有一系列其他的方法适合你的主题。你可能要求你的参与者记录媒介使用日记,或媒介发展状况,比较其互动和其他覆盖范围。然后,使用任何一种你仔细研究过的方法对之进行分析。表演性(见第13章)常见的问题出现了——如你将使用的日记有多少是由知识形成的?也许你试图避免此类问题,只是悄悄地观察人——例如在多放映厅影院排队选择电影票时。

第1章和第13章的提示:"经验主义"意味着把以往的经验作为讨论中的依据。虽然常被攻击"没有理论化",但它也有理论基础(包括这类观察的价值)。有时也称作"实证主义"。

你可能会热切地尝试开展一个小的**人种志**(ethnographic)研究,这是一个关键的经验性方法。我们在第13章曾讨论过这个问题,解释过它怎样使用人类学(anthropology)领域或其他人种、文化的领域进行研究。人种志试图捕获一种真实存在着的生活方式,而并不是简单地关联后面的解释。研究人员花费大量时间融入特定群体的生活中,"从内部"去解释它的意义和活动。媒介研究采用这种方法时通常花费较少时间,使用较少的样本量,选择"观察者"熟悉的活动,如收看电视。第14章中提及的研究者并不实际参与某个人的生活,只是近距离地观察他对互联网、电视和视频的应用。

玛格丽特·米德的先锋著作《萨摩亚人的成年》(*Coming of Age in Samoa*)于1928年首次出版。它开创了人类文化学的一个分支，也首创了此类研究方法的个案研究。它试图让一种与众不同的文化“发出声音”，尊重米德所研究的美国土著青春期形成假设的独特方式。

图15-6 玛格丽特·米德(Margaret Mead)

像很多著名的研究成果一样，它契合了那个时代的议程——那时，“美国青年的状态”和改变对性的态度都是热议话题，同样，还有后面斯波克博士(Dr. Spock)(不是星际迷航里的斯波克先生)提出的对儿童照顾持更宽容态度的研究。

这里的封面(2001年版)可能暗示了这种人类学研究所提出的议题。从三个妇女的表情、衣着、举止、看着相机的角度等，你能推断(这很不确定)出她们对于拍照这件事的态度吗？还是由于照片的局限性，不能判断出三个妇女的差异？

虽然是猜想，但解释此类肢体语言会是此类研究的一个有效环节，不管规模大小(如关于媒介的观众研究)。见维基百科围绕米德研究所产生的矛盾。后来萨摩亚女性在接受采访(她们自己提出)时说，他们告诉米德的东西不过是玩笑和夸大其词。即使使用后来的方法，如Web 2.0研究，这些问题仍是此类人种志研究的重点。

最近，现场工作开始采用参与式观察法(participant observation methods)，也就是说在一段较长的时间内参与被研究者的生活，向他们提问题，观察发生的事情。这种深入不管是在时间上还是空间上，都不像上面描述的人种志研究那样宽广，但它仍能得出有价值的发现。

“潜水”(lurking)现象可能是一个有意思的研究领域，从它命名的意义，到人们潜水时做什么？各种倾听还在继续吗？在讨论“热点”时、“观望”激烈讨论甚至各种辱骂时，有没有想要潜水的冲动？

你可能会研究现实中实时接触的“真人”，或越来越多地参与Web 2.0的聊天室、博客等。互联网的工作会围绕匿名、身份、道德(有一些特殊问题研究领域，如恋童癖等)等议题和你所收集证据的属性问题。你还需要做出决定：你“潜水”吗？对于你的出现、目的等，你会给聊天室提供什么信息？Web 2.0的使用也意味着研究不可避免地从本地扩展到了全球范围，这也许是你不希望发生的。

最后，在互联网之前的研究方法所更新的内容中，观察者和被观察者的界限是模糊的，因为研究人员先前就是被研究群体中的一员——尤其是在“粉丝”研究中——如果你愿意，称作粉丝学(fanthropology)也行。它也面临同样的规则和问题——观察能在多大程度上避免影响“被观察的对象”？“观察者”和“被观察者”之间是什么权力关系？很多人会说这代表了权力在“粉丝”和“专业人员”之间的转变，或者说研究人员和被研究人员之间的转变。

见巴尔内夫斯等(2009)关于参与观察者在在线征友中介详细记录的使用者经验和动机研究(第286-289页)。它的下一章节则是全球的网络欺凌及如何开展研究，如何避免(第289-291页)。

人种志的方法已经应用于媒介和文化研究中，通常是小范围内的研究。从20世纪50年代开始就有了关于新闻编辑部如何制造新闻的研究，经常关注的是编辑“把关人”的作用。20世纪90年代的后期，这类研究有了新的关注点，作为一种理解新闻编辑部中技术改变影响的方式[见科特尔(cottle)，2007]。这类制作过程的研究在其他形式的媒介研究中更加罕见。当然，也有对电视观众和互联网使用者的研究(见第13章)。

研究 15.3

像其他很多人一样，也许你也会因为缺钱而要打工支付学费。此外，也许你将会被酒业称作主要消费者。你可能会感觉（或已经感觉到）装出来“享受”（通常是与酒精相关的）的样子很有压力，尤其是在新生周。

图 15-7 电影《幽灵世界》（*Ghost World*，美/英/德，2001）中伊妮德/索拉·伯奇（Enid/Thora Birch）正在她本地的影院进行培训：怎样把“大号”的爆米花卖出去，并且避免提到“添加剂”，解释“特许经营权”等。

- 有了双重身份，你就可以观察、参与与你研究相关的各种体验（这不是开玩笑）。吧台的工作，其培训经历、设想、定价和周遭广告，在你的研究中都可作为饮酒文化和酒业市场的一部分。鲁多克（Ruddock，2008）对情景（第 14 章引用过）提出了一些有用的建议，尽管他经常与作为酒类广告“受众”的学生一起工作。
- 电影院和其他娱乐中心也可以作为进行观察的场所，也可以以打工方式参与其中，探索布局、展览活动、品牌中“特许权”的作用、大“容量”消费的压力等。

图 15-8 查看 MSB5 网的案例研究——手机技术研究，它对互联网进行了更细致的研究。它提出：全球各地的称呼不同，这使得搜索变得复杂，如美国使用“cell phone”，而不是“mobile phone”代表手机。

ONLINE @ RESOURCES

研究 15.4

迄今为止……

假如你想研究新闻工作者建议的合理性——选修法医学学位课程的学生人数大量增加（在英国，从 1990 年的 2

名到2009年的285名)，是由于《犯罪现场调查》(CSI)之类电视剧的流行。

● 你认为他们可能对此类学生进行保护性假设。你预计会需要什么技巧和方法？可以通过采访部分相关学生来验证假设，定位于媒介理论中的受众。还可能包括("三角测量")对相关文章的文本分析——如果用到他们的时候(或没有)——在特定报纸中的位置、研究结论。你的"群体"将是参加此类学位的全体学生(和关于该现象的全部文章，但我们暂时不考虑这些)。

● 你的样本是什么？如果你的大学有法医学院，你可以到那里采访学生。关于它的一些诱导性问题：

问题：你是新生吗？你们都是新生吗？怎样控制性别、班级或民族等变量，还是混合在一起？

问题：《犯罪现场调查》不同版本或其他电视剧的播放，与报道中学生数量增加的时间尺度(1990—2009)之间有什么关系？

问题：你使用什么方法，为何使用这种方法？焦点小组讨论？调查？具有开放和封闭式问题的问卷？个人访谈？文本分析节目的某些环节或学生的口头回复等？

作为本科生开展的研究，你的时间和资源不如专业的研究员："取样便利"("快照")，使用身边的采访资源，这些都是此类工作必需的。但即使如此，你仍然可以对你感兴趣甚至困扰你的问题进行有趣的研究。

你需要使用网络和书本资源的经验，最好有专家的帮助，以便开展有意义的研究，改善你的检索能力。

脚注：维基百科

最后，让我们转向有争议的资源。十年前，出现了一个新的、免费的网络资源——维基百科，吉米·威尔士(Jimmy Wales)于2001年首次发布。"Wiki"源自夏威夷语的"wiki wiki"，意思是"快捷"或"非正式"；"pedia"源自希腊语，意思是

“教育”，与“encyclopaedia”谐音。2009 年，维基百科号称每月有 6500 万访问者，300 百万份英语文献——是《大英百科全书》(*Encyclopaedia Britannica*)的 25 倍。

它由大多数匿名自愿者完成更新，编辑主要负责察看：发生了什么事(类似聊天室的版主)，网站访问者是否能打开新页面、能否编辑现存页面等。每个主要文章的页面都有更细的分支，这是印刷的百科全书不具备的功能。

该网站“关于维基百科”的栏目提到，比较老的文章其综合性、均衡性好，新文章则经常涵盖大量不实信息，甚至故意搞破坏。该网站有一个使用向导，其中一个章节(“为何维基百科不完美”)解释道：

> 维基百科的创始人吉米·威尔士在 BBC4 频道的《今日》栏目中提起维基百科的免责声明“这篇文章的中立性有待讨论”，他说他希望 BBC 新闻也对他的报道使用此类免责声明(2009 年 1 月 31 日)。

任何一篇文章，在某个特定时刻，都有可能不正确……在频繁编辑的过程中……或者最近被破坏……【本网】也可能会发生失察和疏忽。没有系统的方法来保证“明显重要”的议题都能涉及，所以在特定时刻，维基百科给予两个不同主题的关注度可能严重失衡。如英语版的维基百科中，很可能给出任意一个美国小村庄的资料，而查不到撒哈拉沙漠以南非洲的某个中等城市的资料。

从这个意义上说，它更像一个图书馆而不是一个百科全书，因为百科全书的文章更短，会有“结尾”或对一个领域做个总结，至少直到下一版。理论上说，维基百科的章节永远没有结尾。

维基百科变成：

广义上相对可靠的信息来源，因为整体来看，好信息会排斥差信息。当有人对其他人搞破坏或制造混乱时，数秒之内，就会有大量的人把消除破坏当做分内之事。

——伦士曼 (Runciman，2009)

图 15-9　网络图片“维基百科的阴暗面”。

专业学者通常能够谨慎正确地使用维基百科，把它作为初级研究工具，寻找一些相关文献(尽管上面的链接通常会把你引向网络资源)。例如，路透新闻(2009)说，他们不用维基百科。

《卫报》的读者编辑索伯汉·巴特沃斯(Siobhan Butterworth,2009)研究维基百科最近的一个骗局(见 http://www.guardian.co.uk/commentisfree/2009/may/04/journalism-obituaries-shane-fitzgerald)。她的文章并没有谴责维基百科,但围绕维基百科的新闻用途、这种使用的管理、Web 2.0 时代的"研究方法"等引起了一系列问题。

2009年3月,一份关于法国作曲家莫里斯·贾尔(Maurice Jarre)的讣告开头和结尾都用了维基百科上明显是他的引述。然而引用的话是谢恩·菲茨杰拉德(Shane Fitzgerald)——都柏林大学一个22岁的学生一天之前发布在贾尔的维基百科页面上的,那时候贾尔死后不久,记者正在写他的讣告。《卫报》的讣告作者仅有几个小时时间准备第二天关于贾尔生平的详尽报道,像其他几个印刷和网络的讣告一样,他直接引用了维基百科的内容。这是菲茨杰拉德为他的研究专门设计的。在之后的邮件中,菲茨杰拉德为故意误导人们进行了道歉,他说,他的目的是为了向人们展示新闻工作者把维基百科作为消息的主要来源,证明互联网的影响力超过了报纸报道。讣告作者本应发现脚注中未对引述添加参考文献这一可疑之处。

而维基百科的编辑们更警惕未说明来源的引用,他们在3月30日删除了两次,当菲茨杰拉德第二次添加的时候,它仅在页面上存在了6分钟。他的第三次尝试相对比较成功,在被删除以前,这条引述在网站存活了25小时。

《卫报》的编辑制度规定:来自于其他出版物的引述应该加以声明,但相对于新闻故事来说,在讣告、深度报道和博客中管得比较松,本案例中就没有遵守这个规定。

你应该警惕所有的网络资源,不仅是维基百科。"注册"成为用户后,你能接触大部分资源。这在一定程度上给你更多的资源,控制你的观点,尽管这种情况不大可能发生在你的校园网络里。

在某些机构和学校中,使用维基百科甚至会导致低分或不及格。正如编辑所说的:"维基百科的内容门槛是可以验证的,但并不是真理——也就是说,取决于读者能不能判断维基百科上添加的资料是否经正规出版物发表,而不是我们认为它是不是事实。"如果你决定引用维基百科,请记住它的文章经常变动:标明你使用的确切时间、日期和版本。但不要奢望它给你提供分析。这完全取决于你。它产生的问题可以成为很好的研究领域，与本书的很多话题联系起来，给使用这些新媒介形式的人带来大量机遇和挑战。

参考书目与扩展阅读

Balnaves, Mark, Donald, Stephanie Hemelryk, and Shoesmith, Brian(2009) Media Theories and Approaches: A Global Perspective, London and New York: Palgrave MacMillan, especially Chapter 14: Research.

Branston, Gill(2000) "Why Theory?", in Gledhill, Christine, and Williams, Linda (eds) Reinventing Film Studies, London and New York: Arnold.

Burkeman, Oliver(2009) "Millions have suffered Infinitely Greater Losses than I Have", The Guardian, 7 November.

Corrigan, Timothy(2003) A Short Guide to Writing about Film, 5th edn, London: Longman.

Cottle, Simon(2007) "Ethnography and News Production: New (s) Developments in the Field", Sociology Compass, 1, 1:1-16.

Deacon, David, Pickering, Michael, and Murdock, Graham(2007) Researching Communications: A Practical Guide to Methods in Media and Cultural Analysis, London and New York: Hodder.

Fairclough, Norman(2003) Analysing Discourse: Textual Analysis for Social Research, London: Routledge.

Geertz, Clifford(1973) The Interpretation of Cultures: Selected Essays, New York: Basic Books.

Haigh, Carol, and Jones, Neil(2007) "Techno-research and Cyber-ethics: Challenges for Ethics Committees", Research Ethics Review, 3, 3: 69-108.

Kitzinger, Jenny, and Barbour, Rosaline(1998) Developing Focus Group Research: Politics, Theory and Practice, London and New York: Sage.

Mead, Margaret (2001) Coming of Age in Samoa, New York: Harper Perennial; first published 1928.

Morgan, David(1997) Focus Groups as Qualitative Research, London: Sage.

Rose, Gillian(2001) Visual Methodologies, London: Sage.

Ruddock, Andy(2008) "Binge Drinking and Why Audiences Still Matter", Sociology Compass, 2, 1:1-15.

Runciman, David(2009) "Like Boiling a Frog", London Review of Books, 28 May.

Silverman, David(2000) Doing Qualitative Research: A Practical Handbook, London: Sage.

Skeggs, Beverley, Thumim, Nancy, and Wood, Helen(2008) "'Oh Goodness, I am Watching Reality TV': How Methods Make Class in Multi-method Audience Research", European Journal of Cultural Studies, 11, 1.

Thompson, Paul(2000) The Voice of the Past: Oral History, Oxford: Oxford University Press.

Williams, Raymond(1983) Keywords, London: Fontana.

名词解释

下面是本书用到的一些核心术语及简要定义。在此提到的一些常用词汇在媒介研究中具有特殊用法。为便于查找所需资料，请将此表结合索引、目录、章节菜单和**网站**上的在线资源一起使用。

analogue 模拟：一种呈现形式，把物理变化记录在测量媒介上（例如：感光胶片上的硝酸银遇到光就会改变颜色）。参见 digital。

anchoring 主持：(1)书面或口头文本（如字幕标题、旁白解说），用以控制或选择对视觉影像的解读；(2)也可以指代人["主持人"(anchor)]，播报新闻、进行采访——这两种无论如何都可以确保新闻的解读。

arbitrary signifiers 任意能指：符号学中的术语。能指(signifiers)与所指对象(referent)或所指(signified)都没有相似之处。**参见象征性**(symbolic)、**图像性**(iconic)、**指示性**(indexical)。

authorship 原创作者：起源于电影研究的方法，强调独立作者（通常指导演），而非制作集体协作的本质。

avatar 化身：一个计算机用户自身电脑化的呈现，就像《第二人生》(*Second Life*)或其他网络环境中那样。

back catalogue 旧专辑：图书馆或存档资料，大多用在音乐界，也适用于电影界，艺术家希望重新发行和保证副本"在印刷中"，以此来销售多年前的唱片。

behaviourism/behaviourist 行为主义/行为主义者：心理学的运动，认为人类的行为可以通过惩罚和奖励来塑造。

blog 博客：网络日志(web log)的缩写。主要包括周期性文章基于网络的发表（通常是时间倒序），也可以作为新闻报道存在。

Bollywood 宝莱坞：该概念尚存在争议，英国人有时候错误地认为宝莱坞是任意一种印度电影院形式的代表（印度有很多"区域的电影院"，他们制作的电影使用当地语言）。该词为"孟买好莱坞"(Bombay Hollywood)的误用——北印度电影在孟买(Mumbai)制作。

branding 品牌推广：赋予产品强大的内涵和关联，尤其是当市场中有一种或多种相似产品竞争时。包括生产企业的声誉或形象。如今常用来代表人民、国家或城市等的形象。

broadsheet 大报:一种"严肃"的(英国)报纸类型,通常版面比通俗小报要大,页数要少。尽管近年来"大报"也采用小报的尺寸,常称为"浓缩版"。

burden of representation 再现的负担:当之前未被充分呈现、或者错误呈现的群体开始在媒体中出现时产生的问题,很少有人或制作者可以担负起整个群体的代表——作为"积极的典范"等。

capitalism 资本主义:产生于17世纪欧洲的竞争性社会体制,包括积累财富的私有制和剥削劳动力获取利润,进而创造财富。

celebrity 名人:这类人拥有像明星一样的名气,他们的生活有建构好的"平行媒体报道",他们的名声源自文化领域,但他们在文化领域却没有取得同等的成就。

censorship 审查:通过经济或法律权力,禁止或阻止媒介产品或者媒介产品某些部分的出版或发行的决定性行为。参见**分级(classification)**。

churn 流失率:测量媒介服务提供商流失的用户与新注册的用户之比。

churnalism 伪新闻业:尼克·戴维斯(Nick Davies)使用这个概念想要说明新闻业受到削减开支、竞争、依赖公关报道影响,进而"大量炮制"新闻报道。

class 阶级:(1)依照社会经济或其他不平等条件将人类分为不同的群体;(2)广告商将消费者划分成的特殊群体,目前ABC1(高消费者市场)和C2DE(低消费者市场)通常分为6个等级。参见 http://www. statistics. gov. uk。

classification 分类:进行分类,如体裁或英国电影分级委员会(BBFC)的分级,尽管对文本的理解存在多种不同的分类方式。

closed 封闭式:叙事"解决"或得出结论,与开放式(open)或模糊的叙事结局相反。

CNN effect CNN 效应:美国有线电视新闻网CNN(Cable News Network)自1980年成立以来对外国政策的影响,尤其是对美国政府以及连续24小时"滚动"播出的新闻,包括难以控制的形象。

codes 准则:意义生产的系统,不仅是在文本之内的也是在生产水平上的(比如:专业的行为准则,拍摄标准等)。

coding 编码:内容分析(有时也称作定量分析)的一部分,将一系列分类应用到选取的样本上(有时是子分类),例如可以把"残疾"分为"精神和身体残疾"两类。

cognitive psychology 认知心理学:心理学的一个发展(与**行为主义(behaviourism)**相对应),该理论认为思维过程可以改变人类的行为。

commodification 商品化:商品(commodity)是指任何可以用来买卖的东西。马克思主义理论中,商品化(commodification)和商品**崇拜(commodity fetishism)**这两个概念来反对某些服务、项目、价值的过度扩张及没必要的高价值。参见**物化(reification)**。

commodity fetishism 商品崇拜:马克思主义和法兰克福学派思想认为价值存在于商品而非由劳动者在原始材料基础上创造的。最近,受广告影响,产品(如汽车和手袋)被赋予一种近乎神奇的吸引力和地位。参见**物化**(**reification**)和**商品化**(**commodification**)。

common sense 常识:在意识形态讨论中,特别是葛兰西(Gramsci)的理论中一套大众广泛接受的观点,世界的意义很明显,无需求助于分析和理论就可以很容易的理解。与葛兰西的"良好的判断力"(good sense)不同,后者强调理论与经验的结合。

compassion fatigue 同情疲劳:经常出现的一个术语,指的是观众对新闻中频繁报道的恐怖事件感到疲劳和麻木。救援组织更倾向于用"媒体疲劳"(media fatigue)。

conglomerate 联合大企业:大型的行业公司,其中包含至少两种行业或者同种行业不同部门的多个公司。

connote/connotation 内涵:在符号学中,一种符号的含义连接其他的概念、价值或记忆。

consolidation 合并:在媒介市场中,大型企业有合并小企业的趋势,形成寡头垄断(oligopoly)或媒介联合大企业。

conspicuous consumption 炫耀性消费:该概念指的是为了展示社会地位和财富而进行的商品消费行为,并不是指饮食失调。

consumers 消费者:用来指代媒介受众,强调他们(在所谓的"自由市场"中)的商业化选择,与以往的"单一受众"(an audience)或"大众"(the mass audience)模型形成对比。参见**生产消费者**(**prosumers**)。

content analysis 内容分析:一种分析形式,通过精选问题和评估发现内容的方式的编码框架,聚焦于文本的明显特征。

content provider 内容提供者:为具体传输或发行系统制作节目的媒介公司,特别是有线电视、卫星、网络,也就是内容载体。

convergence 融合:之前单独的行业(计算机、印刷、电影、音响等)"走到一起",越来越多地使用相同或相关的技术和熟练技工。作为当代媒介环境的一大特点,融合是不同领域公司之间合并的产物,同样也是技术发展的结果。

creative commons 创作共享:是一个非营利的国际组织。该组织致力于扩大创造性作品的知名度,让更多的人可以通过使用知识共享许可协议(creative commons license)合法使用和分享这些成果。创作者也可以经此宣告他们保留那些权利、为接受者或其他创作者放弃哪些权利。维基百科就是通过运用其中一条许可而成为了著名的网络项目。

critical pluralism 批判的多元主义:该理论方法承认不同的观点可以并存(在多元主义中),但意识到某些观点比另一些观点更强大,并且这些观点之间为占据统治地位而斗争。

cross-generic 混合类型:混合了不同的体裁元素,如恐怖片和喜剧。有人认为,可能仅有很小一部分的文本不以这种形式融合。

cult 狂热崇拜者:围绕某种媒介文本而形成的一群狂热的崇拜者或爱好者。

cultural codes 文化代码:基于文化差异性产生的意义。参见**代码**(**codes**)。

cultural competence 文化能力:该概念由布迪厄(Bourdieu)提出,它认为接触媒介文本的难易程度取决于文化差异性和经验。

cultural imperialism 文化帝国主义:特别是"二战"以后,以美国为基的企业和政治集团的所形成的军事产业复合体驱使传播全球化,最终导致了文化帝国主义。有时可以与**媒介帝国主义**(**media imperialism**)互换。

cycle 套片:与类型相关,指代短期内生产的一系列内容或主题相似的电影,经常明确提到彼此。

decoding 解码:符号学概念,指的是在媒介文本中"解读"代码。现在看起来这个概念有问题,因为它暗含的意思是单一、明确的内容等待被"解码"(decoded)。

denote/denotation 指称/外延:在符号学中,符号的某些部分[能指(signifier)]能够很快被读者认出来,并且与真实世界的实体[所指对象(referent)]存在直接联系。

deregulation 解除管制:政府解除或"放松"对媒介产业的管制,有时称作"重新管制"(re-regulation)表示这种方式不只是简单地从规则中释放出来。

diegesis 叙事引导:视听叙事的"虚拟世界"。对区分"剧情声音"和"画外音"很有用。

differential pricing 差别定价:根据不同的市场能力(也就是潜在消费者的经济实力)对产品进行差异化定价,以实现利益最大化的手段。

digital 数字:基于数字信息的独立单元形成的呈现(representation)形式。

Direct Cinema 直接电影:20 世纪 60 年代美国使用新型轻便摄像机和扩音器而发生的一场纪录片运动,尽量接近事件,不排练、没有脚本,没有解说或配乐,**片比**(shooting ratio)高。

disavowal 否认:在精神分析中,拒绝承认自己陷入麻烦或存在创伤的过程。一些理论家使用这个概念来解释广告、娱乐和其他幻想形式力量之大,足以"掩饰"苦闷的现实。这个概念表明了受众部分的一些感受,以及他们希望通过这些形式的娱乐来忽略那些感觉。

Discourse 话语:任何陈述或语言使用的规则体系(如法律或医学),包括社会实践中的进化规则以及排斥和假设。在媒介中,该概念还包含视觉和口头语言,并致力于话语与权力的不同关系。

diversity 多元化:(1)广播电视网络上提供不同类型的节目范围;(2)不同年龄、性别、种族等人实现就业和接触媒介平等的政策目标;(3)**多样化**(**diversification**)(经营尽可能多的媒介产业)是一些管理层的目标。

dot. com 网络公司:以互联网为主要市场的企业,有时仅仅源于一个精明的市场创意。**网络泡沫**(**dot. com bubble**)指的是一段时期里这类公司现金价值的瞬间膨胀,随后发生的就是 2000 年经济危机。

drama-documentary,'drama-doc' 戏剧式纪录片：使用虚构的戏剧叙事手法再现“真实”事件。

dystopia 反乌托邦：在科幻类作品中使用的术语。可怕的未来社会，是乌托邦的反面。

ecology 生态：麦克卢汉使用该概念来表示各种媒介、它们与人类的感知与理解之间的平衡关系。与现在所谓的环保主义者语境中的“生态”基本没有关联。一些人认为“媒介生态”避开了“资本主义媒介市场”的内涵。

editing 编辑：(1)文本、图片和声音的顺序，以“形成”叙事；(2)在印刷和广播领域对以事实为基础的出版物的总体控制和指导。

effects model 效果模式：关注媒介如何对受众产生影响的模式。

empirical 经验主义：以观察经验为根据的主张。这个概念尚存争议，反对者经常通过漫画来讽刺这个概念暗示的方法反对任何理论，只依靠感觉经验或简单的事实。

epistemology 认识论：研究认知方式以及知识是如何创造出来的。

ethnic(n. ethnicity) 民族的、人种的(名词为民族、人种)：通常是指由于语言、宗教、地理区域的不同所导致的非生物、广义上的文化差异和身份，不同于以“种族”(race)为基础的区域划分，将历史的人类差异分为所谓的根本的“种族”划分——白人/黑人或雅利安人、高加索人、阿拉伯人、犹太人、闪米特人等。

ethnography 人种志：一种研究方法，包括与某个社区或群体的人生活相当长的一段时间。受众人种志是媒介研究的一项重大发展，现在涵盖了网络形式。

feminist 女权主义：主张女性和男性拥有同等的权利和机会的运动和观念。

focus groups 焦点小组：一种受众研究方法，把具有代表性的小部分群体召集起来，方便他们进行非正式的讨论，并对他们的讨论进行记录和分析。

format 模式：(1)一般媒介出版物的不同尺寸或形式(报纸可以是通俗小报或是严肃的大报，电影胶片可以是35毫米或16毫米的，等等)；(2)一种电视类别，允许电视节目理念和场景的全球交易：比如《智者为王》(*The Weakest Link*)和《谁想成为百万富翁》(*Who Wants to Be a Millionaire?*)尽管形式不同，但是都属于“智力竞赛”的体裁；(3)“类型化电台”：电台仅使用一种音乐或语言。

framing 框架：(1)是指用以展现人或物的画面；从“远景镜头”到“大特写镜头”的各种取景是由画面中人物身体的大小决定的；(2)是指媒介“选取”或塑造的力量，限定受众如何去感知某些群体、问题、故事，特别是新闻形式。

franchise 特许经销权：(1)通常是指零售业或服务业使用某个品牌名称的许可证。现在，好莱坞使用这个概念描述某部成功电影名可以用于发展新电影和相关产品，例如《哈利·波特》；(2)在英国，该概念是指广播特定服务的许可证。

Frankfurt School 法兰克福学派：20世纪20年代到30年代的一批德国大众文化批

判理论家，他们从纳粹德国流亡到美国工作。

genre 类型：将媒介内容分为不同类别的理论概念。

globalization 全球化：在全球范围内组织活动的过程，过程中彼此之间互相依赖，现在往往是即时的。

greenwashing 漂绿：这个概念用来说明某些公司以一些活动宣称要"保护环境"，但实际上却对环境造成破坏。

hegemony，hegemonic 霸权：该概念来源于葛兰西(Gramsci)，是指统治阶级成功说服被统治阶级所有的安排都是为了他们的利益，从而获得权力。

horizontal integration 横向整合：同一行业内，某个企业获得或兼并业内的其他竞争者。

hybrid (n. hybridity)混合的(名词为混合物)：融合不同的风格、技术、文化形式[例如《黑衣人》(*Men in Black*)这部电影混合了恐怖片和喜剧]。

hypertext 超文本：该文本包含链接，通过链接用户可以直接访问其他文本。超文本标记语言(html)用来在**万维网(World Wide Web)**上编写网页。

hypodermic model 皮下注射模式：该批判式概念用来表述对受众的媒介效果模式，用来描绘意义过于简单、可见的特征，就像注射药物一样，保证有效果。

iconic 图像性的：(该概念来自符号学)类似于现实世界的对象(符号)。参见任意能指(arbitrary signifiers)、指示性(indexical)、象征性(symbolic)。

Iconography 图像表现法：艺术历史的概念，用来描述一种体裁中常见图像性符号的研究。

identity politics 身份政治：从 20 世纪 60 年代围绕身份、尤其是性别、年龄、民族、性倾向和残疾等问题产生的价值观和运动。阶级趋向于被这种政治所取代。

ideology(adj. ideological) 意识形态(形容词为意识形态的)：这是一个复杂概念，包含理念、价值观、对社会的理解，以及这些与社会权力分配的关系。还包含这些价值如何看起来"自然"。

immersion 沉浸：在某种媒介产品世界之内的体验，用户被包围在这种产品之中。这个概念经常出现在游戏中，尽管近期的电影《阿凡达》(*Avatar*，美国 2009)也使用 3D、IMAX 等技术实现了这种效果。

independent 独立公司：媒介产业中任何不重要的公司。

indexical 指示性的：(在符号学中)指通过因果关系的概念(例如：温度计上的示数可以表示温度)。

internet 互联网：将计算机和服务器连接起来的全球"网络的网络"(network of networks)。

intertextuality 互文性：媒介和其他文本相互作用的各种方式，并非是独特、有差异的。特别是可以实现媒介形式的扩散，让受众熟悉。

long tail 长尾：受互联网和网络的影响，媒介商业和经济已经发生变化，开始出现一些规模较小的分众市场，而非那些仅仅从标准化市场获益、“管理严密的”大规模生产商。

ludology 游戏学：游戏研究及理论，包括互联网出现之前和互联网出现之后的。

market 市场：某种商品所有潜在销售者和购买者（以及可能交换的所有商品的数量）的总和。

marketing 市场营销：将产品呈现给目标受众的过程；商品在其特定市场定位的方式。

masochism 受虐狂：这是一个广义的医学、精神分析概念，是指因为遭受疼痛或遭受控制反而产生的愉悦或满足。在电影理论中，该概念用来解释看电影的某种乐趣。

Media 2.0 媒介 2.0：（1）新媒介环境的描述符号，是“Web 2.0”的替代品；（2）是指一种为了研究新环境的媒介研究新类型。

media conglomerates 传媒集团：主要传媒企业，在单一品牌下结合了多种不同的活动。

media imperialism（cultural imperialism）媒介帝国主义（也称文化帝国主义）：经济实力雄厚、强大的国家[或者“军工复合体”（military industrial complexes）]，尤其是美国，通过操控全球媒介产业来控制贫困国家。现在普遍适用的是公司而非国家。

methodology 方法论：有关研究对象的一系列哲学信仰，包括该研究的方法。

mid-market 中端市场：对媒介文本（特别是报纸）的分类，介于**通俗（tabloid）**和**优质（quality）**中间的定位。

MMS 彩信：多媒体短信系统（Multimedia Messaging System），通过手机发送声音和动态影像的协议。

mode of address 谈吐：给受众“阐述”文本的方式，以及“定位”受众——年轻的、年老的、受尊重的或不受尊重的等。

model 模型：在社会科学中，常用这个概念指构想某种系统如何运行的方式。

monopoly 垄断：任何市场中某个销售者控制价格和产品供应的情况。在英国只要占有25%的份额就会引起公平交易办公室（Office of Fair Trading）和竞争委员会（Competition Commission）的关注。

moral panic 道德恐慌：这个概念通常是指因为某个已知的“危机”而引发的大规模公众恐慌，常常包括某些新闻媒体的过度反应，并伴随着“必须要做些什么”的呼声，导致了法律的压力和“严厉惩处”等。

multimedia 多媒体：是指传统上一些独立的媒介放在一起使用，如电脑中的声音、图像、文本。

narration 叙述：讲故事的过程，为特定受众选择并组织事件。

narrative 叙事:这个专业概念是指构成故事的事件“讲述”顺序。为了给“故事”的受众设置场景,通常要将事件、人物、时间等用特定的方式进行组织。

narrowcasting 有线广播:该概念是与“无线广播”(broadcasting)相对而言的,以描述目前众多电视所谓的细分受众的趋势。

negotiated 协商:在受众理论中,意义的达成是受众假设和文本“优势意义”之间的相互妥协的结果。

neoliberalism 新自由主义:该概念用来描述私有化和自由化的社会经济结合,以及“自由贸易”和“自由市场”的意识形态。

news agencies 新闻通讯社:路透社等机构,收集新闻信息并将其出售给广播电视台和报刊发行商。

news values 新闻价值:一系列得到广泛认可但极少明确说明的标准,用来选择并优先出版某些新闻。目前看做是宽泛的、简化指南,需要部分升级,尤其是考虑到 24 小时全天候新闻和互动媒介。

niche 利基市场:规模小但颇有利润的市场,有时可以支持专业的广告导向媒介产品。

ontology 本体论:哲学领域,研究我们把什么看做是真实的,什么是可知的。

planned obsolescence 计划性报废:也称为“内置淘汰”(built-in obsolescence),这个概念是指生产商故意“制作”一些产品(特别是汽车)的方式,并且避免这些产品的使用寿命过长,以此来刺激再次消费(否则的话也没有必要这样做)。

plot 情节:该概念与“**故事**”(story)有关,定义为记叙文中可以直接展示给读者的事件。其他太过日常化(去洗澡)或“隐蔽”,不利于制造悬念,所以可能被忽略。

podcast 播客:一种广播形式,将广播节目或音频录音(通常包含讲话内容)储存为 MP3 格式,听众可以下载(可以通过订购自动完成),并可以在任何 MP3 播放器上播放。

political economy 政治经济学:研究社会关系尤其是权力关系,这些共同构成了资源的生产、分配和消费。

polysemic 多义性:字面意思是“多种符号”,意为通过某个文本组成符号的不同解读方式,发现该文本具有多种可能的含义。有观点认为,作为生产意义的一部分,受众或用户活动意味着所有符号都不只有一个含义,但这个概念现在常遭摒弃。

post-feminism 后女权主义:该观点认为,在 20 世纪六七十年代爆发的女权主义斗争取得胜利,意味着女性可以把尊重和平等当作理所当然,并可以享受反讽或戏谑传统“女性气质”的乐趣。

postmodernism 后现代主义:是一个复杂概念,具有多种含义,通常是指自我反省式的当代文化和媒介,或者从更广泛的意义上讲,是指对当代世界的一系列态度。

preferred reading 阅读偏好:(来源于霍尔的受众阅读编码与解码理论),鉴于生产媒介内容的机构和受众中权力结构和主流价值的操控,受众最有可能阅读的内容。霍尔认为该概念经常与其他可能的含义产生冲突。

privatization 私有化:公共领域中服务或事业转化为私人所有的过程。

product placement 植入式广告:品牌产品明显出现在电影等媒介中的一种非正式广告。

propaganda 宣传:任何试图公开说服受众某些信仰或活动的有效性的媒介内容。这个概念有时常运用于"黑色宣传"(black propaganda),这种宣传形式并不公开其意图,比如在战争时期。

prosumer 生产消费者:在商业领域和一些 Web 2.0 影响的媒介研究中使用该概念,强调互动媒介的"消费者"或用户的活动,是生产者和消费者的合成词,故为"生产消费者"(prosumer)。

public service 公共服务:为了满足已知的社会需要而非私人利益所提供的服务。在广播行业,可以作为授予私人公司执照的要求。

public service broadcasting,PSB 公共服务广播:管制的广播,把"提供公共服务"作为主要目标。

public sphere 公共领域:是社会生活的一部分的模型,在此可以安全开展有关社会和政治问题的公平、理性和公开的公共对话,因此这是构成民主管理的基础。该概念由尤尔根·哈贝马斯(Jurgen Habermas,1929—)在 1962 年出版(1989 年翻译),尽管对很多媒介形式而言依然存在影响,但也需要更新。

publisher broadcaster 出版广播电视台:广播公司的所有节目均来源于其它公司而非自己制作。第四频道(Channel 4)是第一个这样做的英国广播电视台。

qualitative research 质性研究:以探究"文本"的性质为基础的研究。"文本"的内容很广泛,可以是讨论小组、访谈的转录等,也可以是个人电影、文章、游戏场景;等等。

quantitative analysis 量化分析:一部分因为适用统计分析而定义的概念,而质性研究往往不适用。质性研究和量化研究结合起来效果会更好,而非是两者敌对的。

racism 种族歧视:为了辩护自己种族的优越性或滥用政治、经济、文化或心理上的权力,而侮辱由于"种族"特征带来的差异。见**种族的**(**ethnic**,名词 **ethnicity**)。

"reality TV ""真人秀":大约 1989 年英国开始出现的真实电视节目形式。现在电视广泛使用这种节目形式,大量地不用脚本、由普通观众参与、将信息和娱乐形式混合为一体。

red-top 低俗小报:在英国使用该概念指代"低端市场"的**低俗**(**tabloid**)报纸(与"中端市场"的通俗报纸和压缩版相区别,据称没有那么追求耸人听闻)。

referent 所指对象:在符号学中,能指或符号所指的"真实世界"事物。

regulation 监管:监督过程以及某种程度上控制产业活动的过程。一些媒介产业进行自我管理，另一些产业则由法律设置的机构进行管理。

reification 物化：在马克思主义理论中，人类所生产的产品和更大的社会历程好像变成了一种魔幻的真实，并拥有自己的逻辑，"市场"好像变成了一种真实的"东西"，该词描述这样一种过程，与**商品崇拜（commodity fetishism）**一起使用，都把意识形态看做是真实社会关系的"掩饰"。

re-mediation 再媒介化：一种媒介形式（通常是旧媒介）进入另一种媒介形式，通常发生在一种新媒介的早期（例如早期的电影院就是用和吸纳了戏剧形式）。

repertoire of elements 元素的所有组成部分：与体裁内容相关的惯例和期待的流动体系。

replicability 可复制性：研究成果没有歧义，因此不同时代的不同研究者可以用完全相同的方式诠释证据。

restricted narration 限制性叙事：指的是故事中事件和角色的信息是如何分配的——根据故事需求保留或提供信息。

retro-sexism 复古的性别歧视：近来，这个概念用来描述在"男孩子"和"假小子"文化的讽刺和戏谑以及在对钢管舞的"允许"之下，显现出来的女性早期的从属地位（被当作"性工具"、收入比男性低、限制在家庭范围内等）。

romance 爱情片：这类体裁的故事通常关注亲密的人际关系，常与爱情、性和婚姻联系在一起，并且常常关注女性。

samples 样本：(1)在数字音频制作中，用电脑"采集"的声音或声音序列，为后来的制作所用；(2)在受众研究中，严格选取的人群小组，代表更大的群体。

script 脚本：(1)广播、电影和电视的对话和制作指导；(2)更广泛层面，这个概念是指以媒介知识为基础，对在特定情境中所发生事情的期望，以及理想和不理想的"结局"。这些多来自重复的虚拟形式，例如期待"大团圆结局"。

semiotics/semiology 符号学：对符号系统的研究。

share 份额：**BARB 定义为**："每个频道在一周收视中所占的份额。"参见 http://www.barb.co.uk。

shooting ratio 片比：拍摄长度的总量与电影或电视最终剪辑版中真正使用长度的比例。

sign/ signified/ signifier 符号/所指/能指：在符号学中，符号分为能指和所指，前者是指符号本身的物理形式，后者是指符号所代表的意义。

SMS(Short Message Service)短信（短消息）：参见**文本（text）**。

social media 社交媒介："任何通过网络促进沟通的工具或服务。"想了解更全面的信息，参见 http://www.briansolis.com/2010/01/defining-social-media-the-saga-continuous。

soft money 软性资金：电影业概念，是指来源于各种公共财政支持的资金，例如减税、政府奖助等（暗示商业资金是"硬"资金）。

sousveillance 反监视：该概念将"自上而下"和"自下而上"的监督之间的差别戏剧化，包括"从底层"的记录或观察，或者由其中的事件（比如一个集会）参与者来观察记录，而不是由期望的"局外人"或官方摄制组来观察记录。

spin 造势：召开新闻活动或聘请公关人员[也称"造势专家"（spin doctors）]给老板或客户"造势"，宣扬他们积极的故事形象。这个术语显示了新闻建构中不合理的干预，尽管可以有同情心地作为任何传播的一个必要部分。

standardisation 标准化：在质量的意义上可以表明"一致性"，但也可表示标准的维持。

stereotypes，stereotyping 刻板印象：最初是印刷业的一个概念，字面意思是一种金属的实心砌块；后来用来代表一类人，没有详细信息。

story 故事：指叙述中的所有事件，包括直接呈现给观众的以及那些能够推断出的——相对于**情节（plot）**而言。

structuralism 结构主义：一种批判分析方法，强调表面差异以及文化、故事和媒介内容等明显的随机性之下的通用结构。

subliminal advertising 潜意识广告：一种与催眠有关的广告。是指在电影或电视广告画面之间向受众闪现难以觉察的信息。尽管目前这种观念不足以信，但还是很具魅力。

symbolic 象征：该概念用于某个符号的符号学（通常是视觉符号），能够代表特定的品质或价值，例如"星条旗"代表美国；参见**任意能指（arbitrary signifiers）**、**图像性（iconic）**和**指示性（indexical）**。

synergy 协同效应：不同媒介和其他产品组合营销的"产品"或商品（包括人），所产生的总体效应比不同部分的总和要大得多。

tabloid 通俗小报：报纸页面的尺寸通常是"大报"的一半；范围来看：耸人听闻的媒介形式（电视、广播和印刷媒介）。目前，很多"大报"的大小与"通俗小报"相同，因此在英国，"red-top"（低俗小报）常常是"通俗小报"的代名词。

technological determinism 技术决定论：这种理念认为技术本身决定着人类认知和社会变革，不认为技术是在社会中形成的，从看起来合理的最初观点，到后来设计、制作资金、市场营销、使用以及那些可预知和不可预知的结果。

text 文本：(1)任何一种可以"解读"的符号系统——海报、照片、发型等；(2)短信：通过手机服务发送的短消息[参见**短消息（SMS）**]。动词：发短信。经常使用专门语言或使用缩写。

thick 深描：这个词汇的专门使用代表综合不同方法的研究，尤其是在社会科学领域，不仅解释人类的行为方式，也解释情景和历史。

tipping point 临界点：该概念表示社会变革的动力或者对某种产品的渴求过程慢慢累积，直到到达某个点时，该动力突然不可遏止。

top-slicing 瓜分：拿出财政或收入的一部分，最近因英国**公共广播服务(public service broadcasting)**的资金而热议。

triangulation 三角测量法：一种几何学实践，测量某点与其他已知点之间的角度来确定位置，而非直接测量距离。这种方法经常用于综合研究方法的实践中。

uses and gratification model 使用与满足模式："积极的"受众行为理论，强调受众使用甚至是最不可能的文本。

USP(unique selling proposition) 独特销售主张：品牌广告中宣传产品特殊的品质，吸引潜在消费者。

verisimilitude 逼真：某个文本就像是现实生活中的一样。

vertical integration 纵向整合：在特定的生产和传播过程中，一家公司兼并另一家位于其他地方的公司的商业行为。这个概念经常用于描述好莱坞"制片厂"系统中的制作、分销和展览。

vox pop 民众之声：该概念来自拉丁语"民意"(vox populi)或"人民心声"，现在用于新闻节目对民众的街头采访，他们使用自己的语言，尽管新闻节目会大幅编辑这些采访。

voyeurism 窥阴癖：观看看不见的事物的乐趣；把男性的乐趣认为是电影、广告等中将女性作为"(男性)观赏对象"的乐趣。

Web 2.0 网络 2.0：该概念指代伴随着"随时在线的"便携互动式媒体的互联网发展和使用新阶段，让直接交流变得容易而有趣，用户经常期待网站能够提供反馈的机会等。参见**媒介 2.0(Media 2.0)**。

后　记

欧美作为世界传媒枢钮，其传媒硬实力毋庸置疑，而基于硬实力之上的软实力，更是无人与之匹敌。《媒介学生用书》是一本多年来享有盛誉的欧美经典教材，既可作为传媒专业本科生、研究生学习传媒知识的入门读物，也可作为了解当前全球化语境中的世界传媒发展图景的前沿之作。

截至目前，本书已经出版了五版，一本媒介研究领域的教材能够如此畅销不衰，必有其深刻原因。诸多原因中，笔者认为以下三点颇为重要。第一，本书内容全面而广泛。作为入门读物，本书当之无愧，基本囊括了媒介研究领域所有的关键概念和术语，并对其进行了简洁的梳理，为初学者扫清了障碍。第二，本书案例鲜活而生动。本书每章都附上了有关理论问题的案例分析，做到活学活用。第三，本书对媒介发展新图景的梳理前沿而深刻。每个版本的更新与再版，都增加了作者对媒介最新图景的再思考，从中可以窥探到媒介产业不断发展的轨迹。基于以上三点，笔者认为，本书无论作为教材，还是作为研究人员了解最新传媒发展趋势的读本都颇为恰当。

本书的翻译出版经历了一个漫长的过程，历经几年的时间，跨越了两个版本。本书翻译分工如下：第一章，姜天海、李德刚、武闪瑶；第二章，李德刚、姜天海、薛弈娇；第三章，姜天海、李德刚、邹方杰；第四章，张橦、姜天海、李德刚；第五、六、七章，姜天海；第八、九、十章，招斯喆；第十一、十二、十三章，唐梦影；第十四章、关键术语，王静；第十五章及概述部分，谭烨；封底、封面部分，张橦。姜天海对全书初稿进行了修改、校对，李德刚对全书进行了最终的修改与定稿。

由于能力有限，不足之处肯定难以避免，也请各位专家、学者及广大读者批评指正。

李德刚

2015 年 2 月 9 日